Porfirio Díaz

Memorias

Barcelona **2023**
Linkgua-ediciones.com

Créditos

Título original: Memorias.

© 2023, Red ediciones S.L.

e-mail: info@linkgua.com

Diseño de cubierta: Michel Mallard.

ISBN rústica: 978-84-9953-338-4.
ISBN ebook: 978-84-9953-337-7.

Sumario

Memorias

Capítulo I. Antepasados-Infancia

1830 a 1836

Nací en la ciudad de Oaxaca el 15 de septiembre de 1830. Mi padre fue José Faustino Díaz y mi madre, su esposa, Petrona Mori. Aunque de origen español, mi padre era de los que llamamos raza criolla, es decir, con alguna mezcla de sangre india. Mis abuelos paternos fueron Manuel Díaz y Marcela Bohórquez, ambos de Oaxaca; y mis abuelos maternos Mariano Mori y Tecla Cortés, de Yodocono.

Mi bisabuelo materno vino de Asturias y se casó con una india del pueblo de Yodocono, parroquia de Tilantongo, Distrito de Nochistlán, del Estado de Oaxaca; de manera que mi madre tenía media sangre india de raza mixteca. Después de algún tiempo mis abuelos maternos se establecieron en la ciudad de Oaxaca en donde se casó mi madre. Mi padre era herrador y veterinario de profesión y antes de casarse, siendo muy joven, había servido en un Regimiento como mariscal.

Cuando mi padre se casó, por el año de 1808, era dependiente de una empresa de minas que tenía las haciendas de beneficio de metales y minas anexas de Cinco Señores, San José y el Socorro, situadas en el Distrito de Ixtlán, llamado hoy Villa Juárez porque en uno de sus pueblos, San Pablo Guelatao, nació don Benito Juárez. Esas haciendas pertenecían a la catedral de Oaxaca: más tarde las arrendó una compañía inglesa y por último, siendo yo jefe político de Ixtlán, se las adjudiqué al licenciado don Miguel Castro, quien las denunció en virtud de las leyes de Reforma que nacionalizaron los bienes de la iglesia.

Mi padre era dependiente de confianza de la compañía minera, y con una pequeña escolta que él mismo había armado, conducía plata de las haciendas a Oaxaca, y de retorno, dinero para las rayas. El general don Vicente Guerrero dio a mi padre, durante la guerra de Independencia, un nombramiento de capitán, por haberle servido como mariscal o veterinario.

Mi padre era pobre cuando se casó. Mirando que a su mujer no le gustaba vivir en la sierra de Ixtlán, se lanzó a correr fortuna y se trasladó a la costa que el Estado de Oaxaca tiene en el Pacífico, sin más fondos que el valor de los caballos y mulas con que llegó al Distrito de Ometepec: se estableció en él y se decidió a sembrar caña de azúcar. Vio que el terreno era a propósito para ese cultivo y arrendó una extensión de tierras del pueblo de Xochistlahuaca, pagando por toda renta unas cuantas libras de cera al año, para la fiesta del Santo Patrón de aquel pueblo. Hizo desmontes y sembró caña. Tenía dificultad para pagar mozos porque contaba con poco dinero, y él mismo construyó su trapiche. Era hombre atrevido y emprendedor, y le gustaba afrontar y vencer dificultades.

Ocurrió un incidente que le permitió ganar algún dinero. Un ganado cabrío que pastaba por aquellos campos, se envenenó probablemente con algunos pastos, y empezaron a morirse centenares de cabezas. Sabedor de esto mi padre fue, con los pocos hombres de que pudo disponer, a quitar violentamente pieles porque se descomponían pronto, comprometiéndose los pastores a darle la mitad de las pieles que quitara; se hizo dueño de muchas pieles por este medio, y compró las demás a muy bajo precio, quedándose al fin con todas, y entonces le ocurrió la idea de curtirlas. Se puso a buscar libros para ver cómo se hacía esa operación, y estableció allí una curtiduría con muchas dificultades, porque no tenía material con que hacer las tintas ni las substancias necesarias para la operación. Labró en una roca una gran taza para las operaciones consiguientes; quemó piedra para hacer cal, y suplió el salvado que se usa en las curtidurías, con la fécula del arroz, que obtuvo de un molino construido por él mismo y a su manera.

Con algunos centenares de pieles curtidas de que hizo buenos cordobanes, se dirigió a un lugar de la costa a donde supo que se esperaba un buque contrabandista, al que acudieron otros muchos compradores de mercancías, pues la guerra de Independencia no permitía al Gobierno cuidar sus costas; cambió sus cordobanes por varios efectos, y después de haberse provisto de los que necesitaba, puso una tienda en el pueblo de Xochistlahuaca.

Así pudo hacerse de algún dinero, y con él montó un pequeño ingenio y vivió allí de ocho a diez años. Cuando sus hijos comenzaron a crecer, hablo de los que me precedieron, comprendió la necesidad de educarlos; realizó todo lo que tenía en la costa y se fue a Oaxaca: tomó en arrendamiento una casa en que estableció una posada que se llamó el Mesón de la Soledad, en donde puso su banco de herrador y su hospital de veterinaria, y compró dos pequeñas casas, una cerca de la iglesia de Guadalupe y la otra junto al convento de la Merced. En ésta estableció una curtiduría y arrendaba la otra.

Como traía algún capital que le había producido su trabajo en la costa, compró también un terreno en la hacienda de Tlanichico, donde estableció un plantío de magueyes, y él administraba en Oaxaca el mesón que tenía y servía su banco de herrador.

En los últimos años de la vida de mi padre se hizo muy místico en Oaxaca sin ser fanático; era un católico muy ferviente. Rezaba mucho y aun llegó a usar un traje monacal de los terceros de San Francisco, aunque no había recibido ninguna orden eclesiástica.

El bienestar de la familia terminó con la muerte de mi padre, ocurrida en el año de 1833, en que fue atacado del cólera. Apenas tenía yo entonces dos años y unos cuantos meses. Los pocos bienes que dejó mi padre, los consumió mi madre en la subsistencia y educación de la familia. Recuerdo que ella manejó el mesón algunos años y que esto le ayudaba en sus gastos, y si su aptitud de mujer no le permitió aumentar el haber paterno, su buen juicio y sus deberes de madre le proporcionaron la manera de prolongar por mucho tiempo aquellos escasos recursos. Cuando las circunstancias se lo exigieron, fue vendiendo sus fincas en pequeños abonos, algunas veces hasta de 10 pesos al mes, y así pudimos afrontar las necesidades de la vida, mientras que yo cumplí diez y ocho años y tomé a mi cargo la subsistencia y educación de la familia.

Mi padre tuvo siete hijos: cuatro varones y tres mujeres. Primero nació una mujer llamada Desideria; después dos hombres, Cayetano y Pablo; luego otras dos mujeres, Manuela y Nicolasa, después yo y al fin Félix.

Cayetano y Pablo murieron en la infancia. Desideria se casó, y murió en 1867 de cosa de cincuenta y ocho años de edad. Su marido fue Antonio Tapia, de Acatlán, y tuvo varios hijos de los cuales le sobrevivieron dos hijas: María de Jesús y Amada. Las dos se casaron y la mayor, María de Jesús, fue esposa del licenciado Ignacio Muñoz. Tuvo tres hijos, que yo he adoptado como míos: Ignacio, María y José. De los varones, el mayor, es capitán de Estado Mayor facultativo del Ejército y el menor, José, es ahora cabo alumno del Colegio Militar y saldrá despachado como teniente a fines de este año (1892) que acabará su carrera en el Colegio Militar. Amada se casó con José Castillo y sus hijos murieron en la infancia.

Manuela murió en 1856 de veintisiete años de edad. Dejó una hija, Delfina, nacida en 1843, que fue mi primera esposa y falleció en 1880. Nos casamos en 1867 y tuvimos ocho hijos de ese matrimonio; pero solamente sobreviven Porfirio, nacido en 1874 y Luz en 1875.

Nicolasa se ha casado dos veces: primero con el coronel don Vicente Lebrija y después con el coronel don Francisco Borjes. De ninguno de los dos matrimonios ha tenido hijos. Solamente vivieron conmigo las dos mujeres que me precedieron y mi hermano Félix, quien se casó en 1868 con doña Rafaela Varela y tuvo dos hijos, un varón y una niña, quienes murieron en la infancia. Después hablaré de mi hermano que falleció en 1872 y llegó a ser general en el Ejército y gobernador del Estado de Oaxaca.

Mi madre murió en 1859. Estaba yo a la sazón en Tehuantepec, cuando las necesidades del servicio me hicieron venir a Oaxaca, en donde permanecí dos días solamente. La encontré enferma; pero ignoraba su gravedad por una parte, y por otra las exigencias del servicio militar no me permitieron diferir mi marcha. No tuve el consuelo de verla morir, pues falleció dos días después de mi salida de Oaxaca.

Capítulo II. Adolescencia-Estudios
1837 a 1852

Cuando tenía yo seis años de edad fui enviado a la escuela de primeras letras, llamada en Oaxaca Amiga, en que se enseñaba a los niños a leer solamente, reunidos los de ambos sexos y siendo todos de muy tierna edad. Allí se aprendía muy poco. Después fui a una escuela municipal donde aprendí a leer y a escribir, en cuanto esto se enseñaba entonces, es decir, mal, pues más tarde y casi siendo ya hombres, era cuando teníamos que aprender; y en 1843, cuando contaba yo trece años de edad, entré al colegio Seminario Conciliar de Oaxaca.

Los recursos que entonces se exigían para graduarse de bachiller en artes, conforme al plan de estudios vigente, eran dos años de latinidad y tres de filosofía. El primer año de latinidad se llamaba de mínimus y menores. En 1843 era profesor de mínimus el presbítero don Nicolás Arcona; siendo rector el canónigo don Vicente Márquez quien fue después canónigo y más tarde obispo de Oaxaca. Entre los condiscípulos que tuve en esa cátedra y que después figuraron algún tanto en el Estado, recuerdo a don José Adrián Santaella, don José Blas Santaella, don Flavio Maldonado y don Joaquín Ortiz, quien fue amigo y compañero de armas mío, tenía aptitudes especiales para la milicia, y falleció en una acción de guerra.

Por haber entrado a la clase, a mediados del año escolar, no pude examinarme al terminar éste, y a principios del año siguiente de 1844, entré a la nueva cátedra de mínimus de la que era profesor el presbítero don Macario Rodríguez, pues se seguía la costumbre de que cada año comenzaba el curso de latinidad un profesor nuevo, quien continuaba con los mismos alumnos hasta que éstos acababan el curso de artes.

A fines de 1844 me examiné del primer año de latinidad, y en 1845 del segundo, llamado de medianos y mayores. En 1846 comencé el curso de Filosofía que comprendía en el primer año el estudio de Lógica y Metafísica, en el segundo el de Física general y Matemáticas, y en el tercero el de Física particular y Ética. De todos estos cursos me examiné con buen éxito al fin de los años escolares de 1846, 1847 y 1848.

En el curso de Filosofía tuve de condiscípulos, como hombres que después se distinguieron de varias maneras, a don Juan Palacios, que llegó más tarde a ser canónigo de Oaxaca, a Mariano Jiménez, quien fue después general y gobernador de Oaxaca y de Michoacán.

Un día del año de 1846, durante la guerra con los Estados Unidos, mi maestro de Lógica, el presbítero don Macario Rodríguez, no se ocupó para nada de la clase sino de llamarnos la atención sobre el deber que teníamos algunos alumnos, ya en edad competente para tomar las armas, de ofrecer nuestras personas al servicio militar para defender al país contra el invasor extranjero. Sobre esto nos habló nuestro maestro, larga y elocuentemente, dando por resultado que al terminar la clase yo y algunos de mis condiscípulos, fuéramos a presentarnos al señor don Joaquín Guergué, gobernador del Estado, para ofrecerle nuestros servicios. El gobernador, ignorando lo que nos impelía a proceder así, nos preguntó: ¿qué diablura habrán hecho ustedes? Contestamos que era una inspiración espontánea de nuestro deber, fundada en la situación del país. Mandó tomar nota de nuestros nombres y al organizarse los batallones de guardia nacional que se llamaban Constancia y Trujano, fuimos alistados en el último. No llegó a prestar más servicio militar nuestro batallón, que el hacer ejercicio en los días festivos y dar algunas guardias y patrullas, cuando la guarnición se debilitaba por alguna salida de las tropas que estaban en servicio activo.

Al acabar el curso de artes, me inclinaba yo a la Teología y hasta había ya comenzado a preparar el estudio en las vacaciones, en las obras de texto del primer año que me regaló el señor doctor José Agustín Domínguez. El señor Domínguez era primo mío, pero yo por respeto, lo trataba como tío. Era entonces una de las primeras dignidades de la catedral de Oaxaca y después fue obispo de esa diócesis. Tenía grande influencia y cumplía religiosamente todo lo que prometía. Era a la sazón obispo de Oaxaca don Antonio Mantecón.

El cura don Francisco Pardo, pariente mío, dejaba en esos días una capellanía, la cual se me ofreció por el señor Domínguez y me correspondía por ser yo pariente más cercano del fundador que el poseedor que la dejaba. No recuerdo el capital que representaba esa capellanía, pero probablemente sería como de 3.000 pesos, porque daba un interés de cosa de 12 pesos al mes, cantidad que aunque pequeña en sí, era en mis circunstancias gran cosa.

Aunque mi madre deseaba ardientemente que yo siguiera la carrera eclesiástica, no ejercía presión sobre mí, pues yo me sentía muy inclinado a ese género de estudios; porque los niños se aficionan a lo que ven, y cuando tuve después otras amistades que me inspiraron otras ideas y me abrieron más amplios horizontes, cambié de modo de pensar y causé con esto una decepción a mi familia. Tuvieron grande influencia en este cambio mis relaciones con don Marcos Pérez.

Don Marcos Pérez era, como Juárez, un indio zapoteca de raza pura, nacido en el pueblo de Teococuilco, del Distrito de Ixtlán y ambos podrían figurar con ventaja entre los hombres de Plutarco. Pocos años mayor que Juárez, fue enviado por su padre, quien tenía algunas proporciones, a la ciudad de Oaxaca, para aprender el castellano y educarse. Era hombre de claro talento, vasta instrucción, gran pureza de costumbres y extraordinaria rectitud, honradez y fortaleza de carácter. Llegó a ser de los mejores abogados del foro de Oaxaca y de los hombres más distinguidos del Estado, desempeñando los puestos de presidente de la Corte de Justicia y de gobernador. Acaso más severo que Juárez, a quien estaba unido por los lazos de la sangre, mancomunidad de ideas y por una amistad sincera y perdurable, era, como Juárez, de los liberales más firmes e ilustrados, no solo de Oaxaca, sino de la República entera. Tuve la fortuna de tratarlo íntimamente, de conocer su carácter, de aprender mucho de él, pues lo admiraba, lo respetaba y lo tenía como modelo digno de imitarse. Él me trataba como hijo, y su amistad me sirvió de mucho para mejorar mi situación cuando era yo un muchacho pobre y desvalido.

El licenciado don Francisco Pérez, pariente de la señora doña Juana España, esposa del licenciado don Marcos Pérez, me propuso diera lecciones de latinidad, para facilitarle el aprendizaje de esa lengua, a Guadalupe Pérez que cursaba en el colegio, siendo yo un pasante como nosotros decíamos entonces. Guadalupe era hijo del licenciado don Marcos Pérez, quien fungía a la sazón como Magistrado del Tribunal del Estado y catedrático de Derecho Público y Constitucional en el Instituto de Ciencias y Artes del Estado, y con ese motivo comencé a ir a su casa. Daba yo lecciones de gramática y de otros estudios a varios alumnos, con el fin de poder llevar un pequeño contingente a los gastos de mi familia. La señora trató conmigo respecto de las lecciones y empecé a darlas al joven. Algunos días después comenzó don Marcos Pérez a concurrir a la clase que daba yo a su hijo, para oír los ejercicios que le hacía, y tener idea de mi sistema de enseñanza. Cuando se formó concepto de él, volvía de tarde en tarde a preguntarme cómo seguía el alumno, y si adelantaba algo, porque el muchacho era de escasa capacidad y su padre dudaba que pudiese aprender el latín.

Una noche, al salir de la clase que daba yo a don Guadalupe Pérez, me invitó su padre para concurrir a la solemne distribución de premios que iba a tener verificativo en esa misma noche, en el Colegio del Estado. Acepté la invitación y en ese momento me presentó con el señor don Benito Juárez, que era entonces gobernador. Me sedujo el trato abierto y franco de estos personajes; cosa que no había yo visto en el Seminario, en donde no se podía ni saludar a los profesores y mucho menos al rector ni al vicerrector, si no era haciéndoles una reverencia. Oí enseguida, en la distribución de premios, discursos muy liberales pronunciados por los profesores licenciado don Manuel Iturribarria y don Bernardino Carvajal; discursos en que se trataba a los jóvenes como amigos, como hombres que tenían derechos, y entusiasmado entonces por lo que había visto y oído, formé la resolución de no seguir la carrera eclesiástica. Luché conmigo mismo toda la noche y no pudiendo soportar el estado en que se encontraba, comuniqué a mi madre mi resolución al día siguiente.

Mi madre, como era natural, se afligió mucho: me consideró un muchacho perdido y creyó que mi conducta no podría ser buena puesto que había operado en mí un cambio tan radical. Pero después de haber pasado dos o tres días en ese estado violento, y cuando vi que mi madre lloraba y se apenaba mucho por mi resolución y que nada la consolaba, le dije que había cambiado de propósito, que aceptaría lo que ella quisiera y que seguiría la carrera que me indicara; y entonces, reponiéndose tanto como pudo en su semblante y dándome una prueba de abnegación, me hizo notar que me vendrían grandes dificultades, puestas las cosas como estaban, de no seguir la carrera eclesiástica, porque, en ese caso, perdería la capellanía que se había ofrecido, una beca de gracia que se me iba a dar en el Seminario y de la categoría de San Bartolo, que eran las más estimadas, y eso para mí era mucha pérdida y especialmente para mi madre. Sin embargo de todo esto, ella me estimulaba a no seguir la carrera eclesiástica sino la que más me agradara, decidido ya a abandonarla, tomó mi madre a su cargo la tarea de notificar mi resolución a mi protector el señor Domínguez, lo cual era para mí muy terrible.

El señor Domínguez quedó grandemente contrariado de mi determinación y dijo a mi madre que retiraba todas las ofertas de auxilio que me había hecho; que no tuviera en cuenta nada de lo pasado; que eligiera yo la carrera que me conviniera, pero que si ésta no era la eclesiástica que no lo volviera yo a ver. El señor Domínguez se mostró muy disgustado en esa entrevista y manifestó que estaba yo perdido, que me había prostituido; exigió que le devolviera sus libros que me había regalado para el estudio de la Teología y terminó notificando a mi madre que ya no me cumpliría nada de lo que me había prometido. Algunos años después, en 1857, siendo el señor Domínguez obispo de Oaxaca, y yo jefe Político de Ixtlán, tuve la pena de notificarle por escrito la denuncia de las haciendas de beneficio de la Sierra, hecha por don Miguel Castro y no recibí respuesta a mi notificación. No lo volví a ver sino después de muerto, porque no consintió que lo viera antes.

Entonces comprendí que debería atenerme a mis propios esfuerzos y me propuse trabajar para auxiliar a mi madre, serle útil y ayudarle a mantener a sus hijos. La suerte que me había privado de un protector eclesiástico me deparó otro de carácter civil, en la persona del licenciado don Marcos Pérez.

Al formar la resolución de no seguir la carrera eclesiástica, no tenía más alternativa que optar por la de abogado, porque estas dos y las de medicina eran las únicas que se enseñaban entonces en Oaxaca y no me sentía yo con vocación especial para la última. Me inscribí en los cursos de Derecho del Instituto del Estado. Allí encontré nuevos conciscípulos, entre ellos a don Matías Romero a quien había conocido de vista en el Seminario, pero no lo había tratado. Cuando estudiaba yo el segundo año de Derecho él entró a estudiar el primero, y como los alumnos de esos dos cursos concurrían a las mismas cátedras, fuimos condiscípulos y después nos ha unido una cordial amistad. Entre los demás condiscípulos que tuve en las cátedras de Derecho, recuerdo a Francisco Díaz, a quien llamábamos El Zuavo, que después fue coronel y ayudante de don Benito Juárez, y a José Juan Canseco. Estuvieron un poco de tiempo, sin completar el curso, Mariano Cruz y Margarito García que es ahora Promotor Fiscal en Oaxaca, y Pedro Ramírez Varios de mis condiscípulos del Seminario me acompañaron en las clase de Derecho del Instituto.

En los dos primeros años estudié conforme al plan de estudios vigente entonces, Derecho Público y Constitucional con el profesor licenciado don Marcos Pérez, y Derecho Natural y de Gentes con el licenciado don Manuel Iturribarría; en el tercero y cuarto año Derecho Civil y Procedimientos con el licenciado don José Inés Sandoval, Magistrado del Tribunal del Estado, y Derecho Canónico con el presbítero don Francisco Apodaca. Don Benito Juárez era el profesor de Derecho Civil; pero no pudiendo dar la cátedra por ser entonces gobernador del Estado, lo sustituía el licenciado don José Inés Sandoval.

Mi vida de muchacho se deslizó como las de los demás niños de mi edad y sin que se marcara por ningún incidente notable. Estaba yo bajo la influencia del medio en que vivía: me inclinaba a la carrera eclesiástica cuando pasé cinco años en el Seminario y mientras no vi más amplios horizontes. Sentí entusiasmo por los principios liberales cuando los conocí, y tuve afición a la carrera militar, cuando comencé a servir como soldado. No se me consideró como un joven muy aprovechado en el curso de latinidad del Seminario; pero mejoré mucho en el de Filosofía. En el Instituto alcancé las primeras calificaciones; aunque no llegué a obtener ningún premio ni acto público que se daban a los estudiantes más sobresalientes. Mis condiciones especiales eran, buena talla, notable desarrollo físico, grande agilidad y mucha inclinación, aptitud y gusto por los ejer-

cicios atléticos. Llegó a mis manos un libro de gimnasia, el primero probablemente que fue a Oaxaca, y esto me permitió improvisar en mi casa un pequeño
gimnasio en que hacíamos ejercicio mi hermano, yo y varios amigos aficionados.

Capítulo III. Lucha por La vida. 1852 a 1853

Con el transcurso del tiempo aumentaban las dificultades de mi madre para
sostener a su familia, las cuales pesaban ya sobre mí, por ser yo el hijo varón de
más edad y por tener el deseo de auxiliarla. Mi madre había dejado ya el Mesón
de la Soledad y vendido las dos pequeñas casas y terrenos que dejó mi padre.
Agotados estos recursos, todo el peso de la casa gravitaba sobre mí, débilmente
auxiliado por algunos trabajos de mujer que hacían mis hermanas.

Aguijoneado por la necesidad y con el deseo de obtener recursos para
subvenir a los gastos de mi familia, solicité por conducto de mi madre, cuando
estudiaba yo Lógica en el Seminario, de don Joaquín Vasconcelos, comerciante
acomodado de Oaxaca, que me empleara como dependiente en alguna de sus
tiendas. El señor Vasconcelos ofreció resolver después de tomar informes de
mí, y sea porque no quisiera emplearme o porque creyera que me convenía
más acabar mi carrera literaria, contestó que era preferible que siguiera yo mis
estudios, y me auxilió regalándome un ejemplar de la obra de Jaquier que servía
de texto en ese año y a los dos siguientes de mis cursos, y un barragán que los
estudiantes del Seminario tenían obligación de usar y que era para mí artículo
muy caro, y por lo mismo difícil de adquirir.

Como éramos muy pobres y no teníamos criados, mi madre hacía los servicios de la casa; mi hermano Félix por su edad nos era gravoso, y yo procuraba
ayudarme para los gastos de la casa con mis lecciones que me producían
poco, porque solamente las daba al fin del año escolar, pues los padres de
familia generalmente ocurren a pagar profesor particular a sus hijos, a fin de
año para facilitarles sus exámenes. Para obtener más recursos me dediqué a
hacer algunos trabajos de mano y comencé por hacer los zapatos de mi familia.

El zapatero, don Nicolás Arpides, tenía su taller frente al Instituto, y en mis
ratos de ocio iba a platicarle y a verlo trabajar; después le compré algunos de
sus útiles y los usaba en mi casa. Un día que él me visitó, vio que había en mi
casa obra de zapatería y me preguntó quién hacía zapatos allí; le dije que yo,
y entonces inquirió quién me había enseñado ese oficio. Le contesté que él, y

le expliqué cómo los hacía. Examinó la obra y aunque le puso algún defecto, la aprobó en lo general como buena.

Con retazos de paño y pedazos de suela que entonces costaban muy poco, hacía yo los zapatos de las mujeres, y regularmente en vacaciones hacía muchos pares para tener más tiempo libre en el resto del año que dedicar a otros trabajos. Después hice zapatos para mí y para mi hermano. Llegué a hacer zapatos finos, botas buenas, y naturalmente a mucho menos costo del que tenían compradas en la zapatería.

Era yo también muy afecto a las armas y a la caza, y como no podía disponer de lo necesario para adquirir un arma, por humilde que fuese, compré de los fierros viejos que se vendían en el portal del Señor, de la Plaza de Armas de Oaxaca, un cañón viejo de escopeta y una llave de chispa. La llave era de pistola y apenas le hacía al cañón de la escopeta. Me fui a la casa de un amigo que hacía guitarras y tenía alguna herramienta de carpintería, y me puse a hacer una mala caja de escopeta. Me dediqué después con empeño a hacer obras de madera y logré así tener un nuevo recurso para la vida. Llegué a hacer mejores útiles y me puse a hacer buenas armas para mí y para mi hermano, porque me costaban poco, y al ir a las cacerías, en las inmediaciones de Oaxaca; me encontraba con indios cazadores del Valle Grande, a quienes les agradaba mi escopeta, y me daban las suyas, se las componía y arreglaba a su gusto y al domingo siguiente se las llevaba, recibiendo el pago respectivo.

Me gustaba mucho trabajar la madera y después me hice de una herramienta imperfecta e incompleta y llegué a fabricar mesas, sillas y otros objetos. Me faltaban muchos instrumentos: no tenía, por ejemplo torno y para sustituirlo, me valí de unos muelles sostenidos del techo, que movía con el pie, y en la misma forma reemplazaba otros varios instrumentos de carpintería.

Esos eran los recursos con los que yo contaba, además de las lecciones, que no me producían gran cosa, pues se pagan de 2 a 4 pesos al mes. Por el año de 1854 fui bibliotecario del Instituto, como substituto de don Rafael Unquera a quien daba yo la mitad de los 25 pesos mensuales asignados a este empleo. Este fue el primer sueldo que tuve, y él, aunque pequeño, vino a mejorar grandemente mi situación pecuniaria. Por ser desafecto al Gobierno del general Santa Anna, tuve que renunciar a la biblioteca del Instituto. Después me encargué por poco tiempo como pasante o profesor interino, de la clase de

Derecho Natural y de Gentes por ausencia del profesor propietario don Manuel Iturribarría.

Me dediqué entonces, ya como pasante, a la práctica del foro, bajo la dirección de don Marcos Pérez, lo cual me produjo algunos recursos. Después de dos años de práctica que prescribía la ley y que hice en el gabinete del mismo, don Marcos Pérez, pasé mi examen general de Derecho; pero los sucesos posteriores no me permitieron recibirme de abogado. Hice viajes a Zimatlán, a Ocotlán, a Ejutla y a otros juzgados foráneos, con el objeto de abrir informaciones referentes a negocios judiciales que seguía mi maestro, y esto me producía más que cualquiera otro trabajo. Al fin tuve el poder del pueblo del Valle Nacional que me fue lucrativo porque entonces se pagaban viáticos además de los honorarios, que eran dobles por tratarse de comunidad.

Varias veces vi al señor Juárez antes de que fuera desterrado por la administración del general Santa Anna, y siempre en la casa de don Marcos Pérez. Como en ella se me trataba como amigo, el día de alguna fiesta de familia concurría yo y allí encontraba al señor Juárez, quien tuvo siempre gran cariño y predilección por mí, hasta que desgraciadamente nos separaron los sucesos políticos.

Capítulo IV. Don Marcos Pérez
1854

Durante mi práctica de Derecho cambió el Gobierno Nacional, por la salida del país del presidente don Mariano Arista, en enero de 1853, el triunfo del Plan Revolucionario de Jalisco, que fue después modificado y la proclamación y regreso del general Santa Anna. El nuevo Gobierno era enteramente conservador, comenzó persiguiendo a los liberales y tenía mucha hostilidad contra los abogados. Esa política, mi iniciación en la carrera militar, seis años antes, durante la guerra con los Estados Unidos, y mis ideas liberales en que me había iniciado don Marcos Pérez, me hicieron formar la resolución de hacerme hostil al Gobierno del general Santa Anna.

Era yo además, el confidente de mi maestro en los trabajos revolucionarios que había emprendido en Oaxaca, en combinación con don Mariano Zavala, don José García Goytia, don Manuel Ruiz y don Pedro Garay, que estaban en

México, y habían sido Diputados por el Estado de Oaxaca al Congreso de la Unión.

Se descubrió una correspondencia revolucionaria que estos señores dirigían, en cifra, a don Marcos Pérez, y con este motivo se le procesó y se le puso en una prisión muy rigurosa; y fueron conducidos a Oaxaca sus cómplices, con excepción de don Pedro Garay, porque su nombre no aparecía en la correspondencia interceptada y los presos no lo denunciaron.

Yo debí haber caído preso entonces y me liberté por una verdadera casualidad. Don Marcos Pérez me había encargado que sacara yo del correo la correspondencia revolucionaria que venía con un nombre supuesto, y siempre la sacaba yo; pero la impaciencia de don Marcos Pérez por recibir la correspondencia, un día al llegar el correo, hizo que no me esperara sino que mandara a sacarla a Remigio Flores, su concuño, quien fue por supuesto su compañero de prisión.

Estando ya preso don Marcos Pérez, se me presentó la ocasión, que con gusto aproveché, de prestarle un importante servicio. Era yo a la sazón cobrador de una casa de la propiedad del cura don Francisco Pardo, tío mío, en la que vivía el coronel don Pascual León. Yo era apoderado del cura Pardo; le llevaba su correspondencia con su coadjutor encargado de su parroquia de Chilapilla, en la Mixteca, y por esos servicios me daba una casa para vivir y alguna remuneración pecuniaria.

El coronel don Pascual León, era el Fiscal en la causa que se estaba formando a don Marcos Pérez y era a la vez mi deudor. Con este motivo y siendo muy moroso para hacer sus pagos, procuraba verlo a la hora que sabía que almorzaba. Por supuesto que no era muy agradable al deudor la presencia del cobrador y mandaba que lo esperara en su escritorio. Esto me hacía pasar largo tiempo en su despacho, y en una de esas ocasiones y estando el proceso sobre la mesa, pude darle una hojeada, burlando la vigilancia del ordenanza que cuidaba el cuarto, y después me decidí a poner en conocimiento de don Marcos Pérez las declaraciones de sus cómplices. Con este objeto emprendí en compañía de mi hermano, el escalamiento del convento de Santo Domingo, que servía de cuartel y de prisión.

En el convento de Santo Domingo, que por su solidez era casi una fortaleza, estaba el Cuartel del Batallón activo de Oaxaca, cuyo coronel era don Marcial

López de Lazcano de la artillería y de algunos piquetes. Había en él una prisión especial para los frailes llamada La Torrecilla, en donde se puso a don Marcos Pérez. Tendría la Torrecilla como tres metros de largo por dos de ancho, con una puerta en un extremo y una ventana alta en uno de sus lados; de modo que desde la puerta se podía ver todo lo que pasaba en el interior. La bóveda que la cubría era muy sólida y la ventana de la Torrecilla que daba al patio de la sacristía de la iglesia, estaba muy elevada y muy cerca del techo, con una reja de fierro incrustada en el grueso de la pared, lo cual permitía poner los pies en el dintel de la ventana.

El escalamiento del convento se me facilitó por la agilidad que había adquirido en mis ejercicios gimnásticos y por haberlo hecho en compañía de mi hermano. Cuando teníamos que subir una altura que no excediera de tres metros, uno de nosotros se subía a los hombros del otro y una vez arriba echaba una cuerda al que quedaba abajo para que subiera, y cuando la altura era mayor, tirábamos la cuerda sobre uno de los ángulos del edificio para que quedara asegurada y uno de nosotros la sostenía mientras el otro subía, lo cual era muy difícil, pues el que sostenía la cuerda tenía, para aguantar el peso del que subía, que meter cuadril, usando de una frase de arrieros, en cuya postura se tiene mucha resistencia. Después de que uno estaba arriba, sostenía la cuerda para que subiera el otro.

Por la puerta del campo del convento subimos a cosa de la media noche a la barda de la huerta, que tendría como cuatro metros de altura: la primera noche bajamos a la huerta con el objeto de saber si había centinelas en ella; enseguida volvimos a subir a la barda de la huerta y andando sobre ella llegamos a la azotea de la panadería del convento. A esa hora estaban trabajando los panaderos y como esta gente acostumbraba cantar durante su trabajo, no era fácil que nos sintieran en la azotea del amasijo, además de que nosotros andábamos con mucho cuidado para no hacer ruido.

De la azotea de la panadería subimos a la azotea de la cocina de la comunidad, que era el escalón más alto que teníamos que ascender: los cocineros estaban durmiendo a esa hora y por consiguiente podíamos andar con más libertad, procurando siempre que nuestras pisadas no hicieran ruido.

De la azotea de la cocina seguía la terraza o el patio de la celda del Provincial, quien dormía. En la azotehuela de esta vivienda había una pequeña pieza que servía de cocina particular del Provincial, a la cual subimos sin dificultad, uno en los hombros del otro, y así pudimos llegar a la azotea principal y más elevada del convento.

Al llegar a ésta era necesario ir con gran cautela, porque había muchos centinelas en la azotea y la primera noche tuvimos que esperar antes de dar paso, hasta oír el alerta de los centinelas, pues no había otra manera de conocer su posición, y esto nos obligaba a permanecer en quietud hasta que dieran el alerta, el cual repetían cada quince minutos.

Para facilitar nuestra evasión en caso de ser vistos en la azotea, retiramos una cuerda que estaba amarrada al badajo de una campana, con objeto de poderla tocar desde abajo, y que llegaba hasta el piso de la sacristía. Esto lo hicimos con sumo cuidado para no ser notados en caso de que estuviera en el patio alguna persona junto a la cuerda; y una vez retirada ésta la aseguramos de una almena que daba a la calle, con el propósito de descolgarnos por la cuerda si llegábamos a ser descubiertos y cortada nuestra retirada. Antes de bajarnos de la azotea volvimos a poner la cuerda de donde la habíamos tomado, y en las noches siguientes llevamos una, suficientemente larga, con un gancho de hierro en uno de los extremos, para usarla en caso necesario por cualquiera parte.

La llegada a la azotea principal del convento fue lo más peligroso de la operación, por los muchos centinelas que había en ella. Con este motivo nuestra marcha era muy tardía, porque teníamos que permanecer acostados en la azotea, vestidos con un traje gris, para no hacernos muy visibles, escuchando un alerta cada quince minutos que nos indicaba la situación de los centinelas. Así llegamos hasta la azotea de la Torrecilla y no encontramos ningún centinela allí. Había uno abajo de la ventana de la prisión, en otra ventana que quedaba exactamente debajo de la Torrecilla y cuya reja, como la de la ventana superior, estaba metida a medio grueso de la pared y no permitía al centinela ver para arriba. Para burlar la vigilancia de ese centinela era necesario no hacer ruido. Una vez allí me descolgaba yo, o sostenía a mi hermano hasta llegar a la ventana, y estando ya en ella y cogida la reja con las manos, descansaba el que sostenía desde arriba al que había descendido.

Estaba cerrada la ventana que tenía, en su parte alta, dos ventanillas, cada una con una cruceta de hierro en el centro. No había modo de llamar a don Marcos. La puerta de la Torrecilla tenía un boquete más bajo que la talla de un hombre en la postura natural, por donde el centinela podía con facilidad vigilar al preso. Había doble puerta, y en el intermedio de las dos estaban el centinela y un cabo; la segunda puerta que estaba también cerrada con llave, tenía una guardia de cosa de cincuenta hombres del batallón activo con un capitán y un oficial, que era la guardia especial del preso. Todos estaban perfectamente seguros de que el preso no se movería, por no tener su prisión más que esa puerta y la ventana.

Cuando estaba yo en la ventana y el centinela se asomaba al boquete, tenía necesidad de inclinarme, alejándome en lo posible de la ventana para no ser visto, y entonces permanecía yo suspendido de la cuerda y mi hermano tenía que sostenerme. Por supuesto que esto no duraba mucho tiempo sino solamente mientras el que estaba suspendido volvía a coger la reja con una mano. Sin embargo de tantas dificultades y peligros, logramos hablar en tres noches a don Marcos Pérez. El modo de anunciarse era arrancar con las uñas algo de la mezcla de la pared y arrojársela para que despertara y se acercara a hablar a la ventana.

Una vez que nos sintió, la primera noche que le hablamos, y notó algún movimiento por la ventana se sentó, se puso sus botas y en camisa comenzó a pasearse, a rezar en latín unos salmos de David y a acercarse a la ventana con mucho disimulo. El centinela le decía que se acostara, porque el cólera estaba haciendo muchos estragos.

Cuando don Marcos Pérez me conoció me dijo, hablándome en latín, que era muy peligroso hablar; que procurara poner en sus manos un lápiz y un pedazo de papel. Dos noches después volví, y entonces le llevé lápiz y papel, y además un papel escrito por mí diciéndole lo que me parecía más importante. Después de algunos días, con motivo de una enfermedad que le atacó y que al principio se creyó que podía ser el cólera, suplicó se le permitiese tomar un baño; le metieron una tina de barro para bañarse, muy gruesa y muy pesada: quiso ocultar debajo de ella el lápiz y el papel; se le cayó la tina sobre la mano, y el golpe le originó una fuerte lastimadura en un dedo. Los vigilantes notaron este accidente, pero nunca maliciaron su causa.

Yo había dicho a don Marcos que se harían toda clase de esfuerzos para que a todo trance lo cambiaran de esa prisión, porque permaneciendo en ella era casi imposible el extraerlo. A costa de mil empeños lo pasaron a otra en el mismo convento, que era una celda perteneciente al departamento que se llamaba La Rasura, y tenía vista para el Atric, y cuyo techo no era de bóveda sino de vigas.

La tercera vez que lo vimos ya estaba en la otra prisión y estuvimos con él y con los otros presos, pues la cosa era entonces más fácil. Estando él allí nos podíamos comunicar con papeles por unas ventanas que había, que fueron después tapadas con adobe, dejándoles tan solo un claro por la parte de arriba. Con ayuda de una mesa y una silla se proporcionó don Marcos la manera de que pudiéramos entendernos. Hice un alfabeto poniendo una letra en cada pliego de papel, con el cual formaba frases desde una azotea de la manzana que estaba frente a la prisión, y así le pude avisar que había llegado una amnistía. Al fin salió de la prisión en virtud de esa amnistía.

De las tres ocasiones que fuimos a ver a don Marcos, la primera y la segunda fueron noches lluviosas. El cólera hacía muchos estragos, pues había de cincuenta a sesenta muertos por día, en Oaxaca, que solamente tenía de quince a 20.000 habitantes.

Se evaporó lo que yo había hecho, después de la libertad de Pérez, porque sabiendo yo que don Cenobio Márquez era el jefe de la Revolución en Oaxaca, le pregunté si deseaba hacerle saber alguna cosa a don Marcos Pérez, y le informé de la manera cómo me comunicaba yo con él. No lo consideró posible el señor Márquez, y cuando salió don Marcos en libertad se lo preguntó. Admirado de lo ocurrido, lo refirió a otras personas, por cuyo conducto llegó a tener noticia de todo el coronel Lazcano. Con este motivo se me comenzó a tener muy marcado, y tuve que separarme de la biblioteca del Instituto. En lo sucesivo Lazcano puso en la azotea del Convento de Santo Domingo no solo mayor número de centinelas sino además perros, comprendiendo que podría fácilmente ser asaltado de un momento a otro.

Capítulo V. Revolución contra el gobierno del general Santa Anna
Teotongo
1854 y 1855

Mi aventura con don Marcos Pérez y mi voto contra el general Santa Anna, de que hablaré enseguida, me marcaron como hostil a la administración que entonces regía los destinos del país y no me permitieron ya seguir mucho tiempo en Oaxaca.

La política dictatorial y retrógrada del general Santa Anna y su persecución a los liberales, ocasionaron una reacción en el país que vino a culminar con la proclamación del Plan de Ayutla, en enero de 1854, cuya revolución encabezó el general don Juan Álvarez, uno de los pocos caudillos de la Independencia que aún sobrevivían. Poco después, imitando Santa Anna a Luis Napoleón, quiso obtener un plebiscito en su favor y ordenó que se tomara una votación popular, que decidiera quién debería ejercer la dictadura.

Estaba yo supliendo la cátedra de Derecho Natural, cuando el director del Instituto, que lo era entonces el doctor don Juan Bolaños, citó a todos los catedráticos para ir a votar en cuerpo el 1.º de diciembre de 1854. Me rehusé a concurrir, pero teniendo esperanzas de que durante la votación hubiera algún mitote de armas, y creyendo que podría hacerse algo, sin embargo de que esto parecía imposible, pues el Gobierno había puesto muchas fuerzas y hasta cañones, asistí al Portal de Palacio en donde se estaba recibiendo la votación. Presidía la mesa el general Ignacio Martínez y Pinillos, que era el gobernador y comandante general del Estado o Departamento como entonces se le llamaba, cuando llegó el cuerpo académico. El jefe de la demarcación en donde yo vivía, don Serapio Maldonado, se presentó diciendo que votaba por la permanencia del general Santa Anna por tantos individuos varones que eran vecinos de su demarcación, y entonces supliqué a la mesa que descontara un voto de ese número, porque yo no quería ejercer el derecho de votar. Luego que oyó esto el general Martínez consultó el caso con el licenciado don Manuel Pasos, que era su secretario, y quien le manifestó que el votar era un derecho que tenía cada uno, pero no una obligación, en virtud de lo cual, Martínez mandó que se descontara mi voto.

Enseguida llegó el cuerpo académico del Instituto y todos los catedráticos votaron en favor del general Santa Anna y pusieron sus respectivas firmas. Cuando terminó ese acto, el licenciado don Francisco S. de Enciso, que era catedrático de Derecho Civil, me preguntó si no votaba yo. Contesté en los mismos términos en que me había excusado con el general Martínez; esto es, que éste era un derecho que libremente podía o no ejercerse. Sí, me contestó Enciso y uno no vota cuando tiene miedo. Ese reproche me hizo tomar la pluma que se me había ofrecido, me abrí paso entre los concurrentes y puse mi voto en favor del general don Juan Álvarez que figuraba como jefe de la Revolución de Ayutla. Disimulando su enojo el general Martínez me manifestó que era yo el primero en votar en esa forma. Después de haber votado, decidieron que había yo cometido un delito por haber dado al general Álvarez el tratamiento de Excelencia y de general, que había perdido por haberse pronunciado, y además por haber dado mi voto a un sedicioso. A poco comprendí que había cometido un error, porque si hubiera votado por otra persona no hubiera sufrido las persecuciones de que después fui víctima.

Se dio a la policía orden de aprehenderme. Estaba yo en la Alameda con Flavio Maldonado cuando nos dijo Serapio Maldonado, que era agente de policía, que tenía orden de aprehenderme y que la misma orden se había dado a otros muchos, y siguió su camino para que no le vieran cerca de nosotros. Entonces me fui a la casa de don Marcos Pérez, quien había sido ya desterrado a Tehuacán, a sacar unas pistolas por estar más cerca que la mía y para arreglarle unos papeles de asuntos pendientes. Me llevé unas pistolas chicas de don Marcos y me fui enseguida para mi casa. Al pasar por la calle de Manero, estaba en la puerta de la tienda el joven dependiente Pardo, quien me hizo una seña para que viera a Marcos Salinas, uno de los policías, quien venía en pos de mí, y a riesgo de comprometer a Pardo dije en voz alta: vengo a ver si me encuentran. Con ese motivo Salinas no creyó prudente arrestarme, sino que siguió toda la calle y al torcer, corrió en busca de otros policías que le ayudaran a hacer la aprehensión, y yo aproveché estos momentos para desaparecer de aquel lugar; corrí toda la cuadra y otra contigua y me metí en la casa de Flavio Maldonado, condiscípulo y amigo mío. A poco llegó Anacleto Montiel, que era jefe de la policía, saludó en voz alta y preguntó por mí, a lo que se le contestó, para que no sospechara que me encontraba allí, que no estaba yo en la casa, pero que regularmente iba a esa hora, que no tardaba yo en llegar, y que si quería verme, podría esperar un poco.

Se estableció la policía en la esquina de la calle en donde estaba la casa de Maldonado, y otra partida en la puerta de mi casa; pero yo ya había hecho traer mis armas y mi caballo, que mi mozo sacó de mi casa suponiendo que lo llevaba al agua al río de Atoyac, y luego en un canasto de basura y bien tapadas, sacó mi silla, pistolas, espadas y salió como a tirar la basura.

Un hombre llamado Esteban Aragón, valiente y muy enérgico, me había hablado en sentido revolucionario; sabía yo dónde vivía, lo mandé llamar y le propuse que se fuera conmigo a la revolución: me contestó afirmativamente, pero que no tenía caballo; y yo le dije que tenía dos sables, dos pares de pistolas y dos sillas, y que lo proveería de esos útiles. Salió a conseguir un caballo: cogió una de mis espadas, la ocultó debajo de su jorongo y se fue en dirección al río, a donde llevan a tomar agua a los caballos de los vecinos de la parte sur de la ciudad; luego que vio un caballo, se fue sobre el mozo que lo cuidaba, amenazándolo con el sable, le quitó el caballo, se montó en pelo y se me presentó en la casa de Maldonado para que violentamente siguiéramos la marcha. Yo no comprendía el motivo de su prisa. Ensillamos nuestros caballos, y ya listos, acometimos la salida. Los policías a quienes se les había dado orden de aprehenderme, nos salieron al paso; pero me puse inmediatamente a la defensa: Aragón acometió con bastante brío, y así salimos bien del encuentro.

Nos fuimos por Ocotlán y Santa Catarina hasta Ejutla, en donde vimos a don Pablo Lauza, gobernador del Distrito, amigo personal mío y partidario de la revolución. Luego que supe que el caballo de Aragón era robado, procuré comprar otro con el dinero que llevaba, porque comprendí que nos podrían perseguir por ladrones. Con este motivo, lo entregamos a la autoridad de Ejutla, y por su orden quedó amarrado en la plaza, para que lo reclamara su dueño cuando lo conociera. No supe qué fin tendría ese caballo.

Caminamos todo el día siguiente: en la noche atravesábamos las poblaciones, y así continuamos hasta llegar a la Mixteca, donde me encontré aquello revuelto, pues había proclamado la revolución José María Herrera, de Huajuápam. El pobre tenía muy poca gente y mala: indios monteros casi desarmados, pues solamente estaban provistos de machetes y otros instrumentos de agricultura.

Yo me iba haciendo dueño de la voluntad de Herrera: sabía más que él porque había yo hecho un regular estudio del arte de la guerra, en una cátedra de estrategia y táctica, creada por don Benito Juárez, que daba en el Instituto el teniente coronel don Ignacio Uría. Dispuse que esperáramos en la cañada de Teotongo al teniente coronel Canalizo del 4.º de Caballería, que venía a atacarnos con una columna de infantería y caballería, quien traía como ochenta o cien caballos y cincuenta infantes, que mandaba el capitán Ortiz del 10.º de infantería. Esta era muy poca fuerza, pero para nosotros la mitad hubiera sido suficiente para hacernos pedazos, si no hubiéramos contado con los grandes accidentes del terreno. Apenas tendríamos unas veinte o treinta escopetas, y los demás traían hachas, garrochas de trabajo y otros instrumentos de labranza.

En un aguaje que hay en la cañada de Teotongo con exhuberante vegetación, me pareció natural que los soldados, con la fatiga, se detendrían a beber agua. En efecto, se detuvieron muchos, sobre todo los infantes, pues la caballería siguió su camino. Nosotros habíamos aflojado muchas piedras en el cerro, dispuestas con trancas para hacerlas rodar en un momento dado. Cuando los soldados estaban bebiendo agua, les hicimos una descarga y a la vez les cayó una avalancha de piedras, con lo que les causamos perjuicios graves y se alarmaron y corrieron. Éste fue el primer combate en que me encontré.

Se dispersó también toda nuestra gente y yo me dirigí, acompañado de Aragón y Rivera, desconocido hasta entonces para mí, quien me fue después muy útil, a Tlaxiaco, a donde llegamos en altas horas de la noche y fuimos a la casa del cura don Manuel Márquez, fraile dominico, quien era amigo mío y hermano de don Cenobio Márquez, el jefe de la revolución en Oaxaca.

En Tlaxiaco estaba la matriz del 4.º de Caballería, cuya fuerza nos había atacado; y el coronel Valero que era quien mandaba en la Mixteca, pero estaba casi solo pues su fuerza se encontraba a larga distancia. Hablé al cura, don Manuel Márquez, de su hermano, y como él sabía ya cómo caminaban las cosas y lo que pasaba conmigo, no me quiso recibir en su casa para evitarse dificultades, sino que me mandó con un dependiente suyo a una casa vacía y allí nos dio todo lo que necesitábamos tanto para nosotros como para nuestros caballos, y nos sirvió de mucho.

Después de media hora vino el cura Márquez a preguntarme si estaba seguro de que hubiéramos sido derrotados, porque él creía lo contrario. Yo no supe verdaderamente si había corrido antes de ser debido, pero recordaba que toda nuestra gente venía corriendo tras de mí y mucha adelante, y que cada uno tomó el rumbo que pudo. Más tarde volvió el padre Márquez, cuando estaban llegando heridos y dispersos del enemigo y nos dijo que las fuerzas del Gobierno se habían dado por derrotadas. Ya que faltaba poco para amanecer vino de nuevo y me informó que habían llegado el alcalde y los Regidores de Teotongo para preguntar qué se disponía con los heridos y caballos sueltos que había en el lugar del combate. No supe ya lo que pasó después, porque el cura Márquez tenía mucho miedo de que permaneciéramos allí, y me despidió dándome una carta de recomendación para el cura de Chalcatongo, don Martín Reyes, quien hacía gran contraste con el padre Márquez, pues era muy comunicativo.

Después de pernoctar en Chalcatongo y disfrutar de la hospitalidad del cura Ruiz, pasé a Cuanana donde tenía un amigo, cura también, el señor don Ignacio Cruz, y permanecí allí por cosa de un mes. En ese pueblo encontré a don Mariano Jiménez, uno de los dispersos en la acción de Teotongo, y permanecimos juntos hasta que se nos avisó que el general don Ignacio Martínez y Pinillos había sido relevado en el Gobierno y Comandancia Militar de Oaxaca por el general don José María García, quien trataba a los descontentos y revolucionarios con menos rigor que el general Martínez. Nombró su secretario al señor licenciado don Guillermo Valle, persona muy benévola y amigo personal de don Cenobio Márquez, quien he dicho ya, figuraba como jefe de la revolución en el Estado. El señor Márquez me dio seguridades de que no sería yo perseguido si volvía a la ciudad, lo cual verifiqué, pasando tranquilo algunos días en Oaxaca.

No duró mucho el general García en el Gobierno y Comandancia general del Estado, pues a poco fue reemplazado por el general Martínez y Pinillos. El general García me dio aviso anticipado de ese cambio, y con ese motivo tuve que salir otra vez de Oaxaca para no verme expuesto a persecuciones. Antes de que tuviera yo tiempo de tomar de nuevo parte en la revolución, el general Santa Anna abandonó el mando y salió del país dejando encargado del Gobierno en México a un triunvirato; pero pronunciada la ciudad de México, se reunió una junta que eligió presidente al general don Martín Carrera; todo lo cual dio el triunfo a la revolución de Ayutla encabezada por don Juan Álvarez. El Gobierno del general Carrera establecido en México, ordenó al general Martínez y Pinillos, gobernador de Oaxaca, que proclamara el Plan de Ayutla y así lo hizo.

Capítulo VI. Jefatura política de Ixtlán

1855 y 1856

Poco después que el general Martínez secundó la revolución, el 29 de agosto de 1855, lo relevó el Gobierno del general Carrera con el mismo general don José María García, quien nombró de nuevo su secretario al licenciado don Cenobio Márquez. En la nueva organización que el general García dio al Estado, me nombró jefe Político del Distrito de Ixtlán, que formaba parte del Departamento de Villa Alta, de donde era gobernador don Nicolás Fernández y Muedra.

Teniendo ya mucha afición por la milicia, traté de organizar la Guardia Nacional en ese Distrito; pero el gobernador del Departamento me lo prohibió, enviándome un decreto del Estado que exceptuaba del servicio militar a todo el Departamento de Villa Alta, por considerar a sus vecinos poco aptos para esa carrera. Con este motivo y sin ejercer presión sobre los ciudadanos, comencé a hacer una semiorganización de Guardia Nacional, con los que se prestaban espontáneamente, y para animarlos a alistarse les hice algunas concesiones, como no arrestarlos en la cárcel por faltas leves, sino en el corredor del Municipio que servía de cuartel a la Guardia Nacional; admitidos exclusivamente en una escuela de gimnasia creada para ellos, así como en bailes populares que daba yo exclusivamente en beneficio de los guardias nacionales.

Amagado un día el gobernador de Villa Alta por una partida armada de juchitecos, pidió por mi conducto auxilio de fuerza al Gobierno del Estado: trasmití violentamente esa petición y me puse desde luego en marcha con cien hombres de la Guardia Nacional que yo había improvisado, cuyo auxilio fue suficiente para alejar al enemigo que había puesto en consternación a Villa Alta.

Más tarde y siendo ya gobernador del Estado don Benito Juárez, me autorizó, con motivo de mi conducta durante la invasión de los juchitecos a Villa Alta, para organizar la Guardia Nacional del Distrito, y me dio con ese objeto fusiles e instrumentos de banda.

A pocos días de mi nombramiento y cuando apenas comenzaba yo a conocer el Distrito, recibí una comunicación del general García en la que me avisaba que para evitar efusión de sangre en la capital del Estado, había tenido necesidad de aceptar una contrarrevolución provocada por los conservadores y me ordenaba la secundara. Contesté negativamente fundándome en que no solo no me encontraba yo en el caso que a él lo había decidido a semejante proceder, sino que contaba con elementos de fuerza para contribuir al restablecimiento del orden alterado en la capital del Estado y que ya emprendía mi marcha sobre ella. A la vez recibí otra comunicación del tesorero general del Estado, don Luis Fernández del Campo, previniéndome el envío de los fondos procedentes de la contribución personal, que como jefe Político tenía a mi cargo. Le contesté también negativamente, dando razones análogas a las anteriores y avisándole que fundado en ellas había ocupado los fondos de las rentas de alcabalas y tabaco, de cuya inversión daría cuenta en su oportunidad al señor Juárez, nombrado ya gobernador del Estado y en marcha para su capital.

A poco salí de Ixtlán sobre Oaxaca con cosa de cuatrocientos hombres; llegué a la Parada y puse mi avanzada en el pueblo de Tlalixtac, a la vista de la capital; pero por un aviso que mis amigos, los directores de la política liberal, don Luis Carbó y don Luis Fernández del Campo, y del mismo secretario del Gobierno, de que el general García había deshecho su pronunciamiento, volví a Ixtlán y retiré mi gente.

Poco después supe que era sospechosa la conducta del general García, y con ese motivo volví a llamar mi gente al servicio. Salí de nuevo de Ixtlán con menor fuerza de la que había tenido antes porque dispuse de muy poco tiempo para organizarla y me dirigí a la ciudad de Oaxaca, citando para el mismo lugar a todos los otros jefes Políticos del Estado; pero solamente concurrieron a esa cita don Pablo Lanza, jefe Político de Ejuda, y don Bruno Almaraz, de Miahuadán; el primero con veinte hombre y cien el segundo. Mi fuerza de serranos era de 270 hombres.

Una vez en la ciudad y alojado con la mía en el convento de San Agustín, el general García me prevenía con severidad que volviera a mi Distrito y disolviera mi fuerza. Le contesté negativamente, obrando de acuerdo con los señores don Luis Carbó, don Luis Fernández del Campo y don José María Díaz Ordaz, que mandaban las fuerzas liberales, y me trasladé a Santo Domingo en donde ellos tenían el Cuartel general. De esa manera me sustraje por completo a la obediencia del general García, y le manifesté que procedía así en virtud de órdenes recibidas del gobernador del Estado, nombrado por el Gobierno general, que era el señor Juárez, cuyas órdenes habían sido firmadas en la Villa de Tepoxcolula, dentro del territorio del Estado.

Durante la revolución de Ayutla el señor Juárez regresó por Panamá de su destierro en Nueva Orleáns a incorporarse en Acapulco con el general Álvarez: lo acompañó a Cuernavaca, en donde el 4 de octubre de 1855 se organizó el gobierno Provisional, y fue electo presidente el general Alvarez, quien nombró al señor Juárez ministro de Justicia. Cuando el 18 de diciembre de 1855 el general Álvarez regresó de México para Acapulco, dejando como presidente sustituto a don Ignacio Comonfort, el señor Juárez fue nombrado gobernador y comandante Militar del Estado de Oaxaca.

La llegada del señor Juárez a la ciudad de Oaxaca, verificada en los primeros días de enero de 1856, puso fin a las dificultades existentes, y después de haber determinado la marcha de las fuerzas de línea para la capital de la República, organizó los Batallones de Guardia Nacional del Estado y mandó que los de los Distritos volvieran a sus hogares.

El Tesorero del Estado, cuyo empleo seguía desempeñando don Luis Fernández del Campo, liquidó a los respectivos jefes, por los fondos que habían manejado y les notificó que solo les admitiría el número de oficiales correspondiente a su fuerza, a razón de un capitán, un teniente y dos Subtenientes por cada cien hombres, y que a los jefes Políticos, improvisados jefes Militares, solo se les consideraría con el empleo correspondiente al número de hombres que mandaban.

Llamó mucho la atención, tanto del gobernador como del Tesorero, que al presentar mi liquidación no estuvieran considerados mis oficiales, Sargentos y Cabos, con sueldo alguno diferencial; es decir, que no les abonaba yo el que les correspondía, sino un sueldo igual al de los soldados rasos; y habiéndome pedido explicaciones sobre este hecho, contesté que no figuraban sueldos ningunos por el tiempo que tuve en servicio a los voluntarios, porque por todo haber, les había dado rancho preparado con los víveres que ministraban, sin costo alguno, los pueblos del Distrito; que comencé a dar sueldos el primer día que amanecimos en la capital y a todos como soldados, porque no teniendo la instrucción suficiente para servir como oficiales y Sargentos, creía dudoso su derecho de percibir estos sueldos; que además, procedía así porque tampoco ellos tenían ambición; y que en cuanto a mí, como tenía mi haber y honorarios como jefe Político, no figuraba con sueldo militar. Esto explicaba por qué entregaba una considerable existencia de los fondos que había yo ocupado militarmente, lo mismo que de los demás que estaban a mi cargo.

Como mis oficiales no sabían contar, y no podía reemplazarlos porque eran los indios de más prestigio en los pueblos, tuve que enseñarles la documentación militar, ordenanza y algunas maniobras de infantería, y con este objeto establecí una academia nocturna que daba yo mismo en los salones de la escuela de niños. Después de esto, siempre que fuimos llamados al servicio activo, de guarnición o de guerra, portaban mis oficiales uniforme y se les abonaba ya el sueldo correspondiente a sus empleos.

Sabedor de que Fidencio Hernández, mozo de estribo de don Miguel Castro, había sido cometa del Ejército, supliqué a Castro me lo mandara para que enseñara a la banda de mis nacionales, a lo cual se negó, diciéndome que Fidencio estaba en Villa Alta; y cuando tuve que ir a ese pueblo con motivo de haber sido amagado por los juchitecos, se me presentó Fidencio como voluntario y lo utilicé como me proponía. Después supe que siendo don Miguel Castro secretario del gobernador don Marcos Pérez, hizo nombrar a Fidencio capitán de una guerrilla de serranos, y así comenzó su carrera militar, en la que llegó a general de Brigada, nombrado por el señor Juárez en premio de los servicios que prestó contra la revolución de la Noria, después de su defección, pues ayudó a prepararla e iniciarla.

Cuando el señor Juárez llegó a Oaxaca, comenzó a organizar su administración y a licenciar las Guardias Nacionales de los Distritos con orden de volverlas al estado sedentario, me expidió la patente de Mayor de Infantería de Guardia Nacional y me dio algunos recursos como armas y útiles de guerra con los cuales y sin amagos ya de revolución, pude organizar la Guardia Nacional mejor de lo que lo había hecho antes, llegando a ser la principal y casi la única organización armada en apoyo del partido liberal en el Estado.

Permanecí cerca de un año como jefe Político del Distrito de Ixtlán, y habiendo sido electo teniente por una de las compañías del primer batallón de Guardia Nacional de Oaxaca, del que era coronel el licenciado don José María Ordaz y Mayor el licenciado José María Ballesteros, supliqué al señor Juárez que me permitiera entrar al servicio activo militar y dispusiera de la Jefatura Política de Ixtlán. Primero se resistió mucho el señor Juárez a aceptar mi renuncia por el perjuicio que me causaría la diferencia de sueldos, pues como jefe Político tenía yo de 140 a 160 pesos al mes, por sueldo y honorario sobre la contribución personal, mientras que el sueldo de teniente era de 40 pesos solamente. Para que esta diferencia no me fuera tan perjudicial, me nombró el señor Juárez capitán con el sueldo de 60 pesos al mes y me expidió la patente respectiva; pero no habiendo vacante alguna de capitán en el primer batallón, entré al segundo, del que era teniente coronel el licenciado Manuel Velasco y

Mayor el licenciado don Tiburcio Montiel. Mandé primero la cuarta compañía de fusileros, y después, cuando se crearon compañías de preferencia, me nombró el Gobierno capitán de la de granaderos. Organicé mi compañía de granaderos, tomando lo mejor del personal del Batallón, que tenía 700 plazas, aunque no escogí precisamente a los de mejor talla como es el reglamento.

Capítulo VII. Ixcapa

13 de agosto de 1857

Nada extraordinario ocurrió en el Estado ce Oaxaca por espacio de algunos meses; pero la República estaba en conmoción. El partido conservador, apoyado y dirigido por el clero, había encendico la guerra civil, exaltado por la promulgación de la ley de nacionalización de 25 de junio de 1856, y muy especialmente por la Constitución de 5 de febrero de 1857, proclamando en sus planes revolucionarios los principios de religión y fueros. El incendio llegó al fin al Estado de Oaxaca y en julio de 1857 se pronunció en el Distrito de Jamiltepec el coronel don José María Salado. El Gobierno del Estado ordenó que fuese a atacar a los pronunciados una columna de Guardia Nacional y este servicio tocó al segundo batallón.

Salimos a la campaña, la compañía de granaderos, la 2.ª de mi Cuerpo mandada por el capitán Pedro Vera, y una compañía de Guardia Nacional de Ejutla, mandada por el teniente don José María Ramírez que fue después gobernador del Estado de Chiapas y que estaba agregada al segundo batallón, sin formar parte de él. Mi compañía estaba completa y lista, pues aún no hacía un mes que la había formado entresacándola de las demás y tendría cien hombres; la 2.ª compañía, tenía sesenta, y la de Ejutla era un piquete como de cuarenta. Estas fuerzas se pusieron a las órdenes del teniente coronel Velasco.

Recibidas nuevas noticias de la revolución, que le daban aspecto más serio, el gobernador dispuso que se nos incorporara el Mayor Montiel con la compañía de cazadores del segundo batallón, que tendría otros cien hombres, y por combinación con el general don Juan Álvarez, nos debía auxiliar el teniente coronel Nicolás Bustos con 200 hombres de Guardia Nacional del Estado de Guerrero.

Cuando hacíamos nuestra marcha para incorporamos al teniente coronel Bustos o para proteger su incorporación, se nos interpuso entre Santa María

Ixcapa y Cuajinicuilapan, del Distrito de Ometepc, el coronel Salado con su columna de 700 hombres, armados todos con fusiles sin bayoneta, y además como armas de carga, con machetes de los que se usan en el sur, y nos obligó, como a las dos de la tarde del día 13 de agosto de 1857, a combatir con él, antes de que se nos incorporase Bustos, quien estaba como a 10 o 15 leguas de distancia, y el enemigo, según informes de nuestros exploradores, se encontraba a menos de una milla, emboscado en el camino que debíamos seguir.

Después de un corto descanso que tomó nuestra columna en el pueblo de Ixcapa, el teniente coronel Velasco, fue con algunos Cabos y Sargentos a reconocer al enemigo desde una altura vecina que indicó el alcalde del pueblo. Mientras el teniente coronel ejecutaba esa operación, el Mayor ponía todo nuestro personal en actitud de defensa y de recibir órdenes. Cuando regresó Velasco, nos manifestó con alguna imprudencia, porque lo hizo delante de la tropa, que el enemigo era muy superior a nuestras fuerzas y que era necesario retirarse sin combatir, porque de seguro seríamos derrotados si presentábamos acción. Como el piquete que llevó Velasco a la colina, disparó algunos tiros de fusil sobre el enemigo, notó éste que había sido descubierto, y emprendió decididamente su marcha sobre nosotros. Así fue que cuando el teniente coronel ordenaba una contramarcha, y yo le manifestaba los inconvenientes de ese movimiento, que veía claramente sería la destrucción de nuestra pequeña columna, el enemigo cortó la discusión presentando su grueso por el camino Nacional y metiendo una columna por una vía transversal que le permitió entrar al pueblo sin ser vista por nosotros. En esos momentos dirigí a mi compañía algunas palabras de exhortación, recordándole su protesta a nuestra bandera, con las que procuré exaltar su orgullo militar un tanto abatido por la opinión imprudentemente manifestada de mi teniente coronel, y sin esperar sus órdenes mandé armar y calar bayoneta y la puse en marcha, al trote, sobre el enemigo. Hizo lo mismo el teniente Ramírez, comandante de la compañía de Ejutla, y los dos jefes quedaron con el resto de la fuerza en observación de lo que nos pasara.

Antes de chocar con la columna que descendía de la colina y al pasar por una de las bocacalles del pueblo, apareció por la derecha y a cortísima distancia, la otra que había penetrado por la izquierda del enemigo, la cual mandaba el coronel don Pedro Gazca. Tuve, pues, que chocar primero con la de la derecha, que con la que era objeto de mi marcha al iniciarla. En los primeros disparos que mediaron entre mi columna y la enemiga, fui atravesado de la última costilla falsa de la izquierda, a la fosa ilíaca derecha, siendo ésta perforada cerca de su cresta superior, y sin haber interesado la bala los intestinos, pues quedó entre ellos y el trayecto de la bala una lámina muy delgada, lo cual me originó una peritonitis aguda. El tiro me derribó, pues fue tan cerca que quedaron incrustados en el tejido de mi ropa, algunos granos de pólvora, ocasionándome, los que venían en combustión, ligeras quemaduras; pero me repuse violentamente y como lo exigía la presencia del enemigo, me levanté, estimulé a mis soldados y pusimos en fuga a esa columna que ya no regresó por donde había venido, sino que fue a unirse con la que venía de frente mandada por Salado.

En ese momento y mirando el éxito que sobre la columna de Gazca habían obtenido las compañías de granaderos y de Ejutla, se vino el resto de nuestra columna con los principales jefes, rápida y marcialmente, con todo el brío que inspira la primera vuelta del enemigo. La vista de este movimiento a la vez que nuestra carga a la bayoneta, hizo voltear la cara al enemigo, no obstante que ejecutamos esta maniobra ascendiendo la colina. La carga se daría en una extensión como de 700 metros. Una vez en la cima y no pudiendo ya andar más, mandé hacer alto a mi compañía y volví a surtir sus cartucheras, en previsión de una media vuelta del enemigo. Procedí así sin orden de mi jefe, porque me pareció que era lo más prudente, y porque sabía que contaba con su buena voluntad, permanecí a la expectativa.

En su retirada ocasionada por nuestra vigorosa carga, el enemigo tuvo que pasar el Río Verde, y allí perdió mucha gente, pues aunque había canoas suficientes para conducir a todos en una retirada ordenada, la suya no tuvo ese carácter. Los primeros que ocupaban una canoa se salvaban, sin esperar a que llegaran otros para llenarla y los que llegaban después y en desorden ya no encontraban en qué pasar el río, y, o se ahogaban si pretendían pasado a nado o morían a consecuencia de nuestras balas, o de la voracidad de los caimanes que abundaban en el río.

En el primer choque murieron Pedro Gazca y José María Salado. Este último, más valiente que el primero, se nos vino encima con machete en mano; y al pegar al Sargento de mi compañía, Anastasio Urrutia, un machetazo en la cabeza que le abrió el cráneo, de cuya herida sobrevivió, le disparó Urrutia a quemarropa su fusil que estaba cargando y sin haber tenido tiempo de sacarle la baqueta, lo pasó con ella y con la bayoneta, quedando muerto Salado.

Al regresar los jefes con el resto de la columna, al lugar en donde yo había permanecido, nos informaron que todo había concluido; que el enemigo huía decididamente, perdiendo mucha gente en la persecución, la mayor parte ahogados en el río, y los que por ser buenos nadadores lograron pasarlo, no pudieron llevarse sus fusiles, y habían quedado por lo mismo completamente desarmados.

Al día siguiente se nos incorporó Bustos y entonces el teniente coronel Velasco siguió con la columna para Jamiltepec, y todos los heridos quedamos en el pueblo de Cacahuatepec, como a dos millas de Ixcapa, que parecía ofrecer más recursos que éste.

El día de la batalla, el Mayor de mi Cuerpo, licenciado Montiel, que en su juventud había hecho algunos estudios de medicina, me aplicó por toda curación hilas secas en forma de lechinos o tacos, para detener la hemorragia. Al día siguiente el señor don Nicolás Arrona, cura que era de Cacahuatepec y que había sido mi maestro de latinidad, me informó que existía en ese pueblo, un indio que hacía curaciones tópicas y que entendía algo de medicina. Efectivamente acudió a mi presencia ese indio que fundaba su atrevimiento para curar, en los conocimientos científicos que creía haber adquirido en el hospital de San Cosme de Oaxaca, cuando estuvo algunas semanas en ese establecimiento en calidad de preso por ebrio; pero como por lo pronto sufría yo mucho e ignoraba los antecedentes de ese individuo, le permití que me hiciera la primera curación que se redujo a aplicarme un ungüento que él confeccionó con resina de ocote, huevo y grasa, el cual me produjo tan abundante supuración, que ella hubiera bastado para matarme si no acude a mi auxilio un médico.

El señor Juárez, que comprendió la falta que teníamos los heridos de un buen facultativo, ordenó al doctor Esteban Calderón, juez de Tlaxiaco, que por la posta se pusiera en marcha con las medicinas necesarias, hasta donde encontrara nuestro improvisado hospital de sangre, es decir, hasta Cacahuatepec. Yo, que ignoraba esta disposición del Gobierno, y sentía ya la falta de médico y la necesidad de curación para todos los heridos, dispuse que emprendiéramos la marcha para Oaxaca, unos en camilla y a caballo los que podían montar. Así se efectuó, y a poco de haber salido de Cacahuatepec encontramos al doctor

Calderón, quien calificó nuestra determinación de muy imprudente a la vez que de muy audaz; nos estableció a todos en la Hacienda del Pie de la Cuesta, propiedad de don Venancio Merás, cuyo administrador era un oaxaqueño, amigo personal mío y del médico.

Después de diez y ocho días de permanencia en dicha Hacienda, cuyo tiempo aprovechó el doctor Calderón para preparar la curación de todos los heridos, y después de varias operaciones dolorosas que me practicó en busca de la bala, sin encontrarla, emprendimos la marcha para Tlaxiaco, que distaba cosa de 20 leguas, a donde llegamos a los tres días. Lo malo de los caminos y lo lluvioso del tiempo, hizo que en una de las marchas resbalaran y me soltaran los cargadores que me llevaban en silla de manos, y eso me decidió a montar a caballo, adicionando mi montura con almohadas para llevar cómodamente la pierna derecha que se resentía mucho de la perforación de la fosa ilíaca. Permanecimos en Tlaxiaco quince días y de allí me fui a Oaxaca, a donde llegué en la noche del 30 de septiembre de 1857.

El doctor Calderón me había hecho dos incisiones en busca de la bala; una por la región abdominal y otra por el cuadril derecho. La segunda incisión me hizo mucho bien, porque permitió la salida de gran cantidad de pus y de varias esquirlas que si hubieran permanecido más tiempo sin salida, habrían puesto pronto fin a mi existencia.

La conducta observada por los jefes de esa acción desagradó a los oficiales de la Fuerza, quienes escribieron a sus amigos y familias residentes en Oaxaca, censurándolos duramente y hasta tachándolos de cobardía. Esas cartas llegaron a conocimiento del señor Juárez, en cuyo ánimo influyeron al grado de que no publicó el parte de la acción, sino después de que yo le di informes imparciales respecto de ella, esto es, que al principio se resistían los jefes a atacar al enemigo; pero que cuando vieron el éxito de mi compañía y la de Ramírez, lo hicieron con todo el brío de que eran capaces.

Capítulo VIII. Primer sitio de Oaxaca

Esquina del cura Unda

8 de enero de 1858

Entretanto, el primer Congreso Constitucional se había reunido en septiembre de 1857, y el general Comonfort, electo presidente, había inaugurado su nueva administración el 1.º de diciembre siguiente; pero por desgracia y cediendo a influencias malignas del partido conservador y de pocos liberales visionarios, disolvió el Congreso el 17 del mismo mes, y proclamó la dictadura, cambiando así sus títulos de presidente Constitucional por el de jefe de asonada. El partido conservador lo arrojó a poco de la capital y quedó en posesión de ésta hasta el 24 de diciembre de 1860.

Juárez había sido electo presidente de la Suprema Corte de Justicia, lo que le daba el carácter de Vicepresidente, y había sido nombrado por Comonfort, ministro de Gobernación, al inaugurar su período constitucional. Cuando Juárez salió de Oaxaca, fue nombrado gobernador del Estado el señor licenciado don José María Díaz Ordaz. Al dar Comonfort su golpe de Estado, arrestó al Vicepresidente de la República, quien fue puesto en libertad cuando los conservadores arrojaron de la capital a Comonfort, y entonces Juárez estableció el Gobierno Constitucional sucesivamente en Querétaro, Guanajuato, Guadalajara y al fin en Veracruz, en donde permaneció hasta enero de 1861 que volvió a México.

A poco de mi regreso a la ciudad de Oaxaca, después de la acción de Ixcapa, salió el Mayor Montiel con una partida de mi Cuerpo, y eso hizo que me encargara yo del detalle del batallón, por cuyo motivo y teniendo aún dificultad para andar, establecí mi habitación en el Cuartel donde estaba la Mayoría, esto es, en el Convento de Santo Domingo.

Encontrándome allí, y todavía impedido, se acercó una columna a las órdenes de don José María Cobos, que los conservadores mandaron de México sobre Oaxaca. Cobos ocupó la ciudad, y estableció su Cuartel general en el Palacio del Estado, y el gobernador, con las Guardias Nacionales a las órdenes del coronel don Ignacio Mejía, se refugió en los conventos de Santo Domingo, el Carmen y Santa Catarina, que fueron sitiados por las fuerzas de Cobos. En momentos en que el gobernador Díaz Ordaz y el coronel don Ignacio Mejía discutían en mi presencia los medios de defensa de la ciudad y se lamentaban de que había pocos oficiales disponibles, les manifesté que podían disponer de mí, no obstante que tenía todavía abiertas mis heridas. Aceptaron mis servicios y me nombraron comandante del Fuerte de Santa Catarina, convento cercano a Santo Domingo, que se me entregó para defenderlo, y que como lo exigían las circunstancias, yo debía convertirlo en fortaleza; el coronel Díaz Ordaz, gobernador del Estado, tomó a su cargo la defensa de Santo Domingo, y al coronel don Cristóbal Salinas se encomendó la defensa del Carmen.

Como mi compañía era una de las maniobreras y debía por lo mismo utilizarse para las salidas que se ordenaran, no conté con ella al posesionarme del convento de Santa Catarina, sino que se me dio un piquete de Guardia Nacional de Ocotlán a las órdenes del capitán don Ramón del Pino; otro de la Guardia Nacional de Tuxtepec a las órdenes del Subteniente don Marcos Carrillo, quien después llegó a ser general, y otro de caballería desmontada de Jallacatlán a las órdenes del alférez don Vicente Bolaños, actualmente teniente coronel en depósito, formando todos un total de sesenta hombres. Con esta fuerza fortifiqué el punto a mi manera, pues entonces conocía yo poco de este arte, establecí una comunicación cubierta con el convento de Santo Domingo y puse mi posición en buen estado de defensa.

Cuando ya contábamos más de veinte días de sitio y la desmoralización y falta de municiones de guerra y de boca, comenzaban a producir sus efectos, averigüé que una de las barricadas que el enemigo había puesto en la esquina llamada del cura Unda, frente a mis posiciones, era en su mayor parte de sacos de harina y salvado. Esto me inspiró la idea de que, dando un ataque súbito y vigoroso a esa trinchera, podríamos apoderarnos del material de que se componía. Propuse en consecuencia al gobernador Díaz Ordaz, que con el sigilo debido se diera el asalto a esa trinchera y la manera cómo creía yo que podría hacerse con buen éxito. El señor Díaz Ordaz desechó por completo mi idea; pero probablemente se la comunicó enseguida al coronel don Ignacio Mejía, y acaso por indicación suya me mandó llamar dos horas después, y me ordenó hablara sobre ese asunto con el coronel Mejía para ejecutar el movimiento que yo proponía o para contestar las objeciones que él me hiciera. El coronel Mejía aceptó mi plan, se quedó con mis apuntes que comprendían una combinación de toques para comunicarnos, sin que nos entendiera el enemigo.

Convenimos, pues, en que en ese momento, que serían las diez de la noche, saldría yo de nuestra línea con veinticinco hombres de mi compañía, a horadar la manzana contigua, y pasando por varias casas de esa manzana, llegaría a ocupar las ventanas de la última casa, que quedaban a la retaguardia de la trinchera indicada, que por descuido no había ocupado el enemigo: y que al llegar yo a esa casa, esto es, a la retaguardia del enemigo, me auxiliaría una columna de Santo Domingo.

Este auxilio consistiría en sacar desde la media noche, a la esquina de la Perpetua, dos compañías: la de granaderos del primer batallón y otra del segundo, que era la mía; tirotear desde allí constantemente al enemigo, para que obligándolo a contestar el tiroteo, no oyera el ruido que yo pudiera hacer con el trabajo de perforación de los muros. De las dos compañías que debían situarse en la esquina de la Perpetua, la mía, que era la de granaderos del 2.º Batallón, debía avanzar por toda esa calle y la del cura Unda hasta desalojar la fuerza que se encontraba en la calle transversal y en la tienda, a la cual yo batiría por la puerta de la trastienda. La señal para que mi compañía emprendiera sus operaciones al trote, sería una granada de mano que yo arrojaría por encima de las azoteas y que reventaría en la calle. Debía situarse en la trinchera nuestra, de Santa Catarina, todo el presidio con su correspondiente escolta, para acarrear en hombros, los bultos de harina que formaban las trincheras, al perímetro sitiado, luego que yo las tomara.

No se me dieron los veinticinco hombres de mi compañía, sino de fuerzas irregulares, completándolos hasta con serenos que no tenían organización militar. No obstante que di en su oportunidad la señal convenida, no se movieron las compañías de la calle de la Perpetua, sin duda porque las instrucciones que habían recibido del coronel Mejía no fueron bastante claras, pues tanto los soldados como los oficiales de esas compañías eran de mucho brío y deseaban auxiliarme.

Sin embargo de que no se me mandaron los veinticinco hombres de mi batallón, en la noche del día 7 de enero de 1858 emprendí mi movimiento, comenzando por horadar los muros, que en su totalidad eran de adobe, para lo cual empleaba agua e instrumentos de carpintería, a fin de evitar el ruido que habrían hecho las barretas. Como en cada una de las casas que horadaba, tenía que dejar un hombre en el patio y otro en la azotea para cubrir mi retirada, cuando llegué a la última casa apenas me quedaban trece hombres. La tienda de esa última casa estaba ocupada por el enemigo, quien tenía también un destacamento en la trinchera que daba frente a Santa Catarina. Al terminar la horadación cayó el pedazo de tapia que la descubría, y don José M. Cobos, que momentos antes, visitando su línea, había tenido necesidad de entrar hasta el segundo patio y a la sazón se encontraba encerrado en un común, habiendo dejado a sus ayudantes en la tienda, vio que por la horadación que apareció instantáneamente a su frente, entraban soldados y encontró prudente permanecer en su escondite.

Pasados mis soldados y formados en el segundo patio, avancé al primero y encontrando en él a una joven, la encerré en un cuarto para que no diera aviso al enemigo, y me dirigí a la trastienda, cuyas ventanas daban a la espalda de los defensores de la trinchera. Los desalojé a los primeros tiros y se replegaron al destacamento que estaba en la tienda y que servía de reserva a la trinchera. Tuve que sostener un combate en la puerta de la trastienda que comunicaba con la tienda, puerta de difícil acceso, porque a poco de haber comenzado la refriega se habían acumulado en su dintel los cadáveres de los combatientes de una y otra parte. Después de media hora de combate y cuando ya me quedaban pocos soldados disponibles, toqué diana que, según mi combinación de que había dejado copia al coronel Mejía, significaba que necesitaba yo refuerzos y municiones; pero o el coronel Mejía no me oyó o no entendió mi toque, porque al tocar yo diana, la repitieron los destacamentos que cubrían las torres de Santo Domingo y el Carmen, y echaron a vuelo las campanas.

El combate entre la trastienda y la tienda había sido muy reñido, porque como se prolongó mucho, tuvo tiempo la plaza de reforzar su destacamento de aquel lugar, con doscientos hombres del 9.º Batallón mandados por su teniente coronel don Manuel González, hoy general de División; pero afortunadamente ese gran número de fuerza no tenía por donde batirme, porque era muy estrecha la puerta que comunicaba a la tienda con la trastienda y no podía atacarme por la azotea porque lo impedía la altura de Santa Catarina, coronada de soldados nuestros y que estaba muy inmediata.

Después de más de media hora de combate y cuando había perdido en la trastienda nueve hombres, quedándome solamente tres y el corneta, y cuando me persuadí de que había fracasado la combinación, por no haber recibido el auxilio convenido, arrojé sucesivamente sobre la tienda granadas de mano encendidas para contar con algunos segundos que me permitieran retirarme sin ser perseguido, tiempo que fue muy corto porque Cobas, que permanecía en su escondite y que me vio pasar a mi regreso, dio inmediatamente aviso y ordenó la persecución, que se hizo desde luego.

En mi retirada, tuve la desgracia de perder el trayecto de las horadaciones, porque al sentir los soldados que yo había dejado apostados en el camino, que me retiraba, habían huido antes de que yo pudiera verlas, y en lugar de dirigirme al cuarto del zaguán, que era donde estaba la horadación de una de las casas, tomé para el segundo patio; pero por fortuna mía, la tapia no era muy alta y pude salvarla cuando ya tenía a la vista a mis perseguidores. Mi extravío sirvió para extraviarlos y me dieron el tiempo suficiente para entrar a mi línea de defensa. Los tres soldados y el clarín que me quedaban habían salido por la horadación, y con ellos se habían ido los que vigilaban el patio y debían mostrarme el camino. Así fracasó esta operación, que tantas esperanzas nos había dado de meter algunos víveres a las fuerzas sitiadas.

Capítulo IX. Asalto de Oaxaca

16 de enero de 1858

En la semana que siguió al ataque de la esquina del cura Unda, creció mucho la desmoralización entre los sitiados, que culminó al saber que el Gobierno se proponía retirarse para la sierra, rompiendo el sitio. Conocido ese propósito por los oficiales más jóvenes y belicosos, se formó un compromiso entre ellos de desobedecer esa orden y atacar decisivamente al enemigo que ocupaba la plaza. Ese complot llegó a conocimiento del gobernador y del coronel Mejía, y como no estaban en condición de someternos, creyeron preferible castigarnos, poniéndonos a la cabeza de las columnas que debían asaltar la plaza.

Decidido el asalto se organizaron tres columnas de cerca de doscientos hombres cada una. La primera que debía atacar por las calles de Sangre de Cristo, Estanco y Sagrario, se puso a las órdenes del teniente coronel don José M. Batalla, y como segundo al capitán don Vicente Altamirano; la segunda columna, que debía hacer un ataque paralelo por las calles del Carmen de Arriba, Campaña y Colegio de Niñas, era mandada por el teniente coronel Manuel Velasco y por mí como segundo; y la tercera, que debía atacar por la calle de la Barranca, paralela también hasta la esquina de la Virgen de Piedra se puso a las órdenes del teniente coronel don José M. Ballesteros, y como segundo al capitán don Luis Terán, quien hasta entonces había figurado como un joven modesto, dependiente de una tienda.

La primera columna se componía de las compañías de Cazadores del 1.º y 2.º Batallón; la segunda de las compañías de Granaderos del 1.º y 2.º Batallón; y la tercera de las compañías 1.ª y 2.ª del tercer Batallón. Había una columna de reserva que debía marchar a la retaguardia de las columnas de asalto, sobre la huella de la segunda que era la que atacaba el centro, y se componía de más de cuatrocientos hombres, mandados por el coronel Mejía.

Al amanecer el día 16 de enero de 1858, salieron simultáneamente las tres columnas por las calles que se les había designado. A la mitad de la marcha de la primera columna, cayó mortalmente herido su jefe, teniente coronel Batalla, quien murió a pocas horas, y quedó gravemente herido el segundo jefe, capitán don Vicente Altamirano. Sin embargo de esto, la columna siguió hasta la Plaza de Armas a las órdenes del capitán don Mariano Jiménez. La segunda columna forzó la trinchera de la calle de la Cárcel, volteó el cañón que la defendía y marchó con él hasta el atrio de la Catedral. La tercera columna llegó sin obstáculo hasta la esquina de la Concepción y atacaba de flanco el Palacio, sin haber tenido que forzar más que una barricada de adobes que no tenía artillería. Detenida mi columna, que era la segunda, en la esquina formada por la Alameda del centro, Catedral y Portal del Señor, se me incorporó la primera columna que había quedado sin jefe, y había penetrado forzando la trinchera del Estanco, pero toda en desorden.

En algunos ataques fracasados que intentamos por dentro del Portal del Señor, nos mataron a algunos oficiales, Sargentos y soldados e hirieron gravemente al teniente coronel Velasco, jefe de mi columna, por cuya circunstancia recayó en mí el mando. Organicé una nueva columna con el personal de la mía y el de la primera que se me había incorporado sin jefes, y marché directamente al Palacio, por la Plaza y por el Portal del Señor, quedando en mi puesto la columna de reserva, cuya cabeza llegaba en esos momentos, mientras que el capitán Terán avanzaba con parte de la tercera columna, por la calle de la Concepción concurriendo conmigo a la esquina del Palacio, y atacándolo por la puerta del costado, cuando yo penetraba por la principal. El enemigo fue rudamente batido por las dos puertas del Palacio, lo cual lo determinó a abandonar su posición, quedando derrotado y perdiendo allí, entre muertos y heridos, muchos oficiales y tropa, y dejándonos muchos prisioneros, de los cuales más de treinta eran jefes y oficiales.

El teniente coronel don Manuel González (después general de División del Ejército Liberal y presidente de la República en el cuatrienio de 1880 a 1884) salió en desorden con la tropa y oficiales del 9.º, por la cabecera oriental del portal del Palacio y allí fue confundido con nuestros soldados que perseguían a los que huían por esa calle. González llevaba como distintivo en el pecho una cruz roja, y al voltear la cara para coger su sombrero que se le había caído, fue visto por nuestros soldados que se disponían a disparar sobre él, cuando llegó al extremo de la calle, torció hacia el sur y por donde huían sus compañeros, y pudo así salvarse.

Capítulo X. Tehuantepec

Jalapa y Las Jícaras

25 de febrero y 13 de abril de 1858

Cobos y sus oficiales derrotados, emprendieron camino para el sur de Oaxaca, llegaron hasta Miahuatlán, y de allí se fueron a Tehuantepec, por la sierra de Huamantla. En Tehuantepec encontraron mucha aceptación en el pueblo que era esencialmente retrógrado y fanático, y fueron eficazmente auxiliados por el comerciante inglés Tomas H. Woolrich, cuya goleta, La Elisa, había sido poco antes aprehendida por estar cargada con efectos de contrabando y después abandonada por el Gobierno, cuando éste se vio obligado a replegar muy violentamente a Oaxaca la guarnición de Tehuantepec. Woolrich facilitó a Cobos dos o tres mil machetes para trabajos de monte, que acababa de recibir con su contrabando, y una fuerte cantidad de pólvora que había entre sus mercancías, con la condición de que reorganizara sus tropas en Tehuantepec, aprovechando la buena acogida que allí había tenido, y le aconsejó que explotara a los principales comerciantes de ese lugar, muy especialmente don Rafael Baquerizo, administrador de las Salinas; a don Antonio Calzada y a don Fernando Velázquez, cuya ruina quedó consumada por ese motivo.

Reorganizado Cobos por la decidida protección que encontró en Tehuantepec, amenazaba seriamente al Gobierno de Oaxaca, el cual se vio obligado a mandar prontamente una columna que fuera en su persecución, y cuyo mando encomendó al coronel don Ignacio Mejía, ministro de la Guerra en las administraciones de los licenciados Benito Juárez y Sebastián Lerdo de Tejada. Esta columna se componía de 700 hombres, poco más o menos, y se formaba de las compañías de cazadores y granaderos del primer Batallón de Guardia Nacional del Estado, mandadas por su teniente coronel licenciado José M. Ballesteros, de las compañías de Granaderos y Cazadores del segundo Batallón, mandadas por mí como capitán de Granaderos; de las compañías de Granaderos y Cazadores del tercer Batallón mandadas por su teniente coronel don Alejandro Espinosa; de una sección de artillería de montaña mandada por el teniente don Nabor Bolaños y de un Escuadrón de Guardia Nacional mandado por el teniente coronel Miguel Luna.

Emprendimos la marcha hacia Tehuantepec y al llegar a la Hacienda de Tapanala, supo el coronel Mejía que había una avanzada de infantería y caballería en un rancho llamado Las Vacas; y destacó al capitán Francisco Cortés con su compañía, que era una de las del 3.º y con un piquete de caballería. Este, como muy conocedor del terreno, batió al destacamento de Las Vacas sorprendiéndolo por veredas que le permitieron llegar al rancho sin ser sentido por los puestos avanzados y los destruyó cas por completo.

Seguimos la marcha, y al pasar por la Hacienda de San Cristóbal, tuvimos noticia de que el enemigo se movía de Tehuantepec para encontramos; y en efecto, el 25 de febrero de 1858, antes de llegar al pueblo de Jalapa, comenzamos a ser tiroteados por su avanzada. Atacamos vigorosamente a su núcleo principal que estaba en el convento, habiéndose posesionado además de dos montículos inmediatos al pueblo de Jalapa, y fue completamente derrotado, pues no pudo resistir el empuje de nuestros soldados que venían orgullosos de su reciente victoria en Oaxaca. El combate fue muy reñido, pues duró más de una hora, y el número de heridos, tanto del enemigo como nuestros, nos obligó a permanecer dos días en Jalapa.

Cobos tenía en esa batalla cosa de 3.000 hombres, la mitad de ellos armados y la otra mitad solo con machetes; traía cuatro cañones que la guarnición liberal de Tehuantepec, al replegarse a Oaxaca, en diciembre de 1857, no pudo llevar consigo y los había dejado clavados; pero Cobos los utilizó y los perdió en la acción de Jalapa.

Cobos y sus oficiales emprendieron la fuga por el camino de Jalapa a Huamelula, en donde pernoctaron ese día, después de haber hecho una marcha muy rápida y muy penosa. Como el coronel Mejía había dado aviso a los juchitecos partidarios del Gobierno, que habían ocupado ya Tehuantepec aprovechando el abandono que de esa plaza hizo Cobos para salir a nuestro encuentro, una partida de juchitecos se puso rápidamente en marcha por camino extraviado, para el Rancho de Garrapatero, lugar por donde Cobos debía pasar. Llegó en efecto antes que Cobos, y sin ocupar la habitación del Rancho se emboscó en el monte y encerró en el corral un buen número de vacas de ordeña, para provocar el apetito de los prófugos que a poco debían pasar por allí y seguramente con hambre. Así sucedió; el amanecer del día 26 de febrero, y cuando más de cuarenta personas de las que huían con Cobos, que casi todos eran jefes y oficiales, estaban a pie y ocupados en ordeñar las vacas, los juchitecos rodearon el corral y asesinaron a todos. Cabos, don Manuel González y otros oficiales se salvaron de esa matanza, por no haberse detenido en el Rancho de El Garrapatero, temiendo que fueran perseguidos de cerca. Entre los muertos había algunos curas que seguían a Cobos en calidad de Estado Mayor o simpatizadores.

Continuó Cobos su marcha por toda la costa hasta San Pedro Mixtepec, en donde inclinándose al noroeste, atravesó la Mixteca en esa dirección y salió a Tehuacán para unirse con los suyos que ocupaban la capital y algunas ciudades del centro de la República.

En cuanto a nosotros, después de tres días cargamos nuestros heridos, y materiales quitados al enemigo, y emprendimos la marcha para Tehuantepec, en donde el coronel Mejía se ocupó de reorganizar el Gobierno del Departamento.

Permanecimos cerca de tres semanas en Tehuantepec, e hicimos algunas salidas en persecución de las agrupaciones del enemigo, salidas que no tuvieron éxito alguno, porque éste se escondía en los montes cuando lo sorprendíamos.

Entretanto el coronel Mejía recibió orden de volver con la brigada a Oaxaca, dejando un destacamento en Tehuantepec, y se le prevenía que volviera rápidamente porque tenía que marchar a Veracruz, por la sierra, para servir de escolta al presidente Juárez que venía por el Pacífico y el Istmo de Panamá para establecer el Gobierno Constitucional en Veracruz. El coronel Mejía nombró gobernador y jefe Militar del departamento de Tehuantepec, al teniente coronel Ballesteros, que era el más antiguo entre los jefes de filas con mando de fuerza, pero este jefe presentó muchas excusas llegando hasta anunciar su dimisión. Hizo la misma proposición al teniente coronel Alejandro Espinoza, y habiendo obtenido el mismo resultado, me habló de este asunto, rodeando su indicación de muchos encomios, ofreciendo que pronto vendrían auxilios eficaces en mi favor; y que antes de dos meses estaría él mismo de regreso con una columna para protegerme.

Manifesté al coronel Mejía que mi deber era obedecerlo; pero autorizado por la explicación que bondadosamente me hacía al respecto a la debilidad del enemigo y para que mi aceptación, hija del deber, no se atribuyera a ignorancia, le llamé la atención sobre el hecho de que de los 3.000 hombres que Cobos nos presentó en Jalapa, no habían huido con él arriba de 100: que todos los istmeños quedaban allí, que tampoco nos habían dejado arriba de 100 fusiles en el campo, que por consiguiente todas las armas y todos los hombres estaban en los pueblos y montañas del istmo y que si no se ponían en actividad, era por lo reciente de su derrota y por la presencia de la columna que él mandaba; pero que una vez retirada ésta y pasada la primera impresión de aquella derrota, se reorganizarían y constituirían un enemigo superior a la guarnición, temiendo muy fundadamente que las autoridades, tanto de la ciudad como de los pueblos del Departamento, fueran más afectas al enemigo que a nosotros, por causa de su fanatismo religioso y su hostilidad a Oaxaca. Le manifesté por último que sin embargo de estos serios peligros aceptaba el mando que me ofrecía y que haría cuanto estuviera en mi poder para sostener allí la autoridad y la honra del Gobierno. A pesar de todo, poco me imaginaba yo entonces lo difícil de la situación que aceptaba.

Fui, pues, nombrado gobernador y comancante Militar del Departamento de Tehuantepec, y quedaron a mis órdenes las dos compañías de mi batallón, cuyo mando se me había encomendado desde Oaxaca y cuyo personal no pasaba de 160 hombres, sin el capitán de la de cazadores don Vicente Altamirano, quien había quedado en Oaxaca curándose de las heridas que recibió en el asalto de esa plaza, el día 16 de enero anterior, pero se nos incorporó a poco.

Apenas se retiró de Tehuantepec la columna del coronel Mejía, cuando comenzó a ser tiroteada la guarnición durante el día y la noche en los suburbios de la ciudad y algunas veces en las calles. Como al mes y medio de esta situación, los sublevados se aproximaron una noche más formalmente a la ciudad, dando algunos toques de maniobras que indicaban propósito de atacarla o de ponerle sitio, y en efecto, el enemigo había establecido su Cuartel general en la hacienda de Las Jícaras al otro lado del río y distante como dos kilómetros de la plaza. Después de esperar en actitud de defensa, y calculando que el enemigo reservaba sus operaciones para el día siguiente, salí sigilosamente en la noche del 12 de abril de 1858 con toda mi fuerza, dejando el cuidado del Cuartel a un pequeño destacamento al mando del teniente Juan Omaña y protegido por el barrio de San Blas, que tenía algunas armas y era el único amigo que teníamos entre los quince barrios que forman la ciudad de Tehuantepec, y por veredas excusadas marché hacia la retaguardia del enemigo, hasta rebasar sus posiciones en más de una legua, y haciendo mi marcha a distancia de 2 leguas poco más o menos de sus posiciones, con objeto de batirlo por su retaguardia, por donde indudablemente no esperaba peligro alguno. La avanzada que cubría la retaguardia de la Hacienda de Las Jícaras que fue completamente destruida, estaba mandada por el capitán, ahora general, don Manuel Santibáñez, quien se salvó pasando el río a nado.

Tuve la fortuna de llegar, sin ningún inconveniente, cuando comenzaba a despuntar la luz del día 13 de abril de 1858, y así pude dar un asalto rápido y vigoroso, arrollando instantáneamente a la fuerza que cubría la Hacienda de Las Jícaras, al grado de encontrar casi dormidos a muchos de los principales jefes oficiales. Este asalto fue de gran importancia porque murieron en él los jefes más capaces que tenía el enemigo para organizar una revolución, como eran el coronel José M. Conchado, de origen español y carlista; el teniente coronel José M. García, el coronel Carballo y muchos oficiales subalternos.

El coronel Carballo fue muerto por sus mismos partidarios, quienes se imaginaron en su suspicacia que este jefe nos había facilitado la sorpresa de Las Jícaras, porque él había tenido a su cargo en esa noche la vigilancia del campamento.

El Gobierno de Oaxaca me mandó como recompensa de la victoria de Las Jícaras, el despacho de Mayor de Infantería.

Capítulo XI. Tehuantepec

Los Amates, Jalapa, Tequesixtlán, Juchitán
1859

Aunque la victoria de Las Jícaras no fue enteramente decisiva, ella mejoró mucho mi situación, que sostuve, por dos años, haciendo constantes salidas, las más veces de noche y por veredas que solamente eran practicables a pie, porque los caminos por donde era posible mi arribo, estaban todos vigilados y puestas avanzadas que ofrecían muy poca ambición a mis asaltos y evidentemente defendían los principales núcleos del enemigo. En estas expediciones sorprendí varias veces al enemigo, haciéndole siempre mucho daño: pero esas sorpresas apenas merecen el nombre de acciones.

El 17 de junio de 1859, sorprendí al enemigo en la Mixtequilla y lo seguí persiguiendo hasta el rancho de Los Amates, en donde trató de hacerse fuerte; pero con poco esfuerzo lo derroté por completo, dejando allí algunos muertos, entre ellos su jefe, que era el Mayor Espinosa. Esta acción, aunque de poca importancia en sí, me valió el ascenso a teniente coronel por el Gobierno del Estado, que entiendo se debió más bien al deseo que tenía el Gobierno de Oaxaca de ascenderme, que al resultado práctico de la acción.

El 6 de septiembre del mismo año, sorprendí de nuevo al enemigo, en el pueblo de Jalapa, causándole serios destrozos; y el 2 de noviembre siguiente en Tequisixtlán. En la acción de Jalapa murió el teniente Irene Cartas, hermano de Benigno Cartas, quien figuró en los sucesos posteriores.

Mi situación en Tehuantepec era extraordinariamente difícil, pues estaba incomunicado con el Gobierno, sin más elementos que los que yo podía facilitarme en un país belicoso y enteramente hostil. Teniendo que sostener casi diariamente un combate con el enemigo, la fuerza de mi cuerpo había disminuido considerablemente. Yo no estaba atenido más que a ella y a unos cincuenta hombres del pueblo demiges de Santiago Guevea, que pertenecía al Departamento de Tehuantepec. Cuando necesitaba mayor fuerza, podía disponer de cien o doscientos hombres armados y municionados de Juchitán, quienes me servían solamente por pocos días y a quienes pagaba su haber correspondiente. Los caminos todos estaban ocupados por el enemigo y no podía transitarse por ellos, porque se robaba a los pasajeros. Para recibir la correspondencia de Oaxaca tenía que salir con una fuerza armada. Estas excursiones las hacía casi semanalmente y en ellas tenía que alejarme a veces hasta 25 leguas de Tehuantepec.

Mis únicos amigos en la ciudad de Tehuantepec eran el cura Fray Mauricio López, dominico, istmeño de nacimiento, hombre bastante ilustrado de ideas liberales, de muy buen sentido y muy estimado entre los indios: el juez que era don Juan A. Avendaño, antiguo vecino de la ciudad de Tehuantepec y comerciante muy relacionado allí, y tío de don Matías Romero y don Juan Calvo, relojero y administrador de correos, también bien relacionado. Sin estas amistades a quienes debí servicios muy oportunos y distinguidos, y sin una policía secreta que establecí, hubiera ignorado absolutamente cuanto pasaba en Tehuantepec, porque todos me eran enemigos y por lo mismo mi situación habría sido insostenible.

Mis sentimientos humanitarios me determinaron al principio a no fusilar a los prisioneros que hacía a quienes ponía en libertad canjeándolos, por una arma, y amonestándolos de que no volvieran a tomar parte en la guerra; pero la experiencia me demostró que no sabían apreciar mi generosidad, pues que caían por segunda y aun tercera vez con las armas en la mano, lo cual hacía la guerra interminable, y entonces fue necesario cambiar de conducta. Por otra parte, como mis adversarios no daban cuartel a los pocos prisioneros que me hacían, me decidí a seguir su ejemplo y a hacer de la represalia una arma de defensa.

Mi situación se hizo muy difícil a fines del año de 1858, porque el Gobierno del Estado no me mandaba ningún recurso, ni aún el reemplazo de los hombres que yo perdía. Como mi fuerza había quedado reducida a cosa de 130 hombres, consideré indispensable hablar personalmente con el gobernador del Estado para describirle mi situación, con objeto de remediarla. Gran parte de los soldados que me quedaban estaban conmigo por afecto personal. Un día los saqué de Tehuantepec y los traje hasta San Carlos Yautepec, como si se tratara de una de tantas expediciones periódicas que hacíamos para proteger el correo, sin decirles cuál era el objeto del movimiento. En Yautepec los formé, les informé de la situación y del propósito de mi marcha a Oaxaca, y les ofrecí que estaría de vuelta antes de cinco días, y que tomaba sobre mí la responsabilidad de todo trastorno ocasionado por mi ausencia. Volví en efecto antes de los cinco días, después de haber arreglado parcialmente mis dificultades con el Gobierno, pues tan solo conseguí que el gobernador mandara un refuerzo de tropa a las órdenes del coronel don Cristóbal Salinas; pero esta fuerza estuvo conmigo solamente por dos semanas, y regresó a Oaxaca, dejándome en peor situación de la en que me encontró. Me dirigí también al señor Juárez en Veracruz, y en respuesta recibí de él 2.000 pesos, de que fue conductor el teniente coronel don Francisco Loaeza (después general de Brigada), siendo ésta una de las pocas ocasiones que recibí auxilio pecuniario del Gobierno.

La amistad de los juchitecos no era muy sólida ni estaba basada en principios, sino en su gran enemistad y rivalidad con el pueblo de Tehuantepec. Esto y el carácter impresionable y voluble de los juchitecos, se mostró claramente en un pronunciamiento que tuvo lugar en Juchitán contra el general Santa Anna a fines de 1854, acaudillado por Cristóbal Salinas. Pocos días después de haberse pronunciado los juchitecos, volvieron a someterse e intentaron entregar a Salinas, quien con trabajo logró fugarse; pero aprehendieron a su secretario y lo entregaron al general Torrejón, que mandaba las fuerzas del Gobierno en Tehuantepec. El pobre secretario fue fusilado, y este hecho exaltó a los juchitecos y los determinó a pronunciarse de nuevo, y a volver a proclamar a Salinas como su jefe, todo lo cual pasó en el término de dos días.

Cuando se retiró el coronel Salinas, se empeoró grandemente mi situación, porque los juchitecos comenzaban a entenderse con los sublevados de Tehuantepec, entre los cuales estaba Antonio Abad López, jefe juchiteco. Un incidente inesperado vino a disipar este grave peligro.

El día 1.º de enero de 1859, siguiendo su costumbre, concurrieron centenares de familias juchitecas a la fiesta de Año Nuevo que se celebra en Tehuantepec, y esparcida la voz de que había yo dado municiones de fusil a los juchitecos, y que esas municiones caminaban, distribuidas en las carretas en que regresaban sus familias para Juchitán, los sublevados las asaltaron en su regreso de la fiesta. Concurrí a su defensa, no solo con tropas juchitecas, sino con mis compañías, habiendo hecho mis pocos soldados grandes estragos a los asaltantes. Los perseguimos hasta meternos en una laguna en que nos daba el agua a la mitad del cuerpo, y en donde ellos se habían refugiado creyendo sin duda que allí no les seguiríamos. Considerando que ésta era una buena oportunidad para dejar agradecidos a los juchitecos e impedir que se pusieran de acuerdo con los sublevados, seguí escoltando el convoy a pie, hasta cerca de Juchitán, en donde me alcanzó mi ordenanza con mi caballo y algunos otros oficiales, entre los cuales iba el médico del Cuerpo, doctor Calvo. Pasamos la noche en aquella ciudad, y convoqué a una reunión popular para hacerles presente la necesidad de exterminar a los pronunciados. Por este medio logré que se alistaran como dos mil hombres, que distribuí en pequeñas fracciones, para hacer una batida a todo el territorio del departamento. Así se verificó, y esto dio muy buenos resultados porque en esa batida perecieron varios de los sublevados, se recogieron algunas armas y sobre todo se imposibilitó por completo la mancomunidad de acción de los juchitecos con los tehuantepecanos.

Otro incidente que demuestra el carácter de los juchitecos, aconteció con el cadáver de un oficial juchiteco notable, que murió en esa acción, y cuya familia quería conservarlo por algunos días, para hacerle los últimos honores. Me pidieron que mi médico embalsamara el cadáver, y como mi negativa podía ser motivo de gran trastorno en el ánimo de los juchitecos, atendido el carácter peculiar de éstos, cuando mi médico manifestó que era imposible hacer el embalsamamiento, porque no había en Juchitán los elementos indispensables para tal operación, le toqué el pie por debajo de la mesa y enérgicamente le previne que embalsamara el cadáver, cualquiera que fuera el costo o las dificultades que tuvieran que vencerse. Después, en lo particular y separadamente, manifesté a mi médico que no era necesario hacer un embalsamamiento en forma, puesto que los indios no sabían nada acerca de esa operación; que en mi concepto bastaba con sacar las entrañas al cadáver y sustituirlas con paja, cal y otras sustancias adecuadas. Efectivamente, así se hizo y con esto quedaron muy satisfechos los juchitecos, pues creyeron que el cadáver se había embalsamado en toda regla.

A consecuencia de haberse publicado en el Departamento de Tehuantepec las leyes de Reforma de 12 y 13 de julio de 1859 y las de 27 del mismo mes que establecían el Matrimonio y el Registro Civil, expedidas por el Gobierno Federal residente en Veracruz, el pueblo de Juchitán las consideró como un ataque a la religión, y se pronunció contra el Gobierno de Oaxaca. Como el barrio de San Blas, el pueblo de Guevea y el de Juchitán eran mis únicos aliados; no podía prescindir de éste, ni estaba bastante fuerte para aceptar su reto; y por lo mismo, al tener noticia de su pronunciamiento me dirigí a Juchitán, acompañado del cura Fray Mauricio López, de un ayudante y de un ordenanza. Al llegar al pueblo, dejé a mis acompañantes en los suburbios y entré solo con el propósito de meterme en la casa de don Alejandro de Gives, antiguo vecino y rico comerciante francés, que estaba muy apreciado y bien relacionado en ese lugar, con el propósito de llamar allí a los cabecillas y procurar entenderme con ellos; pero antes de llegar a esa casa encontré una partida de los pronunciados ebrios y armados, quienes al verme y considerándome como enemigo por haberse ellos pronunciado contra el Gobierno a quien yo servía, se preparaban para hacerme fuego, cuando logré contenerlos diciéndoles que como amigo que era yo de ellos, iba a acompañarlos y a seguir su suerte. Entramos en conversación y fuimos a la plaza del pueblo, en donde logré calmar el temor que tenían de que hubiera yo llevado fuerza armada, diciéndoles quiénes eran los que me acompañaban, y a quiénes fueron a recibir para cerciorarse de que no llevaba yo tropa. Una vez en la plaza y calmados ya, persuadidos de que había yo ido solo, les explicó Fray Mauricio en lengua zapoteca que la ley del Registro Civil en nada afectaba la religión, y que si eso fuera así, él habría sido el primero en tomar las armas en defensa de la fe. A media peroración de Fray Mauricio, propuso Apolonio Jiménez, uno de los cabecillas de Juchitán, que algunos años después asesinó a mi hermano Félix, que nos mataran desde luego, a Fray Mauricio, y a mí, porque de otro modo lograríamos convencer al pueblo de que habían hecho mal en pronunciarse y el triunfo sería nuestro. Uno de los ancianos, que son allí muy respetados del pueblo, regañó y castigó severamente a Jiménez, lo cual permitió que Fray Mauricio terminara su peroración y que sucediera lo que Jiménez había previsto; esto es, que se convencieran de que habían hecho mal en pronunciarse y convinieran en volver al orden. De esta manera logré salvarme de uno de los mayores peligros que tuve durante mi permanencia en Tehuantepec.

Capítulo XII. Tehuantepec

Conducción del armamento de Minatitlán a La Ventosa, Santa María Areu
25 de noviembre de 1859

A fines del año de 1859, el cirujano de un buque de guerra de los Estados Unidos que llegó a la Ventosa, me extrajo la bala que me hirió en la acción de Ixcapa. El mismo día de esa operación recibí pliegos del Gobierno Federal, residente entonces en Veracruz y los cuales había conducido el comandante de Escuadrón don Mariano Viaña, en que se me prevenía que escoltara y condujera desde Minatitlán hasta el puerto de Ventosa, un armamento de 8.000 fusiles, algunas carabinas y sables, muchas municiones labradas, 2.000 barriles de pólvora a granel y muchos quintales de plomo en lingotes; consignado todo al general don Juan Alvarez, y de cuyo convoy era sobre cargo el general don

José María Pérez Hernández. Al día siguiente me levanté de la cama, monté a caballo y marché para Minatitlán, pues la urgencia del servicio no me permitió esperar el restablecimiento de la herida que había sufrido el día anterior, con motivo de la extracción de la bala, y un día más de detención habría ocasionado la pérdida del cargamento.

El Gobierno reaccionario tuvo noticia del envío de esas armas y mandó fuerzas de Orizaba y Córdoba a las órdenes del coronel don Juan Argüelles, con orden de interceptarlas. Los sublevados de Tehuantepec se movieron también con el propósito de asaltar el convoy. Tuve noticia de esos movimientos y una vez que llegué al río de la Puerta, me alarmé al ver que no había allí más vías que las fluviales, y que a la sazón no se encontraba en ese lugar más que una canoa. Resolví dejar allí a mis fuerzas, a las órdenes de los Capitanes Juan Omaña e Ignacio Castañeda, y entré en la canoa acompañado del teniente coronel Pedro Gallegos y de nuestros dos asistentes, sin ningún boga, y sin que ninguno de nosotros supiera remar. Llevados por la corriente que en el río de la Puerta es fuerte, y evadiendo las rocas para no estrellarnos en ellas, llegamos al río Coatzacoalcos, y después de muchas dificultades y de habernos destrozado las manos haciendo el trabajo de bogas novicios, llegamos al Súchil donde por fortuna estaba un americano, Mr. Wolf, capitán de un vapor, que tenía necesidad de ir a Minatitlán. Lo comprometimos a que nos sirviera de patrón, y entonces, adiestrándonos en el trabajo de bogas pudimos llegar a Minatitlán en los momentos en que la columna procedente de Orizaba, se encontraba a 10 leguas de aquella ciudad, y la goleta que conducía las municiones y pólvora estaba fondeada a medio río, y se esperaba al día siguiente el vapor Habana que conducía todo el material que no era inflamable. Engañando al jefe Político y Militar de Minatitlán, que lo era el teniente coronel don Francisco Zérega, lo mismo que al Administrador de la Aduana, don Francisco Soto, y teniendo solo por confidente al contador don Francisco Mejía, que merecía toda mi confianza y la del Gobierno, y quien fue después secretario de Hacienda bajo la Administración del señor Lerdo de Tejada, hice preparar cuarteles y rancho para mi fuerza, que suponía en número exagerado y que dije venía en quince canoas que debían llegar muy poco después, procedentes de la Puerta. Sostuve esta situación toda la noche y parte del día siguiente, mientras duró el trasborde de la goleta al vapor de río Súchil, de poco calado, que podía subir el río, y que en esos momentos me prestó la Compañía Luisiana de Tehuantepec. Con ese vapor hice mi primer viaje a Súchil, a donde habían llegado ya mis soldados, abriéndose paso a machete entre los bejucales y pantanos de la ribera. Puse mi tropa a bordo, fui a Minatitlán en donde cargué de nuevo al Súchil con el cargamento del vapor Habana, y de este modo me salvé del golpe con que me amenazaba la fuerza procedente de Orizaba.

En el Súchil había mandado preparar mil mulas procedentes de San Juan Guichicovi y otros pueblos demiges pertenecientes al Departamento de Tehuantepec y que eran amigos míos; pero las mulas de los indios, no obstante que diariamente hacen uso de ellas, no tienen aparejos, sino dos pequeños bultos de zacate que les ponen en el lomo, lo cual hacía difícil cargarlas con cajas de veinte fusiles en que habían sido empacados para el viaje marítimo. Entonces con madera y clavos facilitados por la Compañía Luisiana de Tehuantepec, con las tablas y cepos de las cajas en que habían venido las armas y con los carpinteros que había entre mis soldados, me puse a hacer nuevas cajas de diez fusiles. Durante toda esta operación, mi tropa tenía por todo alimento la pesca que podía hacer y que allí es muy abundante; plátanos, piñas silvestres y algo de caza. Emprendí por fin la marcha con mi convoy del Súchil a Tehuantepec, haciendo jornadas muy cortas, por los tiroteos que sostenía diariamente con el enemigo y las precauciones que era necesario tomar en tan penoso viaje, hasta llegar al llano de Saravia, a donde ya las autoridades de Tehuantepec me habían situado más de doscientas carretas tiradas por bueyes, que hacían más cómodo y defendible el convoy, y la Compañía Luisiana de Tehuantepec me había facilitado veinte de sus guayines que ocupé como carros. Así llegué sin novedad a Tehuantepec y sin ser ya molestado por el enemigo. Despedí las carretas y devolví los guayines que ocupaba diariamente a Compañía en su servicio.

Entretanto habían ocurrido sucesos trascendentales en el Estado. Creyendo el Gobierno de Veracruz que no había en Oaxaca jefes organizadores y con motivo de disensiones entre los jefes militares y caudillos civiles, el señor Juárez mandó al general don Francisco Iniestra, a organizar una brigada que saliera a la mesa central a hacer la campaña contra los reaccionarios. El general Iniestra salió de Oaxaca para Tehuacán, con una fuerza de 2.000 hombres bien armados y municionados y con una muy buena moral; pero quejas en su contra de parte de sus jefes y oficiales, determinaron al señor Juárez a relevarlo con el coronel don Ignacio Mejía, quien encontró a Iniestra en Tecomavaca y siguió con la fuerza hasta Tehuacán, en donde debían incorporársele los generales Alatriste y Carvajal. Como no aparecieron éstos, se retiró el coronel Mejía a Teotitlán, en donde lo derrotaron por completo el 30 de octubre de 1859 las fuerzas reaccionarias a las órdenes de los generales don José Vicente Miñón y don José María Cobos.

Cobos ocupó por segunda vez a Oaxaca y el Gobierno liberal del Estado se retiró de nuevo a la sierra de Ixtlán.

Luego que Cobos se posesionó de Oaxaca, envió una columna sobre Tehuantepec, a las órdenes del general Alarcón.

Yo ignoraba por completo lo que había ocurrido, cuando un día, muy poco después de haber llegado las armas a Tehuantepec, tuve la noticia de que el general Alarcón, con una fuerza procedente de Oaxaca, había pernoctado en Jalapa y pedía cuarteles en la Mixtequilla, distante 2 leguas de Tehuantepec; y de que el coronel Eustaquio Manzano, jefe de las fuerzas procedentes de Pochutla sublevadas contra el Gobierno, unidas a Ignacio Ojeda y Manuel Santibáñez, que mandaban a los tehuantepecanos sublevados, llegaban a la Hacienda de Zuleta, distante 5 leguas al sur de Tehuantepec.

Estaba indicada mi marcha defensiva hacia Juchitán; pero no podía improvisar medios de transporte, pues apenas podría reunir en la ciudad de Tehuantepec de cincuenta a sesenta carretas. Pedí por extraordinario a Juchitán todas las carretas disponibles y fuerzas que me ayudaran a defender el convoy; y mientras llegaba ese auxilio, comencé a acarrear todo mi convoy con las pocas carretas que tenía, hasta el barrio amigo de San Blas, en los suburbios de Tehuantepec y en camino para Juchitán, y establecí la defensa en mi nuevo campamento lo mismo que la del Cuartel de Tehuantepec.

Al día siguiente recibí un auxilio de cerca de doscientas carretas, con las que pude mover todo mi convoy hasta Juchitán. Hice una gran picadura por donde me interné al monte, hasta lo más espeso de la arboleda, tapándola enseguida con nueva tala de grandes árboles, cuya remoción demandaba mucho tiempo y trabajo. Me dediqué después a organizar un batallón de juchitecos, cuyo mando di al teniente coronel Pedro Gallegos, y lo di a reconocer con el nombre de: Batallón Independencia. El enemigo no ocupó a Tehuantepec, porque se decía que yo había minado el convento, lo cual me habría sido fácil por disponer de gran cantidad de pólvora; y mientras practicó los respectivos reconocimientos, permanecí en los barrios de Santa María Areu y Santa María Tagolaba; pero yo creo que la causa de que no ocupara a Tehuantepec, no era tanto ese temor, como el propósito de dejar el río de aquella población interpuesto entre él y nosotros, para estar más seguro, pues lo habría dejado a su retaguardia, si hubiera pasado al centro de la ciudad.

Debo advertir que, no obstante el carácter eminentemente belicoso de los juchitecos, constituyen un gran peligro para el jefe que los manda si no los conoce bien, porque antes de todo combate y de salir de su pueblo, si hay que ir a pelear lejos, se embriagan tan exageradamente que cometen todo género de desórdenes, se hieren y matan en gran número y consumen muchas municiones. Para evitar este inconveniente, y como había yo establecido maniobras disciplinarias diariamente, estando un día en el campo de Instrucción, emprendí la marcha hacia el puerto de Ventosa, por el camino llamado del Monte Grande, por donde podía llegar a Tehuantepec sin descubrir mi dirección, aunque haciendo mucho rodeo, y sin dar lugar, por medio de este ardid, a que los juchitecos se embriagaran, pues no se encontraba ninguna bebida alcohólica en el monte.

Marché en esa dirección hasta cortar el camino que conduce de Tehuantepec a Ventosa y por el seguí mi marcha hacia aquella población. El río, que estaba crecido, dificultaba el paso para Tehuantepec, y para que el enemigo estuviera entretenido y no pudiera sentir la maniobra que yo ejecutaba por su retaguardia, había situado a su frente, río de por medio, en un lugar que se llama Portillo de San Blas, una fuerza de sanblaseños que lo tirotease durante toda la noche, víspera del asalto, y llamara su atención por ese lado.

En la madrugada del 25 de noviembre de 1859, llegué a la primera avanzada del enemigo, en el camino para la Ventosa. Cuando descubrí la fogata de la avanzada, dejé mi caballo en el camino con la columna, y acompañado de cuatro oficiales, notables por su audacia, nos internamos a pie y sigilosamente, por un sembrado de maíz que nos cubría bien, hasta llegar a donde estaban los hombres que formaban la avanzada o puesto de vigilancia, a quienes sorprendimos por completo, sin disparar un solo tiro, y sin que se pusiera en salvo un solo hombre de los que la servían. Si uno solo de ellos hubiera escapado, o si hubiera sonado un solo tiro, no habría sido posible el éxito del asalto, porque el enemigo habría tenido noticia de mi presencia por su retaguardia.

Estaba tan confiado el enemigo, de que en caso de atacarlo, vendríamos por el camino directo de Tehuantepec a Juchitán, que tenía en él una avanzada con una fuerte patrulla de caballería, a más de 3 leguas de Tehuantepec; es decir, su avanzada se encontraba más cerca de Juchitán que de aquel punto, pues llegaba hasta la laguna de las Ciruelas que le servía de defensa. El núcleo principal de su infantería, estaba en una casa situada frente a la plaza, que pertenecía a Gregorio Reina y estaba convertida en cuartel; otra fuerza considerable ocupaba el cerro de la Cueva y otra el cerro de Tagolaba, que está situado en el barrio de ese nombre. Formé una columna que debía atacar el cerro de Tagolaba, a las órdenes del capitán don Francisco Cortés, otra que atacara el cerro de la Cueva, a las órdenes del teniente coronel Gallegos, y me quedé con la fuerza suficiente para atacar personalmente el cuartel de la plaza. Las columnas asaltantes de los cerros de la Cueva y Tagolaba debían moverse cuando oyeran los primeros tiros de mi asalto, que debía verificarse al tocar diana el enemigo. Situé mi columna a pocos metros de la plaza, y moví las otras dos a sus respectivos destinos, en espera de la señal convenida.

Al amanecer tocó el enemigo llamada de banda, primero dentro del cuartel y repitió después este toque en la plaza; y cuando la banda formada frente a la puerta del cuartel comenzaba a tocar diana, salí con mi columna rápidamente por una de las bocacalles que parten de la plaza y entré al cuartel antes de que la banda pudiera replegarse y dar aviso de lo que ocurría en el exterior. La sorpresa fue tan completa que tropezamos con la Guardia acostada en el zaguán, y de la misma manera sorprendimos enseguida a las cuadras. Después de un fuego que no duraría media hora, el cuartel era mío, y pude proteger a la columna del capitán Cortés que descendía ya del cerro, por haber sido gravemente herido su jefe, y mandé proteger al teniente coronel Gallegos que consumaba la ocupación del cerro de la Cueva.

Ocupadas todas las posiciones del enemigo, y cuando parecía que ya no había con quien combatir, llegó el coronel Trujeque que había salido con su Cuerpo de caballería a hacer una especie de descubierta hacia el camino de Tehuantepec a Juchitán; oyó el fuego, pero como no conocía el éxito del combate, vino a meterse entre nosotros creyendo que éramos la fuerza enemiga, y así causó nuevos y muy vivos fuegos. Luego que comprendió su error, huyó rumbo a Oaxaca sin perder más que muertos y heridos, pues nosotros no teníamos caballería con que perseguirlo. El enemigo quedó completamente derrotado, sin embargo de que su fuerza era de más de mil hombres, y la fuerza con que yo lo ataqué apenas llegaba a trescientos setenta, incluyendo la de San Blas, que lo tiroteó durante la noche, y que al formalizarse el asalto, pasó el río y tomó parte en él. Después de esta victoria pasé el río, y en los guayines de la Compañía Luisiana de Tehuantepec conduje a los heridos a Juchitán, por no haber elementos para curarlos en Tehuantepec, pues la ciudad estaba casi desierta. Los juchitecos se habían regresado desde luego a sus pueblos en desorden, y las fuerzas oaxaqueñas se habían dispersado en el camino en busca de alimentos; de manera que poco antes de llegar a ese pueblo apenas me quedarían cuarenta hombres; y si regresa Trujeque en vez de correr para Oaxaca, con seguridad me habría derrotado.

Antes de salir de Tehuantepec creí necesario dirigir una alocución a mis soldados, y no me imaginé que alguien hubiera tomado nota de ella. Muchos años después, cuando en 1883 visité las oficinas del Herald de Nueva York, se me mostró esa alocución impresa en inglés y publicada por el Herald de aquella época, y que sin duda, había sido escuchada por alguno de los americanos que había en ese punto; quien la remitió a aquel periódico.

Al tener noticia el señor Juárez de la victoria de Santa María Areu, me mandó de Veracruz el despacho de coronel de Guardia Nacional de Oaxaca, expedido por la Secretaría de Guerra, lo cual era irregular porque al gobernador del Estado y no al presidente correspondía dar ese empleo.

Dos o tres días después de esa victoria me avisó el vigilante, que al efecto había yo puesto en el puerto de Ventosa, que estaba a la vista una goleta, y que según las señales que hacía, era la que debía mandar el general Álvarez para embarcar el convoy. Entonces mandé reunir el número de carretas que se necesitaba para transportarlo, y componer el camino que conduce de Juchitán a Ventosa por la playa, pasando por la hacienda del Zapotal, y marché para Ventosa en donde embarqué todo el armamento.

Pocos días después de nuestro arribo a Tehuantepec con el convoy, el general Pérez Hernández me manifestó que era necesario que él fuera a Acapulco para traer la embarcación que debería recibir el armamento en la

Ventosa, porque no obstante que ya había avisado al general Alvarez el día de su salida de los Estados Unidos, el tiempo estaba avanzado y el buque no llegaba. Con este motivo lo embarqué en un pequeño bote, con el comandante Octaviano Marín que le servía de ayudante, y así llegó a Acapulco. No volvió el general Pérez Hernández, y tuve que mandar las armas con el señor José M. Romero, hermano del señor don Matías, del mismo apellido, que estaba conmigo en Tehuantepec.

Capítulo XIII. Mitla

21 de enero de 1860

Luego que regresé a Juchitán de Tehuantepec, me ocupé de organizar una columna con que debía ayudar al Gobierno del Estado a recobrar la capital, que había perdido replegándose a Ixtlán. Aumenté, instruí y uniformé al Batallón Independencia tanto como era posible en pocos días y recibí del gobernador de Chiapas, por orden del señor Juárez que aún permanecía en Veracruz, una fuerza como de setenta hombres, mandada por el coronel don Nicolás Ruiz y el teniente coronel don José María Vela, que agregué a los restos de mis compañías de cazadores y granaderos de mi Cuerpo, que a esa fecha apenas pasaban de cien hombres entre las dos.

Salí de Tehuantepec, con dirección a Oaxaca el 5 de enero de 1860, siguiendo el Camino Nacional hasta San Carlos Yautepec, distante como 35 leguas de Oaxaca, y de allí marché hacia la derecha del camino por la cañada de Narro hasta San Lorenzo Alvarradas, para evitar que el enemigo tuviera noticia de mi movimiento y para acercarme mas a las fuerzas del Gobierno del Estado que debía venir a Tlacolula, a proteger mi marcha e incorporarnos allí.

El 20 de enero pernocté en el monte, cerca del pueblo de San Lorenzo Alvarradas. Al siguiente día, cuando emprendía mi marcha para Tlacolula, noté algunos síntomas de insubordinación entre los juchitecos, y a pocos momentos el teniente coronel Cosme Damián Gómez, que por enfermedad del teniente coronel Pedro Gallegos, mandaba ese batallón, me dijo que los juchitecos me habían cumplido con acompañarme hasta cerca de Oaxaca, que era su objeto; que ya no tenía yo peligro; que no querían alejarse más de su pueblo, y que se proponían regresar a Juchitán. Como esto constituía una rebelión al frente del enemigo, formé las compañías de mi batallón frente a los insurrectos, mandé a éstos terciar armas y habiendo quedado impasible todo el Batallón de Juchitán y pareciéndome prudente no tomar la cuestión de una manera colectiva, me dirigí particularmente al sargento que cerraba su costado derecho y después de darle algunos golpes lo mandé parar en la plaza y le ordené terciar. Obedeció mi orden y entonces la di a todo el batallón y fue también obedecida por todos. La corta distancia a que se encontraba el enemigo, así como la consideración de que eran Guardias Nacionales, indisciplinados y casi rogados, no me permitió proceder con la energía debida en ese caso.

Coloqué a la vanguardia a la fuerza de Chiapas, en el centro a los juchitecos sublevados, y a la retaguardia a las compañías de mi batallón, dándoles orden a los soldados de ésta, en alta voz y de modo que los juchitecos la entendieran, de pasar por las armas sin más consulta a todo soldado que se atrasara en la marcha. En estas condiciones y como una hora después de ocurrido ese suceso, fui atacado de improviso por el Regimiento de guías de caballería que mandaba el teniente coronel Antonio Vidal Canalizo, el cual formaba la vanguardia de la columna de Marcelino Cobos, compuesta de 1.300 hombres, que venía de Tlacolula a batirme. José María y Marcelino Cobos habían ocupado a Tlacolula antes de que llegara la fuerza de la sierra y el segundo había salido a encontrarme. Resistí el primer ataque del regimiento de guías que pude rechazar, quedando muertos en él Canalizo y el capitán Miguel Monterrubio, así como algunos soldados y caballos. Ocupé enseguida una colina frente a la hacienda de Xagá, cercana al pueblo de Mitla.

Derrotado el Regimiento de guías, retrocedió hasta ser protegido por su infantería y artillería; y cuando llegó la infantería enemiga con su artillería, emprendieron formal ataque hasta ocupar la colina que se defendía y que había dejado un tanto débil, tratando de detener a viva fuerza a los juchitecos que huyeron en esos momentos a la vista del enemigo. Sin embargo, como los restos de granaderos y cazadores, quedaban en buen estado de ánimo y muy mortificados por la conducta de los juchitecos, haciendo un esfuerzo supremo, pude recobrar la colina dejándome Cobos dos obuses de montaña que constituía toda su artillería; pero no pude conservar esa posición ni las piezas capturadas, por ser muy reducido el número de soldados que me había quedado y que en esos momentos no llegarían a ochenta hombres, pues al huir los juchitecos, se habían ido también varios de los chiapanecos y hasta algunos soldados de mi batallón, además de las muchas bajas que había tenido por muertos y heridos. Tampoco pude llevarme los obuses porque los capturé sin mulas, y por este motivo el enemigo los recobró. Cuando emprendió nuevo ataque en alta fuerza, y no teniendo ya elementos bastantes para resistirlo, me determiné a abandonar la colina, inutilizando previamente los cañones que había tomado al enemigo. Esta fue la primera derrota que sufrí en mi carrera militar, que por supuesto me mortificó mucho.

Capítulo XIV. Segundo sitio de Oaxaca

Del 1.º de febrero al 11 de mayo de 1860

Después de la acción de Mitla, seguí el camino de la sierra, para incorporarme con la columna procedente de Ixtlán, que debía esperarme en Tlacolula, y que sin duda había suspendido su marcha porque Tlacolula había sido ocupada por José María Cobos. Al día siguiente, el 23 de enero de 1860, incorporado Marcelino a José María Cobos, no esperaron a que el gobernador don José María Díaz Ordaz bajara a batirlos al valle, sino que ellos fueron a batirlo al pie de la sierra, y tuvo lugar la acción en Santo Domingo del Valle, en que Cobos fue completamente derrotado, y mortalmente herido Díaz Ordaz, falleciendo al día siguiente. Quedaron en poder de Díaz Ordaz tres cañones de batalla, de Cobos, y tres de montaña.

Don Marcos Pérez que era presidente del Tribunal, quedó como gobernador interino y el coronel Salinas con el mando de la fuerza. Salinas que era hombre de valor aunque de pocos conocimientos, marchó de Santo Domingo del Valle por el pie de la sierra y fuera de camino, hasta Tlalixtac, en donde yo me incorporé a su fuerza, avergonzado de mi derrota, tres días después de ésta.

A los muy pocos días de su derrota en Santo Domingo del Valle, el enemigo había ya recobrado su moral, aun cuando no había podido reparar sus pérdidas de gente.

Incorporado ya a la fuerza del coronel Salinas, el 26 de enero, le aconsejé que fuéramos sin pérdida de tiempo a sitiar a Oaxaca, entrando por San Felipe del Agua, para tomar el cerro de la Soledad y, obsequiada mi indicación, marchamos sobre Oaxaca a la vista de la caballería del enemigo. Este procuró hostilizarnos en varias ocasiones; pero tomé a mis compañías con otra fuerza de Oaxaca, lo rechacé, y seguimos nuestra marcha ya sin novedad, y llegamos a San Felipe el 1.º de febrero de 1860. Se defendió en el Fortín, pero se lo tomamos el 2 de febrero, y comenzamos a sitiar la ciudad. No pudimos cercar completamente a la ciudad porque teníamos poca fuerza, pero le hicimos un semicírculo. El sitio duró del 1.º de febrero al 11 de mayo de 1860 en que lo levantamos por los motivos que después expresaré.

El 9 de marzo siguiente, estando nosotros en el Fortín de la Soledad y cerros inmediatos, el enemigo hizo una salida por el barrio de China y ocupó parte del Marquesado. Como la posesión del Marquesado por el enemigo, dejaba rodeada la nuestra del Fortín de la Soledad, hicimos un ataque un tanto vigoroso para desalojarlo de allí y obligarlo a volver al perímetro de la ciudad, operación que nos costó algunos soldados lo mismo que al enemigo. Nada volvió éste en lo sucesivo a intentar sobre el Marquesado, y sus salidas por el lado opuesto u oriental de la ciudad, no tuvieron resultados prácticos de importancia, haciéndolas siempre con caballería que era batida también por la nuestra, a la que protegíamos con la artillería situada en la altura.

A poco de haberme incorporado a las fuerzas del coronel Salinas, ocurrió un episodio que sin duda contribuyó al mal éxito del sitio que pusimos a Oaxaca: se habían suscitado algunas rivalidades entre don Marcos Pérez gobernador interino, y el coronel don Cristóbal Salinas, que contaba con algunos amigos, quienes creían que debía él ocupar el Gobierno del Estado. Al saber don Marcos Pérez, que tenía cariño y especial predilección por mi, que me había incorporado a las fuerzas del coronel Salinas, mandó en comisión a Tlalixtac en donde nos encontrábamos entonces, a don Manuel Toro, quien era a la sazón Tesorero del Estado y después fue secretario de Hacienda, para que me entregara un pliego que contenía una orden en que se me prevenía que me encargara yo del mando de la fuerza, arrestara al coronel Salinas y lo mandara preso a Ixtlán en donde residía el Gobierno del Estado. No estimé prudente esa medida, porque Salinas no era un obstáculo para el buen éxito de la campaña, pues tenía gran deferencia por mí; temí además que ella dividiera a los caudillos liberales, y me sentía por último avergonzado de mi derrota, por todo lo cual supliqué a don Manuel Toro que hiciera presente estas consideraciones a don Marcos Pérez para que no insistiera en su orden. No quedó satisfecho de mi conducta don Marcos Pérez, pero tampoco insistió en su orden de aprehensión y destitución del coronel Salinas. Probablemente Salinas tuvo noticia de esto, porque lo encontré muy contrariado en la noche de ese día. Tuve una explicación personal con él y supe que efectivamente todo había llegado a su conocimiento, lo cual no impidió que siguiéramos en buena armonía durante la campaña.

Supongo que don Marcos comunicó estos sucesos al presidente don Benito Juárez, quien creyendo probablemente que las disensiones que había entre los jefes principales del Estado, serían un obstáculo para el buen éxito de la campaña, determinó mandar a un jefe extraño, y fue designado para ese objeto el general don Vicente Rosas Landa, quien se encargó del mando el 12 de febrero de 1860.

Mientras esto pasaba, nosotros seguimos ocupando las alturas inmediatas a la ciudad y preparándonos para un asalto. Para ejecutarlo nos ocupamos en construir municiones y proporcionamos los elementos necesarios. Creo que habríamos obtenido buen éxito en ese asalto, si hubiéramos quedado entregados a nuestros propios esfuerzos e inspiraciones; pero el general Rosas Landa, que estaba acostumbrado a mandar soldados más disciplinados que nosotros y a contar con mejores elementos de los que teníamos, no aprobó nuestra conducta: le pareció que era muy peligroso ponerse tan cerca del enemigo sin los elementos necesarios para batirlo. Así es que mientras nos llegaban de Veracruz los recursos pedidos, el general Rosas Landa solo permitió, durante tres meses, que estuviéramos tiroteando al enemigo, lo que no dio resultado definitivo para ninguna de las dos fuerzas beligerantes.

Entretanto, el Gobierno reaccionario establecido en México, mandó para proteger a Cobos una columna compuesta de más de mil hombres a las órdenes del coronel Mariano Miramón, hermano de don Miguel Miramón, que fungía de presidente, y no pudiendo resistir a esta fuerza, determinó el general Rosas Landa, que levantáramos el campo, lo cual se verificó el 11 de mayo de 1860.

Capítulo XV. Ixtepeji

15 de mayo de 1860

Nos retiramos para la sierra. La mayor parte de nuestra fuerza tomó la vía directa de Tlalixtac para Ixtlán, y el resto, en la cual venía el Cuartel general y la artillería, la vía de San Agustín Etla y Teococuilco. El enemigo mandó perseguir a los que se retiraban por Tlalixtac con una columna que mandaba el general

Anastasio Trejo, y destacó otra mandada por el general Alarcón, contra los que nos retiramos por Teococuilco.

Al hacer el general Rosas Landa su marcha rápida hasta Teococuilco, me encomendó el cuidado de la retaguardia, y cuando me vi perseguido muy de cerca por el general Alarcón, hice una contramarcha con la fuerza que me quedaba, pues la mayor parte de ella había seguido al general Rosas Landa y obligué a Alarcón a retroceder al valle; y así pude continuar mi marcha hasta Teococuilco, que fue muy penosa por tener que hacerla por montañas y con artillería pesada.

Una vez en Teococuilco, exagerando el general Rosas Landa la falta de disciplina que en efecto había en nuestras tropas, nos manifestó que volvía a Veracruz a dar cuenta al señor Juárez de que éramos inmanejables. Volvió a recaer el mando por este hecho, en el coronel Salinas, quien se adelantó solamente con su Estado Mayor para Ixtlán, con objeto de acuartelar convenientemente a la otra columna que había marchado directamente para aquel punto, y disponer lo necesario para rechazar la columna de Trejo, que sabíamos iba en su persecución, dejándome con la fuerza en Teococuilco.

Llegó Salinas a Ixdán, y sin embargo, nada pudo disponer en contra de Trejo, porque la fuerza que había venido por esa vía no estaba toda en Ixdán, sino repartida en varios pueblos, donde arbitrariamente se habían alojado los soldados. Antes de que se reunieran llegué a Ixdán con la fuerza que el coronel Salinas había dejado a mis órdenes en Teococuilco, y como era la única disponible marché después de pocas horas de descanso hacia Ixtepeji, en donde las compañías de ese lugar y parte de la población que estaba armada, habían detenido a Trejo por dos días, batiéndolo en el rancho de la Parada.

Llegué a Ixtepeji como a las nueve de la mañana del 15 de mayo de 1860, en momentos en que casi eran derrotadas las fuerzas que sostenían nuestra causa, y Trejo ocupaba ya la población; pero m presencia y el refuerzo de municiones que di a los derrotados, los reanimó, y entonces batimos formalmente a Trejo, obligándolo a retroceder para Oaxaca, después de un serio y sangriento combate.

Como yo conocía el terreno mejor que Trejo, mandé por veredas extraviadas, fuerzas que fueran a salirle a 1 o 2 leguas a su vanguardia, y entonces destrocé por completo su columna, que era de 700 hombres, pues llegaron a Oaxaca menos de 100. Esta victoria nos permitió vivir algunos meses tranquilamente en la sierra, porque el enemigo no volvió a emprender ningún movimiento contra nosotros, no obstante el considerable refuerzo que había recibido con la columna venida de México a las órdenes del coronel Miramón.

Como pocos días antes de la victoria de Ixtepeji, había partido para Veracruz el general Rosas Landa, calificándonos de indisciplinados e incapaces de todo servicio, me pareció conveniente que el señor Juárez recibiera antes que el general Rosas Landa, la noticia de esa victoria; y con ese objeto le escribí una carta que mandé con un oficial que condujo el parte del general Salinas, y le previne que no dijera nada de lo ocurrido al general Rosas Landa. Mis instrucciones fueron cumplidas con fidelidad, y se sorprendió grandemente Rosas Landa cuando al dar al señor Juárez los malos informes que llevaba de nosotros, supo que habíamos obtenido una importante victoria.

Capítulo XVI. Hacienda de San Luis

Toma de Oaxaca

5 de agosto de 1860

Después de la batalla de Ixtepeji nos ocupamos de reorganizar nuestras fuerzas y habiéndose retirado el auxilio que trajo a la plaza el coronel Miramón pensamos seriamente en volver a tomar la iniciativa, para lo cual nos estorbaba mucho el gran número de abogados y empleados liberales que, huyendo de Oaxaca por la persecución de Cobos, vivían con nosotros en la sierra. Nuestra inferioridad numérica nos ponía en la necesidad de intentar un golpe de mano que el enemigo no pudiera prever; pero esto se dificultaba mucho porque todos nuestros amigos civiles daban a sus familias, que estaban en Oaxaca, aviso anticipado de cuanto nosotros pretendíamos o ellos sospechaban qué íbamos a hacer, y de ese modo hacían abortar nuestras combinaciones. Tuvimos que confinar a varios de ellos a otros pueblos de la sierra, donde no había cuarteles y cuidamos más de los amigos indiscretos que de los enemigos.

Nos ocupábamos de los trabajos preparatorios de nuestra expedición, cuando recibió mi hermano Félix, que en el ejército conservador había sido amigo del coronel Montero que mandaba en las filas de Cobos el 9.º Batallón, una carta en que éste le proponía facilitar nuestro asalto y toma de la ciudad, mediante una gratificación de 10.000 pesos.

Para determinar detalladamente el servicio que Montero podía prestar, se le propuso, en respuesta, que saliera en altas horas de la noche a tener una conferencia conmigo a un kilómetro de la ciudad en un lugar que se llama Las Pozas Zarcas. Movimos con todo el sigilo posible todas nuestras fuerzas capaces de entrar en combate y las aproximamos a cinco kilómetros de la ciudad sobre la sierra. Me adelanté para esperar a Montero en el lugar designado, y me fui enseguida a los arcos del acueducto de la ciudad, para cerciorarme sin ser visto, de si Montero venía solo o acompañado; pero no vino él sino que envió a su mensajero con una esquela, en la que decía que comenzaba a sospecharse de él en la plaza; y que esta circunstancia le impedía salir, así como la de que en la misma plaza se había sentido nuestro movimiento y todos estaban muy en guardia; pero que sin efusión de sangre, podíamos ser dueños del Convento del Carmen y de la fuerza que lo defendía, si nos sujetábamos a sus instrucciones que consistían en que al llegar a doscientas varas frente a la puerta del campo del Convento del Carmen, hiciéramos un movimiento circular, con un cigarro encendido, señal que sería contestada en la misma puerta del Carmen en donde estaba la guardia de previsión del 9.º. Una vez, correspondida la señal, debíamos entrar en columna hasta dicha puerta, advirtiendo Montero en su esquela, que al entrar nuestra columna, correría la Guardia hacia el interior del cuartel, y que este movimiento no debía alarmarnos porque tenía el objeto de sorprender una fuerza que había en el interior del referido convento, y la cual no estaba en la combinación. El convento cierra una calle, que por eso se llama Cerrada del Carmen, y la puerta del campo corresponde a lo que debería ser continuación de la calle.

Después supe que todo esto era un ardid de Montero para destruirnos y que las azoteas de ambos lados de la puerta del campo del Carmen estaban cubiertas de soldados, que nos habrían acribillado por completo, y que tenía en el patio una batería abocada para el zaguán. Sospechando que esto fuera así, había yo dispuesto ejecutar sus instrucciones, pero solo con cincuenta hombres, puesto que si contábamos con el 9.º no necesitábamos más para ser dueños del Carmen, y dispuse que el resto de nuestras fuerzas que llegaba a 700 hombres, atacara en dos columnas el Convento de Santo Domingo, pues me pareció que si Montero de mala fe nos resistía en el Carmen, debía estar muy reforzado ese punto y descuidado el otro.

Después de haber formado este plan, regresé a encontrar al coronel Salinas que debía estar al pie de la sierra; pero comenzó en esos momentos una lluvia torrencial que nos inutilizó los caminos, y puso a nuestras tropas, refugiadas todavía en la selva, en condiciones que solo pudieran resistir fuerzas voluntarias como las que teníamos. Fue imposible durante toda la noche no solo ejecutar maniobras, sino averiguar el lugar en que estaban los soldados que en distintas partidas se habían fraccionado, buscando abrigo contra la lluvia y contra las corrientes que tampoco permitían andar en aquel terreno. Esto impidió que diéramos el asalto proyectado para esa noche.

Al día siguiente, el 4 de agosto de 1860, calculando que sería muy difícil nuestro regreso a la sierra, porque todos nuestros soldados no volverían de buen grado, pues habían consentido en el ataque, y tenían a sus familias en la ciudad; y siendo en esos momentos tiroteados por una fuerza, que con ese objeto salió de la ciudad, hicimos un movimiento rápido sobre ella, que la obligó a replegarse a su centro de operaciones y nos establecimos en la Hacienda de San Luis, como a dos kilómetros de la ciudad, ocupando además la Hacienda de Dolores. En esa posición pasamos toda la noche, y como a las tres de la madrugada siguiente, se me presentó un desertor del enemigo, avisándome que en la noche se había movido éste sobre nosotros y que debíamos tenerlo muy cerca. Al comunicar esta noticia al coronel don Ramón Cajiga, que ocupaba la Hacienda de Dolores con parte del Batallón Juárez, volvió el ayudante avisándome que el enemigo estaba de por medio. Dispuse entonces que el coronel don Manuel Velasco con la mitad de su batallón batiera al enemigo que se nos había interpuesto.

En esos momentos comenzaba a despuntar la luz del día, y vimos que a nuestra espalda había un fuerte puesto militar que nos habría impedido volver a la sierra, si lo hubiéramos intentado. Era la mitad del 9.º Batallón mandada por su teniente coronel don Manuel González.

Mandé batir de preferencia esa tropa por los Capitanes don Luis Cataneo y don Fidencio Hernández, después general, quienes lograron derrotarla, y la obligaron a incorporarse con el grueso del enemigo por el ramal de la sierra que termina en el Fortín de la Soledad.

En estos momentos fue rechazado Marcelino Cobos que atacaba la Hacienda de Dolores, y a la vez se me incorporaban los tenientes coroneles

Cajiga y Velasco con sus respectivas fuerzas, así como los Capitanes Canseco y Hernández, y era precisamente el mismo momento en que el general José M. Cobos con el núcleo principal de sus tropas, con tres baterías y los derrotados de Dolores, atacaba resueltamente las posiciones que ocupaba yo en la Hacienda de San Luis.

Ejecutamos entonces un movimiento general, saliendo a la llanura al encuentro de Cobos; lo rechazamos quedando en nuestro poder sus cañones más pesados, y lo obligamos a retirarse a la ciudad. Dispuso entonces el coronel Salinas, que con el Batallón de Morelos, mandado por Velasco y las Guardias Nacionales de Miahuatlán y Ejutla, ocupara yo la Plaza de Armas mientras él se dirigía contra el Fortín de la Soledad. Después de una tenaz resistencia en las calles por donde tenía yo que penetrar a la plaza, en cuya resistencia perdí muchos soldados y oficiales; y recibí una bala que me inutilizó la pierna derecha, aunque sin tocar el hueso, logré desalojar al enemigo de la Plaza de Armas, del Palacio, de la Catedral y del Convento de la Concepción, dejándolo reducido exclusivamente a Santo Domingo y al Carmen.

Comencé desde luego a horadar dos líneas de manzanas, con dirección a Santo Domingo para acercar mis columnas a esa posición, a cubierto de los fuegos enemigos, y dar un asalto al Convento de Santo Domingo. Me proponía salir con mi fuerza por las casas que quedaban frente al convento y proteger el ataque desde las alturas de dichas casas. Este trabajo duró todo el día y parte de la noche del 5 de agosto de 1860. El coronel Salinas se me había incorporado y todas las operaciones las ejecutaba de su orden. Adelantados nuestros trabajos en condición de poder dar el asalto al amanecer del día 6, nos avisaron que el enemigo había derribado parte de la pared de la Huerta de Santo Domingo, y que por allí se había fugado. Como yo había sido herido desde las nueve de la mañana del día anterior y no pudiendo andar a pie, había andado a caballo durante el día y la noche, no estaba ya en condición de andar más y mucho menos de combatir. El coronel Salinas y los otros jefes movieron las fuerzas hacia Santo Domingo, en mi concepto con intención de perseguir al enemigo, pero no lo hicieron por razones que ignoro.

El enemigo que se evadió tomando el rumbo de Zimatlán, y después de dos días, contramarchó buscando el camino de Oaxaca a Tehuacán y volviendo a pasar muy cerca de la ciudad.

La batalla del 5 de agosto de 1860, que dio por resultado la toma de Oaxaca, me valió el ascenso a coronel del Ejército permanente que me mandó de Veracruz el presidente Juárez.

Durante el segundo sitio de Oaxaca, se me había incorporado mi hermano, el teniente coronel don Félix Díaz, quien prestó muy buenos servicios en el asalto y ocupación de la Plaza de Oaxaca, cooperando eficazmente a esa victoria, lo mismo que a la de Ixtepeji. Uno o dos días después de la toma de Oaxaca, censuró duramente mi hermano la conducta del coronel en jefe, delante de don Justo Benítez, secretario del coronel Salinas, porque no se aprovechaba la victoria para perseguir al enemigo. Con este motivo se le mandó a perseguirlo con una columna insignificante y muy mal municionada. Para que sus soldados no se desmoralizaran por la escasez de parque, llenó de ladrillos unas cajas de municiones vacías y las llevó consigo, teniendo cuidado, por supuesto, de evitar que llegaran a abrirse. Alcanzó a Cobos el 9 de agosto de 1860, lo batió en las Sedas, tomándole diez cañones y un gran número de prisioneros, entre los cuales había cerca de 400 soldados de los Regimientos de Guías y Granaderos a caballo, que había derrotado. Con esta base organizó su regimiento con el nombre de Lanceros de Oaxaca y con él hizo la campaña a las órdenes del general Salinas.

Recobrada la capital, don Marcos Pérez estableció su Gobierno en Oaxaca, el 9 de agosto de 1860, y a poco nombró jefe Político de Zimatlán a don Juan Escobar y de Yautepec a don Juan N. Hernández, quienes abusando de la predilección que les tenía el gobernador, cometían en sus Distritos todo género de extorsiones, lo cual, exagerado por sus adversarios políticos, ocasionó quejas fundadas y consiguiente desprestigio a la administración.

Conociendo el disgusto que había contra don Marcos y la intención de deponerlo, emprendí en su favor una lucha con Salinas que era la persona principal que llevaba la voz entre los descontentos, y no me entendí con don José Esperón, porque no tenía yo amistad con él y porque sabía que se haría lo que resolviera Salinas. Me dijo éste que nada se promovería en contra de don Marcos Pérez, si conseguía yo que ofreciera remover a los dos jefes Políticos indicados.

Estando todavía enfermo de mis heridas en Oaxaca, dije a don Marcos Pérez un día que me visitó, que él era un hombre muy respetable y muy correcto, pero que le perjudicaba mucho la manera con que consentía a sus jefes Políticos, contra quienes había multitud de quejas. Me contestó que no tenía más noticia de esas faltas, que simples rumores sin pruebas que las justificaran, y que él no podía abandonar a sus amigos.

Le ofrecí entonces que yo no haría ni permitiría que se hiciera nada en su contra, y que podía estar seguro de que mientras estuviera yo en Oaxaca no se le molestaría, lo cual sabía él bien sin necesidad de que yo se lo dijera, porque mis antecedentes y relaciones con él me obligaban a proceder así; pero que no podía responder de lo que se hiciera después de mi salida que estaba ya próxima, y que tuvo lugar el 20 de octubre de ese año. En efecto, don Marcos fue encausado con el pretexto de que no había presentado la memoria anual que requiere la Constitución del Estado, y depuesto por la Legislatura el 8 de noviembre de 1860, fue nombrado gobernador interino don Ramón Cajiga, quien nombró su secretario al licenciado don José Esperón, que había sido el jefe de la conspiración contra don Marcos, y fue el director de la política del Gobierno de Cajiga. No pudo sobrevivir don Marcos a la decepción que le causó este procedimiento y falleció el 19 de agosto de 1861, y así perdió la República uno de sus hijos más preclaros.

Capítulo XVII. Félix Díaz

1833-1860

Mi hermano Félix nació el 2 de mayo de 1833, cinco meses antes de la muerte de mi padre. Aunque la diferencia entre nuestras respectivas edades era insignificante, siendo yo el varón de más edad de la familia, me trataba y consideraba como padre más que como hermano. Fue uno de mis más eficaces colaboradores en mi carrera militar, y selló con su sangre su adhesión a mi persona.

Mi hermano era muy afecto a todos los ejercicios atléticos, y como su constitución era robusta y muscular y se había dedicado a la gimnasia, llegó a adquirir una gran fuerza física. Estaba dotado de cualidades especiales para soldado, y siempre dio pruebas de ellas en todos los combates que sostuvo, en los cuales demostró mucho valor y Una gran serenidad. Tenía talento natural aunque poco cultivado, era jovial y a veces y en momentos solemnes hasta chocarrero. Estaba dotado de grandes recursos para la guerra, y en los instantes de mayor peligro, le ocurrían los arbitrios más felices y los ardides más ingeniosos y de mejores resultados.

Comenzó Félix su carrera en el Seminario de Oaxaca en el año de 1846, y permaneció allá muy pocos meses y sin llegar a sufrir ningún examen. Lo pasé después al Instituto en donde estudiaba yo, y allí cursó los dos años de latinidad, el primero con el licenciado Felipe Vargas, y el segundo con el Profesor don Román Cerqueda.

Estaba estudiando primer año de Filosofía en el Instituto de Ciencias y Artes del Estado, con el Profesor don Francisco Cerain, cuando me manifestó decidida vocación por la carrera militar, al grado de ir a presentarse como voluntario a un batallón de artillería, que mandaba en esa época el teniente coronel don Alejandro Espinosa.

Como no me gustaba que adoptara la carrera militar, sin tener estudios correspondientes, conseguí del Gobierno su baja en el batallón y que viniera a México a sentar plaza en el Colegio Militar; lo cual se me facilitó por las relaciones que don Marcos Pérez tenía en la capital.

Fue contemporáneo en el Colegio Militar de don Miguel Miramón, quien era capitán de su compañía. Después de dos años de estudios en el Colegio y cuando había sufrido los exámenes correspondientes, entre los cuales se encontraba el de las armas tácticas, salió para alférez del 3.º de caballería, que mandaba el coronel don Mariano Moret, cuya matriz estaba en el Fresnillo y se ocupaba de la guerra contra los indios bárbaros.

Fueron tres los oficiales destinados a ese regimiento, mi hermano y otros dos alumnos que eran también oaxaqueños, llamado uno Ramón Monterrubio, y el otro Maximiliano Bolaños. Bolaños solicitó su baja después de pocos meses y se retiró para Oaxaca. Monterrubio pasó después de pocos días al Batallón de Guías. En consecuencia, solo mi hermano continuó con el 3.er Regimiento.

No recuerdo episodios importantes de su carrera en ese periodo, aunque le oí referir varios muy notables, especialmente uno en que le tocó defender un convento en San Luis Potosí; solo sé que hizo una campaña muy activa con los indios, y que le quedó una cicatriz de una herida causada en uno de los combates.

Ascendió sucesivamente hasta llegar a ser teniente coronel, y militó en las filas conservadoras, porque como él estaba en el ejército cuando el general

Santa Anna volvió al poder en 1853, y todo el ejército permanente lo reconoció, mi hermano siguió por supuesto a sus camaradas.

Cuando yo me hallaba en Tehuantepec, en los años de 1858 y 1859, mi hermano se sintió profundamente disgustado al saber que yo militaba en las filas contrarias, porque no podía él faltar a sus compromisos, sin cometer una mala acción. En una de tantas noticias falsas que daba la prensa, se aseguró que yo había muerto en un combate en Oaxaca, y esta noticia que mi hermano vio en un periódico, lo decidió a separarse de las más reaccionarias, y aprovechando la circunstancia de encontrarse ya no en fias, sino en el Estado Mayor del general don Leonardo Márquez, abandonó a ese partido y vino a presentarse a Oaxaca en marzo de 1860, a la sazón en que sitiábamos a aquella ciudad, a las órdenes del general Rosas Landa.

Allí supo que no era cierta la noticia de mi muerte, y sin embargo tomó servicio en nuestras filas, de las que ya no volvió a separarse.

Me acompañó en todas las operaciones del segundo sitio de Oaxaca, en nuestra retirada a la sierra de Ixtlán, en la batalla de Ixtepeji, en la acción de la Hacienda de San Luis, y en la toma de la capital de Oaxaca.

Después de la victoria que obtuvo en las Sedas, de que hablé en su lugar, salió con la Brigada de Oaxaca a las órdenes del general Salinas y se incorporó en Tehuacán con el general Ampudia.

Hizo toda esa campaña y su Cuerpo era la única caballería que tenía la División en los momentos de ser derrotado el general Miramón en Calpulálpam. El fue quien recogió todos los prisioneros que pudimos hacerle a Miramón, en su retirada para México. De suerte que a nuestra entrada a la capital de la República, su regimiento estaba en alta fuerza.

Concurrió después a la batalla de Pachuca el día 20 de octubre en 1861, prestando en ella importantes servicios.

Fue el primero que cruzó sus armas con los franceses cuando éstos, faltando a su palabra de honor, retrocedieron de Córdoba, violando el armisticio que habían celebrado. Hecho prisionero, se evadió en medio del enemigo, y en presencia de una fuerza francesa compuesta de las tres armas. Por no anticipar los sucesos, no menciono aquí, pero lo haré después, los demás hechos de armas en que me acompañó.

Capítulo XVIII. Salida del Estado de Oaxaca

1860

Durante el resto de agosto, septiembre y parte de octubre de 1860, nos ocupamos de organizar una columna que, según órdenes del Gobierno Federal, debíamos conducir a Tehuacán y ponernos con ella a las órdenes del general don Pedro de Ampudia, quien mandaba una División de fuerzas liberales de Oriente compuesta de tropas de los Estados de Puebla y Veracruz. Hecho este trabajo y después de sanar de mi herida, de la que duré enfermo como un mes, emprendimos la marcha con 1.200 hombres a las órdenes del general Salinas, de quien era yo Mayor de Ordenes, saliendo de Oaxaca el 20 de octubre de 1860.

La columna se componía de los Batallones de Morelos, que mandaba el coronel Velasco; Hidalgo, que mandaba el teniente coronel Tiburcio Montiel; una batería, mitad de montaña y mitad de batalla, que mandaba el capitán don Gregorio Chávez, hoy gobernador de Oaxaca; un Regimiento de Lanceros, que mandaba el teniente coronel Félix Díaz; y una sección de Cuerpo Médico y Ambulancia, que mandaba el Doctor don Macedonio Muñoz Cano.

La Guardia Nacional de Oaxaca, aunque indisciplinada, era una organización modelo bajo algunos aspectos. Los soldados peleaban como leones en Oaxaca; pero se resistían mucho a salir del Estado, por lo cual había el adagio de que los oaxaqueños son valientes hasta el Marquesado, que es un barrio de Oaxaca. Yo contribuí a hacerlos cambiar a este respecto.

Algunos jefes de la Guardia Nacional, principalmente los tenientes coroneles Velasco y Montiel, no tenían mucha voluntad de prestar servicio activo fuera del Estado, y comenzaron a combinar una sublevación para que sus Cuerpos y algunos otros se desbandaran al salir la brigada de la capital. Llegaron estos hechos a mi noticia y amonesté seriamente a dichos jefes, diciéndoles que yo resistiría ese desbandamiento y que a ellos los haría personalmente responsables de sus consecuencias. Me negaron que tuvieran tal intención y me ofrecieron que no ocurriría semejante cosa.

Sin embargo de esto, en la primera jornada que hicimos de Oaxaca, tuvimos una fuerte deserción y considerando yo que si esto continuaba daría malos resultados, determiné, como Mayor de Ordenes de la brigada y con autorización del general Salinas, que se distribuyesen tocos los soldados entre los oficiales, dando a cada uno una lista de los que debían cuidar y que ellos fueran responsables de los soldados que se les encorrendaban, bajo pena en la primera deserción que hubiere, de degradación, y de servicio como soldados rasos en otro batallón. No hubo necesidad de castigar más que a dos o tres oficiales, porque no ocurrió después ninguna deserción, y las marchas se hicieron sin novedad.

En Tehuacán nos incorporamos a la División del general Ampudia, y al llegar a Pachuca, con el pretexto de que estábamos en la inacción y de que no tomábamos la iniciativa contra el enemigo, los mismos jefes inquietos de Oaxaca, en combinación con los tenientes coroneles de Ingenieros Gaspar Sánchez Ochoa y Rodríguez Landa, intentaron desconocer al general Ampudia como jefe de la División, y poner en su lugar al general Salinas. Habiendo tenido noticia de este propósito, por mi hermano, a quien se lo comunicó Montiel, amonesté de nuevo a los descontentos, haciéndoles presente el descrédito que esto acarrearía a nuestra causa estando frente al enemigo, y manifestándoles que por mi parte resistiría semejante atentado. Logré que me prometieran no llevar a efecto esa combinación y cumplieron su palabra.

Permanecimos a las órdenes del general Ampudia en todas sus operaciones sobre la Mesa Central, ocupando alternativamente a Tepeaca, Pachuca y Cuautitlán; unas veces impidiendo movimientos de las fuerzas de Miramón y otras evadiendo golpes de mano que con fuerza superior intentaba contra nosotros y contra las otras fuerzas que rodeaban a la capital, habiendo logrado Miramón dar uno el 8 de diciembre de 1860 con buen éxito a las que se encontraban en Toluca a las órdenes de los generales Degollado y Berriozábal, a quienes condujo a México como prisioneros.

Así permanecimos sin causar al enemigo perjuicios que merezcan mencionarse, hasta que habiendo salido Miramón con una fuerte columna de la capital de la República, fue batido en Calpulálpam por el general don Jesús González Ortega. Advertido el general Ampudia de ese movimiento por el general González Ortega, dispuso colocarse a la retaguardia de Miramón; pero como los correos no estuvieron muy oportunos, el general Ampudia recibió ya tarde el aviso, y no obstante la marcha forzada que hizo la División de su mando, llegamos a Tula siguiendo la huella de Miramón en momentos en que éste había sido derrotado en Calpulálpam el 23 de diciembre de 1860. No pudimos, pues, tomar parte en aquel combate, pero aprovechamos nuestras posiciones para recoger a muchos de los dispersos que iban con rumbo a la capital.

Reunidos con el Cuerpo de Ejército que mandaba el general González Ortega, seguimos en marcha para México a donde entramos el día 4 de enero de 1861.

Capítulo XIX. Garita de Tlaxpana

4 de junio de 1861

El Gobierno Constitucional, que aún permanecía en Veracruz, ordenó, por conducto del general Jesús González Ortega, que todas las Guardias Nacionales procedentes de los Estados, volvieran a sus hogares y dejaran las armas total o parcialmente, según dispusieran sus respectivos gobernadores. En esa virtud regresamos a Oaxaca y en el camino encontramos al señor Juárez, que venía de Veracruz con todo el personal del Gobierno.

El Cuerpo de Ejército del general González Ortega, lo mismo que todos nosotros, llegamos a México infestados de tifo que contaminó a toda la ciudad y que llevamos las Guardias Nacionales a nuestros respectivos Estados.

Al llegar a Oaxaca, sufrí el tifo y cuando volví a tener el uso de la razón, supe que la Brigada había sido puesta en Asamblea, en cuya condición quedaba yo también. Supe a la vez que había sido electo Diputado al segundo Congreso de la Unión por el Distrito de Ocotlán, del Estado de Oaxaca.

Estando en la sesión del Congreso, el 4 de junio de 1861, se tuvo noticia de que el enemigo, a las órdenes de Márquez, atacaba la ciudad, por la garita de la Tlaxpana. El residente de la Cámara, que lo era en ese mes don Blas Balcárcel, recomendó a los Diputados que no se movieran de sus asientos para que en el caso de que las fuerzas enemigas llegaran a Palacio, los encontraran cumpliendo con su deber. Entonces pedí la palabra, no obstante que nada había a discusión, y manifesté que, siendo militar, suplicaba se me permitiera unirme a mis camaradas para combatir contra el enemigo. Se me concedió este permiso, lo mismo que al Mayor de Artillería don José Antonio Gamboa, que también era Diputado.

Nos dirigimos a San Fernando en donde se encontraba la Brigada de Oaxaca a las órdenes del general don Ignacio Mejía, que resistía a la columna invasora. El general Mejía se alegró de nuestra llegada porque estaba sin jefes subalternos, pues unos se encontraban enfermos en sus casas y el único que le quedaba, acababa de ser herido, el teniente coronel don Alejandro Espinosa. Inmediatamente me ordenó flanquear al enemigo, para lo cual puso a mi disposición la compañía de granaderos del Primer Batallón. Ejecuté en el acto esta operación marchando por un lado de los arcos del acueducto, sin ser visto por el enemigo, hasta salirle al encuentro, cuando él no me esperaba, y su sorpresa y la energía de la carga, dieron por resultado la retirada de la columna invasora, dejándonos muchos muertos y prisioneros. Una gran parte de la columna se metió, en su retirada, en una plazuela que había frente a la casa de la señora Pérez Gálvez, y estaba cercada por una reja de hierro, en la que ahora hay casas modernas, bien construidas y con jardines, y no teniendo salida, hicimos prisioneros a todos los que se habían refugiado en esa plazuela.

Según se supo después, el enemigo no tuvo intención de atacar formalmente la ciudad, sino que solamente se propuso hacer un simulacro de ataque con objeto de que no saliera fuerza de ella a molestar al grueso de sus fuerzas que entonces se acercaron mucho a esta capital, en su marcha hacia el sur.

Capítulo XX. Jalatlaco
13 de agosto de 1861

El 5 de junio de 1861, recibí orden del Ministerio de la Guerra, previo permiso de la Cámara, que pidió el Gobierno, para encargarme del mando de la Brigada de Oaxaca, pues el general Mejía, que la mandaba se hallaba enfermo, y de ponerme con la brigada, a las órdenes del general don Jesús González Ortega, que salía con su División a perseguir a Márquez por el rumbo del sur.

Perseguimos a Márquez por dos meses sin más éxito que algunos encuentros con sus puestos avanzados que fueron de poca importancia para ambos beligerantes. Nuestra compañía tenía por teatro la parte oriental del Estado de México, cuyo clima es muy propenso a las fiebres palúdicas. Con este motivo y después de varios días de marchas, González Ortega dispuso dar cuatro o cinco días de descanso a nuestra fuerza en la ciudad de Toluca, que era la que ofrecía mejor cuartel.

Estando en Toluca tuvo noticia el general González Ortega de que el enemigo pasaba por la Plaza de Santiago Tianguistengo. en dirección a la montaña. Me ordenó que lo tiroteara con mi fuerza, que se componía de 233 soldados y la caballería del general don Antonio Carbajal, a cuyas órdenes debía yo ponerme. Las órdenes que llevaba Carbajal y que a mí también me había comunicado el general González Ortega, eran de estorbar la marcha de Márquez mientras lo alcanzaba la División, y con ese objeto partimos de Toluca a las tres de la tarde del día 12 de agosto de 1861.

Al entrar la noche, llegamos a la Hacienda de Ateneo, y batimos un destacamento de 200 caballos que tenía allí, como puesto avanzado, la fuerza de Márquez y que se retiró a poca resistencia. Entramos a Tianguistengo sin novedad, y allí supimos que el enemigo pernoctaba en Jalatlaco, y que tenía entre este pueblo y Tianguistengo un puesto avanzado de más de mil caballos. El general Carbajal que era muy conocedor del terreno, dispuso que marcháramos para Jalatlaco por una vereda que, aunque daba algunos rodeos, nos permitiría pasar a más de una legua del puesto avanzado de enemigo, y llegar a Jalatlaco, sin que pudiera preceder aviso.

Como yo no conocía el terreno, marché por varias horas a retaguardia de la caballería, y cuando ésta se detuvo, avancé en busca del general Carbajal, quien me llevó a la cabeza de la tropa que estaba casi en ala alternada por lo estrecho de la vereda y desde una pequeña altura, a tiro de fusil de la plaza, me enseñó los puntos que ocupaba el enemigo en el pueblo de Jalatlaco y que se marcaban por los fuegos que servían para condimentar su rancho, y me ordenó que bajara a tirotearlo mientras llegaba la División.

Mandé al teniente don Crisóforo Canseco, actualmente general, con una subdivisión de veinte y tantos hombres a batir un puesto avanzado que según informes que había recibido el general Carbajal, tenía el enemigo en una ermita cerca de la iglesia de Jalatlaco, y yo con el resto de mi fuerza marché a batirlo en la parroquia por el rumbo opuesto. Al ponerme a la cabeza de mi fuerza que marchaba a la desfilada, no podía ver lo que pasaba a la retaguardia, y el general Carbajal cometió la torpeza de mandar hacer alto a mi fuerza cuando apenas habían pasado veinte hombres, poco más o menos; pero el capitán José María Barriguete a quien había yo puesto a la retaguardia, con orden de seguirme, y de no permitir que la fuerza se cortara, porque siendo la noche muy oscura, sería difícil volverla a reunir, salió a la cabeza de la fuerza cuando sintió el alto, y después de una disputa agria con Carbajal, siguió la marcha;

pero ya no pudo incorporárseme por la oscuridad de la noche, y porque yo sin apercibirme de lo que había ocurrido, había avanzado hasta llegar a la plaza. Sin embargo, al sentir el ataque que yo daba por el oriente de la posición enemiga y procurando incorporárseme, atacó Barriguete por el sur, uniéndoseme después, para lo que le sirvió el conocimiento que los oficiales tienen del sonido de sus cornetas, que distinguen de las extrañas.

Cuando comenzó mi ataque, la infantería enemiga estaba en el templo y el atrio del pueblo, que es tan grande como una plaza de armas, y la caballería estaba situada en otros cuarteles que rodeaban a la plaza. Sufría yo por lo mismo por la espalda los fuegos de la caballería y esto me obligaba a distraer muchos soldados para defenderme de ellos, impidiéndome a la vez emprender una operación más seria contra el templo y el atrio. En estas circunstancias mandé dar aviso de lo que ocurría al general Carbajal, quien había quedado a orillas de la población. Me contestó que no podía hacer uso de la caballería porque había muchos magueyes en el camino, que estorbaban sus movimientos.

Antes de que Barriguete se me incorporara en el ataque que intenté por el sur de las posiciones enemigas, habían penetrado al atrio diez o doce de sus soldados, con el capitán José M. Omaña a la cabeza y había sido rechazado el resto de la columna de Barriguete que atacaba, por allí. En esos momentos hacía yo un ataque vigoroso por la puerta del mismo atrio que da al norte. El capitán Omaña reconoció mi voz; y me suponía dentro del atrio, y casi estaba yo adentro, porque había hecho también un ataque malogrado como el suyo.

Márquez mandó fusilar al capitán Omaña, y el oficial encargado de cumplir con esa orden, se separó un poco de la fuerza para pasarlo por las armas; pero temiendo entre tanto el éxito del combate, se puso de acuerdo con Omaña, para pasarse con nosotros, y ambos huyeron fuera del cuadro de defensa y se presentaron al general González Ortega, que se aproximaba ya al pueblo, y le avisaron que habíamos sido rechazados, Omaña por un lado del atrio y mi columna por el otro, y que probablemente yo había sido fusilado, como se había mandado que él lo fuese. Omaña había oído mi voz dentro del atrio, después el estruendo de los tiros que suponía eran los de los soldados que me habían fusilado, y vio que calmados los fuegos, permanecía el enemigo en sus posiciones, todo lo cual daba verosimilitud a la suposición de nuestra derrota y mi fusilamiento. Con esta noticia el general González Ortega dispuso que toda la columna hiciera alto a la vista del pueblo y esperara a que amaneciera, y situó una batería que hizo fuego sobre los combatientes, pero como los artilleros no tenían más guía que los fuegos de fusil y lo mismo batían a los enemigos que a nosotros, mandé al Subteniente don José M. Martínez, a suplicar al general en jefe suspendiera los fuegos de su artillería que nos hacía más daño a nosotros que al enemigo, y a pedirle municiones, por haberse agotado las mías.

En esos momentos, y antes de recibir las municiones pedidas, sorprendí a un grupo de oficiales que huían separándose de las posiciones del enemigo y examinándolos separadamente, averigüé por ellos, que Márquez salía en esos instantes en columna, rumbo a la montaña, evadiendo las posiciones que ocupaba el general González Ortega. No obstante mi escasez de municiones, hice un ataque decisivo con el propósito de cortar la columna, y logré que volvieran hacia el atrio 700 infantes, toda su artillería y bagajes. Reducido por este medio el número del enemigo con quien tenía que combatir, pude vencerlo fácilmente, y cuando los tuve a todos desarmarlos, pecho a tierra en el atrio y amarrados los jefes y oficiales que en total eran dieciocho, salí personalmente a dar parte al general en jefe.

La División estaba toda sentada con el fusil dentro de las rodillas, y muchos de los jefes y oficiales acostados bajo sus capas de hule, porque toda la noche había llovido copiosamente, y aún no había cesado la lluvia en esos momentos. Los primeros oficiales a quienes hablé me condujeron hasta donde estaba el Cuartel Maestre, que era el general don Santiago Tapia y éste me llevó a presencia del general en jefe, quien no creyendo que todo estaba concluido, me indicaba que esperáramos que amaneciera, porque no convenía emprender nada por lo pronto. Le manifesté que todo había acabado, que era yo dueño de diez cañones, de todo el bagaje y de muchos prisioneros que creía llegarían a mil; pero que al contarlos resultaron setecientos y tantos. El general en jefe montó al fin a caballo y para que pudiera seguirme, pues la noche era muy oscura, tuve que ponerme un pañuelo blanco sobre la espalda. Llegamos al lugar del combate y sin embargo de que el general en jefe se persuadió de nuestra victoria, no quiso ordenar la persecución del enemigo, como yo se lo indicaba, porque la caballería no conocía los caminos y no tenía guías a su disposición.

Momentos antes de salir para dar parte al general en jefe y cuando me ocupaba de poner pecho a tierra a todos los prisioneros, el general Carbajal que por estar más cerca que el resto de la División, había comprendido que yo ocupaba ya las posiciones enemigas, avanzó adonde tenía yo a los prisioneros amarrados y pretendió matarlos él mismo con su pistola, comenzando por el teniente coronel Aspeitia. Al oír la disputa que emprendió Carbajal con el capitán Barriguete, que cuidaba a los prisioneros y era el comandante de la Guardia, llegué y sin la consideración que merecía, porque el caso era urgente, le quité de las manos la pistola y lo obligué a salir del atrio.

No rendí el parte de esta acción al general Carbajal que era mi jefe inmediato, sino al general en jefe, tanto porque éste estaba ya presente, cuanto por el desagrado que acababa de tener con Carbajal, al impedirle que asesinara a los prisioneros, siendo mi superior.

Con motivo de la victoria de Jalatlaco me dio el Gobierno del señor Juárez el grado de general de Brigada.

Al día siguiente, estando en Tianguistengo, me ordenó el general en jefe que reuniera en mi alojamiento a todos los oficiales que estaban a mis órdenes para felicitarlos por su comportamiento en esa batalla. Así lo hice y estuvo muy expresiva la felicitación que nos dirigió el general González Ortega.

En marcha la columna para la capital recibió orden el general en jefe de maniobrar por varios caminos para atacar al enemigo que había huido de Jalatlaco y se encontraba en Huisquilucan, y con ese objeto se habían mandado mover tropas a las órdenes de los generales Francisco Alatorre y Felipe B. Berriozábal. Lo hicimos así y a nuestro arribo ya no encontramos al enemigo porque las columnas de Berriozábal y Alatorre habían llegado antes y lo habían puesto en fuga haciéndole considerables perjuicios.

Capítulo XXI. Pachuca
20 de octubre de 1861

El 19 de octubre de 1861, poco después de nuestro arribo a la capital, supo el Gobierno que Márquez, con una columna formada de los restos de Jalatlaco y otras partidas que había recogido en los Estados de Querétaro y 'San Luis llegaba a Pachuca y que la columna del general Santiago Tapia que maniobraba cerca de aquella plaza era insuficiente para batirlo; y ordenó que otra columna formada con los Batallones de Oaxaca y lanceros del mismo Estado a las órdenes del general Mejía, de la que yo era Mayor general, marchara a ponerse a las del general Tapia.

Hicimos una marcha rápida y al día siguiente 20 de octubre a las diez de la mañana, llegamos a Pachuca en donde batimos las fuerzas de Márquez, quien abandonó la ciudad yéndose por el camino que conduce al Real del Monte y se posesionó de una altura que se llama La Cruz de los Ciegos y de otras dos que quedan a los lados de la carretera. El general Tapia ordenó al general Mejía que con una compañía del Primer Batallón y un obús de montaña defendiera la carretera, por donde amenazaba flanquearnos la caballería enemiga, y me ordenó que con el resto del Primer Batallón y el segundo atacara sucesivamente las posiciones de la Cruz de los Ciegos y las otras dos y puso como reserva y a mis órdenes el Batallón de rifleros de San Luis que mandaba el teniente coronel don Carlos Salazar y carabineros a caballo que mandaba el coronel don Antonio Álvarez.

Emprendí dos ataques sucesivos, teniendo necesidad de hacer uso para el segundo, del Batallón de rifleros, por que el primero ejecutado al trote de ascenso, había cansado mucho a la tropa del segundo Batallón y restos del primero. Para ocupar el tercer cerro, no obstante que guardaba las mismas condiciones, tuve que hacer uso de una parte del Cuerpo de Carabineros a las órdenes del capitán don Adolfo Garza, que mereció una especial mención por su conducta distinguida en este hecho de armas y su ascenso a Mayor. El enemigo nos dejó en ese cerro su artillería que era toda de montaña. Después de una larga persecución a los derrotados, que huyeron hacia el Grande, volví en la noche a Real del Monte, a donde el general Tapia, jefe de las fuerzas, y el general Mejía, jefe de mi Brigada, habían encuartelado las fuerzas que no tomaron parte en la persecución.

Después de cuatro o cinco días de permanencia indispensable en Real del Monte, para enterrar muertos y poner a los heridos en condiciones de marchar unos y establecer un hospital de sangre para los otros, volvimos a la capital.

Capítulo XXII. Intervención francesa

Del 31 de octubre de 1861 al 20 de abril de 1862

Entretanto se habían preparado en Europa graves sucesos en contra de México. El emperador Napoleón había creído que la mejor manera de contribuir a la desmembración de los Estados Unidos, iniciada ya con la Guerra Civil que siguió a la inauguración del presidente Lincoln, era el establecimiento de un Imperio en México, lo cual le daría por otra parte, grande influencia en este hemisferio, pues México quedaría hecho como una dependencia suya. La España deseaba también el establecimiento de una monarquía con un príncipe español en el trono, y sea que la Inglaterra participase de deseos semejantes, que quisiese como Francia contribuir al desmembramiento de los Estados Unidos, o que no desease quedar fuera de una empresa que parecía seria, firmó con las otras dos naciones una convención en Londres el 31 de octubre de 1861, para intervenir en los asuntos interiores de México, por medio de las armas, tomando como pretexto la ley expedida por el Congreso Mexicano el 17 de julio anterior, que había suspendido por dos años, el pago de lo que correspondía a los acreedores de México.

El 14 de diciembre de ese mismo año, llegaron a Veracruz los primeros barcos españoles, que conducían el contingente de su país, mandados por el Almirante don Joaquín Gutiérrez y Ruvalcaba y el 17 fue ocupada la ciudad de Veracruz que había sido abandonada antes por el Gobierno Nacional. Poco después llegó el general Prim, como jefe del Contingente Militar español, que debía componerse de seis mil españoles; el francés de tres mil soldados, y de setecientos marinos el inglés. El 1.º de enero de 1862 publicaron en Veracruz los representantes de los Gobiernos aliados, un manifiesto en que descubrían su propósito de intervenir en los negocios interiores del país. La llegada de los españoles, antes de los contingentes de las otras dos naciones, disgustó a éstas y determinó al Gobierno francés a mandar tres mil hombres más.

El general don Manuel Doblado, que a la sazón era secretario de Relaciones del Gobierno Nacional, salió de México para conferenciar con los Plenipotenciarios aliados, y notando que no había uniformidad de miras entre ellos, se aprovechó de esta circunstancia, y firmó un convenio preliminar en la Soledad el 19 de febrero de 1862, en virtud del cual se comprometieron los aliados a abrir negociaciones en Orizaba para el arreglo amistoso de las dificultades pendientes, y el Gobierno de México permitió a la fuerza aliada ocupar a Córdoba, Orizaba y Tehuacán, poblaciones situadas fuera de la zona mortífera de la costa en donde prevalece la fiebre amarilla, con la condición expresa de que en el caso de que las negociaciones no tuvieran un resultado satisfactorio, regresaran las fuerzas aliadas a su campamento de Paso Ancho, en el camino de Córdoba, y Paso de Ovejas en el de Jalapa.

Los acontecimientos ulteriores demostraron que los franceses firmaron ese convenio con el exclusivo objeto de ponerse al abrigo de la zona malsana sin combatir, y con el propósito de no dar cumplimiento a lo pactado.

Esta Convención, firmada por el general Prim, en representación de los aliados, fue ratificada por los Plenipotenciarios franceses e ingleses en el mismo día en que se firmó, y por el Gobierno de México el 22 de febrero, y en consecuencia de ella las tropas españolas ocuparon Córdoba y Orizaba, las francesas Tehuacán y los marinos ingleses permanecieron a bordo de sus buques en Veracruz.

En los primeros días de marzo desembarcó en Veracruz el conde de Laurencez, comandante en jefe del contingente francés, y a la vez llegó don Juan Nepomuceno Almonte, quien decía que el emperador estaba decidido a establecer un trono en México y poner en él como emperador, al archiduque de Austria, don Fernando Maximiliano. Las miras e intereses contrarios de cada uno de los aliados, ocasionaron una ruptura completa entre ellos, y el 9 de abril tuvieron en Orizaba su última conferencia en que decidieron los españoles e ingleses reembarcar sus tropas y regresar a su país, y los franceses retroceder al Paso Ancho para comenzar desde allí sus operaciones militares.

Los Plenipotenciarios franceses, M. Dubois de Saligny y el Almirante Jurieu de La Graviere, expidieron en Córdoba un manifiesto el 16 de abril de 1862, en el que solicitaban abiertamente el auxilio del país en favor de sus aliados los reaccionarios mexicanos, para establecer un Gobierno sólido en México, y expresaron que cumplirían con las obligaciones que habían contraído por el artículo 4.º de la Convención de la Soledad; pero en vez de proceder así, regresaron de Córdoba, y sin llegar a Paso del Macho conforme se habían comprometido a hacerlo, y asumiendo ya una actitud amenazante, proclamaron su propósito de auxiliar a los conservadores mexicanos para establecer en el país un Gobierno que apoyara sus bastardas miras.

90

Capítulo XXIII. Acultzingo

28 de abril de 1862

Muy poco después de nuestro arribo a la capital, de regreso de la acción de Pachuca y Real del Monte, tuvo noticia el Gobierno de que se había firmado la Convención Tripartita de 31 de octubre de 1861, y el 23 de noviembre siguiente organizó un Cuerpo de Ejército de cosa de 10.000 hombres, que puso a las órdenes del general don José López Draga, del cual formaba yo parte como Mayor general de la tercera División que estaba a las órdenes del general don Ignacio Mejía, siendo yo a la vez que Mayor general, jefe de la segunda Brigada de esa misma División. En estas condiciones marchamos para Orizaba, y el general en jefe ordenó que la primera Brigada de la tercera División, mandada por el general Mejía, se situara en Córdoba y como puesto avanzado la mía en El Camarón, así como una de caballería en la Soledad. El general Draga tuvo algunas entrevistas con el general Prim, y desmoralizado por el aparato de las fuerzas europeas que habían desembarcado, creyó que no tenía los elementos necesarios para hacer una defensa fructuosa y lo manifestó así francamente a sus soldados y al Gobierno por lo cual fue relevado por el general don Ignacio Zaragoza el 21 de febrero de 1862.

Antes del relevo del general Draga habíamos hecho por su orden, un movimiento de avance hasta la Soledad con toda la masa del ejercito, porque creyó que el enemigo se movió de Veracruz sobre nosotros. No habiéndose realizado este temor, el general Zaragoza mandó que volviéramos a ocupar nuestros antiguos cuarteles respectivamente.

Entretanto se verificaron las conferencias de la Soledad, que dieron por resultado la retirada del Ejército hasta San Andrés Chalchicomula, y la ocupación pacífica por el enemigo de las Plazas de Córdoba, Orizaba y Tehuacán; el núcleo principal del Ejército Mexicano se colocó en San Andrés Chalchicomula y mi Brigada, reforzada por uno de los Batallones de la primera, se estableció como puesto de avanzado, con dos baterías de batalla, en la Cañada de Ixtapa y Cuesta Blanca.

El 6 de marzo de 1862 tuvo lugar en San Andrés Chalchicomula una verdadera hecatombe, causada por imprevisión de los jefes respectivos, y de la cual fue víctima la primera brigada de la primera División, compuesta exclusivamente de fuerzas de Oaxaca. Se dejó en la Colecturía, en donde se alojó la primera brigada, una gran cantidad de municiones, las cuales se incendiaron en la noche, probablemente con alguna chispa de las fogatas que hacían las mujeres de los soldados para condimentar su rancho, causando la muerte de 1.042 soldados y 475 mujeres, quedando heridos más de 200 soldados y más de 500 entre los vecinos de la población, próximos al lugar del incendio.

Después de algunos días, durante los cuales se verificaron varias conferencias entre los aliados, el enemigo hizo su movimiento de retroceso, según se había comprometido, para volver a la zona cálida, con el fin de que el Ejército mexicano ocupara los cerros del Chiquihuite y el Pinal. En esa inteligencia marchaba yo a la vanguardia del ejército con la misma fuerza que habla tenido en la Cañada de Ixtapa.

Al llegar nuestra vanguardia a Orizaba, se me ordenó ocupar el Llano de Escamela, mientras acababan de salir de Orizaba las tropas españolas y francesas que quedaban allí y cuyo desfile presencié. Mandé seguir sus movimientos y en su observación al teniente coronel don Félix Díaz, con cincuenta caballos de su regimiento, puesto que hasta allí no era de esperarse un combate, en atención a lo convenido y porque esas órdenes había yo recibido del general Zaragoza, a quien esperaba por momentos en mi campamento de Escamela. Al llegar la retaguardia del enemigo a Córdoba, se destacó una pequeña columna de tropas francesas compuesta de 200 caballos, con igual número de zuavos a la grupa de los jinetes, y vino rápidamente a chocar con mi vanguardia. Esta se defendió heroicamente, pereciendo un gran número de soldados y caballos y quedando su jefe, el teniente coronel don Félix Díaz, herido de un balazo en el pecho y prisionero en poder del enemigo.

Pocos momentos después de este combate pasaba por allí, conducida en litera, la Condesa de Reus, de regreso para Veracruz, con una escolta de tropas españolas. Informada de lo que acababa de suceder, se empeñaba enérgicamente por la libertad de los prisioneros, lo mismo que el general Milans del Bosch, jefe del Estado Mayor del general Prim, cuando el teniente coronel Díaz, aprovechando un descuido de los franceses, montó rápidamente su mismo caballo, que había quedado a su lado, saltó una alta barda que formaba el camino y se internó en el bosque sin recibir ninguno de los muchos disparos que le hicieron los franceses. Llegó sin novedad a Coscomatepec, donde había autoridades amigas, y dos días después se me incorporó en Acultzingo, habiendo dado vuelta por el camino del Volcán de Orizaba.

Mientras yo movía tropas en auxilio de mi vanguardia derrotada y mandaba aviso de lo ocurrido al general Zaragoza, éste venía en compañía del general Prim que aún quedaba en Orizaba, acompañado también de su escolta. Pasó en medio de nuestras tropas y fue respetado por los franceses, pues suspendieron sus fuegos, lo mismo que nosotros.

Luego que se me incorporó el general Zaragoza, ordenó otro movimiento de contramarcha, dejándome con una pequeña fuerza para defender el camino más allá del llano de Escamela. Pasada media hora, cuando se acercaba el grueso del enemigo a su vanguardia y combatía conmigo, recibí orden del general Zaragoza de incorporármele. Emprendí mi marcha a la defensiva hasta Orizaba y después de salir de este punto ya no tuve necesidad de defenderme, porque no siguió tras de mí el enemigo que pernoctó en Orizaba y nosotros en el ingenio. Al día siguiente dispuso el general en jefe que marcháramos a Acultzingo.

Después de dos días de permanencia en dicho punto, se me ordenó que marchara con mi Brigada a Tehuacán, donde se pondrían a mis órdenes otras dos, mandadas una por el general Mariano Escobedo y otra por el general Mariano Rojo, y que con las tres marchara hacia Matamoros Izúcar, con objeto de batir a las fuerzas de Márquez, que por allí venían con el propósito de reunirse al invasor extranjero.

Pernocté en Tehuacán en donde se pusieron a mis órdenes los generales Escobedo y Rojo y al día siguiente marchamos para Matamoros; pero al llegar a Tlacotepec recibí nueva orden en que se me prevenía contramarchara rápidamente, porque el enemigo se movía sobre Acultzingo, de donde el general Zaragoza había salido para ocupar las Cumbres, colocando el núcleo principal del ejército en el lugar propiamente llamado las Cumbres, sobre el camino carretero, y con un fuerte destacamento de infantería, en la altura que domina por la izquierda la carretera, mandado por el general don Miguel Negrete, y otro enfrente dominando el mismo camino, mandado por el general Mariano Escobedo, que con este objeto se me había ordenado lo mandara al trote, como lo hice, por la Cañada de Rojas. Ambos destacamentos tenían artillería de montaña.

El Cuartel general me había ordenado que cubriera con mi Brigada el Puente Colorado, y que con la Brigada Rojo reforzara las Cumbres, donde estaba el Cuartel general. Así lo ejecuté y al volver a ponerme a la cabeza de mi Brigada, noté que el ejército comenzaba a retirarse en desorden. Tuve que usar de la fuerza, en el Puente, para detener a los que huían, y los mandaba sucesivamente por la Cañada de Ixtapa, según los organizaba en columnas de 500 hombres, poniéndoles jefes y oficiales que escogía de entre los mismos fugitivos, pues no tenía otros de quienes echar mano.

Ejecutaba yo esta operación el 28 de abril de 1862, cuando llegó el general en jefe con su Estado Mayor, aprobó mi procedimiento y después de que pasó todo el ejército por mi puesto, menos los soldados que mandaban los generales Negrete y Escobedo, que habían tomado diversos caminos para ir a incorporarse a las fuerzas que estaban en la Cañada de Ixtapa, me ordenó el general en jefe detener allí al enemigo el mayor tiempo posible, mientras él podía tomar otras disposiciones. El ejército invasor apareció en las Cumbres y en un cerro que por la izquierda domina el Puente Colorado, a medio tiro de fusil. Yo había colocado mi infantería cubierta en los barrancos, en condiciones de poder hacer fuego y había dejado descubierta la única batería que tenía, y su escolta en tiradores y la caballería en segunda línea casi fuera de la Zona peligrosa. Duró el combate hasta las diez de la noche, en que emprendí mi marcha por orden del general en jefe, hacia la Cañada de Ixtapa y dejé mis posiciones cubiertas con la caballería.

Capítulo XXIV. Puebla

5 de mayo de 1862

El 29 de abril, día siguiente de la acción de Acultzingo, se ordenó la marcha rumbo a Puebla a donde llegamos el 3 de mayo, y ese mismo día llegó el enemigo a Amozoc, pues marchábamos con diferencia de una jornada. Luego que llegamos a Puebla, el general en jefe ordenó que las tropas del general José M. Arteaga, que por haber sido herido gravemente en las Cumbres, las mandaba el general Negrete, ocuparan los cerros de Guadalupe y Loreto; que el general Santiago Tapia con las fuerzas de Puebla, ocupara el perímetro interior de la ciudad que estaba fortificado pasajeramente y artillado, y dejó como columnas maniobreras la Brigada de mi mando, la del general Berriozábal, la del general

Lamadrid, y la de caballería que mandaba el coronel Antonio Alvarez, formadas de los regimientos carabineros a caballo, lanceros de Oaxaca, lanceros de Toluca y escuadrón Trujano, mandados respectivamente por los coroneles Antonio Álvarez, Félix Díaz, Germán Contreras y el Mayor Casimiro Ramírez.

El 3 de mayo en la noche, día de nuestro arribo a Puebla, el general en jefe, don Ignacio Zaragoza, detuvo en su alojamiento a los generales que sucesivamente llegábamos a darle parte de las novedades del día y de la marcha. Cuando nos habíamos reunido los generales don Ignacio Mejía, don Miguel Negrete, don Antonio Álvarez, don Francisco Lamadrid, don Felipe B. Berriozábal y yo, nos manifestó el general Zaragoza que la resistencia presentada hasta entonces era insignificante para una nación como México de ocho a diez millones de habitantes; pero que era a la vez lo más que podía hacer el Gobierno, dadas sus circunstancias; que vista la situación bajo el primer aspecto era muy vergonzoso que un pequeñísimo cuerpo de tropas, que para la Nación podría tener la importancia de una patrulla, llegara a la capital de la República sin encontrar la resistencia que corresponde a un pueblo que pasa de ocho millones; que en consecuencia, creía que los que estábamos presentes nos debíamos comprometer a combatir hasta el sacrificio, para que si no llegábamos a alcanzar una victoria, cosa muy difícil, aspiración poco lógica, supuesta nuestra desventaja en armamento y casi en todo género de condiciones militares, a lo menos procuráramos causarle algunos estragos al enemigo, aun cuando nuestros elementos actuales fueran consumidos, porque así el Gobierno y la Nación contarían con el tiempo necesario para preparar la defensa del país, pues que teniendo el enemigo muchas bajas y mucho consumo y deterioro en sus materiales, se vería obligado a estacionarse en Puebla. Como era natural, contestamos todos afirmativamente, y en realidad estábamos animados de los mismos sentimientos que el general en jefe, como lo demostró el éxito que obtuvimos dos días después.

La noche del 3 y todo el día 4 se emplearon en hacer fuertes trabajos de zapa en los dos cerros y en perfeccionar la fortificación del perímetro interior.

El día 4, después de diana, formamos las cuatro columnas maniobreras, inclusa la caballería, en la Plaza de San José, en espera del ejército invasor. A medio día el Cuartel general supo por las fuerzas mexicanas ligeras que venían a la vanguardia del enemigo, que éste no se movía de Amozoc y volvimos a nuestros cuarteles con orden de formar de nuevo en el mismo lugar, en el momento que se disparara un tiro de cañón en el Fuerte de Guadalupe.

En la madrugada del 5 los ayudantes del Cuartel general, vinieron a sacar de sus cuarteles las distintas columnas para situarlas, según disposición del Cuartel general. A las dos de la mañana llegó a darme órdenes el teniente coronel don Joaquín Rivero, ayudante del mismo Cuartel general. Como mi columna había pernoctado con armas en pabellón en la plazuela que estaba frente a mi cuartel, inmediatamente la puse en pie y seguí con ella a Rivero, quien me condujo a la ladrillera de Azcárate, que es el último edificio de la ciudad sobre el camino de Amozoc, diciéndome que era el punto donde debía yo resistir el ataque que por ese lado de la ciudad daría probablemente el enemigo.

Pocos momentos después, llegó la brigada del general Berriozábal, conducida a su vez por otro ayudante, y fue situada a mi izquierda: la del general Francisco de Lamadrid, fue colocada a la izquierda de la de Berriozábal, y la del general Antonio Alvarez fue colocada a mi derecha. Como yo fui el primero en ocupar aquel lugar, y debía presumir que el enemigo estaba cerca, destaqué inmediatamente una cadena de tiradores a mi vanguardia y coloqué el núcleo de mi fuerza en columnas paralelas por batallones. Según fueron llegando las otras brigadas fueron tomando la misma formación, probablemente porque sus jefes la consideraron adecuada a las circunstancias o porque supusieron que yo había obrado por orden del Cuartel general.

Cuando ya casi estaba para amanecer, llegó el general Zaragoza con su Estado Mayor y visitó sucesivamente nuestras columnas comenzando por la mía que estaba sobre el camino, dirigió breves alocuciones a los soldados y dio algunas órdenes, entre otras, que la artillería, que llegó casi a la sazón que él se presentaba en nuestra línea, fuera distribuida en nuestras columnas correspondiendo a la mía dos obuses de batalla calibre 12, cuya sección mandaba el Subteniente Cortés y Frías, ahora general graduado, y que todas las columnas retiráramos nuestras respectivas cadenas y sostén de tiradores formando una cadena general que cubriera el frente de todas con el batallón rifleros de San Luis, mandadas por el entonces teniente coronel don Carlos Salazar, que era el jefe de ese Batallón. Mis batallones estaban mandados, el primero por el teniente coronel don Alejandro Espinosa, el segundo por el teniente coronel don Francisco Loaeza, el Batallón Morelos, por el teniente coronel don Rafael

Ballesteros, el Batallón Guerrero por el teniente coronel don Mariano Jiménez, el de Independencia por el teniente coronel don Pedro Gallegos, y Lanceros de Oaxaca, que en lo económico pertenecía a mi columna, lo mandaba el teniente coronel don Félix Díaz. Los Batallones 1.º y 2.º eran los restos del incendio de San Andrés Chalchicomula y no llegarían a 100 hombres entre los dos.

Así permanecimos hasta cerca de las nueve de la mañana que comenzamos a ver brillar las armas en la cumbre del cerro de las Navajas, pequeña eminencia que hay cerca de la Hacienda de los Álamos. Esto por lo que tocaba a nosotros, pues el general en jefe tenía a cada momento noticia de todos los movimientos y avances del enemigo. Más tarde el polvo, e brillo de las armas y el humo de los disparos, nos indicó que el coronel de Caballería don Pedro Martínez venía en retirada tiroteando la cabeza de la columna del enemigo. Momentos después apareció la cabeza de dicha columna y los tiradores que correspondían a los fuegos de Martínez, siguieron el camino que conduce a los Álamos, a la Hacienda de la Manzanilla; con la intención al parecer de rodear la ciudad más bien que de atacarla por su frente, pues habían dejado la carretera que conduce de Amozoc a Puebla, y mandado una columna de Infantería y Marina y cazadores de Vincennes, apoyada por un escuadrón de cazadores de África, que hizo alto en la garita del peaje.

El general en jefe interpretó este movimiento del enemigo como la intención de atacar los cerros antes que la ciudad; y así fue en efecto, porque después de un alto de quince o veinte minutos que hizo la columna enemiga, se forma en batalla con el frente hacia los cerros; estableció sus baterías, rompió sus fuegos de cañón sobre los cerros de Guadalupe y Loreto; tomando el primero como el principal punto objetivo y después destacó una fuerte columna de infantería que al parecer se dirigía, no al cerro de Guadalupe, sino al espacio que separa a los dos cerros.

En estos momentos el general en jefe ordenó que las Brigadas de Berriozábal y Lamadrid subieran al trote para reforzar los cerros. Se ejecutó el movimiento ordenado, y la Brigada de Berriozábal se colocó en esta forma: el Primer Batallón de Toluca apoyaba su derecha, en el Fuerte de Guadalupe y se extendía hacia el de Loreto y se cubría con la cresta de tierras que estaban a la margen de una zanja, cuya cresta de terracería estaba coronada con una línea de magueyes y le servía de foso la misma zanja y de trinchera la repetida cresta de tierras; a la izquierda del primero formaba el tercero de Toluca, pues el segundo estaba de partida a las órdenes del general O'Haran, en persecución de Márquez: a la izquierda del tercero formaba de la misma manera el Batallón fijo de Veracruz y seguían a su izquierda las fuerzas de Tetela y Zacapoaxtla que mandaba el entonces coronel Juan N. Méndez, quien se encontraba allí desde antes, como el único defensor del espacio que había descubierto entre los dos fuertes. La Brigada Lamadrid, desmembrada porque el Batallón Rifleros de San Luis estaba formado por tiradores a mi frente, colocó el Batallón de Zapadores en la Capilla de la Resurrección y el Batallón Reforma de San Luis como reserva de la línea antes descrita, mandada por el general Berriozábal, abrigada de la artillería enemiga, porque estaba en el descenso del cerro hacia la ciudad.

En los momentos en que las columnas de Berriozábal y Lamadrid ocupaban los cerros, el Cuartel general mandó dividir en dos fracciones la Brigada de caballería de Alvarez, formada una del regimiento de carabineros que mandaba el mismo Álvarez y dos escuadrones de lanceros de Toluca; y con otra columna pasó a colocarse al costado izquierdo del Fuerte de Loreto, lista para aprovechar alguna descompostura del enemigo que permitiera el uso de su arma; y la otra que se componía del regimiento de lanceros de Oaxaca, tercer escuadrón de lanceros de Toluca y escuadrón Trujano, formaban otra columna que se puso a las órdenes del teniente coronel don Félix Díaz y cubría mi derecha, abrigada con el edificio de la finca de campo llamada la Ladrillera.

Los fuegos de nuestra artillería causaron al principio muy poco daño a la columna del enemigo que ascendía sobre los cerros, porque no estaba a su alcance, puesto que el de nuestros cañones era notablemente inferior a los otros cañones del enemigo que podían batirnos desde el llano, y después, porque en el ascenso seguían las ondulaciones del terreno que casi no dejaban verla; pero cuando hubo llegado a la meseta superior recibió de improviso todo el fuego de fusilería de la Brigada de Berriozábal y los fuegos de la artillería de los dos Fuertes de Loreto y Guadalupe, que hasta entonces empezaron a ser eficaces, porque comenzó el enemigo a ser visible y que en su mayor parte aprovecharon la metralla. Este fuego fue resistido muy poco por la columna francesa y en el acto determinó su desorganización y retroceso. En esos momentos el batallón fijo de Veracruz maniobró al trote para batir a la columna enemiga por su costado derecho, movimiento que imitaron los indios de Tetela y Zacapoaxtla, a la sazón que el general Antonio Alvarez salió con su pequeña columna de caballería intentando una carga sobre el enemigo que se retiraba.

El general Laurencez, que desde sus baterías vio el retroceso de su columna, hizo marchar al trote a otra que venía en pos de la primera y que había hecho alto manteniéndose como reserva. Esto ocasionó que nuestras tropas volvieran rápidamente a sus puestos y que la caballería casi no llegara a tocar a la columna en fuga, porque una vez en las ondulaciones del terreno que la cubrían de nuestra artillería, hizo alto la columna derrotada y resistió a sus perseguidores animada con el auxilio que ya tenía muy cerca.

Fue mucho más vigoroso el segundo ataque ejecutado tanto por la columna que primero había sido rechazada como por la que vino en su auxilio. Ambas entraron de frente al cerro de Guadalupe y a la Capilla de la Resurrección que tenía una fortificación pasajera ocupada por el Batallón de Zapadores a las órdenes del general Lamadrid, con tanto valor, que llegaron a pasar los fosos de la Resurrección y los de Guadalupe y, formando columnas unos soldados sobre los hombros de los otros, pretendían escalar las trincheras de Guadalupe. En esos momentos la infantería que defendía el Fuerte de Guadalupe, que consistía en un Batallón de Michoacán, que apenas tendría uno o dos meses de reclutado, no obstante que estaba mandado por un jefe notable del Ejército, el coronel Arratia, abandonó las trincheras y se replegó corriendo y en desorden dentro del templo que entonces coronaba el cerro de Guadalupe, quedando en las trincheras solo los pelotones que servían los cañones, y que pertenecían a la artillería de Veracruz.

El fuerte habría sido tomado si no hubiera sido por algunas maniobras que practicaron las fuerzas de Berriozábal, para batir por el costado derecho a los asaltantes y por el movimiento que hizo el Batallón Reforma de San Luis, por el oriente del mismo fuerte, para batir a pecho descubierto a los asaltantes, que ocupaban el foso y verma del Fuerte de Guadalupe.

Aprovechándose el coronel Arratia de esta circunstancia, dijo a los soldados del Batallón de Morelia que estaban desmoralizados y se habían refugiado en la Iglesia de Guadalupe, de donde no los había podido sacar sin embargo de haber matado a tres con su espada, que el enemigo huía, como lo demostraba el hecho de que ya los perseguía el Batallón Reforma de San Luis. Esto reanimó a los soldados desmoralizados y los hizo salir de la iglesia y coronar de nuevo las trincheras que poco antes habían abandonado, haciendo un vivo fuego en los momentos en que las compañías del Batallón Reforma de San Luis Potosí, por la derecha y los Batallones 3.º de Toluca y Fijo de Veracruz por la izquierda, rompían los suyos a pecho descubierto y a cortísima distancia.

Los franceses que habían llegado al foso y verma de la fortificación, pretendían escalar las trincheras agarrándose de las pocas salientes de los cañones. El general Zaragoza, que disponía de poco armamento, había ordenado que las armas portátiles de los artilleros se distribuyeran entre la infantería, creyendo que los artilleros estaban bastante armados con sus piezas. Por este motivo los artilleros no podían rechazar el asalto de los franceses, sino usando de sus escobillones y palancas de maniobras.

El hecho de que el Batallón de Arratia volviera a cubrir rápidamente las trincheras que había abandonado y el fuego nutrido que inició, determinó no solo la derrota, sino la fuga más que de prisa del enemigo, y decidió la suerte de la batalla.

Al mandar el general Laurencez la segunda columna en auxilio de la primera, movió también la de Infantería de Marina, cazadores de África y cazadores de Vincennes, que habían quedado en la garita del peaje, y ésta venía sobre el llano y plantío de cebada, atacando directamente las posiciones que yo ocupaba al oriente de la ciudad sobre la carretera. El ataque que yo sostenía en el llano era, pues, simultáneo con el segundo del cerro. Cuando el enemigo estuvo muy cerca, y los disparos de su cadena de tiradores hacían grave perjuicio, no solo a la cadena de tiradores que como he dicho antes, formaba al frente el Batallón de Rifleros de San Luis, sino a las columnas mismas, mandé retirar al trote y por los flancos al batallón de rifleros, e hice avanzar también al trote al Batallón Guerrero en columnas, mandado por el teniente coronel Mariano Jiménez, y moví en pos de él a los dos obuses y a toda mi fuerza, incluso el Batallón de Rifleros de San Luis, que se reorganizaba a mi espalda. El Batallón Guerrero retrocedió al fuego nutrido de la columna del enemigo cuando éste, a su vez, recogió su cadena de tiradores que era de zuavos.

Al sentir el fuego de todo el núcleo de mi columna y el de mis dos obuses, el enemigo volvió caras muy pocos momentos antes de que fueran rechazados los que atacaban el cerro. En esos momentos ordené al teniente coronel Félix Díaz que cargara al sable y lo hizo con brío, causando mucho destrozo al enemigo;

pero encontrándose en la carga una zanja que no podía pasar la caballería y si la infantería, ésta se reanimó y a su vez rechazó a la caballería. Como la derrota que yo les di era por la falda del cerro, y no por donde ellos habían venido, en su fuga se juntaron con los prófugos del cerro, haciendo una fuerte masa que ya me oponía una resistencia muy seria. Sin embargo seguía yo avanzando mientras ellos retrocedían y acercándoles muchos más tiradores y nutriendo en cuanto era posible el fuego de mis cañones que lo hacían ganando terreno.

A mi izquierda y sobre el cerro, estaba formado en columna el Batallón de Zapadores que mandaba el coronel Miguel Balcázar, que acababa de hacer la defensa de la Capilla de la Resurrección. Le previne por medio de un ayudante, que hiciera un movimiento de avance en relación con el mío por el costado izquierdo; me contestó que no estaba a mis órdenes, pero que lo haría si yo le ofrecía tomar sobre mí la responsabilidad de su conducta, y habiéndole contestado afirmativamente, ejecutó con brío y con mucho acierto mis órdenes. Este fue el único auxilio que tuve de los cerros.

Cuando había avanzado en persecución del enemigo más allá del alcance de los cañones de Guadalupe, recibí una orden del general en jefe con el capitán Pedro León, uno de sus oficiales de órdenes en que se me prevenía suspendiera la persecución. Contesté negativamente y que yo explicaría mi conducta. Enseguida se me presentó el jefe de Estado Mayor, coronel don Joaquín Colombres, intimándome que no insistiera en dicha persecución y que de no obedecer esa orden tendría que explicar mi conducta, no al general en jefe, sino a un Consejo de Guerra; y como yo entonces me entendía con un oficial facultativo, le manifesté que el enemigo ya reorganizado marchaba en retroceso y que si yo suspendía mi simulacro de avance, no solamente suspendería él también su marcha de retirada, sino que avanzaría sobre mí; que mi columna era muy pequeña y estaba yo muy lejos del fuerte para poder ser auxiliado con oportunidad. Le hice notar, además, que faltaban muy pocos momentos para que oscureciera por completo, y que cuando entrara la noche podría yo hacer mi movimiento de retroceso con menor peligro, dejando allí una cadena de tiradores que vigilara al enemigo. El coronel Colombres estimó justas mis observaciones y me dijo que aunque eran otras las órdenes que traía del general en jefe, siguiera yo ejecutando mi propósito y que él se lo explicaría.

Ejecutada mi retirada hasta mi antigua posición que era la Ladrillera de Azcárate, me presenté al general Zaragoza en el atrio de la Capilla de los Remedios, y habiéndose explicado mis movimientos, aprobó todo lo que había ejecutado en la tarde.

Esta victoria fue tan inesperada que nos sorprendimos verdaderamente con ella, y pareciéndome a mí que era un sueño, salía en la noche al campo para rectificar la verdad de los hechos con las conversaciones que los soldados tenían al derredor del fuego y con las luces del campamento enemigo.

El parte que rindió el general Zaragoza de la batalla del 5 de mayo de 1862, expresa el número de fuerza inferior al del enemigo, si se descuenta la que quedó a las órdenes del general Santiago Tapia, que se destinó a la defensa del perímetro interior y que no entró en acción porque no llegó a ser atacado. Inserto enseguida por su interés histórico, el parte oficial de la batalla.

Ejército de Oriente-general en jefe:

Después de mi movimiento retrógrado que emprendí, desde las Cumbres de Acultzingo, llegué a esta ciudad el día 3 del presente, según tuve el honor de dar parte a usted. El enemigo me seguía a distancia de una jornada pequeña, y habiendo dejado a retaguardia de aquél la 2.ª Brigada de caballería, compuesta de poco más de 300 hombres, para que en lo posible lo hostilizara, me situé como llevo dicho en Puebla. En el acto di mis órdenes para poner en un regular estado de defensa los cerros de Guadalupe y Loreto, haciendo activar la fortificación de la plaza que hasta entonces estaba descuidada.

Al amanecer del día 4 ordené al distinguido general C. Miguel Negrete, que con la 2.ª División de su mando, compuesta de 1.200 hombres, lista para combatir, ocupara los expresados cerros de Loreto y Guadalupe, los cuales fueron artillados con dos baterías de batalla y montaña. El mismo día 4 hice formar de las Brigadas Berriozábal, Díaz y Lamadrid, tres columnas de ataque, compuestas: la primera de 1.082 hombres, la segunda de 1.000, y la última de 1.020, toda infantería, y además una columna de caballería con 550 caballos que mandaba el ciudadano general Antonio Álvarez, designando para su dotación una batería de batalla. Estas fuerzas estuvieron formadas en la Plaza de San José, hasta las doce del día, a cuya hora se encuartelaron. El enemigo pernoctó en Amozoc.

A las cinco de la mañana del memorable día 5 de mayo, aquellas fuerzas marchaban a la línea de batalla que había yo determinado y verá usted marcada en el croquis adjunto. Ordené al ciudadano comandante militar de artillería, coronel Zeferino Rodríguez, que la artillería sobrante la colocara en la fortificación de la plaza, poniéndola a disposición del ciudadano comandante Militar del Estado, general Santiago Tapia.

A las diez de la mañana se avistó el enemigo, y después del tiempo muy preciso para acampar, desprendió sus columnas de ataque, una hacia el cerro de Guadalupe, compuesta como de 4.000 hombres con dos baterías y otra pequeña de 1.000, amagando nuestro frente. Este ataque, que no había previsto, aunque conocía la audacia del ejército francés, me hizo cambiar mi plan de maniobras y formar el de defensa, mandando en consecuencia que la Brigada Berriozábal, a paso veloz, reforzara a Loreto y Guadalupe, y que el cuerpo de carabineros de a caballo, fuera a ocupar la izquierda de aquellos para que cargara en el momento oportuno. Poco después mandé al Batallón Reforma de la Brigada Lamadrid, para auxiliar los cerros que a cada momento se comprometían más en su resistencia. Al Batallón de Zapadores de la misma brigada le ordené marcharse a ocupar un barrio que está casi a la falda del cerro, y llegó tan oportunamente que evitó la subida a una columna que por allí se dirigía al mismo cerro, trabando combates casi personales. Tres cargas bruscas ejecutaron los franceses y en las tres fueron rechazadas con valor y dignidad; la caballería situada a la izquierda de Loreto, aprovechando la primera oportunidad, cargó bizarramente, lo que les costó reorganizarse para nueva carga.

Cuando el combate del cerro estaba más empeñado, tenía lugar otro no menos reñido en la llanura de la derecha que formaba mi frente.

El ciudadano general Díaz, con dos Cuerpos de su Brigada, uno de la de Lamadrid, con dos piezas de batalla y el resto de la de Álvarez, contuvieron y rechazaron a la columna enemiga, que también con arrojo marchaba sobre nuestras posiciones; ella se replegó hacia la Hacienda de San José Rentería, donde también lo habían verificado los rechazados del cerro, que ya de nuevo organizados, se preparaban únicamente a defenderse, pues hasta habían claraboyado las fincas; pero yo no podía atacarlos porque derrotados como estaban, tenían más fuerza numérica que la mía: por tanto, mandé hacer alto al ciudadano general Díaz, que con empeño y bizarría los siguió, y me limité a conservar una posición amenazante.

Ambas fuerzas beligerantes estuvieron a la vista hasta las siete de la noche que emprendieron los contrarios su retirada a su campamento de la Hacienda de los Álamos, verificando poco después la nuestra a su línea.

La noche se pasó en levantar el campo, del cual se recogieron muchos muertos y heridos del enemigo, y cuya operación duró todo el día siguiente; y aunque no puedo decir el número exacto de pérdidas de aquel, sí aseguro que pasó de mil hombres entre muertos y heridos y ocho o diez prisioneros.

Por demás me parece recomendar a usted el comportamiento de mis valientes compañeros; el hecho glorioso que acaba de tener lugar patentiza su brío y por sí solo los recomienda.

El Ejército francés se ha batido con mucha bizarría; su general en jefe se ha portado con torpeza en su ataque.

Las Armas Nacionales, Ciudadano ministro, se han cubierto de gloria y por ello felicito al Primer Magistrado de la República por el digno conducto de usted, en el concepto de que puedo afirmar con orgullo, que ni un solo momento volvió la espalda al enemigo el Ejército mexicano, durante la larga lucha que sostuvo.

Indicaré a usted, por último, que al mismo tiempo de estar preparando la defensa del honor nacional, tuve la necesidad de mandar a las Brigadas O'Horan y Carbajal a batir a los facciosos, que en número considerable se hallaban en Atlixco y Matamoros, cuya circunstancia acaso libró al enemigo extranjero de una derrota completa y al pequeño Cuerpo de Ejército de Oriente de una victoria que habría inmortalizado su nombre.

Al rendir el parte de la gloriosa jornada del día 5 de este mes, adjunto el expediente respectivo en que constan los pormenores y detalles expresados por los jefes que a ella concurrieron.

Libertad y Reforma

Cuartel general en Puebla, a 9 de mayo de 1862

I. Zaragoza

Ciudadano ministro de la Guerra

México.

Capítulo XXIV Bis. Orizaba y El Borrego

14 de junio de 1862

El día 6 de mayo de 1862 regresó a Puebla el coronel O'Horan que había sido destacado cuatro o cinco días antes con 1.500 hombres, para perseguir a Márquez, quien andaba con una fuerza por el rumbo de Matamoros Izúcar.

El día 7 se nos incorporó el general Florencio Antillón con la Brigada de Guanajuato, compuesta de 3.000 hombres. En esa misma tarde se nos mandó salir a formar en batalla en el campo, haciéndole frente al enemigo, quien en el acto emprendió su marcha hacia Amozoc, recibiendo nosotros enseguida, órdenes de volver a nuestros cuarteles de la ciudad.

Permanecimos dos días más en Puebla, durante los cuales se dieron algunas órdenes para la nueva organización de un Cuerpo de Ejército y enseguida emprendimos la marcha en persecución del enemigo, marcha muy penosa para él, porque las lluvias habían puesto muy difícil el camino, y a él le hacía falta ganado para su tren, que se hacía mas pesado por el gran número de heridos que llevaba.

Seguimos la persecución sin que hubiera incidente notable hasta que el enemigo pasó las Cumbres de Acultzingo, quedando nosotros en la Cañada de Ixtapa y San Andrés Chalchicomula por algunos días, esperando a la División de Zacatecas, mandada por el general don José González Ortega.

Con objeto de impedir la incorporación a los franceses de las fuerzas de Márquez que se dirigían a Orizaba, el general Zaragoza mandó al general Tapia con una Brigada para que lo batiera. El general Laurencez envió a proteger a Márquez, el 99.º de línea del Ejército francés, a las órdenes del Mayor Lefevre, y el general Tapia fue derrotado en Barranca Seca el 18 de mayo de 1862, entrando Márquez enseguida a Orizaba.

Antes de que la División del general González Ortega se incorporara en San Andrés Chalchicomula a nuestra columna, que era la que mandaba el general Zaragoza, recibió órdenes de pasar la cordillera por Perote, para salir al norte de Orizaba por el rumbo de la Perla y tomar el ramal de la sierra que remata en el Cerro del Borrego, que domina a tiro de fusil la ciudad de Orizaba, con orden de permanecer allí sigilosamente en la noche, hasta que nuestra columna, que había pernoctado en la Hacienda de Tecamiluca, y el ingenio, cercara la ciudad por la garita de México y por el camino de la fábrica de Cocolapan. Entonces la División de Zacatecas debía atacar por el norte y occidente, descendiendo del cerro y desde el mismo cerro con su artillería.

En la noche del 13 al 14 de junio de 1862, la División de Zacatecas había sido descubierta y desalojada en la madrugada. Después de amanecer el día 14, orgullosos los franceses por la fácil victoria que habían alcanzado en el Cerro del Borrego, luego que descubrieron nuestra línea de batalla que había sido formado al abrigo de la oscuridad, comenzaron a cañonearla.

Mi brigada no había tenido colocación en la línea, y había sido colocada entre la primera y segunda líneas, organizada en dos columnas: una compuesta de los Batallones Morelos e Independencia, a mis inmediatas órdenes; y la otra formada de los Batallones Guerrero y Aguascalientes, que se me habían agregado en la nueva organización que se dio al Ejército en Puebla, después del 5 de mayo, y, cuya columna mandaba el teniente coronel don Luis Mier y Terán. Después de un cañoneo muy vivo ejecutado por los franceses y contestado por nuestra artillería que estaba en línea de batalla, salieron dos columnas francesas sobre nuestra línea a paso de carga, y entonces se me ordenó por el Cuartel Maestre, general don Santiago Tapia, que marchara también a paso de carga al encuentro de dichas columnas. Durante nuestra marcha, el fuego de artillería de los franceses sobre nuestra línea era divergente, y el de nuestra artillería, sin contestar el fuego de las baterías enemigas, hizo los suyos convergentes sobre las cabezas de las columnas enemigas que contramarcharon, antes de chocar con las nuestras; enseguida recibí orden de contramarchar también y ocupar uno de los claros que había en la primera línea en donde permanecimos hasta que anocheció.

Una vez entrada la noche, fueron recibiendo órdenes sucesivamente los jefes de las Brigadas que formaban la primera y segunda línea para retirarse a la Hacienda de Tecamaluca, a donde el Cuartel Maestre estaba dando colocación en una nueva línea a los que llegaban. Se me ordenó que mi Brigada fuera la última que se retirara con la sección de artillería que estaba sobre la carretera y a mis órdenes. Después de media noche y cuando el movimiento había sido enteramente ejecutado por todas las tropas, menos las de mi mando, y cuando la carretera toda estaba abandonada por las fuerzas que se retiraban, me retiré por escalones alternando con la columna puesta a las órdenes del teniente coronel Terán y las que formaban la mía, llegando sin novedad a Tecamaluca, donde pasamos todo el día siguiente.

Emprendimos enseguida la marcha para San Andrés Chalchicomula y permanecimos allí por varios meses, hasta que el Ejército francés se movió sobre Puebla.

En los primeros días del mes de junio de 1862, recibí órdenes de marchar a Jalapa con mi Brigada; y recibir allí el mando de la División que mandaba el general don Ignacio de la Llave y el del Estado de Veracruz de que Llave era gobernador, por haber sido él llamado a la vez por el general en jefe del Ejército y el presidente de la República. Transcurridos unos cuarenta o cincuenta días volvió el general Llave, y yo recibí orden de entregarle ambos mandos e incorporarme a la matriz de la primera División a que yo pertenecía, con la segunda Brigada que era la de mi mando, cuya marcha ejecuté sin novedad por la vía del Volcán, a San Andrés Chalchicomula, en donde estaba entonces el Cuartel general de la División.

Durante este período se había enfermado de tifo el general Zaragoza y conducido a Puebla, murió en esa ciudad el 3 de septiembre de 1862, siendo substituido en el mando del Ejército por el general don Jesús González Ortega.

La derrota de los franceses en Puebla el 5 de mayo de 1862 determinó al emperador Napoleón a mandar a México un nuevo Cuerpo de Ejército compuesto de cosa de treinta mil hombres a las órdenes del general Forey, quien llegó a Veracruz el 21 de septiembre de ese año y con su fuerza a Orizaba el 24 de octubre siguiente. Cuando el general Forey comenzó su movimiento de avance, emprendimos el nuestro de retroceso de San Andrés Chalchicomula para cubrir la Plaza de Puebla que durante el tiempo que permanecimos en San Andrés había sido mandada poner en estado de defensa tan serio como lo permitían los recursos del Gobierno y sin que en todo ese tiempo hubiera algún combate digno de ser referido.

Capítulo XXV. Sitio de Puebla

Del 16 al 26 de marzo de 1863

El Ejército de Oriente se reorganizó bajo la dirección del general don Jesús González Ortega siendo su Cuartel Maestre el general José María González de Mendoza; y la brigada que yo mandaba quedó como 2.ª de la 1.ª División, cuyo mando se encomendó al general don Felipe B. Berriozábal. La 1.ª Brigada de dicha División la mandaba el coronel Juan B. Caamaño, y la 3.ª el coronel Manuel Márquez de León.

Entretanto el general Forey movió su ejército sobre Puebla en febrero de 1863. A principios de marzo siguiente, llegó a Amozoc, distante una jornada de Puebla, y el 16 de ese mes se avistó a esa ciudad.

El Ejército de Oriente se concentró en Puebla en diciembre de 1862, y en marzo siguiente comenzó el sitio por los franceses. Al principio la Brigada de mi mando no tuvo colocación en la línea, y por varios días permaneció disponible como reserva. Cuando los franceses llegaron al frente de Puebla y comenzaron sus operaciones de sitio, destacaron una columna como de 10.000 hombres por nuestra izquierda y otra igual por la derecha que marcharon todo el día con la intención visible de envolver a la ciudad en una línea que iban estableciendo fuera de tiro de cañón, con intención también muy marcada de estrechar después su diámetro y tomar en la nueva línea posiciones definitivas. Observado esto desde el Cerro de Guadalupe, durante el día de esa maniobra por los generales La Llave, Berriozábal, Antillón, Negrete y por mí, fuimos todos juntos, previo permiso correspondiente, a proponer al general en jefe un plan de ataque que debía ser ejecutado precisamente en esa noche, porque más tarde sería inoportuno.

La cabeza de cada una de las columnas que envolvían a la plaza, distaba de su centro y núcleo principal, diez o doce horas de marcha de día y mucho más si se ejecutaba de noche por los accidentes naturales del terreno, distando de nuestra línea de defensa dos tiros de cañón. Por consiguiente podíamos atacar a una de esas columnas, con seguridad de que el núcleo principal del ejército enemigo no podría protegerla, y una vez derrotada, como era muy probable que sucediera, la fuerza victoriosa reforzaría la parte de nuestra línea que hacía frente al núcleo principal del enemigo, pues estando éste en la imposibilidad de proteger a sus columnas, podría atacar a la plaza por el lado más próximo, y nuestras tropas de refresco atacarían a la columna de la izquierda para atacar después todos juntos el centro.

El general González Ortega arguyó mucho, negándose siempre a aceptar nuestro proyecto, lo mismo que el general Mendoza. Después de media noche y perdida toda esperanza, salimos cada uno a ocupar nuestros puestos muy desanimados, y previendo claramente cuál sería, como lo fue, el resultado del sitio.

Una vez ejecutado el movimiento indicado, y cuando al fin de dos días se encontraron en el cerro de San Juan los restos de las dos columnas francesas que nos circunvalaban, el enemigo estableció en él su Cuartel general, y la línea de contravalación quedó definitivamente establecida. El primer punto objetivo del enemigo, casi sin emprender operación importante en lo demás de la línea, fue el Fuerte de San Javier. Estableció allí su primera paralela, amagando simultáneamente a dicho fuerte y a otro que le seguía por el sur, y que se llamaba Redientes de Morelos.

Establecidas sus baterías en la segunda paralela, demolió con ellas el 26 de marzo de 1863 no solo las fortificaciones, sino gran parte del edificio de San Javier, en donde estaba la penitenciaría, y después de varios días de cañoneo muy vivo lo tomó por asalto; y las tropas que lo defendían se retiraron a colocarse en las manzanas vecinas, presentando siempre al enemigo, una línea de fortificaciones pasajeras.

Continuaron los ataques casi diarios por medio de los cuales los franceses seguían ocupando algunas manzanas y nuestras fuerzas tomando sucesivamente las posesiones contiguas.

Capítulo XXVI. Manuel González

Del 10 de febrero al 31 de marzo de 1863

La parte tan importante que el general don Manuel González tomó en el sitio de Puebla y en todas las demás operaciones militares que después tuve que ejecutar, hace necesario que le consagre yo algunas páginas, a reserva de referir después sus demás proezas militares.

Don Manuel González había llamado mi atención en varios encuentros, lo mismo en Oaxaca, en el ataque de la manzana del cura Unda, el 8 de enero de 1858, que cuando lo mandó Cobos, el 5 de agosto de 1860, a cerrarnos la retirada para la sierra; pero tanto como admiraba su valor, se me había hecho odioso, porque en aquellos tiempos de poca tolerancia, lo eran todos los enemigos que de alguna manera se distinguían. Por este motivo y no obstante que personas de su familia me habían hablado para que me interesara yo con el Gobierno a efecto de que fuera admitido en nuestras filas, yo me había negado a hacerlo; pero un día, poco antes de que los franceses cerraran el sitio de Puebla, se me presentó diciéndome poco más o menos: He solicitado de usted varias veces y por varios conductos, que me ayudara a conseguir un lugar en las filas del Ejército mexicano con mi carácter de teniente coronel. Usted se ha negado a ayudarme en ese trabajo o no ha podido conseguirlo del Gobierno; pero ahora que ya no hay tiempo de formular solicitudes, porque el enemigo no solo lo tenemos dentro del país, sino muy próximo a atacar esta plaza, vengo a pedirle a usted otra cosa muy distinta: un lugar en sus filas y un fusil. Piense usted que, como usted, yo también soy mexicano.

Le contesté que a un hombre de sus antecedentes y que tan generosamente ofrecía sus servicios, no le podía poner en las manos un fusil; pero que tendría lugar a mi lado como un amigo, y que pronto le facilitaría la ocasión de que se diera a conocer; que yo tenía buenos antecedentes de él y estaba seguro de que antes de mucho tiempo sería admitido en su carácter de teniente coronel.

En efecto, cuando los franceses aún estaban estrechando el diámetro de su línea de contravalación, propuse un día al general en jefe ir a batir un puesto, un poco distante de sus vecinos, a derecha e izquierda y aún no comunicado con ellos porque no habían terraplenado o colocado puentes en las barrancas que los separaban entre sí, presenciando el mismo general en jefe y el Cuartel Maestre mis operaciones desde el cerro de Guadalupe; entonces puse una compañía a las órdenes del teniente coronel Manuel González, la que maniobró tan bien y con tanto éxito en esa operación, que a mi regreso, cuando todo había concluido, el general en jefe me preguntó quién mandaba aquella compañía y aproveché la ocasión para presentarle a González, mandándole enseguida que se retirara.

Referí al general en jefe la manera con que ese oficial se me había presentado, y entonces dio orden al Cuartel Maestre, que se hallaba presente, para que González fuera dado a reconocer como coronel, no sé si por equivocación o porque el general en jefe quiso darle el ascenso.

El general Mendoza no solamente lo dio a reconocer como coronel, sino que ordenó que pasara a prestar sus servicios en el Estado Mayor del Cuartel Maestre, cosa que no se verificó, porque supliqué al general en jefe que González quedara a mi lado, para emplearlo como oficial de mas, disponible para las maniobras que fuesen necesarias.

Capítulo XXVII. Sitio de Puebla

San Marcos, La Cerbatana, posición del coronel González, manzana del general Llave

Del 1.º al 7 de abril de 1863

Continuaban las operaciones del sitio de Puebla en la forma que he referido en los capítulos precedentes, cuando el Jueves Santo en la noche, 1.º de abril de 1863, recibo orden para mover mi brigada de la Plaza de San José, uno de los lugares destinados a las reservas, para r a ocupar la línea de manzanas que había frente al enemigo, situadas de sur a norte, y que se encontraban en esos momentos ocupadas por la Brigada que mandaba el general don Mariano Escobedo y que había venido defendiendo sucesivamente la serie de manzanas perdidas. La línea que yo debía ocupar comenzaba por el sur con la manzana en que está el Convento de San Agustín: seguía para el norte la del Hospicio y toda esa línea de manzanas hasta La Merced, situada en el extremo norte. La manzana vecina a las mías, hacia el sur, que era la última que había al sur de la ciudad, estaba ocupada por el Batallón Sánchez Román, de la División de Zacatecas.

Ocupé toda la noche, hasta que amaneció, en recorrer la serie de manzanas que se me encomendaron para dar colocación en ellas a las tropas que debían defenderlas, lo mismo que a las trincheras que le servían de pasaje, para ligarlas entre sí y en ordenar la ejecución de todas las obras que me parecieron convenientes para poner a mi línea en mejor estado de defensa. No fui atacado durante todo el día siguiente, y lo aproveché para reforzar las fortificaciones, usando de todos los brazos disponibles.

En los momentos en que yo relevaba a la Brigada del general Escobedo, fue ocupada por el enemigo la manzana del Hospicio, porque la fuerza que la cubría se había retirado sin esperar la que debía relevarla, y conocido el caso por el Cuartel general, se me ordenó no la disputara en esos momentos, sino que ocupara prontamente las que aún quedaban en nuestro poder. En consecuencia, interrumpida la línea de manzanas que yo defendía por la del Hospicio, mi comunicación tenía que ser tardía y por dentro de nuestra línea defendida.

Como a las seis de la tarde del 2 de abril de 1863, que fue Viernes Santo, comencé a sentir trabajos de zapa procedentes de la manzana del Hospicio, dirigidos contra la de San Agustín, por el frente de la casa de Iriarte, conocida con el nombre de Cuartel de San Marcos, que no era cuartel sino su casa habitación ocupada por su dueño, y en la cual tenía una matanza de puercos y fábrica de jabón.

Al principio me parecieron subterráneos los golpes, pero a poco comprendí que se hacían perforaciones en los muros de la acera del Hospicio para sacar por ellas las bocas de los cañones y batirme en brecha el Cuartel de San Marcos. Me situé desde luego en esa casa, reforcé hasta donde era posible las obras de defensa de los puestos que daban a ese frente y coloqué tropa dispuesta a defender los balcones. Llegado el momento del ataque y listas ya las defensas construidas dentro de la casa, comenzó, a las ocho de la noche, el fuego de una batería que destruyó el muro que separaba las dos puertas de una tienda que quedaba a la derecha del zaguán, y rompió las puertas, lo mismo que los atrincheramientos que las reforzaban por dentro, y convirtió en una las dos puertas de la tienda. El techo de la tienda era de bóveda muy sólida y por ese motivo no cayó, como esperaban los franceses, puesto que le habían quitado la base.

Durante el cañoneo aplicaron los franceses un fuerte petardo a la puerta del zaguán del Cuartel de San Marcos, que previamente había yo reforzado por dentro con las baldosas del patio, las del mismo zaguán y con un gran hacinamiento de tierras. Debido a este esfuerzo, el petardo no causó efecto alguno sobre la puerta y los franceses tuvieron que asaltar por la brecha abierta en la tienda.

El asalto fue resistido enérgicamente durante más de dos horas, al fin de las cuales el enemigo fue rechazado y volvió a sus posiciones, abandonando la tienda y zaguán que era lo único que había logrado ocupar.

Hubo un instante solemne en que el ímpetu de la carga de los franceses en el patio de la casa, desmoralizó a mis soldados que llegaron a huir en desorden; pero lo pequeño de la horadación por donde tenían que pasar, no permitió que se retiraran todos. En esos momentos disparé contra los franceses un obús que tenía en el patio, cargado con metralla y apuntado para el zaguán, y la descarga los desmoralizó al grado de que abandonaron el patio que ya ocupaban y se replegaron al zaguán.

Entre los soldados que huyeron del patio, se comprendió el pelotón que servía el obús, quedando solamente el cabo. Entre él y yo cargamos de nuevo la pieza, cuando se adelantó sobre nosotros un zuavo que probablemente habría matado al cabo, si yo no salgo a su defensa. Saqué al efecto mi pistola; pero era tan mala, pues mis cortos recursos no me habían permitido comprar una buena, que se me desarmó y me quedé con el puño en la mano, el cañón en el carcaj y el cilindro rodó por el suelo; arrojé el puño de la pistola al pecho del zuavo y me adelanté sobre él, pero sintiendo un golpe se creyó sin duda herido, porque había muchos disparos en esos momentos y regresó al zaguán en donde estaban sus compañeros.

El disparo del obús y la retirada consiguiente de los franceses, reanimó a mis soldados que habían huido y muchos de ellos regresaron a su puesto y parapetados tras de una fuente que se hallaba en el centro del patio se defendieron con ella e hicieron fuego vivo sobre el zaguán, en donde había yo hecho una excavación para reforzar la puerta de la calle con tierra y losas, y esa excavación servía de trinchera a los franceses. Entonces mandé al teniente José Guillermo Carbó con cincuenta hombres, que subiera al corredor del segundo piso de la casa para atacar desde allí a los franceses. Como los fuegos de Carbó eran de la altura para la excavación, fueron tan eficaces, que muy poco resistieron allí los franceses, que fueron desalojados y se replegaron a sus posiciones.

Como a las diez y media de la noche todo había concluido en la manzana de San Agustín. Una vez que el enemigo volvió a sus posiciones, salí con la tropa suficiente a cerrar la brecha que había abierto la artillería enemiga y a establecer allí la defensa, obra costosa para nosotros, porque la hacíamos bajo el fuego de fusilería; pero al fin la terminamos y quedamos en mediano estado de defensa para el caso de que la brecha volviera a ser atacada, como lo fue el día siguiente.

Uno de los preparativos de defensa que me ocurrió hacerle, fue una serie de diez perforaciones en la bóveda de la tienda, poniendo en cada una de ellas, a un soldado con una mecha encendida en la mano y cuatro granadas de mano con mechas unidas todas por el centro, para poderlas incendiar a la vez, con orden de hacerlo y echarlas por la perforación cuando se les mandara.

Pocos momentos después de que había terminado el ataque, vinieron a avisarme que en la calle de las Cabecitas, que pertenecía también a mi línea, era atacado el coronel Balcázar, jefe de esa manzana y que se me había agregado esa misma noche por lo insuficiente de mi brigada, para cubrir todas las manzanas cuya defensa se me encomendó. Me trasladé inmediatamente al sitio indicado y encontré que los franceses, habían seguido el mismo procedimiento que habían empleado horas antes contra el Cuartel de San Marcos, esto es, que después de abrir brecha con su artillería, metieron por la brecha una columna de asalto, que aunque fue resistida enérgicamente, ocupó el primer patio de una casa, que tenía el segundo muy largo y que por esa razón se llamaba la casa de la cerbatana. Llegué en los momentos en que se perdía el primer patio, y ayudado por el licenciado don Miguel Castellanos Sánchez, atravesé un mostrador viejo de madera a la entrada del segundo patio, y coloqué allí a los soldados para que lo defendieran. El callejón que formaba el segundo patio, fue defendido con heroicidad, quedando dos pelotones de nuestros zapadores en algunas de las piezas del primer patio, y se defendieron allí por más de cinco horas que éste permaneció ocupado por los franceses, lo mismo que algunas de sus piezas. Mandé perforar los muros para comunicarme con los zapadores que habían quedado aislados en las piezas y para proveerlos de municiones.

Practicada esa operación y contando ya con el concurso de los soldados aislados que secundaban mi empuje, logré arrojar a los zuavos a la calle, cubriendo enseguida la brecha por donde habían entrado; y por medio de esas perforaciones y de aspilleras para fusil, establecí fuegos convergentes a esa brecha para el caso de que sus defensores inmediatos se vieran obligados a abandonarla. Toda esta operación acabó al amanecer del 3 de abril, y en ella se hizo notable por su valor temerario, el licenciado don Miguel Castellanos Sánchez, auditor del Ejército.

El sábado de Gloria, 3 de abril, como a las nueve de la mañana, comenzó un cañoneo en la misma forma, frente a una casa perteneciente a la misma manzana del Cuartel de San Marcos por su frente oriental, mientras que el Cuartel de San Marcos estaba en su frente que ve al norte. Había yo encomendado al coronel de mi Estado Mayor, don Manuel González, la defensa de esa casa con una compañía del Batallón Morelos, de que era capitán don Máximo Velazco.

Como ya el sistema de ataque de los franceses comenzaba a serme conocido, la defensa me fue menos difícil. Los Cañones usados en esa ocasión fueron más poderosos que los de que se habían servido los franceses en los dos ataques anteriores, pues no solamente destruyeron el muro exterior sino dos más que le seguían paralelamente. Cuando llegué al lugar del ataque, estaba abierta una brecha en la manzana de las dimensiones de una calle ancha. No pudieron sin embargo los franceses dar el asalto, porque durante el cañoneo se les desplomaron los techos de la habitación en que habían colocado sus cañones y les taparon la batería. Mandé entonces salir a la calle al coronel González con sus soldados, con el objeto de apoderarse de los cañones, pero esto fue imposible porque tenían encima materiales muy pesados y porque no nos permitían trabajar los fuegos transversales y muy nutridos que nos hizo el enemigo. Desistimos de la empresa y pudimos ya con alguna tranquilidad cubrir nuestra brecha. En la noche les incendiamos el edificio desplomado, perdiendo por consiguiente el enemigo los montajes de sus cañones, y algunos de ellos se dispararon por sí mismos en los momentos del incendio, por haber quedado cargados. El coronel González fue herido al retirarse de este combate.

Apenas concluido este ataque contra las posesiones del general González, y sin que precediera cañoneo, se lanzaron dos pelotones de zuavos por la brecha del Cuartel de San Marcos, donde habían atacado la noche anterior; y como el paso por el zaguán era difícil y estaba defendido desde el patio, cuando la tienda estuvo llena de zuavos, los soldados que la cuidaban por las perforaciones del techo, lanzaron simultáneamente las cuarenta granadas de mano que con anterioridad estaban preparadas con ese objeto. Como la sucesión de detonaciones conmovió mucho la casa de los soldados mexicanos abandonaron sus puestos y se replegaron al corredor, porque creyeron que esa parte de la casa se iba a derrumbar. Cuando desapareció el polvo y humo causado por la explosión de las granadas, los zuavos se habían retirado a sus posesiones, dejando a los muertos y heridos muy graves que no pudieron huir, y se limitaron a cañonearnos.

Después de este ataque, no volvieron los franceses a intentar nada contra mi línea, por todo el tiempo que duró el sitio, no obstante que dieron muy frecuentes y muy serios ataques contra los Redientes de Morelos, el Fuerte de Ingenieros y el Convento de Santa Inés, que fue uno de los más notables, y contra otros puntos.

El día 5 de abril, comenzó un fuego en brecha procedente del lado de la manzana del Hospicio que ve al oriente sobre la manzana que defendía el general don Ignacio de La Llave, en la calle de la Estampa de San Agustín.

Familiarizados ya con el sistema de ataque de los franceses, comprendimos que una vez practicable la brecha vendrían las columnas de asalto. Con este motivo nos preparamos a resistirlo.

El general Berriozábal puso en la trinchera que ligaba a San Agustín con su manzana vecina, hacia el oriente, dos cañones para batir a metralla la calle que debía atravesar la columna que asaltaría las posiciones del general La Llave, y cubrió los balcones de una y otra acera, con infantes que tenían igual objeto.

Yo corrí con un grupo de Cabos y Sargentos sobre las azoteas bajas barridas por los fuegos de los balcones del Hospicio, a caer a un patio de la última casa que hacía frente al Hospicio, dejando establecida al mismo tiempo una cuadrilla de zapadores que hicieran perforaciones que me abrieran una comunicación menos peligrosa.

En la caída al patio de la casa de la esquina, se me inutilizaron dos soldados; pero con los ocho que quedaron disponibles, sostuvimos por las puertas de la tienda un fuego casi a quemarropa sobre la columna que atacaba al general La Llave, la cual fue cortada por nuestros fuegos, a más de los que recibía de la trinchera y balcones de la calle de San Agustín.

Cuando teníamos que hacer fuego a muy corta distancia en los combates de horadación, no acostumbraba yo a cargar los fusiles con una bala, sino con cartuchos preparados con veinte pequeñas balas cada uno. Así se explica la eficacia de mis fuegos sobre la columna que atacó la posición del general Llave.

En los ataques contra la manzana de San Agustín, la de la casa de la calle de las Cabecitas, y la posición del general Llave, encontraron los franceses una resistencia vigorosa, que estaban muy lejos de esperar y que los obligó a retirarse. Fue tan grande la impresión que les causó esa resistencia, que llegaron a desesperar de tomar la plaza, y celebraron un Consejo de Guerra para decidir si levantaban o no el sitio. Es muy oportuno consignar aquí la relación que hace de estos ataques el capitán G. Niox, del Estado Mayor general francés en un libro intitulado: Expedición de México en los años de 1861 a 1867. Reseña Política Militar, tomada de datos oficiales, pues aunque su relato es inexacto en algunos puntos, como cuando supone que nuestra artillería era superior a la francesa, contiene por lo demás una narración completa de lo ocurrido bajo el punto de vista del Ejército francés.

Expedition du Mexique 1861-1867.

Recit politique et militaire par G. Niox, capitaine d'etat-major.

París. Librairie militaire de J. Dumaine.

Librairie Editeur.

Rue de Panage Daupine 30, 1874.

Págs. 261-267.

Ataque de las manzanas. La toma del Fuerte de San Javier no hizo avanzar tanto como se había esperado las operaciones del sitio; los mexicanos con una tenacidad, muy lejos de esperarse, se atrincheraron en las casas vecinas, a cincuenta metros solamente de los muros de la penitenciaría; sus tiradores colocados en las azoteas hacían fuego sobre nuestras líneas de ataque, cuyos trabajos dificultaban considerablemente. Las piezas de pequeño calibre que fueron llevadas al Fuerte de San Javier, no fueron suficientes para destruir los muros de esas sólidas y macizas construcciones españolas; se intentó, aunque inútilmente, volar las puertas; un ataque de sorpresa tampoco tuvo éxito alguno; y ni la aplicación de una mina dio ningún resultado. Las masas de piedras y escombros acumuladas tras de los muros de las casas, se transformaban en fuertes parapetos de cal y canto, en contra ce los cuales de nada servían los arbitrios ordinarios de los sitios. El trazado regular de las calles, cuyo paso estaba cubierto por enormes barricadas artilladas, permitía al enemigo formar de cien en cien metros, verdaderas líneas fortificadas de extrema solidez. Todas estas eran dificultades imprevistas. El general en jefe dio orden de sitiar en regla cada una de las manzanas.

Se subieron a las azoteas más altas de la penitenciaría, piezas de montaña para contestar los fuegos de los campanarios vecinos: se abrió una brecha en el Convento de Guadalupita (manzana N.º 2), y en la noche del 31 de marzo el 18 Batallón de Cazadores se hizo dueño de la posición, a pesar de una vigorosísima resistencia, y habiéndose practicado una enorme abertura con el auxilio de un saco de pólvora, en la casa vecina (manzana N.º 9) se logró ocuparla también. Los mexicanos perdieron ochenta hombres muertos y sesenta prisioneros; los franceses dos muertos y ocho heridos.

Se arreglaron en orden de defensa las manzanas tomadas; pero por su parte los defensores de la plaza constituyeron en poco nuevas barricadas más a retaguardia, abrieron troneras y cubrieron con sacos de tierra los edificios vecinos. Su nueva línea de defensa fue trazada desde el Carmen a Santa Anita, pasando por Santa Inés, San Agustín, La Merced y la Iglesia del Señor de los Trabajos. Retrocediendo paso a paso y volviendo a construir nuevas obras defensivas considerables, forzaban a los asaltantes a renovar incesantemente sus esfuerzos y sacrificios. El enemigo estrechaba el perímetro defensivo a medida del progreso de los asaltantes, y lejos de encontrarse debilitados por la pérdida de las manzanas de su línea primitiva, parecía que al contrario, juzgaba ventajoso replegarse a retaguardia de su segunda y tercera líneas, por causa de su menor extensión y ofrecer consiguientemente mayor facilidad de defensa. Por esto se dejó tomar sin grande resistencia las manzanas 8, 7, 6, 5, 3 y la 25, situadas fuera de su nueva área de defensa, y que poco les importaba perder; pero en la noche del 2 al 3 de abril, se tuvo que hacer un alto por causa de la manzana N.º 26 en el que se hallaba un cuartel.[1]

Después de haber atravesado la calle bajo un nutrido fuego de fusilería, la columna de ataque, compuesta de un destacamento del 3.º de zuavos, penetró en el edificio y dio con un departamento oscuro sin mas salida que un estrecho pórtico por el cual era necesario desfilar uno a uno, al frente de dos obuses. Treinta hombres y el capitán Lalanne a su cabeza, se lanzaron por ese paso, y por él llegaron a un patio rodeado de muros almenados, en donde se hallaron con todas las escaleras destruidas y todas las salidas barricadeadas. Agobiados por una lluvia de metralla, de granadas y fusilería; se vieron obligados a batirse en retirada, y volvieron todos heridos.

En ese mismo instante, el comandante de Longueville se lanzaba de la manzana N.º 7 y sobre la N.º 21,[2] con dos compañías del 51 y una sección del cuerpo de ingenieros; y después de haber penetrado en la primera casa vino a chocar con un muro paralelo a la fachada y en el que habían dos líneas de almenas. El capitán Melot logró sin embargo sostenerse en un cuarto, en donde se hicieron esfuerzos para protegerlo, por medio de un camino cubierto

---

1   La casa llamada Cuartel de San Marcos.
2   La casa de la Cerbatana en la calle de las Cabecitas.

al través de la calle; pero el fuego de fusilería de las azoteas y la metralla de una barricada cercana, impidieron ese trabajo.

El general de Berthier intentó infructuosamente dar la vuelta a dicha barricada por dos compañías del 1.º de zuavos, pues que acogidas por un fuego terrible se vieron forzadas a retroceder. Se dio entonces la orden de evacuar esa posición insostenible, pero para ello era preciso pasar de nuevo a descubierto bajo las descargas de metralla que barrían las calles. Todos nuestros heridos fueron sin embargo trasportados a hombros y a paso veloz; al amanecer del día la compañía de granaderos del capitán Melot, abandonó la casa en donde había dado tan bello ejemplo de valor y firmeza.

El día 4 de abril se renovó el ataque sobre la manzana N.º 26;[3] tres compañías de los Batallones 1 y 18 de cazadores de a pie se arrojaron con la mayor intrepidez, y después de haber penetrado por las brechas, los cazadores llegaron sin embargo hasta los cuartos interiores cuyas entradas se hallaban todas sólidamente obstruidas y los muros guarnecidos con tres órdenes de almenas y con los techos llenos de claraboyas: ante tales obstáculos insuperables, tuvieron que replegarse. Se abandonó el ataque sobre el cuartel y se trató entonces de ocupar la manzana N.º 34, mas no habiendo dado resultado un petardo que se adhirió a una puerta o cochera, se comenzó a colocar una doble línea de gaviones para poder atravesar la calle: también esta operación atrajo sobre nuestros soldados, un fuego de tal modo vivo, que todos los gaviones fueron destruidos por las balas, que hirieron a todos nuestros zapadores. Fue, pues, preciso renunciar a ello. Se taparon las aberturas trazadas en la manzana N.º 25 (Iglesia de San Marcos), que se habían hecho para la salida de las columnas de asalto, y la artillería se limitó a hacer fuego sobre San Agustín, con el fin de impedir al enemigo que extinguiera un incendio que allí se había declarado.

El general en jefe se trasladó a la manzana de San Marcos para examinar por sí mismo los obstáculos contra los cuales se habían allí estrellado los esfuerzos de nuestras tropas. Vio por todas partes barricadas erigidas y previstas de piezas de artillería, murallas almenadas, azoteas cubiertas con sacos de tierra, las cúpulas y campanarios de las iglesias cubiertas de tiradores perfectamente a cubierto. Pudo pues convencerse personalmente de las dificultades que presentaban esos ataques a viva fuerza, en que se perdían los más valientes

---

3   Este ataque fue el segundo al Cuartel de San Marcos, y tuvo lugar el 3 de abril.

soldados, porque siendo éstos los que van siempre a la cabeza de las columnas, caían naturalmente los primeros. Comenzó entonces por disponer que se emprendiera la construcción de galerías de zapa; y en la noche quedó comenzado un camino cubierto en dirección de la manzana N.º 34, pero en un punto dado se dio con roca viva y el trabajo no pudo continuarse.

El día 5 de abril se trasladaron al de San Marcos algunas piezas de a 12 con el objeto de abrir brechas para lo cual las piezas de montaña no eran eficaces, ni aun en buenas condiciones. Al día siguiente seis compañías del 1.º de zuavos atacaron de nuevo a la manzana núm 34.[4] A las cinco de la tarde, una descubierta de treinta hombres mandada por el teniente Galland y un destacamento del cuerpo de ingenieros penetraron rápidamente por la brecha: otra sección siguió sus pasos con igual brío: un fuego espantoso de metralla y fusilería se cernió desde luego sobre la calle, muchos de nuestros soldados cayeron muertos y los heridos arrojándose hacia atrás paralizaron el combate de la columna. El comandante Carteret-Trecourt, cogiendo a un zuavo por el brazo, lo arrastra consigo hasta el espacio que separa los dos cuadros y en donde la metralla barría con todo lo que encontraba a su paso: el capitán Michelón y el teniente Avéque se lanzan en su seguimiento, esperando por este medio arrastrar consigo a su compañía. Inútiles esfuerzos: el capitán Michelón cae muerto y los otros dos oficiales heridos: el fuego del enemigo se concentraba sobre las aberturas de San Marcos y hace imposible la salida de la columna, forzándola a renunciar al ataque.

El teniente Galland organizó la defensa en los cuartos que había ocupado, pues que toda retirada se había hecho imposible. A las nueve de la noche el enemigo le propuso que se rindiera, pero él rehusó: no teniendo víveres sus soldados y conociendo la imposibilidad de resistir, éstos lo abandonaron sucesivamente: no permanecieron con el más de dos Sargentos, dos Cabos y un zuavo.[5] En tales condiciones tuvo que rendirse a su vez, después de haber

---

4   Ataque a la posición del general Llave.

5   No es exacto lo que dice el capitán Niox respecto del teniente Galland, pues aunque es cierto que era un oficial de mucho valor, no pudo organizar ninguna defensa, ni se rindió hasta las nueve de la noche; al principio contestó con brío a las intimaciones que se le hacían, diciendo que los zuavos jamás se rendían; pero esta resistencia esforzada duró pocos momentos, y luego que comprendió que su posición era insostenible, se rindió a discreción con los treinta y tantos zuavos que lo acompañaban en la zahurda en que se

obtenido para él y los que no lo habían abandonado, el honor de conservar sus armas: cayeron pues prisioneros en la ocasión treinta y seis hombres. Ese ataque infructuoso costó además un oficial muerto, dos heridos, ocho soldados muertos y diez y ocho heridos.

Consejo de Guerra. Las contrariedades sufridas en la noche del 2 al 3 de abril, en la del 4 al 5, y del 6 al 7, no habían agotado todavía la energía de nuestras tropas, y sin embargo era imposible dejar de conocer que habían producido en su moral un efecto asaz penoso. Las circunstancias tenían, pues, un cariz de gravedad: el general en jefe reunió un Consejo de Guerra de los generales de División y de los jefes de Servicio, con el objeto de oír su opinión respecto de la dirección de las operaciones ulteriores. En dicho consejo se discutió:

1.º Si era necesario en vista de la superioridad de la artillería enemiga; suspender los ataques y esperar la llegada de cañones de grueso calibre, que se pedirían al Almirante en jefe de la escuadra del Golfo.

2.º Si era necesario suspender el sitio y mantener solamente una fuerza de observación sobre Puebla para marchar desde luego sobre la ciudad de México.

3.º Si era necesario abandonar la circunvalación de Puebla y marchar sobre México con todo el ejército.

Estos dos últimos arbitrios o resoluciones debían tener el grave inconveniente de aumentar la exaltación de los adversarios de la intervención y la desanimación de sus sostenedores. El general en jefe desechó, pues, todos esos dictámenes y se resolvió a proseguir el sitio.

Se abrigó la idea de dirigir contra los Fuertes de Teotimehuacán y del Carmen un ataque análogo al que había hecho caer al de San Javier. Hubiera sido ese plan tanto más oportuno, cuanto que investiendo a la plaza por ese lado, se enfilaban los cuadros en el sentido de su menor espesor, disminuyendo en tal concepto considerablemente las dificultades; pero el comandante de artillería expresó el temor de que las municiones existentes no fueran suficientes para ese doble ataque. Fue pues preciso, resignarse a proseguir el lento procedimiento y a la vez sangriento de los avances graduales hacia el centro de la plaza. Ya no había mas que 600 kilogramos de pólvora de mina, y por otra parte no podía pensarse en hacer una guerra subterránea. Un período de suspensión

---

había refugiado: y esto se verifico antes de que oscureciera, cosa de tres horas antes de las nueve de la noche.

iba forzosamente a imponerse a las operaciones del sitio en espera de la llegada de nuevos contingentes de municiones.

En ese primer período del sitio las pérdidas habían sido:

Un oficial general muerto, cinco oficiales muertos, dos oficiales muertos a consecuencia de sus heridas, treinta y nueve oficiales heridos, cincuenta y seis soldados muertos, 443 heridos, de los cuales se hallaban todavía en las ambulancias 250.

La artillería de la plaza había hecho cerca de 25.000 tiros de cañón y lanzado unas mil bombas.

Capítulo XXVIII. Sitio de Puebla

Manzana Sánchez Román-Santa Inés

Del 19 al 25 de abril de 1863

En la tarde del día 19 de abril, hallándome de visita en la manzana que mandaba el coronel Sánchez Román, contigua a mi línea, fue aquella atacada vigorosamente, precediendo al asalto un cañoneo en brecha que descubrió el muro de una zahurda que la limitaba con la calle. La trinchera de esa manzana estaba trazada en curva, y defendía todo el lado que ve al occidente y la mitad del que ve al sur, y se había destruido toda la construcción interior que quedaba fuera del glamís, para dar campo de tiro a la trinchera, quedando solamente como cortina o máscara de la fortificación, las tapias y algunos cuantos exteriores que daban a la calle.

Cuando la brecha estuvo abierta, me ocurrió que un pelotón de rifleros armados de revólvers, oculto en aquella zahurda, que era de las pocas piezas que quedaron sin derribar, podría contener el asalto, puesto que solo por esa brecha podía venir, y fui personalmente, pasando el foso por una viga, a establecer el destacamento, a la sazón que los franceses habían penetrado por la extremidad de la misma calle sin abrir brecha y habiendo forzado una puerta por medio de un petardo. Cuando regresé de colocar el destacamento, los zuavos estaban ya dentro de nuestras trincheras, y habían hecho prisionero al destacamento que yo había colocado en la brecha, menos a dos o tres soldados, que como yo pudieron escalar las azoteas y caer a otras casas que aún estaban ocupadas por fuerzas mexicanas y al salir de allí a la calle donde hicimos una suprema defensa que impidió el paso de lo zuavos más allá de la manzana ocupada por Sánchez Román, a la que llamábamos la manzana del Mesón de la Reja.

Tuve la desgracia de presenciar y hasta de ser autor en la pérdida de esa manzana, sin que las tropas que la defendían estuvieran a mis órdenes ni fueran de las educadas por mí, solamente porque me dio pena retirarme de la manzana en los momentos en que ella sufría un ataque.

Vino después; el 25 de abril de 1863, el ataque al Fuerte de Santa Inés que mandaba el general don Miguel Auza y fue de los más reñidos y notables, y en el cual fue rechazado el enemigo dejando más de cien muertos en los parapetos y dentro de las obras de defensa y muchos prisioneros, entre los cuales había varios oficiales, lo mismo que entre los muertos.

El ataque de Santa Inés procedió de la manzana del Mesón de la Reja que pocos días antes le habían quitado los franceses al Batallón Sánchez Román. El lado de la manzana de San Agustín que hace frente por su costado sur a la del Mesón de la Reja, no es de altos, sino que se limita con la calle por la barda de la huerta; pero tiene una serie de piezas bajas, cuyas azoteas estaban barridas por los fuegos de fusilería procedentes de los balcones del Mesón de la Reja.

Durante el ataque a Santa Inés, los fuegos, tanto de mi trinchera que estaba en la calle con frente para donde debían pasar las columnas de los asaltantes, como los de los balcones de ambas ceras de la calle de San Agustín, eran muy eficaces sobre esas columnas, pero no me parecieron suficientes; y en los momentos en que el ataque era mas reñido, saqué por una de las puertas que daban a las azoteas de los cuartos bajos de la huerta, unos pelotones de infantes que llegaron hasta la esquina bajo los fuegos que nos hacía el enemigo, y mis pelotones de los balcones de enfrente hacían los suyos muy eficaces sobre las columnas de asalto, cooperando así, casi decisivamente a cortar la columna y que los asaltantes que habían penetrado al Convento de Santa Inés no fueran apoyados por el resto de la columna, que se vio obligada a retroceder. En este ataque se distinguió mucho el capitán don Timoteo Rincón que sucumbió en el con otros muchos.

Esa salida por las azoteas, en las que llevé pelotones de sargentos y cabos escogidos y los soldados más valientes, me fue muy costosa, porque los fuegos de los balcones de enfrente eran muy certeros y porque nuestros soldados no los podían contestar por ocuparse de la columna que asaltaba por la calle, al Convento de Santa Inés.

Al día siguiente el general González Ortega, dio algunos ascensos a los oficiales que habían tomado parte en ese combate, y me mandó a mí el de general Efectivo de Brigada, cuyo nombramiento fue confirmado enseguida por el Gobierno Federal.

Consigno enseguida la relación que hace el capitán Niox en el libro citado, del asalto y rechazada de los franceses en el Convento de Santa Inés.

Ataque del Convento de Santa Inés. A ese fin se dirigían sus esfuerzos (del general Bazaine) al dar sus órdenes para preparar el ataque del Convento de Santa Inés (manzana N.º 52), y uno de los puntos más fuertes de la nueva línea de defensa del enemigo. Dicha línea estaba entonces trazada por las manzanas números 34, 33, 32, 51, 52 y 53. La número 32 era la del grande edificio de San Agustín, cuyos fuegos cruzados con los de Santa Inés habían sido hasta entonces tan molestos.

La artillería estableció baterías de sitio en la manzana número 30, situada enfrente de Santa Inés, y el Cuerpo de ingenieros sus barrenos de mina. El ataque comenzó el 25 de abril en la mañana: la explosión de las minas destruyó una parte del muro exterior y otras partes exteriores del convento, y las baterías completaron la obra de destrucción y entonces fue cuando pudieron ser palpadas las inauditas dificultades que el ataque presentaba. Detrás del muro destrozado, existía una maciza reja de hierro que las balas de cañón no podían destruir, y cuatro trincheras colocadas, una tras de otra, de las cuales las dos últimas, con escarpas de piedras, habían sido construidas con los escombros de construcciones cercanas. Los aproches se hallaban provistos de estacadas y redes de lazos de cuero, unidos entre sí por medio de estacas; tras del último parapeto se alzaban los edificios del Convento de Santa Inés, con sus muros almenados y cuyas ventanas y azoteas estaban cubiertas por tiradores. Una ala de ese edificio, sobre la cual se hallaba colocada una pieza de artillería, blanqueaba a las trincheras. A las seis y media los cañones de sitio rompieron sus fuegos tratando de destruir las trincheras, destrozar la reja y las obras de mampostería. El fuego se prolongó durante tres horas, a pesar de lo que sufrían los artilleros con la proximidad de los tiradores del enemigo. A las nueve y media recibió el general Castagny la orden de emprender el asalto.

124

Se dio la señal: las ocho piezas de sitio hicieron descarga de metralla, y las columnas se lanzaron. La de la derecha, compuesta de cuatro compañías del tercer Batallón del 1.º de Zuavos mandadas por el comandante Melot; la de la izquierda, de cuatro compañías del propio Batallón conducidas por el capitán Devaux. El enemigo había debilitado su fuego, pero, apenas las compañías comenzaron a desembocar, cuando las murallas, las ventanas y las azoteas,[6] se llenaron de tiradores. Más de 2.000 mexicanos concentraron sus tiros sobre el estrecho espacio en que se atumultaban los asaltantes, y cuyo trayecto ofrecía enormes dificultades, a causa de los escombros de los muros destrozados y de los obstáculos en él acumulados. Los zuavos avanzan bajo una granizada de balas: la columna de la derecha llega hasta la reja, la de la izquierda la rebasa, y llega hasta los edificios del convento, pero en ese momento el fuego del enemigo se aviva. Las columnas se detienen como anonadadas; el ataque no puede ser continuado, sin enormes e inútiles sacrificios; se da pues la orden de batirse en retirada, pero muy corto fue el número de esos valientes soldados que lograr pudieron llegar a sus líneas. Ese terrible asalto había costado en la columna de la izquierda, sobre diez oficiales, nueve muertos o desaparecidos, y en la de la derecha un oficial muerto, dos desaparecidos y cinco heridos; soldados, veintisiete muertos, 127 heridos y 176 desaparecidos. Más tarde se supo que de estos últimos 130, entre los cuales iban siete oficiales, habían caído prisioneros. El enemigo hizo honor a su valor y los trató con consideraciones. Estos hombres habían peleado como leones decía el general Ortega en su parte.

Capítulo XXIX. Batalla de San Lorenzo

8 de mayo de 1863

En la noche del día 7 de mayo, al hacer mi vigilancia de la línea del enemigo desde las alturas de San Agustín, noté algún movimiento en sus tropas que me hizo sospechar que volvería yo a ser atacado en esa misma noche. Observando cuanto me era posible en los intervalos de los fuegos de artillería que el enemigo hacía desde sus baterías de San Javier, probablemente para que sus movimientos no fueran advertidos, comprendí que se trataba o de un relevo de las tropas que cubrían la línea o de organizar columnas para un asalto, pues el

---

6   Estas azoteas son las de la manzana de San Agustín que estaba en mi línea y donde llevé mis infantes para cortar la columna enemiga con fuegos muy cercanos.

ruido de armas, rumor de voces humanas y toses que se repiten tanto cuando se mueve la tropa a las horas en que duerme, lo demostraba muy claramente. Di aviso en el acto al Cuartel general y a los jefes de las líneas vecinas a mi derecha y a mi izquierda, y puse a mis tropas en actitud de resistir un ataque. Momentos después, el látigo de los trenistas, el rumor de la rodada y de la marcha de los soldados, me hicieron comprender claramente que de las tropas del enemigo abrigadas detrás del edificio de San Javier, estaba saliendo una columna que se dirigía sin duda, a los campamentos del Ejército del Centro que había sido organizado desde el 30 de octubre de 1862 a las órdenes del general don Ignacio Comonfort, con objeto de auxiliar a Puebla. Puse este hecho en conocimiento del Cuartel general quien mandó oficiales de su Estado Mayor y del Cuartel Maestre para ratificar mis noticias. Esos oficiales rindieron sus informes que coincidieron con los míos, y sin embargo, solo se dispuso al día siguiente, que las columnas de reserva estuvieran en actitud de recibir órdenes.

Luego que amaneció el día 8 de mayo hice yo algunos ataques de iniciativa sobre la línea del enemigo que estaba a mi frente, sin ningún resultado de importancia; y pude averiguar que estaba cubierta por tropas de línea que en la noche habían venido a relevar a los Batallones de zuavos que antes la cubrían. Al día siguiente, 9 de mayo, quedaron ratificadas todas mis presunciones, porque se dirigió a la plaza un porta-pliegos del general Forey, con bandera blanca y tocando parlamento, quien fue introducido con las precauciones de estilo hasta el Cuartel general. En los pliegos de que aquel era conductor, avisaba el general Forey que había alcanzado una victoria sobre el Ejército del Centro que le permitía ofrecer al general González Ortega el canje de todos los prisioneros franceses, por un número equivalente, y equivalencia también de categorías, que podría dar de los prisioneros que había hecho en dicha victoria el día anterior. Y se hizo en efecto el canje de todos los prisioneros del enemigo, así los sanos como los heridos, quedando después de esto terminado el armisticio.

El día 4 de mayo había celebrado el general González Ortega un convenio con el general Forey para el canje de los prisioneros que ambos se habían hecho, y ese convenio se aplicó a los que el Ejército francés hizo al general Comonfort en la batalla de San Lorenzo.

Capítulo XXX. Rendición de Puebla

Del 10 al 13 de mayo de 1863

Siguieron las operaciones del sitio hasta el día 13 de mayo de 1863, tres días antes de la rendición de la plaza, en que el general en jefe citó a una junta de generales para consultar su opinión sobre el partido que debía adoptarse, supuesta la situación de la plaza que era bien conocida de todos, por la absoluta escasez de provisiones de boca y de municiones para sostener la guerra.

Después de informar a la junta sobre la existencia de municiones el proveedor general y el comandante general de Artillería, y después de retirarse el primero opinó la mayoría de los generales presentes, que precediendo algunos ataques simulados se hiciera un esfuerzo supremo por el rumbo opuesto para romper la línea sitiadora y utilizar parte del personal y materiales de guerra. Con este objeto se ordeno al comandante general de Artillería que deshiciera algunos cartuchos de cañón, y elaborara hasta donde fuera posible, municiones para armas portátiles, que eran las más escasas.

Como el enemigo redoblaba sus esfuerzos, al día siguiente manifestó el comandante general de Artillería que en la misma noche y durante nuestra conferencia se había consumido la mayor parte de municiones de artillería que quedaban, porque era indispensable contestar el vivo cañoneo que a varios fuertes de nuestra línea de defensa hacía el enemigo; y que los jefes de dichos fuertes habían estado pidiendo durante la noche, gran cantidad de municiones antes que sus órdenes pudieran llegar al almacén. De suerte que cuando se daba este parte, ya no quedaban ni municiones de artillería. Entonces dispuso el general en jefe que se rompieran todas las armas portátiles lo mismo que la artillería; y mandó al general Mendoza, Cuartel Maestre del Cuerpo de Ejército, a avisar al general Forey que la plaza estaba a su disposición y que todos estábamos desarmados y constituidos sus prisioneros incondicionalmente, lo cual verificó el 17 de mayo de 1863.

Una vez prisioneros, se presentó el general Forey el día 18 de mayo de 1863, segundo de nuestra prisión, con un acta redactada por él en francés con la pretensión de que la firmaran los generales, jefes y oficiales del Ejército, en la que se intentaba comprometernos, bajo nuestra palabra de honor, a permanecer neutrales en los lugares que se nos designaran hasta el fin de la guerra.

Muy pocos entre los subalternos firmaron esa acta, y los generales suscribimos una manifestación en la que expresamos que las leyes de nuestro país y nuestras convicciones personales no nos permitían contraer ningún compromiso con el invasor. Al fin de este capítulo inserto el acta y la nota con la que suscribimos.

En consecuencia de nuestra negativa a firmar el acta citada, se dispuso enviar confirmados a Francia a todos los recalcitrantes. Los prisioneros estábamos separados en distintas prisiones, en una generales de División, de Brigada efectivos y graduados; en otra los jefes de coronel a comandante, y en otras los subalternos de capitán a Subteniente. Los soldados habían sido divididos también en tres o cuatro prisiones distintas. A los generales nos tocó por prisión, la casa propiedad del general Mendoza, que estaba en la calle de Herreros.

Los documentos a que me refiero son los siguientes:

Cuerpo expedicionario de México.

Estado Mayor general.

Los que abajo firmamos, oficiales mexicanos hechos prisioneros, nos comprometemos bajo nuestra PALABRA DE HONOR a no salir de los límites de la residencia que se nos asigne, a no mezclarnos en nada por escrito o por actos, ya en la guerra o en la política, por todo el tiempo que permaneceremos prisioneros de guerra, y a no mantener correspondencia con nuestras familias y amigos sin el consentimiento de la autoridad francesa.

Cerro de San Juan, a 18 de mayo de 1863.

Zaragoza, 18 de mayo de 1863.

Cuerpo de Ejército de Oriente.

Prisioneros de guerra.

Los generales prisioneros que suscriben, pertenecientes al Ejército mexicano de Oriente, no firman el documento que se les ha remitido la mañana de hoy del Cuartel general del Ejército francés, tanto porque las leyes de su país les prohiben contraer compromiso alguno que menoscabe la dignidad del honor militar, como porque se los prohiben también sus convicciones y opiniones particulares.

Jesús G. Ortega

Francisco Paz

Felipe B. Berriozábal
Florencio Antillón
Francisco Alatorre
Ignacio de la Llave
Alejandro García
Epitacio Huerta
Ignacio Mejía
José M. Mora
Pedro Hinojosa
José María Patoni
Joaquín Colombres
Domingo Gayosso
Antonio Osorio
Eutimio Pinzón
Francisco de Lamadrid
Porfirio Díaz
Luciano Prieto
J. B. Caamaño
Mariano Escobedo
Manuel Sánchez
Pedro Ríoseco
Manuel G. Cosío
Miguel Auza
Jesús Loera.

Capítulo XXXI. Primera evasión de Puebla

Del 19 al 23 de mayo de 1863

Como al rehusarme a firmar el acta manifesté por escrito que no podía hacerlo porque tenía deberes que cumplir, incompatibles con el compromiso que el acta entrañaba, me consideré con el derecho de evadirme si podía hacerlo, puesto que el enemigo había tomaco todas sus precauciones para tenernos perfectamente seguros, al grado de tener apostado un centinela en la puerta de los cuartos en donde dormíamos. Así pues, el 21 de mayo, víspera de nuestra marcha para Veracruz, me quité mi uniforme a todo riesgo, en los momentos en que entraban y salían los deudos y amigos de los prisioneros para despedirse de ellos y para arreglarles algunos negocios.

Comprendí que era fácil que no me distinguieran entre los entrantes y salientes; bajé resueltamente la escalera embozado en un plaid, cosa que no era notable porque hacía mucho frío; y para que el centinela no me marcara el alto y me hiciera pasar por un reconocimiento, como lo hacían con todos los que salían aunque fueran paisanos, pensé que sería bueno dirigir algunas palabras al oficial de guardia, para que el centinela, al verme salir después de haber hablado con el oficial, tuviera menos sospecha. Con esta intención llegué al zaguán; pero encontré que el comandante de la guardia que estaba allí en pie, era el capitán Galland, el 3.º de zuavos, que habiendo sido prisionero nuestro, había hecho conmigo alguna amistad. En consecuencia ya no le dirigí la palabra sino que simplemente lo saludé y salí para la calle sin que me conociera, aunque probablemente sospechó algo, porque enseguida subió a ver si estaba yo al lado de mis compañeros. Varios de éstos lograron también evadirse de la prisión, ya en Puebla, ya en el camino y muy pocos salieron para Europa.

Tuve muchas dificultades en mi salida porque las calles de Puebla estaban vigiladas por fuerzas de traidores; pero afortunadamente encontré a un amigo que me llevó a su casa, y casualmente era la misma en que se había refugiado el general Berriozábal, quien contaba con el apoyo de uno de los oficiales traidores, que le facilitó la salida de la ciudad, obteniendo el santo y seña, y pasándolo con los suyos como si perteneciera a su patrulla, en virtud de una remuneración pecuniaria que Berriozábal le pagó. El doctor Cacho, que era de los que acompañaban al general Berriozábal, se quedó en Puebla para que yo pudiera salir en su lugar y hacer uso de su caballo.

Caminamos toda la noche por los montes, por evitar el Camino Real, nos perdimos, y al amanecer del día siguiente nos encontramos otra vez frente a Puebla, oyendo los alertas de los traidores que estaban fuera de la ciudad. Nos dirigimos al pueblo de San Miguel Canoa, y suponiéndonos oficiales de los traidores, porque sabíamos que el cura era amigo de Almonte, quien había pasado varios días en su casa, le suplicamos que nos diera un guía que nos llevara a Tlaxcala. De allí nos dirigimos a la Hacienda de Techalote y después a Apam, en donde encontramos la fuerza de caballería que protegió nuestro arribo a la capital.

Capítulo XXXII. Evacuación de la Capital

Del 24 de mayo al 20 de junio de 1863

Al presentarme al Gobierno en México, el señor Juárez me dijo que me nombraría secretario de Guerra o general en jefe del Ejército, según lo conviniera yo con el general Berriozábal, porque él había de tener uno de dichos puestos y yo el otro. Manifesté al presidente que sin perjuicio de hacer lo que el Gobierno me mandara, debía llamar su atención sobre el efecto que causaría mi nombramiento de general en jefe o de secretario de Guerra, sobre todo para el mando del Ejército, que sería lo que yo preferiría en todo caso; que había en el Cuerpo de Ejercito muchos jefes viejos y muy ameritados, como lo eran el general don Miguel M. de Echegaray, el general don Anastasio Parrodi y otros, y que yo era demasiado joven para que con buena voluntad estuvieran a mis órdenes. Además, que era probable que en el período difícil en que íbamos a entrar, algunos de ellos abandonarían nuestras filas y no era conveniente darles un pretexto tan plausible como lo sería, hasta cierto punto, mi nombramiento, que heriría su celo militar.

En esos momentos entraba el señor José M. Iglesias con algunas otras personas y suspendimos la conversación, diciéndome el señor Juárez que al día siguiente temprano volveríamos a hablar. Lo vi de nuevo al día siguiente y al contestarme el saludo el señor Juárez, me dijo que había pensado bien lo que yo le había dicho, y que era muy posible que tuviera yo razón; que en este concepto si quería el mando de una División, me daría la que yo designara. Le contesté que en la forma que tenían, ninguna me parecía buena; pero que si me lo permitía organizaría una a mi gusto con las tropas que yo escogiera al efecto. Tuvo la bondad el señor Juárez de darme un papel para que pusiera los nombres de los Batallones y regimientos que fueran de mi agrado. Formé a mi gusto la División que debía mandar y con ella, una vez organizada, emprendí la marcha para Ayotla, con objeto de cubrir la carretera por donde debía venir el enemigo.

El Gobierno salió de la capital para Querétaro el 31 de mayo de 1863 y después de la salida se me dio orden de volver a México y de allí emprender la marcha y seguir al Cuerpo de Ejército que mandaba el general en jefe Juan José de la Garza, a quien alcancé en el Contadero, camino para Toluca. Luego que me incorporé al ejército, el general en jefe que tenía necesidad de estar en Toluca, me encomendó el mando, y emprendió la marcha con su escolta y Estado Mayor. Pocos momentos después se sublevó uno de los Batallones de Guardia Nacional de México que formaba la retaguardia, y que mandaba el coronel Rangel, cuyo jefe, lo mismo que el teniente coronel don Pedro de Garay, habían desaparecido en México, al emprender su marcha el batallón. Perseguí a los sublevados, matando a algunos y aprehendiendo casi a todos, y diezmándolos después en el Llano de Salazar, en presencia de las tropas formadas.

Pasamos la noche sin más novedad que algunos tiroteos insignificantes de los traidores que plagaban la montaña. Al día siguiente seguimos la marcha a Toluca, y a nuestra llegada informé al general en jefe de la novedad ocurrida.

Después de permanecer tres o cuatro días en Toluca sin haber desempeñado ningún servicio importante y sin recursos, manifesté un día al general en jefe que necesitábamos obtener algunos para continuar nuestra marcha.

Como los franceses estaban entrando ya a la ciudad de México, nuestro Cuerpo de Ejército se encontraba sin recursos y como el general en jefe no manifestaba empeño ninguno por obtener los necesarios ni por mover sus fuerzas, le manifesté un día que creía indispensable conseguir algún dinero para salir de la plaza. El citó, a mi nombre, y sin mi conocimiento a los comerciantes principales de la ciudad para una junta en mi alojamiento, y al verlos reunidos les manifesté mi situación y les pedí un préstamo, que me facilitaron de buena gana y me produjo una cantidad que no llegaba a 3.000 pesos. Con esto salí de Toluca para el Llano del Cazadero y así llegué hasta Querétaro, en donde recibí algunos fondos que me mandó de San Luis el Gobierno Federal.

A pocos días llegó el general Garza, con las otras dos Divisiones de su Cuerpo de Ejército, enteramente destrozado, pues además de que las mulas eran insuficientes para conducir su artillería y bagajes, algunos jefes habían dispuesto de parte de ellas, y el camino estaba regado con piezas de artillería y material de guerra; siendo también de consideración las deserciones que habían sufrido muchos cuerpos. El general Garza salió para San Luis y entregó el mando del Cuerpo de Ejército al general Echegaray, y con este jefe las cosas marcharon mejor.

Capítulo XXXIII. Ejército del Centro

Del 10 de junio al 1.º de septiembre de 1863

Pasados diez o doce días vino de San Luis a Querétaro el ministro de la Guerra, que era entonces el general Berriozábal, y sin previa indicación, como antes lo había hecho conmigo el señor Juárez, me dio a reconocer en la orden general como general en jefe del Cuerpo de Ejército del Centro, quedando a mi lado como Cuartel Maestre, el general Echegaray.

Comenzamos entonces una seria organización, refundiendo en un batallón cada dos o tres batallones diminutos, y empleando la mayor parte de los días en la instrucción de maniobras, recomposición de armamento, de material de artillería y trenes, adquisición de mulas, academias de oficiales, y todo lo que era indispensable para dar a la fuerza la forma de verdadero Cuerpo de Ejército. Situé una División en Celaya, otra en Salvatierra, una Brigada de observación en Arroyozarco, y dejé el núcleo principal en Querétaro.

Enseguida y por orden del Ministerio de la Guerra, cambiamos el Cuartel general a Acámbaro, donde permanecimos muy poco tiempo, porque los movimientos del enemigo nos hicieron comprender que su punto objetivo era Querétaro.

Durante mi permanencia en Acámbaro, el Gobierno me mandó, para que fueran ocupados en el Ejército, al señor licenciado don Matías Romero y al general don Rafael Benavides. Romero había acompañado al señor Juárez, en el año de 1858, en su marcha de Guanajuato a Guadalajara, Manzanillo, Panamá y Veracruz, en donde permaneció hasta que en diciembre de 1859, fue enviado como secretario en nuestra Legación en Washington; a poco volvió a México don José María Mata, que era el ministro, y quedó Romero como encargado de negocios, con cuyo carácter permaneció hasta fines de abril de 1863, en que desanimado porque no creyó poder prestar servicios eficaces al país, en vista de la crítica situación que guardaban los Estados Unidos, que a la sazón se hallaban en lo más serio de su guerra civil, lo cual los hacía tener algunas condescendencias con los franceses; y deseando tomar las armas en defensa de la independencia, se vino con licencia a San Luis Potosí, renunció allí a su empleo el 16 de julio siguiente, y solicitó servir a mis órdenes. El señor Juárez le dio el despacho de coronel efectivo de ejército permanente, y orden de que se me incorporara en Acámbaro, lo cual hizo poco después. Yo lo coloqué como jefe de mi Estado Mayor y secretario. Al general Benavides lo nombré general en jefe de la primera División.

En los últimos días de julio de 1863 y con el objeto de tratar algunos negocios de importancia con el Gobierno, mandé a mi secretario y jefe de Estado Mayor, el señor Romero, a San Luis, que era entonces la residencia del Gobierno Federal. Entretanto había ocurrido allí un cambio de Gabinete. Para contar el señor Juárez con el prestigio y los elementos de don Manuel Doblado, gobernador de Guanajuato, lo había nombrado ministro de Relaciones. Doblado que era hombre de fuertes pasiones, puso como condición para aceptar el puesto, que se revocara el nombramiento de su predecesor don Juan Antonio de la Fuente, que había salido para los Estados Unidos como ministro de México, y estaba ya en Matamoros y a quien Doblado tenía mala voluntad. El señor Juárez tuvo que pasar por esta exigencia para asegurar los servicios de Doblado y le propuso que fuera Romero en lugar de Fuente. Aceptado esto por Doblado, en momentos en que Romero llegaba a San Luis Potosí en comisión mía, tuvo que admitir ese cargo con gran repugnancia de su parte, muy contrariado y haciéndose mucha violencia, porque no podía llevar a cabo su propósito de servir en la campaña. Apenas duró Doblado una semana en el Gabinete, pues a los pocos días se separó de una manera ruidosa, y fue reemplazado por el señor don Sebastián Lerdo de Tejada, quien permaneció en el puesto de secretario de Relaciones durante todo el período de la intervención extranjera y algunos años después de terminada ésta.

Más tarde, durante la permanencia del Ejército en las Plazas de Celaya, Salvatierra, Querétaro y San Juan del Río, las expediciones del Cuartel general no podían hacerse de un punto a otro, sino con una gruesa escolta, o fingiendo unos movimientos para hacer otros, porque el camino estaba interceptado por unos bandidos, los hermanos Troncoso, que algunas veces reunían hasta cuatrocientos caballos. Así lo expliqué al general Comonfort, al relevarme en el mando del Cuerpo de Ejército que había estado a mis órdenes, pero no dio importancia a mis informes, y a los pocos días de mi separación, intentó hacer una travesía en coche con cincuenta caballos de escolta, de San Miguel Allende para Celaya, en cuya ocasión fue asesinado por los Troncoso, cerca de Chamacuero.

Capítulo XXXIV. Marcha para Oaxaca

Tasco y Pungarancho

Del 1.º de octubre al 1.º de diciembre de 1863

Cuando don Manuel Doblado entró al Gabinete del señor Juárez, el general don Ignacio Comonfort fue nombrado ministro de Guerra, y el Gobierno me llamó a San Luis Potosí para discutir un plan de campaña con los generales Comonfort y Berriozábal; y como resultado de esa conferencia, dispuso el Gobierno que con la Primera División marchara yo para Oaxaca, por los Estados de Querétaro, Michoacán y Guerrero, estableciendo en Oaxaca mi Cuartel general, con objeto de que sirviera de base a la formación de un nuevo Cuerpo de Ejército de Oriente, y con jurisdicción sobre los Estados de Oaxaca, Veracruz, Chiapas, Tabasco, Yucatán y Campeche, extendiéndose más tarde y en virtud de nuevas órdenes, a los de Puebla y Tlaxcala.

En marcha ya para Oaxaca a fines de octubre de 1863 y estando a la margen del Río Mixteco en el Paso de Pungarancho, recibí el despacho de general de División, expedido en San Luis Potosí por el Gobierno Federal el 14 de octubre del mismo año, probablemente para que tuviera yo plenitud de facultades en el ramo militar, porque debería quedar casi incomunicado con el Gobierno.

La División se componía de tres Brigadas y una sección de artillería; la primera Brigada mandada por el general don José María Ballesteros, se componía del Batallón de Oaxaca, mandado por el mismo general Ballesteros; Batallón 5.º móvil de México, mandado por el coronel don Manuel González, y que al llegar a Oaxaca tomó el nombre de Tiradores de Oaxaca; y primer Ligero de México, mandado por el teniente coronel don Juan Espinosa y Gorostiza. La Primera División, mandada por el general don Plácido Vega, que era a la sazón gobernador de Sinaloa y había quedado en San Luis, estaba mandada por su Mayor de órdenes el coronel don Apolonio Angulo, y se componía de los Batallones 1.º de Sinaloa, mandado por el Mayor don Diodoro Corella; 2.º de Sinaloa, mandado también por el Mayor don Jesús Toledo; y 3.º de Sinaloa, mandado por el teniente coronel don Crispín de S. de Palomares. La Brigada de caballería, estaba mandada por el general don Mariano Escobedo, y se componía de los Regimientos Lanceros de San Luis, mandado por el coronel don Ramón Reguera y de la Legión del Norte, mandada por el coronel don Eugenio García, y en su ausencia, porque había quedado enfermo en San Luis Potosí, por el Mayor don Jerónimo Treviño, y una sección de artillería, mandada por el capitán don Martiniano León, haciendo la División un total de cosa de 2.800 hombres.

De Querétaro hice las jornadas siguientes: a San Juan del Río en donde permanecí tres días, de San Juan del Río a Amealco, Molinos de Caballero, Pomoca, Angangueo y Orocutin. De Orocutin fuimos a un lugar cuyo nombre no se pudo averiguar porque estaba deshabitado, y de allí a Zacualpam, Tectipac y Tasco. La División llevaba siempre a poca distancia las fuerzas que mandaba el traidor Laureano Valdés.

Al entrar al Estado de Guerrero, la columna de Laureano Valdés intentó impedirme el paso del Río Mixteco en el lugar conocido con el nombre de Paso de Pungarancho, muy a propósito por ser más elevada la margen izquierda del río que era la que él se proponía defender, y deprimida la derecha por donde yo debía intentar el vado. Al día siguiente, después de perder un día y una noche en tiroteos, mis exploradores encontraron otro vado, a 6 millas río abajo por donde hice pasar dos batallones. Luego que el enemigo comprendió mi maniobra, abandonó la ribera y ya no volvió a molestarme en la marcha.

Llegamos a Tasco el 27 de octubre de 1863, y como la ciudad estaba ocupada por los traidores, hubo que batirlos, y empleamos en esa operación el día y la noche del 28 de octubre. Fue necesario también poner en jaque a la guarnición traidora que estaba en Iguala para que no pudiera proteger a Tasco.

Después de permanecer dos días en Tasco, seguí mi marcha pasando el Mezcala con dirección a Chilapa. De Chilapa hicimos las siguientes jornadas: al Mesón, Atlixtaca, Tlapa, Ixcatiopa, Yucuyachi y Huajuápam de León. En Huajuápam dejé la División a las órdenes del general don Rafael Benavides que era mi Mayor general, y avancé por la posta para tratar algunos asuntos con el gobernador del Estado de Oaxaca, que lo era a la sazón don Ramón Cajiga.

Capítulo XXXV. Llegada a Oaxaca

Del 1.º de diciembre de 1863 al 1.º de agosto de 1864

Llegué a Oaxaca en los últimos días del mes de noviembre de 1863, y mi llegada desagradó al gobernador Cajiga y a su secretario Esperón, porque habían celebrado una especie de tregua con los franceses, y comprendieron que ésta tendría que cesar conmigo, pues yo iba con el propósito de organizar y de hacer la campaña.

Informado el gobernador del objeto de mi marcha, y de las facultades que me había delegado el Gobierno Federal, me puso una comunicación declarando que no se pondría a mis órdenes por ser inconstitucionales las facultades que me había delegado el Gobierno Federal, y me preguntó si estaba dispuesto a hacer uso de las armas para llevar a efecto las órdenes que había recibido del presidente; contesté que en aquellas circunstancias las armas no tenían más objeto que defender a la Nación del invasor extranjero y de los traidores; y que consideraba en el segundo caso a todo el que se resistiera a cumplir las órdenes del Gobierno Federal. En esta virtud el gobernador Cajiga renunció su encargo ante la Legislatura, la cual se disolvió enseguida, quedando acéfalo el Estado.

Con este motivo, asumí el Gobierno de Oaxaca el 1.º de diciembre de 1863, y nombré mi secretario al licenciado don Justo Benítez; pero notando que los deberes de gobernador me ocupaban mucho tiempo, que debía yo consagrar a la organización del Ejército, nombré gobernador el 12 de febrero de 1864, al general José M. Ballesteros, quien permaneció con ese carácter hasta la ocupación de la plaza por los franceses, e hice una nueva organización de aquel Estado. El general Ballesteros nombró su secretario al licenciado don Félix Romero, y el licenciado Benítez quedó como secretario del Cuartel general, cuyo carácter conservó hasta la rendición de la plaza.

Ninguno de los demás Estados que formaron desde entonces la Línea de Oriente presentó dificultades para cumplir con las instrucciones del Gobierno Federal; todos comenzaron a obedecer las órdenes del Cuartel general y los Gobiernos Constitucionales siguieron acatando mis disposiciones y funcionando con toda regularidad.

Al llegar a Oaxaca, organicé una nueva Brigada de Infantería compuesta por los Batallones Morelos, mandado por el teniente coronel Rafael Ballesteros; Juárez, mandado por el coronel don Joaquín Teran; y Guerrero, por el teniente coronel don Rómulo Pérez; y encomendé el mando de esa brigada al general don Cristóbal Salinas, y el de la segunda al coronel don Francisco Carreón. Nombré comandante general de Artillería al capitán don Guillermo Palomino. Agregué a la Brigada de caballería el Regimiento de Lanceros de Oaxaca, mandado por el teniente coronel don Félix Díaz, y un escuadrón de Guardia Nacional de Tehuacán mandado por el teniente coronel don Ladislao Cacho, y organicé por último un cuerpo médico a las órdenes del Doctor don José María Hernández.

Como el jefe francés que mandaba en Tehuacán no tuvo conocimiento del cambio ocurrido en el Gobierno de Oaxaca, en los primeros ataques que yo mandé hacer a sus puestos avanzados que hacían frente a los míos por occidente, me puso una nota quejándose de faltas al compromiso preexistente de no hostilizarse recíprocamente hasta que la Nación decidiera si aceptaba o no la intervención extranjera, y este descubrimiento me hizo tratar en lo sucesivo con alguna cautela, al personal que formaba el Gobierno a mi llegada a aquella ciudad.

Las operaciones del enemigo contra Oaxaca, se limitaban entonces a avanzar las guarniciones según adelantaba la obra de construcción de dos carreteras provisionales que estaba haciendo, una de Tehuacán a Oaxaca, por la Cañada, y otra de Acatlán a Huajuápam, con el propósito visible de meter sus columnas por esas dos vías.

Después de algunos meses de pequeños tiroteos en que no se conseguía más resultado práctico que el de hacer difícil el trabajo de la construcción de las carreteras, me vi obligado a replegar la guarnición de Huajuápam a Nochistlán, y la de Teotitlán del Camino a Cuicatlán.

A la cabeza de la columna del enemigo que avanzaba por Huajuápam, venía el general francés Curtois d'Hurbal, y en otra que avanzaba por Tehuacán y Teotitlán, el Brigadier Brincourt.

Capítulo XXXVI. Invasión de Ortega al Estado de Chiapas

Del 10 de junio de 1863 al 12 de abril de 1864

A mediados del año de 1863 fue invadido el Estado de Chiapas, por una fuerza organizada en Guatemala, a las órdenes de don Juan Ortega y del padre Víctor María Chanona, fraile franciscano, activo y valiente, pero audaz e inquieto que fue fusilado después en Honduras por haberse metido en una asonada. El coronel don Miguel Balcázar que había estado en el sitio de Puebla, mandando el Batallón de Zapadores organizado en Jalisco, y después de la rendición se había ido a Chiapas con el coronel don José Pantaleón Domínguez, defendió a San Cristóbal contra los traidores; pero a los tres días de sitio fue gravemente herido y se rindió su fuerza, muriendo él poco después. El gobernador don José Gabriel Esquinca, que residía en Tuxtla, defendió a Chiapas, cuya ciudad fue atacada por Ortega el 21 de octubre de 1863, habiendo sido derrotados los traidores por el coronel don Salvador Urbina, que mandaba las fuerzas unidas de Chiapas y Tuxtla Gutiérrez.

En estas circunstancias llegué a Oaxaca y cuando apenas comenzaba mi trabajo de organización militar y administrativa, tuve que mandar en auxilio de Chiapas una columna de 800 hombres a las órdenes del general don Cristóbal Salinas, formada del Batallón Juárez, y puse como secretario del general Salinas al licenciado don Miguel Castellanos Sánchez, que tenía entonces el empleo de auditor en mi División, y como Mayor general al teniente coronel don Adolfo Alcántara. Al llegar el general Salinas a Chiapas se le incorporó el escuadrón Porfirio Díaz, que estaba organizando en aquel Estado el comandante don Diego M. Guerra. La fuerza de Salinas salió de Oaxaca el 12 de diciembre de 1863. El 4 de enero de 1864 batió a los traidores en Ixtapa y el 11 los sitió en San Cristóbal y tomó la plaza el día 22 del mismo mes de enero. El día 9 de marzo siguiente salió el general Salinas con su columna de Tuxtla, de regreso para Oaxaca, a donde llegó el 12 de abril de 1864.

Después de estos sucesos mandé a Chiapas al coronel don Francisco Loaeza, y mi escasez de recursos era tan grande, que solamente pude darle 10 pesos para los gastos de su viaje. Una vez llegado a Chiapas el coronel Loaeza me proponía nombrarlo gobernador y comandante Militar del Estado; pero por recomendación suya, nombré para ese puesto al coronel don José Pantaleón Domínguez, a quien había yo conocido en el s tio de Puebla. Domínguez sirvió con lealtad y permaneció con ese carácter hasta el fin de la intervención extranjera, y como gobernador Constitucional del Estado algunos años después.

Capítulo XXXVII. Maximiliano y los franceses

Del 7 de junio de 1863 al 15 de julio de 1867

Para no tener que interrumpir la relación que estoy haciendo de los sucesos en que tomé una participación directa y personal, referiré aquí a grandes rasgos y en beneficio de los lectores que no estén bastante familiarizados con los sucesos de la intervención extranjera en México, lo que ocurrió en lugares que no fueron el teatro de mis campañas.

Ocupada Puebla por los franceses, el Gobierno Constitucional de la República salió de México para San Luis Potosí el 31 de mayo de 1863, y el ejército francés la ocupó el 7 de junio siguiente.

El 16 del mismo mes, expidió el general Forey, en cumplimiento de instrucciones expresas del emperador Napoleón, un decreto autorizando a M. Dubois de Saligny, agente diplomático francés, a quien se suponía conocedor de México, para nombrar a treinta y cinco personas, quienes elegirían a un triunvirato que ejerciera el Gobierno de México, y además designarían a 215 personas que formarían una junta, llamada de notables, la cual decidiría qué forma de Gobierno debía adoptar México.

Por supuesto que esta junta se compuso de personas del partido reaccionario con tendencias monarquistas, y en cumplimiento del programa formado de antemano por el emperador de los franceses, proclamó el 10 de julio siguiente, sin un solo voto de disidencia, el establecimiento de un imperio en México, llamó al trono al archiduque de Austria, don Fernando Maximiliano, y acordó que en el caso de que éste no aceptara la corona, se suplicara al emperador de los franceses designara la persona que debiera ocupar el trono.

Aunque al recibir el archiduque Maximiliano la notificación respectiva de una comisión de mexicanos, el 3 de octubre de 1863, manifestó que no aceptaría el imperio que se le ofrecía, sino en caso que la Nación sancionara su llamado, no esperó a obtener el resultado, sino que firmó en Miramar el 10 de abril de 1864, una convención, asumiendo ya el carácter de emperador de México, en que se comprometía con Napoleón en nombre de México, a pagar indemnizaciones fuertes al gobierno francés por reclamaciones fraudulentas y a pagar los gastos del ejército invasor. Poco antes había negociado en Europa, con gran quebranto, un préstamo que en su mayor parte se destinó a satisfacer reclamaciones francesas y gastos de guerra. Estando ya en México negoció otro préstamo, del que utilizó bien poco, y que habría recargado fuertemente a la Nación, si su Gobierno hubiera sido aceptado por el país.

Enseguida se embarcó Maximiliano en Miramar con destino para México, tocando primero en Roma, y trajo un cuerpo de voluntarios austriacos y otros de belgas, que debían formar el núcleo del ejército imperialista. Llegó a Veracruz el 28 de mayo de 1864, e hizo su entrada en México el 12 de junio siguiente. Permaneció en el país inclinándose unas veces a los conservadores, otras demostrando tendencias liberales, elogiando a veces la conducta de los mexicanos que resistían a la intervención francesa, y ordenando poco después, en su decreto de 3 de octubre de 1865, la ejecución de todos los que tomaran las armas contra dicha intervención; pero teniendo que someterse siempre a los dictados del general Bazaine, jefe del Ejércitc francés, demostró en el tiempo que estuvo en México la completa versatilidad de su carácter y su falta de la capacidad necesaria para fundar un imperio, especialmente en un país amante de su Independencia y celoso de sus libertades.

El general Forey y M. de Saligny, siguieron en México una política netamente clerical y retrógrada, y no satisfecho de ella Napoleón, los retiró, y nombró jefe del Ejército invasor al general Bazaine, y le confirió además amplios poderes militares y políticos. El general Bazaine asumió el mando el 1.º de octubre de 1863 y lo conservó hasta la retirada final del ejército francés.

Napoleón envió a México cosa de 40.000 soldados franceses. En abril de 1865, cuando ya se habían retirado algunos cuerpos franceses, tenía el general Bazaine 63.800 hombres a sus órdenes, según el testimonio del capitán Noix,[7] de los cuales 28.000 eran franceses, 20.00C traidores, 8.500 rurales, 6.000 austriacos y 1.300 belgas.

Cuando Napoleón comprendió que había fracasado por completo su proyecto, que él consideraba como la página más gloriosa de su reinado, y que tenía necesidad de retirar sus fuerzas de México, olvidándose de los compromisos contraídos con el archiduque de Austria, ofreció al Gobierno de los Estados Unidos que el ejército invasor se retiraría de México en tres partes, de las cuales, la primera saldría en noviembre de 1866; la segunda en marzo y la tercera en noviembre de 1867. Se dio prisa para cumplir con su promesa, pues no esperó a que llegara el plazo estipulado, s no que el 11 de marzo de 1867 se había retirado ya todo el ejército invasor, quedando tan solo en México parte de los contingentes austriaco y belga. Después de la retirada de los franceses quedaban a Maximiliano más de 50.000 hombres.[8]

Cuando Maximiliano se persuadió que el ejército francés lo abandonaba, resolvió regresar a su país, y con este objeto pidió a su hermano el emperador, que lo repusiera en sus derechos a la corona de Austria, y que le mandase un buque de guerra que lo transportara de México, y fue enviada La Novara a

7   L´ Expédition du Mexique 1861-1867. Récit politique et militaire par G. Noix, Capitaine d'Etat Major, París, 1874, pág. 476.
8   L´ Expédition du Mexique 1861-1867. Récit politique et militaire par G. Noix, Capitaine d'Etat Major, París, 1874, pág. 553.

Veracruz; pero su natural versatilidad hizo que al llegar a Orizaba cambiase de opinión en virtud de los ofrecimientos de los generales Márquez y Miramón, a quienes la intervención francesa había desterrado de México con varios pretextos, y regresó con ellos a la capital, de la que partió después para Querétaro, en donde fue hecho prisionero el 15 de mayo de 1867 por el ejército que mandaba el general Escobedo, y ejecutado el 10 de junio siguiente con los generales Miramón y Mejía, después de haber sido juzgado por un Consejo de Guerra.

El pretexto de la intervención francesa fue cobrar a México una reclamación del suizo Juan Bautista Jecker por $15.000.000, en la que estaba interesado el duque de Morny, cuyo agente en México era M. Dubois de Saligny, y la Francia gastó con tal propósito, mas de diez veces esa suma, sin tomar en cuenta la sangre derramada.

La intervención francesa en México constituye una severísima lección para los Gobiernos que atentan contra la autonomía de pueblos más débiles y para los ciudadanos de un país que se unen al ejército invasor. Su resultado fue desastroso para todos los que tomaron parte en ella, sin distinción de categorías ni nacionalidades. A Napoleón le costó el trono; a la Francia la terrible humillación de retirar su ejército ante la amenaza de los Estados Unidos, sabiendo bien lo que se esperaba a su protegido, y la vida a Maximiliano. El clero y los conservadores mexicanos que solicitaron y apoyaron la intervención, sufrieron también terriblemente, comenzando por el desengaño de que los franceses sostuvieran las Leyes de Reforma expedidas por el Gobierno liberal, que fueron la causa que los determinaron a solicitar la intervención extranjera. A la Francia le costó mucha gente, un gasto líquido de más de 300.000.000 de francos,[9] y su derrota y desmembración en Sedan y Gravelotte. El mismo mariscal Bazaine no quedó libre del desastre, pues tuvo un fin bien triste.

El Gobierno Nacional se retiró de San Luis Potosí para Zacatecas el 22 de diciembre de 1863, conforme avanzaban las fuerzas francesas para el interior; siendo ocupada la Plaza de San Luis por don Tomás Mejía el día 25; de Zacatecas pasó el Gobierno a Saltillo, de allí a Monterrey y el 15 de agosto de 1864 salió de Monterrey para Chihuahua, a donde llegó el 12 de octubre

---

9   L´ Expédition du Mexique 1861-1867. Récit politique et militaire par G. Noix, Capitaine d´ Etat Major, París, 1874, págs. 763-764.

siguiente. Permaneció en esa ciudad hasta el 9 de diciembre de 1865 que salió para el Paso del Norte, a donde llegó el día 18, y allí permaneció durante la época más aciaga para la Nación. Salió del Paso el 17 de junio de 1866, de regreso para Chihuahua, y de allí continuó su marcha para Zacatecas y San Luis Potosí, haciendo al fin su entrada a México el 15 de julio de 1867.

Desde mi salida de Querétaro y especialmente desde mi llegada a Oaxaca, quedé casi del todo incomunicado con el Gobierno Federal, pues mi único conducto de comunicación, tardío y difícil, era nuestra Legación en Washington, y tuve que ejercer mi discreción en todo caso, procediendo siempre como lo creí más conveniente al bien del país y al éxito de nuestra causa.

Capítulo XXXVIII. San Antonio Nanahuatipan
10 de agosto de 1864

Cuando el enemigo avanzaba sus trabajos de construcción del camino hasta Tamazulapan, por la vía de la Mixteca y sus preparativos hasta Teotitlán del Camino por el de la cañada, me propuse atacar a la segunda columna, y para ocultarle mi intención, saqué de Oaxaca una columna de las tres armas, que presenté primero en Teotongo a la columna de la Mixteca.

Después de dos días de permanencia allí, y cuando el general Curtois d'Hurbal se preparaba a resistirme, dejé el mando al general Mariano Escobedo, con orden de moverse hacia Oaxaca, si el enemigo tomaba la iniciativa; y con los Batallones de Morelos y Cazadores, marché a campo traviesa hacia Teotitlán del Camino, que era mi verdadero punto objetivo.

Después de un día y parte de la noche de marcha, pernocté muy cerca de San Antonio Nanahuatipan, a donde según noticias que tuve de mis exploradores, estaba el grueso principal de los franceses, que tenían una fuerte avanzada de infantería y artillería sobre la vía de Oaxaca, en la Hacienda de Ayotla.

A las nueve de la mañana del día 10 de agosto de 1865, llegué a San Antonio Nanahuatipan, sin que el enemigo que ocupaba esa posición, hubiera tenido noticia de mi marcha, porque no la hice por el camino, y lo batí bruscamente, haciéndole mucho daño a un batallón que a la sazón se lavaba en el río; pero como los soldados franceses tenían allí mismo sus armas en pabellón, después de la sorpresa, hicieron una defensa muy vigorosa, y replegándose hacia la iglesia, dejaron en el camino la mayor parte de sus vestidos y mochilas y muchos muertos desnudos, pues desnudos combatieron.[10]

Había yo dado orden al coronel Espinosa y Gorostiza que estaba en Cuicatlán, para que en combinación con mi movimiento, acudiera él también a San Antonio con su Batallón, dos obuses de montaña, una compañía del Batallón Juárez y el escuadrón que mandaba el coronel Ladislao Cacho; pero la fuerza que el enemigo tenía en Ayotla y que estaba fortificada pasajeramente en la hacienda y con artillería, no le permitió el paso, y tuve que retirarme con

---

10   El capitán Noix, en su libro antes citado Expedición de México, 1861-1867, capítulo III, parte segunda, páginas 440 y 441, refiere el combate de San Antonio Nanahuatipan como sigue, disminuyendo grandemente el número de muertos de los franceses: El general Brincourt se dirigió pues hacia Huajuápam, lugar que ocupó sin resistencia, el día 1.º de agosto; el mismo día el coronel Giraud que partió de Orizaba, hacia su entrada en Teotitlán, pero en vez de detenerse allí, continuó su marcha hacia San Juan de los Cues, dejando a su retaguardia varios destacamentos.

Porfirio Díaz se encontraba entonces sobre la línea de Huajuápam, y ocultando su marcha a través de las montañas, se dirigió hacia Teotitlán, y el 1.º de agosto, a la cabeza de 2.000 hombres, cayó de improviso sobre la Villa de San Antonio, en donde se encontraba una compañía del 7.º de línea, a la vez que su hermano Félix Díaz (de sobrenombre El Chato) con 600 infantes, 150 caballos y tres cañones, atacaba otra compañía en la Hacienda de Ayotla. Los destacamentos franceses, mandados por oficiales enérgicos, resistieron vigorosamente el ataque, pero habrían sin embargo sucumbido bajo la superioridad numérica del enemigo, sin la pronta llegada de refuerzos. El enemigo sufrió pérdidas notables; las tropas francesas tuvieron unos cinco muertos y una treintena de heridos. Diez hombres de caballería mexicana se hicieron matar con bravura a su lado.

Vuelto a Teotitlán el coronel Giraud, se disponía a retrogradar a Orizaba, pero habiendo sabido que Porfirio Díaz meditaba un nuevo ataque, detuvo su movimiento. El día 7 de agosto el general Brincourt se reunió con el coronel Giraud y no pudiendo resistir al deseo de perseguir al enemigo aún cuando para ello no tenía autorización del mariscal, avanzo hasta Nochistlán, situada a 35 leguas de Tehuacán y cerca de 20 de Oaxaca. Se juzgaba con fuerzas suficientes hasta para ocupar a dicha ciudad, pero bien a su pesar tuvo que ceñirse a las órdenes formales del comandante en jefe. El mariscal Zazaine se oponía a esa expedición porque no contaba con fuerzas suficientes; y por lo tanto le habría sido imposible sostener al general Brincourt en caso de un descalabro; además se hallaba en la precisión de reforzar las columnas empeñadas en la campaña del norte, y por esto el movimiento sobre Oaxaca fue suspendido, dejándose una guarnición en Yanhuitlán, que era una excelente posición militar y haciendo retrogradar el resto de las fuerzas.

144

pérdidas muy considerables de oficiales y soldados: pero sin que el enemigo se atreviera a perseguirme.

Es lamentable que el coronel Espinosa y Gorostiza se hubiera encontrado con ese obstáculo que él creyó insuperable, porque su concurrencia me hubiera permitido tomar el pueblo de San Antonio, derrotar definitivamente a la columna del general Brincourt y apoderarme de un rico convoy que se encontraba en aquel pueblo y que por un momento estuvo en posesión de la primera columna que penetró al punto amagado.

Me reuní al coronel Espinosa y Gorostiza en Tecomavaca y marché con él a Oaxaca, mandando regresar también al general Escobedo, que había retrocedido hasta Huauclilla.

El enemigo no avanzó entonces, pero más tarde volví a poner en su observación fuerzas de caballería, permaneciendo así más de ocho meses, y siguiendo aquel sus trabajos de construcción de los dos caminos.

Capítulo XXXIX. Invitación del general Uraga para servir a Maximiliano

Del 1.º de marzo al 27 de noviembre de 1864

Un día se me presentó en Oaxaca el licenciado don Manuel Dublán, siendo portador de una carta de don Juan Pablo Franco, que fungía como prefecto superior político del Estado, nombrado por Maximiliano, en que me hacía proposiciones para que me adhiriera yo al imperio, ofreciéndome que conservaría yo el mando de los Estados que formaban la Línea de Oriente, y que no se mandarían a ellos fuerzas extranjeras. Me indigné de ver que no obstante sus relaciones personales y de familia con Juárez y las distinciones que había recibido del partido liberal, se prestara Dublán a hacerse instrumento de esa invitación, y considerándolo como enemigo, mandé ponerlo preso, para fusilarlo después como espía. Don Justo Benítez que era discípulo y amigo de Dublán, se empeñó grandemente por salvarlo, y accediendo a su recomendación consentí en que quedara en libertad, pero a condición de que saliera del Estado y de la República, con rumbo para Guatemala. En vez de hacerlo así, se quedó en Tehuantepec por varios días pretextando enfermedad, y permaneció allí, hasta que regresó de su expedición a Chiapas el general Salinas, de quien era amigo y quien lo trajo a Oaxaca. Le ordenó entonces que permaneciera en Tlacolula.

Tal vez esto contribuyó a que después de la ocupación de Oaxaca por el general Bazaine, el licenciado Dublán sirviera abiertamente al imperio, pues aceptó y desempeñó en la citada ciudad un empleo de Maximiliano. Don Manuel Dublán, don Luis Carbó, don Ramón Cajiga y otros que habían sido liberales, fueron de los que más perjuicios me hicieron durante el sitio, fomentando el descontento y la deserción entre mis soldados. Afortunadamente, el licenciado Dublán sobrevivió lo bastante a esos sucesos, para reivindicarse hasta donde era posible, poniendo su clara inteligencia al servicio de la República en una ocasión oportuna y con muy buen éxito.

El general don José López Draga que mandando fuerzas nacionales se había pasado al enemigo y tenía algún empleo cerca de la persona de Maximiliano, me envió a su ayudante el coronel Luis Álvarez, quien años antes había sido jefe de mi Estado Mayor y estaba entonces sirviendo al Imperio, con una carta fechada en México el 18 de noviembre de 1864, en que me invitaba para seguirlo en su defección, y me ofrecía dejarme con el mando de los Estados que formaban la Línea de Oriente, y que no se mandarían a ellos soldados extranjeros sino en caso de que yo los pidiera, y aunque era verdad que yo había tenido mucha estimación y respeto por el general Draga, esa circunstancia no me hizo vacilar absolutamente en el cumplimiento de mi deber, porque con su conducta había perdido ya para mí toda consideración.

Me pareció, pues, que era oportuno, para templar mejor el ánimo de mis subordinados, poner en su conocimiento la invitación que me hacía el general Draga, y con tal motivo cité a una junta a los generales y coroneles que tenían colocación en las filas; les di conocimiento de la carta del citado general, y partiendo de su respuesta que fue enérgica y caballerosa, redacté la mía el 27 del mismo mes de noviembre que mandé con el ya citado coronel Álvarez, advirtiendo al general Draga que un segundo enviado, cualquiera que fuese su misión, sería tratado como espía. Dirigí en la misma fecha una circular a los gobernadores y jefes Militares de la Línea de Oriente, poniendo en su conocimiento lo ocurrido.

Inserto enseguida la carta del general Draga y mi respuesta:

Señor general don Porfirio Díaz.
México, noviembre 18 de 1864.

Muy querido amigo:

Muy largo sería hacer a usted un relato de lo que se me ha hecho sufrir por mis correligionarios. Luis dirá a usted algo, pero baste decir a usted que sin quererse batir, sin querer salir del sur de Jalisco y sin querer sujetarse a no tomar del pueblo sino lo necesario para vivir, cada cual, amigo mío, esperaba y buscaba una fortuna en la Revolución y esto cuando se proponían no batirse nunca para solo ser los últimos.

No creí que esto era servir al país ni defender nuestra causa ni honrar nuestros principios, y sin poder embarcarme ni salir por ningún punto, me mandé entregar en junio al emperador para hacer cesar la guerra sin reconocer nada. Obré también mal, porque obré con desconfianza, pero hoy que proclamo aquí nuestros principios, que se me oye, que combato en un terreno legal y que veo todo lo noble, todo lo patriótico, todo lo progresista e ilustre del emperador, le digo a usted, amigo querido, que nuestra causa es la causa del hombre que amante de su país y de su soberanía, no ve sino la salvación de su Independencia y su integridad. Está aquí, combatiendo con honor y lealtad por nuestros mismos principios, sin excusarlos, ni negarlos ni abandonarlos. Si yo hubiera visto peligrar nuestra Independencia e integridad de territorio, yo juro a usted que habría concluido en los cerros antes que reconocer nada y si hubiera tenido la cobardía de venir, yo tendría la buena fe de decir a usted hay que combatir; pero no es así Porfirio, creo que usted me hará justicia, que me conoce y que aceptará mi apreciación de las circunstancias. Nos perdemos y perderemos nuestra nacionalidad si continuamos esta guerra sin fruto ni resultado. Todo vendrá a poder de los americanos y entonces ¿qué tendremos como patria? Hasta hoy tiene usted un nombre limpio, honrado y considerado, buena aceptación y medios de hacer mucho por la causa del progreso, entrando franca y noblemente en materia. Mañana sin combatir por la cizaña de siniestros hombres, por las intrigas de sus émulos y por la misma situación, no quedaría nada, ni un nombre de gloria. Le mando a usted a Luis a quien conoce usted, esto y mi nombre ¿no son para usted una garantía de franqueza y lealtad?

Luis hablará a usted; yo estoy aquí para todo cuanto usted quiera y cuando usted venga y vea lo que pasa y se vuelva a su punto y a sus fuerzas, si no conviene en lo que digo a usted, o diga lo más conveniente, en todo trabajaré. Conservémonos unidos: si hemos perdido el sistema, no perdamos los principios y sobre todo, el país en su integridad e independencia. Adiós querido Porfirio, usted sabe cuánto lo he querido, con qué franqueza le he hablado siempre y cómo es su amigo que lo ama y B.S.M.

José L. Uraga.

Señor don José López Uraga.

México.

Mi antiguo general y estimado amigo:

Con indefinible placer abrí los brazos a Luis y fijé mi vista sobre la que con él se sirvió usted dirigirme, porque había creído que su venida y su misión tuviese otro objeto; pero si bien el desengaño fue tan pronto como doloroso y Luis me ha oído hablarle franca y extensamente, tengo que corresponder a usted si no con mucha extensión, sí con toda lealtad.

Quedo muy reconocido a la mediación que usted se digna ofrecerme, porque si bien lamento los errores que han dado lugar a este paso, comprendo todo el fondo de estimación y aprecio que entraña.

Yo no seré el que me constituya juez de los actos de usted, porque me faltaría la necesaria imparcialidad y antes de someterlo a juicio, lo abrazaría como a un hermano y lo comprometería a volver sobre sus pasos. Pero si usted puede explicar su conducta, yo no podría explicar la mía, porque mi situación, los elementos de que dispongo, los hombres y el pueblo que me ayudan, que según usted me dice, eran adversos a nuestra causa en el centro, son en oriente otros tantos gajes de indefectible triunfo.

El personal de la fuerza es de la misma clase que el de la brigada que mandaba yo en Puebla, y usted sabe que en pocos lugares encontraron los franceses la misma resistencia que cuando se las habían con Oaxaca. Tengo también fuerzas de otros Estados pero tan perfectamente identificadas a las otras por su moral, disciplina y entusiasmo, que son acreedoras a igual estimación.

En los Estados de oriente se mantiene una organización administrativa tan vigorosa, y tal escrúpulo en la contabilidad, que sus escasos recursos no proporcionan los medios necesarios de subsistencia, sin que tengamos que tomarlos de los pueblos, ni que yo me vea en la pena de soportar el pillaje ni las extorsiones. Los franceses, después de la resistencia de Puebla, no han hecho más que dar un paseo triunfal por el interior, y yo me prometo que en Oaxaca, si el destino les reserva el triunfo, ha de ser a mucha costa y solamente porque nos aplasten por la superioridad en el número; pero no será tampoco remoto que obtengamos la victoria, y que la República toda se convierta al otro día en un extenso palenque. La lucha puede, es cierto, prolongarse como la que a principios del siglo nos hizo libres e independientes; pero el éxito es seguro.

Me hace usted justicia, que también le agradezco, en creer que conservo un nombre honrado y limpio, lo cual es todo mi orgullo, todo mi patrimonio, todo mi porvenir; pues bien, para la prensa asalariada no soy más que un bandido, ni seré otra cosa para el archiduque Maximiliano y para el ejército invasor; y yo acepto con resignación y entereza que se deturpe mi nombre, sin arrepentirme de haberle consagrado al servicio de la República.

Siento en el alma que habiéndose usted separado del Ejército del Centro con el ánimo de no comprometerse en la política del extranjero, haya sido magnetizado por el archiduque y venga con el tiempo a desenvainar en su defensa la gloriosa espada que otros días, ha dado a la Patria; pero si así fuere, tendré por lo menos el consuelo de haber continuado en las filas en que usted me enseñó a combatir y cuyo símbolo político usted grabó en mi corazón con palabras de fuego.

Al presentárseme un mexicano con las proposiciones de Luis, debí hacerlo juzgar con arreglo a las leyes, y no mandar a usted en contestación, más que la sentencia y la noticia de la muerte de su enviado; pero la buena amistad que usted invoca, los respetos que le guardo y los recuerdos de mejores días que me unen tan íntimamente a usted, y a ese común amigo, relajan toda mi energía y la convierten en la debilidad de devolverlo sano y salvo, sin la menor palabra de odiosa recriminación.

La prueba a que usted me ha sujetado es gravísima, porque su nombre y su amistad constituyen la única influencia capaz, si la hubiera, de arrastrarme a renegar de todo mi pasado y a romper con mis propias manos el hermoso pabellón, emblema de las libertades e Independencia de México. Habiendo podido contestarla, puede usted creer firmemente que ni los más crueles desengaños, ni las mayores adversidades, llegarán a ocasionarme la menor vacilación. He hablado a usted casi exclusivamente de mi persona, pero no porque olvide a mis ameritados compañeros de armas, ni a los heroicos pueblos y Estados de Oriente, que tantos sacrificios han emprendido por la defensa de la República.

No cabe poner en duda la lealtad de tan dignos militares, ni la opinión pública pronunciada altamente y convertida en hechos decisivos en Tabasco, en Chiapas, en Oaxaca y aun Veracruz y Puebla. Como usted sabe, los dos primeros han arrojado a los imperiales de su seno: el tercero no les permite dar un paso en su territorio, y en el cuarto y el quinto, una extensa zona mantiene el fuego de la guerra. ¿Cree usted que yo podría sin traicionar mis deberes, disponer de su suerte solo por asegurar la mía? ¿Cree usted que no me pedirían y con razón, estrecha cuenta de mi deslealtad, y que no sabrían sostenerse por sí mismos, o confiar su dirección a otro más constante y cumplido que el que los abandonara? Así, pues, ni por mí ni por el distinguido personal del ejército, ni por pueblos todos de esta extensa parte de la República, se puede creer en la posibilidad de un avenimiento con la invasión extranjera, resueltos como estamos, a combatir sin tregua, a vencer o morir en la demanda por legar a la generación que nos reemplace la misma República Libre y Soberana que heredamos de nuestros padres.

Ojalá, general, que no contrayendo usted ningún compromiso, vuelva con el tiempo a tomar la defensa de tan noble y sagrada causa. Que entre tanto se conserve usted bien, desea sinceramente su muy atento amigo y S.S.

Porfirio Díaz.

Oaxaca, noviembre 27 de 1864.

Capítulo XL. Patentes de corso

Del 15 de noviembre de 1864 al 31 de diciembre de 1865

Estando en Oaxaca, se me indicó, por una casa de San Francisco California, que si podía darle una o más patentes de corso para hostilizar al comercio francés, me facilitaría armas y otros elementos de guerra que necesitaba urgentemente y que tenían entonces gran valor para mí. Con este objeto escribí a nuestro ministro en Washington, el 15 de noviembre de 1864, suplicándole solicitara del Gobierno Federal me autorizara para que expidiera yo ese género de patentes, o me remitiera algunas en blanco.

Esta solicitud fue favorablemente acogida por el Gobierno Federal, quien mandó desde el Paso del Norte a nuestra Legación en Washington, el 12 de junio de 1865, veinte patentes en blanco para que me fueran remitidas a Oaxaca.

Las patentes llegaron a nuestro ministro en Washington, cuando la ciudad de Oaxaca se había rendido a los franceses, y yo estaba prisionero en Puebla. Por este motivo las conservó en su poder para mandármelas cuando volviera a tomar las armas en contra de la intervención, o remitirlas a mi sucesor en el mando de la Línea de Oriente. Cuando el señor licenciado Benítez regresó de los Estados Unidos, después de mi evasión de Puebla, en diciembre de 1866, don Matías Romero le entregó en Washington las patentes expresadas para que me las diera al incorporarse. Las recibí en efecto cuando se me incorporó Benítez, pero considerando peligroso el hacer uso de ellas, en todo caso, y no teniendo por otra parte necesidad urgente de servirme de las mismas, no llegué a usarlas.

Capítulo XLI. Preparativos para el sitio de Oaxaca

San Isidro

Del 17 al 27 de diciembre de 1864

El 17 de diciembre de 1864 se reunieron en la Carbonera la columna de Curtois d'Hurbal y la de Brincourt y descend eron juntas a Etla. Yo tenía en su observación en la Hacienda de San Isidro, inmediata a Etla, la brigada de caballería que mandaba el coronel Jerónimo Treviño, con su puesto avanzado en Tenexpa, cerca del enemigo, que cubría el escuadrón irregular que mandaba el coronel Ladislao Cacho.

El día 18 recibió el coronel don Félix Díaz, cue tenía el mando por ausencia de Treviño, repentinamente aviso de que el puesto había sido forzado, y como la brigada se mantenía con la caballada ensillada, mandó Díaz que salieran violentamente los Lanceros de Oaxaca. Apenas había salido ese regimiento a formar fuera de la casa de la hacienda, cuando llegaba a todo escape y sufriendo grandes perdidas la caballería del co onel Cacho. En un momento se chocaron las fuerzas francesas que perseguían a Cacho con los Lanceros de Oaxaca, que se les aparecieron dentro de la polvareda que habían levantado aquellas, dando un choque tan fuerte a los Cazadores de África que venían batiendo a arma blanca a los prófugos, que los cazadores voltearon caras ins-tantáneamente y fueron perseguidos por más ce 3 leguas, por los Lanceros de Oaxaca y la Legión del Norte, que salió tan pronto como pudo a tomar su lugar en la persecución.

El coronel Díaz continuó la persecución hasta encontrar el grueso del enemigo que venía en marcha sobre el camino. Después de un ligero cañoneo sobre nuestra caballería, se retiró ésta a la Hacienda Blanca, sin que la caballería enemiga se atreviera a perseguirla.

La caballería francesa sufrió fuertes pérdidas en ese choque, y en él sucumbió el conde de Loire. En ese hecho de armas se hizo muy notable, por su valor personal, el Mayor de la Legión del Norte, don Basilio Garza. El enemigo quedó dueño de la Villa de Etla, haciendo al día siguiente grandes funerales a los oficiales muertos allí, y especialmente al conde de Loire.

Pasados cuatro o cinco días, el general Curtois d'Hurbal vino personalmente a hacer un reconocimiento a los alrededores de la ciudad con una fuerte columna de zuavos, Cazadores de África, húsares de la guardia y una batería de la artillería de la guardia, volviendo enseguida a su campamento de Etla.

Después de algunos días, supe de una manera segura que el general Bazaine se dirigía para Etla por el camino de la Mixteca, con una escolta de 500 zuavos, media batería de cañones y 300 caballos. Me pareció que la brigada de caballería podía prestar un importante servicio, batiéndolo antes de que se incorporara al núcleo de tropas que ocupaban la Villa de Etla, y di órdenes con ese objeto al coronel Treviño, quien se dirigió con su brigada al encuentro de Bazaine; pero en la noche, víspera del día en que debía encontrarlo y batirlo, desapareció el coronel Treviño con la Legión del Norte y Lanceros de San Luis, estando cerca de Tamazulapan, punto en que pernoctaba Bazaine, y se dirigió con la fuerza que lo acompañaba a la Sierra de Tetela, del Estado de Puebla.

El coronel Félix Díaz, que se encontraba acampado a corta distancia, con su regimiento y con el Escuadrón Cacho, no tuvo noticia del movimiento del coronel Treviño sino hasta que amaneció, que eran precisamente los momentos en que ya el general Bazaine y su escolta se ponían en marcha, y nada serio pudo ejecutar porque quedó reducido a su regimiento que contaría 400 caballos y al Escuadrón Cacho que tendría unos sesenta, y no se explicaba de pronto la ausencia del coronel Treviño con la mayor parte de la fuerza. En consecuencia, se retiró a la vanguardia del enemigo tiroteándolo durante algunas horas, y después tuvo que caminar a campo traviesa sobre la sierra, para evadir el encuentro de otra caballería francesa, procedente de Oaxaca, que había salido para proteger a Bazaine.

Desde entonces ya no conté con el auxilio de la caballería fuera de la plaza, porque la que quedaba a las órdenes del coronel Díaz, era muy poca para emprender operaciones de resultado práctico.

Para salir de la penosa disyuntiva entre el sitio y el abandono de la plaza, me ocurrió seguir haciendo todos los preparativos de sitio; pero no con el propósito de llevarlo a cabo sino de librar una batalla campal al llegar el enemigo a la plaza. Me ocurrió que una línea de batalla apoyando la derecha en el Fortín de la Soledad que estaba artillado y la izquierda en el Monte Albán, estaría en muy buenas condiciones de combate porque haría todo su movimiento de reservas, provisión de municiones y servicio de ambulancia dentro de la ciudad, a cubierto de la vista y de los fuegos del enemigo. Si en esa batalla éramos vencidos, habríamos perdido en combate nuestra artillería pesada, y sus municiones, que de todos modos no podríamos llevar, habrían sido consumidas en perjuicio del enemigo. Sin dejar de contar con una victoria tan posible como la del 5 de mayo de 1862, si al fin éramos derrotados, los restos que pudiéramos salvar serían variables y ligeros, propios para la guerra de montaña que nos esperaba. Con objeto de proponer este plan y sus detalles, invité al general Benavides, Cuartel Maestre del Cuerpo de Ejército, para que me acompañara a caballo un día a las seis de la mañana, y lo discutimos estando solos los dos, porque como se comprende, para alcanzar éxito mi plan necesitaba ser desconocido e inesperado del enemigo, y para que lo fuera, era necesario que lo ignoraran también nuestros subordinados hasta el momento de ejecutarlo. Una vez en el terreno y propuesto el plan con sus detalles, que sería largo e inoportuno enumerar aquí; pero que lo hacían muy aceptable, lo objetó el general Benavides por falta, en su concepto, de expedición en la maniobra de nuestras tropas, si se tenía en cuenta que se trataba de combatir a campo raso contra soldados de merecida fama, bajo el aspecto de su movilidad, pues debíamos proteger a nuestros soldados con las fortificaciones construidas con tanto trabajo, para compensar la diferencia de disciplina en la que, con pena, era necesario conceder superioridad a los franceses.

En las conferencias militares que tenía yo costumbre de dar a los generales y jefes, comencé a notar que se acentuaba mucho la opinión en favor de la defensa, y en contra de mi idea: que el asunto se traía a cuestión con poca naturalidad, y que las razones aducidas eran las mismas expuestas por el general

Benavides lo cual me hizo sospechar que no había sido él tan reservado como era necesario y como yo se lo encarecí. Después de esto no me quedaba más recurso que aceptar el sitio.

Llamará la atención aun después de esto, que con una fuerza relativamente pequeña, como la que yo tenía a mi disposición, que apenas llegaba a 2.800 hombres, emprendiera la defensa de una plaza que una vez sitiada por el enemigo tan superior, tenía que ser tomada; pero me resolví a proceder así, porque dejando como había dejado, fuera de la ciudad y a sus inmediaciones, una columna de mil caballos a las órdenes del coronel don Jerónimo Treviño, compuesta de los Regimientos Lanceros de San Luis, Legión del Norte, Lanceros de Oaxaca y Escuadrón Cacho, y las Guardias Nacionales organizadas en todos los Distritos del Estado de Oaxaca, algunas de las cuales tenían de cuatrocientos a quinientos hombres, que juntas podían presentar personal suficiente para emprender operaciones protectoras de la plaza, o a lo menos para cortar la comunicación del enemigo sitiador con su base de operación me pareció que eso era lo mejor que yo podía hacer. Desgraciadamente no se pudo realizar mi combinación porque el coronel Treviño, como queda dicho, se marchó con la Legión del Norte y Lanceros de San Luis, dejando a la caballería en un estado de suprema impotencia para proteger las Guardias Nacionales y para emprender operación alguna que pudiera causar dificultad al enemigo, y por la defección de algunas de esas Guardias Nacionales.

Me resolví además, a defender la plaza, porque todas mis municiones, artillería y talleres para elaborar municiones y el entretenimiento del material de artillería, habrían tenido que ser abandonados en la ciudad si yo hubiera emprendido marcha para alguna otra parte, puesto que no tenía la mulada que se necesitaba para su conducción; y mucho de lo que tendría que llevar, como era la artillería de batalla, a ninguna parte podría ser conducida por falta de caminos, aun cuando hubiera tenido el ganado suficiente. Además, no tenía dinero con que socorrer a mis soldados, pues mi único haber consistía en el acopio que había hecho de víveres, que tampoco habría podido llevar conmigo.

Nunca me imaginé que el resultado final del sitio fuera una victoria; pero sí creí que sería largo y que haría mucho perjuicio al enemigo, porque estaba seguro que la plaza no podía ser tomada por asalto, si a mis soldados les hubiera durado el vigor que tenían al comenzar el sitio, vigor que decreció sucesivamente desde que se supo la retirada de la caballería con el coronel Treviño, la defección de la guarnición de Tehuantepec que era una de las que debían maniobrar por fuera, y la disolución de todas las demás Guardias Nacionales, que impotentes como se vieron por falta de la protección que esperaban de la caballería, se ocultaron algunas en los montes, se dispersaron otras y muchas entregaron sus armas al enemigo, por invitación que al efecto les hacia don Juan Pablo Franco, nombrado por Maximiliano, prefecto Superior del Estado de Oaxaca y que obraba por instrucciones inmediatas de Bazaine, y contaba con la cooperación de varias personas influyentes de Oaxaca que hasta entonces habían sido liberales, y que por ese motivo tenían acceso e influencia con mis oficiales y soldados.

En suma, si yo hubiera abandonado la plaza cuando se acercaba el ejército francés, habría perdido sin combatir toda mi artillería pesada y la mayor parte del contenido de mis almacenes, y esa pérdida habría causado gran desmoralización. Teniendo en cuenta todas estas circunstancias se comprenderá que, con gran repugnancia de mi parte, me vi obligado a aceptar el sitio.

Capítulo XLII. Sitio de Oaxaca por el general Bezaine

Aguilera

Del 28 de diciembre de 1864 al 19 de febrero de 1865

Dos o tres días después del reconocimiento hecho por el general Curtois d'Hurbal, se movió toda la fuerza francesa y traidora, y comenzó a establecer su línea de contravalación. El general Bazaine llegó al campamento francés sobre Oaxaca el 15 de enero de 1865, y asumió desde luego el mando en jefe. Los franceses ocuparon primero lo que ellos llamaban primer dominante, y cuyo nombre vulgar es el Cerro Pelado Grande, el Monte Albán y el Pueblo de Xoxo, y siguieron ocupando la línea no con resistencia decisiva, pero sí con pequeños tiroteos por, parte de la plaza, que tendían a impedir o dificultar sus obras hasta cerrar su línea en San Felipe del Agua, que ocupó el general Jeanningros con los Batallones Cazadores de África de a pie y Legión extranjera.

El General Bazaine estableció su Cuartel general, al comenzar el sitio, en el pueblo de San Jacinto de Amilpas, y cuando lo hubo estrechado, lo trasladó a la Hacienda de Montoya.

Calculo que la fuerza que tenía Bazaine al cerrar el sitio ascendería a unos 9.000 hombres del ejército francés y cosa de 1.000 traidores, siendo los últimos de caballería. Al perder mi caballería, me quedarían en la plaza 2.800 hombres, según he dicho ya.

La fuerza sitiadora se aumentó en los últimos días del sitio, porque sin duda cuando el general Bazaine hubo estrechado su línea y adelantado sus obras de aproche y tal vez fijado día para el asalto, comenzó a detener a las fuerzas que llegaban como escoltas de los convoyes que se le enviaban, que eran partidas gruesas, porque el coronel Félix Díaz los hostilizaba en el camino, en términos que al fin del sitio la fuerza sitiadora había aumentado considerablemente lo mismo que su material, pues tenía hasta morteros de 14 pulgadas.

Durante el mes de enero de 1865, cuando el general Jeanningros ocupaba el pueblo de San Felipe del Agua con un Batallón de Cazadores a pie y otro de Legión extranjera, surgió una disputa por la Hacienda de Aguilera que está entre la ciudad de Oaxaca y San Felipe del Agua, mucho más cerca de la ciudad que del pueblo, que no había sido ocupada por mi fuerza, porque mi personal disponible era poco y apenas me bastaba para defender el área de la ciudad. Sin embargo, como la hacienda quedaba entre ambos combatientes, sus dueños y vecinos la habían abandonado, y eso dio motivo a que la plebe, y entre ella algunos soldados, comenzaran a extraer las semillas que había en ella. Con este motivo, el 22 de enero de 1865 el general Jeanningros mandó unas compañías que batieron a los que saqueaban la hacienda y tomaran posesión de ella; pero como al ocuparla sin resistencia, pues aunque entre la masa desalojada había algunos soldados, éstos estaban desarmados, hizo mucho alarde de victoria, me pareció que si no le apagaba su orgullo infundado, sufriría el ánimo de los míos, y entonces mandé al Mayor don José Guillermo Carbó con la compañía de granaderos del primer Batallón de Sinaloa, y la tercera del de Juárez, a desalojar a los franceses de la Hacienda de Aguilera. Hubo un combate en el que sufrimos grandes pérdidas por una y otra parte; pero al fin quedaron desalojados los franceses y rechazado un auxilio considerable que de San Felipe del Agua mandaba el general Jeanningros. Como nunca entró en mis planes la defensa de la Hacienda de Aguilera, la mandé abandonar en la noche cuando ya nadie la disputaba.

Los estragos que causaban en la fuerza sitiada los frecuentes combates que tenían por objeto impedir los aproches, y el bombardeo constante que el enemigo sostuvo sobre la plaza, así como la noticia de la pérdida de nuestra caballería y de la defección de la guarnición que había dejado en Tehuantepec a las órdenes del coronel Remigio Toledo y los trabajos de los liberales renegados; desmoralizaron de tal manera la tropa de mi mando, que llegaron a desertarse guardias enteras hasta con sus comandantes; y un día, en un ataque que el enemigo hizo al Fortín de la Libertad, el mayor de unos de los Batallones de Sinaloa, Adrián Valadez, vitoreando a sus soldados los invitó a salvar el foso y se fue con más de cien hombres de los que defendían la trinchera, teniendo los coroneles Toledo y Corella grandes trabajos para contener la desmoralización y no perder el fortín en ese día.

No fue éste el último ni el peor ejemplo de desmoralización, pues pocos días después desertó un teniente coronel de Infantería, llamado Modesto Martínez, quien fue muerto al tocar la línea enemiga, porque los puestos avanzados lo tomaron por espía.

En los primeros días de febrero recibí comunicaciones de los jefes que defendían los principales puntos en que me decían que no respondían de la situación; que era imposible con fuerza tan pequeña y desmoralizada resistir un ataque de un número tan fuerte y bien armado como era el enemigo, sobre todo cuando en los últimos días ya no había víveres de ningún género; pero que si no disponía yo otra cosa, sucumbirían cumpliendo con su deber. Solamente el coronel don Juan Espinosa y Gorostiza que defendía el Convento de la Soledad y la línea de que dicho convento era centro, no me dirigió nunca semejante comunicación, no obstante que su situación era idéntica a la de los demás.

El día 8 de febrero de 1865 se nos habían agotado por completo las municiones de guerra y de boca, y algunos días antes lo habían sido los víveres de las familias que quedaron dentro de la plaza sitiada, que aunque eran pocas, se quejaban con escándalo y en constantes manifestaciones públicas hacían alarde de su situación insostenible, quebrantando así el ánimo de los soldados que ya estaba bastante decaído.

En este estado de completa desmoralización y cuando ya la defensa no era posible, pues no solo no quedaban reservas grandes ni pequeñas, sino que la guarnición misma de los fuertes era notoriamente escasa y apenas habría podido resistir a los distintos ataques que intentó el enemigo, pues no me quedarían ni mil hombres disponibles en la plaza, me pareció que no debía yo permitir que corriera más sangre en el último asalto[11] que terminara aquella situación, por ser enteramente infructuosa toda resistencia, decidiéndome a rendir la plaza.

Inserto los siguientes documentos que refieren algunos de los incidentes del sitio de Oaxaca y fueron comunicados por nuestra Legación en Washington al Gobierno de los Estados Unidos de América, en nota fechada el 15 de septiembre de 1865, y comunicados por el presidente a la Cámara de Diputados de aquel país, con su mensaje de 20 de marzo de 1866. (Congreso 39.º Cámara de Diputados. Primer período de sesiones. Documentos del Ejecutivo N.º 73. págs. 419 y 420.)[12]

Ejército de Oriente.

Brigada de Caballería.

Coronel en jefe.

Ciudadano general

Participo a usted que acabo de tener un rudo choque con la caballería del enemigo, a la que se han hecho veinte muertos, varios heridos y algunos prisioneros, quitándoles ocho caballos. Los muertos y prisioneros son de los renombrados Húsares del Imperio, pues los traidores se parapetaron prudentemente tras las grupas de sus amos. El enemigo ha sido arrollado sobre su centro; pero como trae infantería y no la tengo a la mano y debo cumplir otras instrucciones, me replegué sin precipitación.

Independencia y Libertad.

San Isidro, diciembre 18 de 1864.

Félix Díaz.

Al general en jefe de la Línea de Oriente.

Oaxaca.

República Mexicana.

---

11 El capitán G. Niox del Estado Mayor general del Ejército francés, dice en su libro Expedición de México 1861-1867, segunda parte, capítulo III, pág. 449, que el general Bazaine ordenó el asalto a Oaxaca para el 9 de febrero de 1865.

12 Correspondencia de la Legación Mexicana en Washington. 1860-1867, vol. V, pág. 631.

Cuartel general de la Línea de Oriente.

En atento oficio de hoy digo al Ministerio de Guerra del Supremo Gobierno Constitucional lo que sigue:

Por aviso oficial del jefe de la caballería, verá usted que el enemigo avanzó el grueso de su infantería hasta la derecha de Atoyac, en terrenos de Montoya, donde formó en batalla. Mandé entonces que avanzase una Compañía del Batallón de Sinaloa al mando de su capitán Manuel Fernández, y por otra el Batallón Sierra Juárez que salió después con dos pequeñas piezas que dirigía el capitán Martiniano León.

El enemigo que seguramente esperaba, como ha pretendido hacer creer a sus soldados, que abandonaríamos la plaza luego que se presentasen a la vista, cambió solamente algunos tiros de artillería, y con pérdida de algunos muertos y varios heridos; huyó en desorden hasta su campamento de Etla.

Si los franceses han querido hacer un ensayo, pretendiendo atemorizarnos, se habrán convencido que si bien los consideramos dignos por el valor, nos creemos bastantes para combatirlos y vencerlos.

Independencia y Libertad.

Oaxaca, diciembre 22 de 1864.

Porfirio Díaz.

Al gobernador del Estado de Oaxaca.

Ejército de Oriente.

Brigada de Caballería.

Ciudadano general.

Después de la escaramuza de Etla, en que la caballería del enemigo ha tenido más de cincuenta hombres fuera de combate, he conservado la posición que se me ordenó en las instrucciones que se me enviaron.

Esta mañana, los franceses emprendieron un movimiento formal sobre esta plaza. Hice mi descubierta al amanecer, avanzando hasta San Pedro Ixtlahuaca; pero como el enemigo me rompió el fuego, permanecí en la garita del Marquesado, desde donde lo vi desfilar sin detenerse ante una guerrilla avanzada más que para recoger los heridos que ésta le hizo.

No ocurre otra novedad particular.

Independencia y Libertad.

Garita del Marquesado, diciembre 22 de 1864.

Félix Díaz.

Al general en jefe de la Línea de Oriente.

Capítulo XLIII. Rendición de Oaxaca

Del 8 al 9 de febrero de 1865

Guardando la plaza la situación que he bosquejado y bajo un cañoneo en brecha y bombardeo que indudablemente preludiaba un asalto simultáneo a distintos puestos y fortificaciones, y no teniendo yo ya soldados en número y moral suficientes para resistir a más de un ataque simultáneamente, pues los que me quedaban apenas llegarían a 700 hombres, me decidí a rendir la plaza, y salí personalmente en la noche, a manifestar al general Bazaine en su Cuartel general de Montoya y sin previo armisticio, que era innecesario el asalto que preparaba. Por estas razones y sin observar las reglas prescritas en esos casos, pasé personalmente a manifestar al general Bazaine que podía disponer la ocupación de la plaza. No mandé a un ayudante con ese objeto, por el temor de una mala inteligencia por una parte, y que el deseo del general Bazaine, por otra, de tomar la plaza por asalto, hicieran que éste tuviera lugar cuando no era ya posible resistir, y por creer que mi presencia en el Cuartel general del enemigo y mis explicaciones personales lo impedían, pues era grande el empeño que el general Bazaine tenía por conquistarse la gloria efímera de asaltar la plaza, especialmente desde que supo que podría tomarla fácilmente por haberse agotado ya los elementos de defensa.

Como a las diez de la noche del día 8 de febrero de 1865, acompañado de los coroneles don Apolonio Angulo y don José Ignacio Echegaray, a quienes intencionalmente llevé conmigo para que presenciaran mi entrevista con el general Bazaine, salí de la plaza y me dirigí a Montoya en donde tenía Bazaine su Cuartel general, y mientras me recibían los puestos avanzados, me hizo fuego uno que había en la esquina de la calle de la Consolación; pero hablé a los soldados diciéndoles que no era yo enemigo armado, y suspendieron sus fuegos. Avancé en compañía de Angulo y de Echegaray y el oficial que estaba encargado de ese puesto, me mandó con un destacamento a otro que estaba en la margen izquierda del Río Atoyac; de allí pasamos a otro destacamento que estaba al otro lado del río, y esto nos llevó hasta Montoya.

Al manifestar al general Bazaine que la plaza no podía defenderse ya y que estaba a su disposición y creyendo que ello equivaldría a mi sumisión al imperio, me dijo en respuesta que se alegraba mucho de que volviera yo de mi extravío, que él calificó de ser muy grande, pues dijo que era criminoso tomar uno las armas contra su Soberano. Contesté que consideraba de mi deber explicarle que yo ni me adhería ni reconocía el imperio, que le era tan hostil como lo había sido mientras estuve detrás de mis cañones; pero que la resistencia era imposible y el sacrificio estéril, porque ya no tenía hombres ni armas. Imprimiendo súbitamente a su semblante los rasgos de desagrado, me reprochó el general Bazaine que hubiera yo roto la protesta, que aseguraba había firmado en Puebla, de no volver a tomar las armas contra la intervención; y aunque yo negué haber firmado tal documento, el general Bazaine ordenó en el acto a su secretario, el coronel Napoleón Boyer, que estaba presente, que trajera el libro en que se encontraban las protestas suscritas en Puebla. Buscó Boyer mi nombre y empezó a leer en alta voz; y como yo no solo no había protestado cuando se me presentó el libro en Puebla, sino que manifesté en respuesta que no podía suscribir la protesta porque tenía sagradas obligaciones para con mi país y estaba dispuesto a cumplirlas siempre que me encontrara en aptitud de hacerlo, cuando el coronel Boyer llegó a mi manifestación, suspendió su lectura y pasó el libro al general Bazaine, quien lo tomó, lo leyó y lo cerró, sin decirme una palabra más sobre este incidente.

Después me habló el general Bazaine de ciertas dificultades que él creía que los franceses podrían tener para ocupar la plaza, porque sabía que había muchas minas, las cuales fácilmente podían estallar. Le dije que efectivamente había algunas, pero que yo me había visto en la necesidad de descargarlas, con el objeto de hacer cartuchos porque ya no tenía municiones con qué defenderme; que fácilmente podrían descargarse las pocas minas que quedaban cargadas, porque yo sabía bien el lugar en que estaban, y que mandaría con ese objeto a un oficial de artillería. Así se hizo, aunque siempre estalló una mina porque un zuavo tiró imprudentemente la piola y causó la explosión.

Mandé suspender los fuegos dominantes de los cerros, y para ello fui con un oficial francés y el coronel Angulo hasta la trinchera que quedaba frente a la nuestra. Angulo habló a Corella y éste, sacando la cabeza por la trinchera, comenzó a insultarlo y hacerle fuego por creer que se había pasado al enemigo y hecho traidor. Angulo explicó a Corella con muchas dificultades cuál era la situación y le dijo que llevaba una orden mía para que se suspendiera el fuego.

Ya no se volvió a hacer uso de las armas, y Bazaine me detuvo en su Cuartel general el resto de la noche, que pasamos allí, en un cuarto donde nos puso el mismo Bazaine, a Echegaray, a Angulo y a mí. Yo quedé como prisionero sin saber cuál sería mi suerte, porque no pedí ninguna garantía para mí ni para los míos, pues solamente dije al general Bazaine, que podía tomar la plaza sin disparar un solo tiro.

En la madrugada de esa misma noche mandé a Echegaray por otro lado, por acuerdo de Bazaine, para dar ordenes de que se entregaran otros puntos y después de que amaneció me mandó Bazaine a la Plaza con don Juan Pablo Franco y una escolta de Cazadores de África, para que diera orden de que se permitiera la entrada de los franceses, y entró tras de mí el general Brincourt con un regimiento hasta el Palacio del Estado, tomando así posesión de la plaza el ejército francés.

Capítulo XLIV. Conducción a Puebla como prisionero de guerra
Del 10 al 28 de febrero de 1865

Después de haber rendido la plaza a los franceses, pasé a Montoya y de allí fui conducido en la noche del día 9 para Etla, como prisionero de guerra, con escolta y con grande exceso de precauciones, pues me conducía una compañía de zuavos a las órdenes del comandante Chapie, hoy general de División en el Ejército francés, que era entonces Mayor del tercer Batallón del primer Regimiento de Zuavos. Se me llevaba entre hileras abiertas, y fuera de esas hileras marchaba a cada lado una segunda hilera de caballería y a retaguardia un trozo de caballería de húsares de la guardia y otro adelante, destacados ambos como a cien varas de distancia; y por dentro de los sembrados venían como a unos cincuenta metros a cada lado, fuerzas traidoras de caballería.

Así llegué a Etla en compañía de los Licenciados don Justo Benítez y don Miguel Castellanos Sánchez, de los generales Cristóbal Salinas y José María Ballesteros y de los coroneles José Ignacio Echegaray y Apolonio Angula, habiéndonos conducido hasta allí el comandante Chapie. En Etla nos alojaron, por orden del general Bazaine, en la casa de don José María Filio, que era la mejor del lugar y en donde Bazaine había estado alojado.

Estando en Etla se me presentó el Mayor de Caballería, vizconde de Kelan que había pertenecido al Estado Mayor del emperador Napoleón, según él me contó; y entonces servía en húsares de la Guardia. El vizconde se encargó de nuestra custodia hasta Puebla, y nos trató con mucha amabilidad, pero a la vez con mucha vigilancia, y tomando siempre muchas precauciones. Varias veces me pedía permiso para dar el primer toque de marcha, y me preguntaba con frecuencia si deseaba yo hacer alto en algún punto, y así llegamos a Puebla. De Etla a Puebla fuimos por el camino de la Mixteca y Acatlán, y siguiendo al general Bazaine, en su regreso a la ciudad de México.

Capítulo XLV. Prisión en Puebla

Del 1.º de marzo al 19 de septiembre de 1865

Nuestra situación cambió grandemente en Puebla, porque fuimos entregados a fuerzas austriacas, que nos encerraron en tres prisiones distintas, poniendo a los generales, coroneles y tenientes coroneles en la Fortaleza de Loreto. Allí nos juntamos con otros prisioneros liberales, entre quienes estaban el general don Santiago Tapia y el general Arce, que es ahora gobernador de Guerrero, y permanecimos en ese punto como dos o tres meses.

Estando presos en el Fuerte de Loreto nos volvieron a amonestar para que protestáramos no tomar las armas contra la intervención ni el Imperio, y protestaron todos los que estábamos prisioneros con excepción del general Santiago Tapia, del coronel don Miguel Castellanos Sánchez, del capitán de Artillería don Ramón Reguera y de mí. Castellanos Sánchez no solamente se negó a protestar, sino que su negativa estuvo concebida en palabras muy duras y hasta descorteses, por cuyo motivo lo sometieron durante algunos días a prisión oscura y solitaria y lo trataron con severidad. Todos los demás prisioneros protestaron, así los generales como los jefes y oficiales. El capitán don José Guillermo Carbó había dicho al principio que no protestaba, pero luego le indicaron que serían fusilados a media noche los que no querían protestar y entonces llamó al oficial y le dijo que firmaría la protesta y así lo hizo. No pusieron en libertad a Benítez ni a Ballesteros sin embargo de haber protestado, sino varios meses después y por recomendación del señor don Bonifacio Gutiérrez.

Transcurrido algún tiempo nos pasaron al Convento de Santa Catarina, en donde tenía yo arreglada mi evasión, para lo cual hice una mina en el lugar que quedaba debajo de mi cama. Estuve en una celda por mucho tiempo, acompañado de Benítez y Ballesteros; pero un día fingí un motivo de desagrado con ellos y solicitaron del Prevoste que les diera otra habitación, y concedido esto, quedé yo solo, como lo deseaba, para poder dedicarme a continuar haciendo la mina que había comenzado.

Estaba situada mi celda en el primer piso del edificio, en una capilla que había sido celda de una monja milagrosa, en la cual había un pozo, cuya agua tenía según la tradición, virtudes medicinales. Ese pozo me servía para depositar la tierra que yo sacaba de mi obra, y cuando llegó más abajo del cimiento del edificio, seguí haciendo una galera horizontal hacia la calle, porque mi cuarto daba para ella, lo cual había rectificado por el ruido de los carruajes y porque mandé a mi mozo a que tocara toda la tapia exterior hasta donde yo respondiera. Sabía yo por consiguiente que ese lado daba a la calle, y tenía el propósito de escoger a los oficiales valientes que hubiera allí para que se salieran conmigo en una noche dada. Antes de que pudiera yo concluir esta obra, nos cambiaron súbitamente a otra prisión.

Ignoro si fue o no descubierta la mina que yo había hecho, aun cuando procuré cubrirla no tan solo con palos y estacas, sino con algunos travesaños que puse en forma de guacal, cubriendo todo con ladrillos. Permaneceríamos en Santa Catarina de cuatro a cinco meses, y de allí nos pasaron al Convento de la Compañía, de donde me evadí.

Estando en la prisión del Convento de la Compañía o Colegio Carolino, había yo pedido permiso para tomar algunos baños, pero se me obligaba a salir con un Sargento austriaco, que me seguía como sombra a todas partes, y molestándome esto, no volví a pedir permiso.

En esos días había quedado con el mando del puesto, el barón Juan de Schizmandia, teniente de un Regimiento de Húngaros, pues el jefe nato de la plaza, que era el conde de Thum, había salido a campaña sobre la sierra de Puebla. El teniente Schizmandia me preguntó una vez con mucha cortesía el motivo por qué yo no pedía ya permiso para ir al baño. Le contesté que me molestaba la compañía del sargento que iba conmigo; y entonces me ofreció que me acompañaría él personalmente. Lo hizo así; pero usó de muchas precauciones como ocupar una silla frente al cuarto en donde me bañaba y prohibir que fueran ocupados los baños contiguos a ambos lados y que les cerraran las puertas. Exceptuando esta vigilancia me trataba con mucha cortesía; después del baño me llevó a almorzar a su casa y luego me invitó a ir a los toros y me trajo hasta en la tarde a mi prisión.

Al domingo siguiente me repitió su invitación, que contesté evasivamente y le di las gracias. Me preguntó entonces si me consideraba deshonrado de andar en su compañía. Le contesté que aunque él era un caballero muy estimable, las circunstancias en que nos encontrábamos el uno respecto del otro, hacían que me pudiera considerar deshonrado, porque se supondría que si no estaba yo al servicio del Imperio, estaría próximo a aceptarlo, especialmente si como había pasado antes, no solo me hacía el favor de conducirme al baño, sino que me llevaba después a almorzar con él. Entonces me ofreció que me llevaría simplemente al baño. Así lo hizo, y cuando volvimos a la prisión me dijo que él era accidentalmente el comandante del puesto, que pensara yo que muchos de mis compañeros habían obtenido ya su libertad mediante protesta, y que solamente yo no aceptaba esa oportunidad, y que no podía predecir cuándo quedaría yo libre ni calcular el tiempo de mi prisión, puesto que no había esperanza de un motivo que pudiera causarla. Como ya me había inspirado confianza este oficial, le contesté que no consideraba el Imperio en México de mucha duración.

Después de una conversación amistosa me manifestó que me iba a dejar en libertad en la ciudad; que su trato conmigo le había hecho comprender que era yo un oficial honorable, y que le bastaba que yo supiera que si abusaba de la libertad que me iba a conceder, perdería él su empleo de primer teniente del Ejército austriaco y su título de barón, y que no volvería a presentarse a su Gobierno ni a su familia; que no me consideraba capaz de causarle males tan grandes, y que en consecuencia confiaba en que yo no abusaría de la amplitud que me iba a dar, y que no me exigía respuesta porque presumía la que yo le daría. Diciendo esto, llamó al oficial de la Guardia y le notificó que podía yo salir sin previo permiso todos los días, desde el toque de diana hasta el de retreta. Se despidió de mí cariñosamente y aunque en los primeros días no hice uso de esa licencia, poco después comencé a salir, haciéndolo por primera vez para visitarlo en su casa y darle las gracias.

Cultivamos después alguna amistad el teniente Schizmandia y yo, aun cuando ya no salimos juntos a la calle. Esta consideración para conmigo costó caro al teniente Schizmandia, pues cuando volvió de su expedición el conde de

Thum, le hizo un serio extrañamiento y lo puso en arresto porque había relajado mi prisión.

Al ocupar la plaza de México el 21 de junio de 1867, encontré entre los prisioneros húngaros que tomé al enemigo, al teniente Schizmandia que había ascendido ya a Mayor: lo puse desde luego en libertad y él aprovechó mi amistad personal para conseguir muchos favores y consideraciones para todos sus compatriotas que estaban a las órdenes del Príncipe Carlos Khevenhüller y del coronel Alfonso de Kodolits que habían caído prisioneros, hasta que al fin permití a todos que regresaran a su país, a bordo de la fragata austriaca Novara que había venido a Veracruz para conducir a Maximiliano.

El mal éxito que el conde de Thum había tenido en su campaña de la sierra de Puebla, lo tenía de mal humor. Al día siguiente de su arribo a Puebla vino a la prisión y me llamó al salón de la Corte Marcial, que estaba en el mismo edificio, y allí me previno con maneras bastante duras, que firmara una carta, previamente escrita, en que ordenaba yo al general Juan Francisco Lucas, que no fusilara a los jefes y oficiales traidores que tenía prisioneros, porque el Gobierno imperial se proponía canjearlos por algunos de mis compañeros de prisión, y que podía yo ser uno de los canjeados. Manifesté al conde de Thum que no podía firmar semejante carta y que si la firmaba le sería perfectamente inútil, porque en mi calidad de prisionero no podía yo dar órdenes, ni el general Lucas estaba obligado a obedecerlas.

En respuesta me reprochó que era raro que no quisiera yo firmar una carta semejante, cuando yo mismo había firmado en la prisión, y remitido al general Luis Pérez Figueroa, su despacho de general, lo cual era cierto y no se lo negué, manifestándole simplemente que no lo hacía desde el momento que mi palabra no le merecía crédito.

El conde de Thum, me dijo entonces que nunca se había figurado que después de nueve meses de prisión estuviera yo tan insolente y que el barón de Schizmandia pudo haber causado un grave perjuicio al Gobierno imperial, si yo me hubiera evadido aprovechándome de sus favores.

Contesté al conde de Thum que mejor que él, conocía el barón el carácter de los oficiales mexicanos, pues que él nunca los había tenido cerca y los juzgaba por el carácter de los traidores que no se les parecían; y que las garantías que el barón de Schizmandia había tomado para m seguridad eran inquebrantables entre hombres de honor.

En ese mismo día entró el conde de Thum a la prisión y ordenó la clausura de nuestras ventanas que daban a la calle, no obstante que tenían fuertes rejas de hierro, clavándolas y reforzándolas por dentro con maderos clavados, de modo que estábamos obligados a usar luz artificial aun de día, porque tampoco entraba la luz por la puerta de nuestra prisión que daba al corredor, pues éste estaba convertido en salón por medio de una tapia que cubría sus arcos. Aumentó también el servicio de centinelas de día y de noche en el interior de la prisión, prohibiendo que a ninguna hora de la noche se apagara la luz en los cuartos ni se cerrara la puerta, de modo que los centinelas que hacían su vigilancia en cada uno de los cuatro corredores que rodeaban el patio, entraban a hacer estación algunas veces a los cuartos, o cuando menos los examinaban cuando todos dormíamos.

Capítulo XLVI. Segunda evasión de Puebla

20 de septiembre de 1865

La conducta que siguió conmigo el general Thum me obligó a festinar mi evasión. La había preparado para el 15 de septiembre, día de mi cumpleaños, pero coincidiendo esa fecha con el aniversario de la Independencia, no pude realizar mi propósito en ese día, porque estaban muy iluminadas las calles de Puebla contiguas a mi prisión, en virtud de la festividad cívica que se celebraba esa noche, y aplacé mi resolución para llevarla a cabo el día 20.

Había yo comprado caballos y monturas, que tenía preparados en una casa tomada con nombre extraño y en la cual no había más habitante que mi criado que era de entera confianza, y arrendada por un amigo mío de Puebla, sin dar fianza como es de costumbre para no comprometer a nadie, y para evitar la fianza se pagaban mensualidades adelantadas.

El teniente coronel Guillermo Palomino y el Mayor don Juan de la Luz Enríquez, mis únicos confidentes entre mis compañeros de prisión, invitaron a jugar naipes, a noche en que me evadí, a nuestros demás compañeros de prisión para tenerlos distraídos y juntos, y evitar así que anduvieran por los corredores y pudieran apercibirse de lo que pasaba.

En la tarde del día 20 había yo añadido y envuelto en forma de esfera tres reatas que me proponía usar en mi evasión, dejándome otra en mi equipaje, y una daga perfectamente aguzada y afilada, como única arma para defenderme de cualquiera agresión.

Luego que pasó el toque de silencio, me fui a un salón destechado y que por esa circunstancia estaba convertido en azotehuela y en donde la entrada y salida de los prisioneros no llamaba la atención de los centinelas porque había allí inodoros. Me dirigí a ese lugar llevando conmigo las tres reatas envueltas en un lienzo gris, y una vez cerciorado de que no había otra persona en la azotehuela, las arrojé a la azotea, y con la otra reata que me quedaba lacé una cala de piedra, que me pareció muy fuerte, lo que hice con muchas dificultades porque no podía distinguir la canal, pues no había más luz que la de las estrellas, por ser la noche muy oscura. Después de tirar el lazo sin ver y solo calculando el lugar en que estaba la canal, logré acertar la lazada y haciendo algunos esfuerzos para cerciorarme de su resistencia subí por la cuerda a la azotea; quité enseguida la cuerda que me había servido para subir y recogí las tres que había tirado de antemano.

Mi marcha por la azotea para la esquina de San Roque, punto señalado para mi descenso, era muy peligrosa, porque en la azotea del templo que dominaba toda la del convento, había un destacamento y un centinela que tenían por objeto cuidarnos por la azotea. La que yo recorría era sinuosa, porque cada una de las celdas, tenía una bóveda semiesférica lo mismo que los espacios de los corredores comprendidos entre cada arco. Así es que deslizándome entre esas medias esferas y acostado sobre el suelo, caminaba hacia el pie de los centinelas, puesto que tenía que buscar el ángulo del patio antes de cambiar de dirección. La marcha diagonal que era más corta y más lejana del centinela no podía ser sino aérea. Tenía muy a menudo que suspender mi marcha y explorar con el tacto, el terreno por donde tenía que pasar porque había sobre las azoteas muchos pequeños pedazos de vidrio que hacían ruido al tocarlos, y porque eran muy frecuentes los relámpagos. Llegué por fin a tocar el muro del templo, y como allí no podía verme el centinela sino inclinándose mucho, seguí de pie y vine a asomarme a una ventana muy elevada que daba a la guardia de prevención, con objeto de ver si había alguna alarma. Corrí allí un gran peligro, porque el piso era muy inclinado y muy resbaladizo por las lluvias frecuentes, y sin poderlo remediar me resbalaba hacia los cristales que eran poco resistentes y me vi en peligro de rodar al precipicio, pues la altura de la ventana era muy grande.

Para llegar a la esquina de la calle de San Roque, por donde me había yo propuesto descender, era necesario pasar por una parte del convento que servía de casa al capellán, quien tenía el antecedente de haber denunciado poco antes ante la Corte Marcial, a los presos políticos que habían hecho una horadación que fue a dar a esa casa, por lo cual fueron fusilados al día siguiente.

Bajé a la azotehuela de la casa del capellán en momentos en que entraba un joven que vivía en ella y que probablemente venía del teatro, pues estaba alegre y tarareando una pieza. Esperé que se metiera a su pieza y a poco salió con una vela encendida y se acercó al lugar donde yo estaba. Me escondí para que no me viera y esperé a que regresara. Permaneció allí el tiempo necesario para concluir lo que había ido a hacer y regresó a su pieza sin apercibirse de mi presencia. Cuando consideré que había tiempo para que se hubiera acostado y dormido, volví a ascender a la azotea del convento, por el lado del lote opuesto al en que me había servido para bajar y seguir mi camino por la azotea a la esquina de San Roque.

Una vez pasado este peligro, seguí mi marcha para la esquina de San Roque y una calle nueva que se llama de Alatriste y que corta el convento, quedando de un lado las casas que han edificado los compradores, y del otro lado el convento. En la esquina hay una estatua de piedra de San Vicente Ferrer, que era la que yo me proponía usar como apoyo para fijar mi cuerda. El santo oscilaba mucho al tocarlo; pero tendría probablemente alguna espiga de hierro que lo sostuviera, y para mayor seguridad no fijé la cuerda en él, sino en la piedra que le servía de pedestal y que era a la vez la angular del edificio.

Me pareció que si descendía yo de esa esquina para la calle, podía ser visto por algún transeúnte en el acto de descolgarme por la cuerda, o vista ésta por el primero que pasara por la calle, después de mi descenso, y por ese motivo me propuse bajarme a un lote del ex convento que estaba cercado, pero no edificado todavía, sin saber que al pie del edificio, donde yo debía descender, había unos cochinos encerrados en un cercado formado por vigas.

Como al comenzar a descender giraba un poco la cuerda, el roce que sufría yo por la espalda con la pared del edificio, ocasionó que la daga que llevaba en el cinturón se saliera de la vaina, cayendo sobre los cochinos, y probablemente hirió a alguno de ellos porque hicieron mucho ruido y se alarmaron, todavía más cuando me vieron descender sobre ellos. Tuve en consecuencia que dejar pasar un rato para que se aquietaran, con mucho temor de que el dueño de aquellos animales viniera a defenderlos, suponiendo que se trataba de robarlos. Cuando hubo pasado un poco el ruido, subí a la cerca del lote que daba a la calle; y tuve que retroceder repentinamente porque en esos momentos pasaba un gendarme recorriendo la calle y examinando las cerraduras de las puertas. Cuando se hubo retirado el gendarme descendí para la calle, pero tuve la desgracia de que se desprendiera sobre la banqueta una de las piedras del muro, la cual hizo mucho ruido que sin embargo no llamó la atención del gendarme. Al buscar mi daga noté que la había perdido y me expliqué la causa de los gritos de los cochinos.

Seguí violentamente mi marcha para la casa, donde tenía mis caballos, mi criado y un guía, y pude llegar a ella ya sin dificultad.

Capítulo XLVII. En camino de Puebla para el rancho del coronel Bernardo García

21 de septiembre de 1865

Una vez en mi casa donde me esperaba además de mi criado, un guía de a caballo, montamos y salimos por la garita de Teotihuacán. Estaba yo casi seguro de que sería detenido en la garita por los empleados, y me proponía forzar el paso; pero afortunadamente no fue esto así, pues la puerta de la garita estaba abierta y se veía luz en la habitación y un caballo ensillado en el portal; sin duda los empleados estaban dormidos, porque no se apercibieron de nuestra salida.

Una vez fuera de la garita, y calculando que era necesario ganar tiempo, hicimos nuestra marcha a galope durante más de una milla. Hubo un momento en que nos creímos sorprendidos por alguna patrulla, porque se nos marcó el alto con imprecaciones muy duras; pero no eran sino unos pobres indios metidos en una doble rampa, que al oír el tropel de gente a caballo y al galope, temieron que cayeran, como en efecto caímos sobre ellos, porque una vez entrados nuestros caballos en la rampa de arcilla resbalosa con la lluvia, fuimos a dar hasta el fondo sobre los burros y los indios. Después de cambiar las excusas que eran posibles, salimos por el lado opuesto y seguimos nuestro camino, evitando el paso por los lugares poblados, por cuyo motivo tuvimos alguna vez que cruzar grandes sembrados de maíz ya seco, cuyas mazorcas golpearon mucho nuestras rodillas y las cabezas de nuestros caballos.

El coronel Bernardino García debía esperarme con su guerrilla en el Paso de Santa María del Río, situado ya en los confines del Estado de Guerrero con el de Puebla; pero como mi evasión no tuvo lugar el 15, como yo le había anunciado, sino hasta el 20, ya García no me esperaba. Entre las 8 y las 9 de la mañana del 21 de octubre, llegamos al Paso del Río Mixteco sin ningún incidente notable. Como no estaban lejos de allí las fuerzas imperialistas del coronel Flon, yo no abandoné mi caballo ni mis armas; y mientras mi criado y mi guía pasaban en las balsas con sus monturas y los pasadores de servicio, pasaban sus caballos en pelo para volver a ensillarlos al otro lado, yo pasé a nado montado en mi caballo y esperé en el otro lado hasta que estuvieron nuevamente ensillados los de mis compañeros de viaje.

Mi temor no era infundado: después de algunas millas que recorrimos a galope, llegamos al pueblo de Coayuca donde había una fiesta y donde probablemente con ese motivo habría algunos hombres de la guerrilla de García. Con objeto de averiguarlo mandé al guía al centro del pueblo mientras yo y mi mozo lo pasamos por los suburbios, para juntarnos los tres y volver a tomar el camino del otro lado.

En esa travesía me encontré con el alcalde del pueblo a quien conocí por el bastón que llevaba y me pareció inconveniente pasar sin decirle algo que le alejara toda sospecha, y en la corta conversación que tuve con él, le hice entender que era yo un comerciante que iba a la costa a comprar ganado; pero desgraciadamente el hombre me conoció, me felicitó por encontrarme libre y me ofreció sus servicios. Me hizo muchas instancias para que pasara un día en su pueblo, creyendo que estaría enteramente seguro, pues me protestaba que no tendría riesgo alguno. Resistí a sus ofertas y seguí mi marcha. Apenas había dado unos cuantos pasos, cuando empecé a escuchar un tiroteo muy nutrido que de pronto me pareció serían fuegos de artificio, pero no tardé en oír los silbidos de algunas balas. Entonces me dirigí a galope sobre la colina, separándome del camino que debíamos llevar, y haciendo la travesía a campo traviesa.

Desde la colina pude ver que en efecto se trataba de un combate en el centro del pueblo y con más razón apresuré mi marcha. A pocos momentos me alcanzó el guía, pues tanto él como yo conocíamos bien el terreno, y me informó que un Escuadrón de Flon había caído de improviso a la población con objeto de sorprender a los guerrilleros de García, que suponía que habrían concurrido a la fiesta, como en efecto concurrieron.

Seguimos sin ser molestados hasta el rancho de García, que distaba de allí unas 15 o 20 millas y que queda ya en territorio del Estado de Guerrero.

García tenía un sistema de aviso que lo ponía a cubierto de toda sorpresa y con ese motivo permanecimos allí desde el medio día, que fue la hora en que yo llegué, hasta el siguiente a las siete de la mañana.

Durante la noche vinieron a cumplimentarme más de diez municipalidades de los pueblos de los alrededores, que aunque aparentemente obedecían a las autoridades imperialistas, simpatizaban con la causa de la Independencia.

Capítulo XLVIII. Tehuitzingo
22 de septiembre de 1865

A las 7 de la mañana del día 22 de septiembre emprendimos la marcha el coronel García, un asistente, un clarín, yo, mi criado y mi guía.

Previamente había citado García a los hombres de su guerrilla, para un paraje despoblado en el camino de Tehuitzingo, uno de los pueblos del Estado de Puebla limítrofe con Guerrero, en el cual había unos veinte infantes de Guardia Civil imperialista.

Cuando llegamos al lugar de la cita, apenas éramos por todos catorce hombres, montados todos y armados con pistolas de repetición y sables, y muy pocos, no llegarían a ocho, con carabinas.

Hicimos algún rodeo para entrar a Tehuitzingo, por la parte más deprimida del terreno y mejor arbolada; y una vez allí nos dividimos en dos fracciones que debían caer simultáneamente a la plaza donde estaba la guardia. La sorprendimos sin resistencia y sin efusión de sangre, nos hicimos de todas sus armas y municiones, y reclutamos en e pueblo muchos voluntarios que se nos presentaron, no con malos caballos, pero sí con pésimos aperos y la mayor parte sin armas. Los armamos con los fusiles quitados a los Guardias Civiles y así formábamos al anochecer cuarenta hombres.

Así comencé bajo muy buenos auspicios mi tercera campaña contra la intervención extranjera; la falta de recursos y la pobreza de los lugares por donde expedicionaba yo, no me permitieron por más de un año avanzar gran cosa; pero al fin, después de Miahuatlán, vino a coronar mi empresa el éxito más completo.

Capítulo XLIX. Piaxtla. 23 de septiembre de 1865

Con esa fuerza me dirigí al día siguiente a Piaxtla y Chinautla que son dos pueblos unidos, situados también en el Estado de Puebla, en busca de algunos fondos que me proponía sacar exclusivamente del cura; porque hay allí muchos santos que entonces eran dueños de varios manantiales de agua salobre, cuyas cosechas de sal constituían los fondos de cada santo, destinados a costear los gastos de sus respectivas fiestas anuales. Era seguro por esta razón que el cura no podría negarme esos fondos, pues en los libros de contabilidad de cada cofradía debía constar la existencia como en efecto constaba; y aunque mi petición al cura fue modesta porque le pedí a cada santo la mitad de su existencia, me manifestó que no tenía dinero en caja porque para no conservarlo sin producto, lo había repartido en el comercio a interés. Lo obligué sin embargo a recoger la cantidad pedida y anduvo haciendo esa colecta en el comercio, tardándose lo más que podía, con objeto de dar tiempo a que viniera de Acatlán un escuadrón de traidores que mandaba un teniente coronel Carpintero.

Aunque yo no sabía el objeto de la dilación del cura, sí sospechaba algo de él y no quise pernoctar en el pueblo de Piaxtla; y cuando ya comenzaba a anochecer emprendí la marcha diciéndole al cura que al día siguiente volvería por el resto de la cuota que le había solicitado. No era mi propósito tomar la vía de Acatlán, pero la tomé para desorientar al cura y al vecindario.

Casi en los suburbios de Piaxtla me encontré con el escuadrón del teniente coronel Carpintero, y batiéndolo con los pocos hombres, bien montados, que había entre los que formaban mi fuerza, logré derrotarlo y llevarlo por toda la vía semicarretera, encerrado por dos cercas de mampostería seca o cercas de piedra suelta que formaban los lados del camino. Por consiguiente ni ellos ni nosotros podíamos salir de aquel carril, y los llevé en derrota por dos o tres millas, recogiendo muchas armas y caballos ensillados, pues para salir fuera del cercado tenían los derrotados que abandonar sus caballos, habiendo capturado cosa de sesenta. Temiendo que en Acatlán hubiera fuerza superior a la mía, y comprendiendo que el botín me ponía en mala condición para combatir, marché rápidamente al pueblo de Tecomatlán con objeto de dar algún reposo a mis soldados y caballada; lugar a propósito puesto que quedaba el Río Mixteco que estaba bastante crecido, entre Acatlán y Tecomatlán.

Al día siguiente se me incorporó el teniente coronel don Juan José Cano, procedente de Tlapa, con setenta y ocho infantes, y bajo un gran chubasco pasé el río a la altura del pueblo de Tepetlapa, pueblo que era muy amigo mío, y permanecí en él tres o cuatro días más porque no cesaba de llover ni de día ni de noche. En Tepetlapa me alcanzó y se puso a mis órdenes con treinta caballos, el guerrillero Tomás Sánchez que murió poco después, en la acción de Omitlipa.

Capítulo L. Tulcingo
1.º de octubre de 1865

En la madrugada del día 1.º de octubre de 1865 cesó la lluvia y comprendí que era el momento oportuno para batir al coronel Visoso que con una pequeña columna de 300 infantes y cincuenta caballos estaba acuartelado en Tulcingo, pues me pareció muy natural que el primer día útil después de aquellas lluvias y mal acuartelado como estaba, pensara en limpiar su armamento y que la hora más a propósito para caerle, serían las nueve o diez de la mañana. Antes que amaneciera emprendí mi marcha para Tulcingo, y ya muy cerca del pueblo en que había una colina de por medio, encontré a un hombre que venía con el pretexto de traer pan a Tepetlapa, pueblo donde hay muchos panaderos. Me pareció desde luego inverosímil ese comercio y comprendí que era un explorador de Visoso. En efecto, con algunas amenazas me confesó que era explorador y me dio algunas noticias importantes, entre otras, que era cierto que la tropa estaba limpiando sus armas.

Después de un ataque de sorpresa, combinado y muy rápido sobre el atrio y templo, que era el lugar donde el enemigo se encontraba acuartelado, logré rendirlo, no obstante que hizo mucha resistencia hasta los últimos momentos, ocasionando pérdidas de consideración, pues recogí cuarenta muertos del campo de batalla. Visoso había huido con sus cincuenta caballos dejando en mi poder toda la infantería con sus armas, sus útiles de banda y 3.000 y tantos pesos en oro que tenía su pagaduría.

174

Como era natural, entre la clase de gente que yo había reclutado, habían encontrado dueño los 3.000 pesos, suponiendo que lo era legalmente su primer ocupante. Tuve gran dificultad para convence-los de que eso no debía entenderse así. Entonces nombré pagador al licenciado don Manuel Guerrero que se me había incorporado en Piaxtla, y allí comenzó mi contabilidad en toda esa campaña, que se cerró después de ocupar la Capital de la República.

Al día siguiente organicé a los prisioneros formando dos compañías que pomposamente llamamos Batallones, dando a mandar una al Mayor don Juan José Cano, que era un oficial de los que se nos habían incorporado en Tecomatlán, y la otra al entonces teniente y hoy general don Mauricio Martínez.

Con mi fuerza aumentada así, emprendí mi marcha para Tlapa, del Estado de Guerrero, y en esa travesía se me incorporó el coronel don José Segura y Guzmán, procedente de la Mixteca, que venía al rumor de mi aparición por ese rumbo, con algunos hombres montados y armados.

Capítulo LI. Visita al general Álvarez en La Providencia

Del 10 de octubre al 20 de noviembre de 1865

No contando con los recursos suficientes para hacer una campaña fructuosa y teniendo que operar en el Estado de Guerrero, que correspondía a la División Militar del general don Juan Álvarez, me determiné a ir a La Providencia en donde tenía su casa y Cuartel general con objeto de discutir con él algún plan regular de campaña y recibir algunos elementos de guerra, si estaba en situación de facilitármelos. Vivía el general Álvarez con mucha pobreza y todo lo que conseguí fueron doscientos fusiles de percusión con sus respectivas municiones y órdenes para las autoridades del Estado de Guerrero de donde era gobernador su hijo don Diego, para que me proporcionaran víveres, que yo me comprometí a colectar con equidad en todos los pueblos que estuvieran a mi alcance.

Mi recepción en La Providencia fue bastante benévola y cordial por parte del general don Juan Álvarez y al principio también de su hijo don Diego. Por desgracia, la protección que allí encontré fue infinitamente menor de la que yo esperaba; sin embargo, la autorización para colectar víveres en los pueblos del Estado era una buena base a falta de mejores recursos.

Se me incorporó en La Providencia el general don Francisco Leyva, que no teniendo elementos con que seguir haciendo la campaña, se había replegado a vivir con el general Álvarez. Leyva tenía diez o doce oficiales, entre los cuales estaba el teniente coronel de Infantería don Manuel Travesí, a quien nombré desde luego mi secretario, y di lugar en mi Estado Mayor al coronel don José María Pérez Milicua, al teniente coronel de Caballería don Martín Rivera, al teniente coronel de Infantería don J. Manuel Aburto, y a los tenientes de Infantería don José María Ramírez Pizarro y don Miguel Marín. También se me incorporó un grupo como de veinte soldados de la Guardia Nacional de Oaxaca, que a la fecha de la ocupación de aquella ciudad se encontraban en algunas comisiones del servicio en la Mixteca, y para no someterse al enemigo, se replegaron al Estado de Guerrero y estaban con el general Álvarez. La mayor parte de éstos eran Sargentos y Cabos.

Permanecí en La Providencia cosa de una semana, y cuando me retiré, después de haber obtenido los recursos que me facilitó don Juan Álvarez, me acompañaron él y su hijo don Diego hasta el rancho de Jaltianguis, que pertenece a la hacienda y dista de ella 3 leguas, y en donde yo pernocté.

Al despedirse de mí en ese punto el general don Juan Álvarez, me regaló unas pistolas y otros objetos de su uso privado, útiles para la campaña, y con esa franqueza que tienen los ancianos para con los jóvenes y que se acentúa más cuando se consideran hombres superiores, me manifestó la pena que le causaba no poder acompañarme por su avanzada edad; y con ese motivo me dijo, señalando a su hijo don Diego, que él no era como los muchachos de ahora, que solo viven al calor del hogar.

No sé si esta franqueza o descuido del general don Juan Álvarez serían la causa de alguna tibieza que después comencé a sentir en la acción del Gobierno del Estado de Guerrero, no obstante que el referido general don Juan Álvarez siempre permaneció muy bien dispuesto a ayudarme en todo lo que le pedía a él directamente para el servicio público, siempre que estuviera en sus facultades.

La poca voluntad del Gobierno del Estado de Guerrero comenzó a hacerse sentir por la dificultad con que los pueblos del Estado daban su contingente en especie, para el mantenimiento de mi fuerza, cosa que no me llamaba la atención porque son pueblos muy pobres; pero sí era digno de notarse que al hacerme algunas remisiones de víveres, los pueblos más simpatizadores con la causa de la Independencia, me suplicaban frecuentemente que no diera yo aviso de ellas al Gobierno del Estado.

Afortunadamente al dar mayor ensanche a mis operaciones, abandoné el territorio del Estado de Guerrero y no volvió ya su gobernador a tener motivos de desagrado por mi presencia y mis operaciones en aquellos pueblos; pero no por esto cesó su celo respecto a mí.

Algunos años después tuve necesidad de rectificar públicamente una aseveración de don Diego Álvarez, cuando ya había muerto su padre, durante cuya vida no lo habría yo hecho, y más bien le habría sometido mi querella contra su hijo. Es el caso, que estando yo en Oaxaca, a fines de 1866 y antes de saber que podía tener armas de la remesa que nuestra Legación en Washington hizo a la Línea de Oriente, y de las que fue conductor el general don Pedro Baranda, me avisó don Juan Álvarez que había llegado a la Boca de Tecuanapa un norteamericano llamado Stone, en un paquebote en que traía algunos fusiles de percusión que no pasaban de quinientos, con sus respectivas municiones labradas.

Como las armas constituían mi primera y más urgente necesidad, contesté inmediatamente al general Álvarez que al día siguiente saldría de Oaxaca el teniente coronel don Luis Mier y Terán con el dinero y las mulas necesarias para comprar esas armas y conducirlas a Oaxaca, y le encargué que las hiciera desembarcar e internar hasta Pinotepa y que yo pagaría todos los gastos que esto ocasionara. El teniente coronel Terán encontró en Pinotepa a Stone con las armas; las trató, las pagó y las condujo a Oaxaca.

Terminada la guerra, publicó el general don Diego Álvarez una cuenta de los gastos que hizo durante la intervención, en la que aparecía una partida de data por el costo de las armas y municiones que yo había comprado a Stone. Como en la cuenta que había yo rendido antes que la de don Diego, figuraba la misma partida, me vi obligado a rectificar la que éste presentaba, ofreciéndole que la aceptaría y pagaría si se me presentaran sus respectivos justificantes, los que nunca recibí, ni volvió a hablarse de ese asunto.

Capítulo LII. Ocupación de Tlapa
25 de noviembre de 1865

Con el auxilio personal y material que saqué de La Providencia, regresé a Tlapa donde había dejado mi fuerza. Al llegar a Tixtla supe que un jefe austriaco llamado el duque de Bernard, con 700 infantes austriacos y una fuerza de traidores de 300 hombres mandados por Visoso y seis piezas rayadas de montaña, había ocupado a Tlapa, y que Segura ocupaba un cerro muy defendible a la vista de esa población. Entonces el general Jiménez que mandaba en Tixtla, puso a mi disposición por orden del general Alvarez expedida a solicitud mía, un pequeño Batallón de Guardia Nacional de Chilapa, que constaba de 200 hombres. Con ese Batallón emprendí la marcha por los pueblos de la montaña, entrando por Hueyenecantenango y levantándolos en son de guerra, aunque no puedo decir en armas, porque no las tenían, logré poner en acción más de dos mil indios que marchaban de montaña en montaña, paralelamente con mi fuerza armada, que constaba de 200 hombres y el pelotón de cabos y sargentos oaxaqueños, hasta salir por la espalda a mis soldados que a las órdenes del coronel Segura ocupaban un cerro a la vista de Tlapa.

Como el duque de Bernard vio salir simultáneamente por todas las cuestas que formaban la cordillera al sur de Tlapa, masas de hombres cada una con una música de instrumentos metálicos, le pareció que por mal armados que estuviéramos debíamos ser muy superiores en número a su fuerza y abandonó a Tlapa. Despedí enseguida a los indios que ocupé dándoles las gracias y devolví al general Jiménez el Batallón de Chilapa porque no tenía con qué mantenerlo y él me lo pedía con apremio, porque el enemigo le amagaba por Iguala.

El jefe austríaco tomó el camino de Chila de la Sal y se acampó a la margen derecha del río, y cuando yo llegué a ese punto, acampé a la izquierda.

Así permanecimos algunos días, hasta que la fuerza austríaca regresó a Atlixco, dejándome al frente a Visoso con unos 300 hombres, poco más o menos. Se me informó de algún amago de tropas procedentes de Oaxaca y con ese motivo regresé a Tlapa. Entonces Visoso se atrevió a pasar el río y permaneció en el pueblo de Chila.

Capítulo LIII. Comitlipa

4 de diciembre de 1865

Tuve una fiebre palúdica que no duró más de dos o tres días; pero teniendo el coronel Visoso noticia de mi enfermedad se aproximó a una distancia de 6 o 7 leguas, con cuyo motivo engañando yo a los míos, afecté una gravedad que no tenía y Visoso vino entonces a situarse hasta el pueblo de Tepetlapa, en donde yo podía, forzando la marcha en una noche, darle un golpe al amanecer, que era probablemente lo mismo que él intentaba hacer conmigo.

Así lo hice, y el 3 de diciembre en la noche sin dar ningún toque y de la manera más sigilosa, levanté y organicé mis fuerzas y emprendí la marcha con la cautela necesaria hacia el pueblo de Tepetlapa, cuyas entradas y caminos conocía yo muy bien.

Llegué a Tepetlapa y allí supe que Visoso había marchado a las nueve de la noche por Comitlipa, que no está muy lejos e aquel pueblo.

Aunque todavía faltaba mucho para que amaneciera, seguí mi marcha para Comitlipa sin dificultad alguna. Al llegar, en la madrugada del 4 de diciembre de 1865, a un lugar del camino desde donde se descubre el pueblo de Comitlipa, vi en un pequeño cerrito que está casi a tiro de pistola de la plaza, una gran fogata y comprendí que allí había una guardia de observación, y como aún no amanecía no podía yo ser visto. En un reconocimiento que practiqué con dos o tres hombres, dejando toda mi fuerza en el camino, pude comprender que el enemigo no tenía ninguna avanzada por el lado del camino en que yo estaba y que solo ocupaba el centro del pueblo, esto es, la plaza y Casa Municipal y la colina. Bajé entonces mi infantería y la oculté en unos espesos carrizales y arboleda que había a muy corta distancia de las primeras casas, y la dejé allí a las órdenes del capitán don José Guillermo Carbó y del teniente coronel don Juan José Cano y volví al punto elevado del camino en donde había quedado mi caballería. Esperé a que amaneciera, y cuando ya hubo luz, emprendí la marcha con la fuerza haciéndome visible en el camino y vi perfectamente que bajó un hombre corriendo de la colina, sin duda a avisar a Visoso. Creí que éste saldría a mi encuentro, pero no fue así, y tuve que llegar hasta la plaza a tirotearla para que saliera a perseguirme.

Como los del cerro habían podido ver y hasta contar la fuerza de caballería que yo traía y que apenas llegaría a 100 hombres, Visoso se animó a perseguirme y salió briosamente tras de mí. Cuando hubo rebasado el carrizal, le rompieron los fuegos el capitán Carbó y el teniente coronel Cano, cortándole el camino el primero y batiéndolo el otro por un costado, en los momentos en que yo con la caballería le cargaba rudamente por la llanura de su izquierda, a donde corría su gente en desorden al sentir los fuegos a quemarropa que salían del carrizal.

Fue derrotado completamente Visoso y huyó solo con unos veinte o treinta hombres de caballería, dejando ochenta y un muertos, entre los cuales había tres oficiales, y prisionera a casi toda su infantería que me sirvió para formar con el piquete de Cabos y Sargentos oaxaqueños que había encontrado en La Providencia, el Batallón Fieles de Oaxaca, cuyo mando tomó desde luego el capitán don José Guillermo Carbó a quien ascendí a Mayor con ese objeto.

Por mi parte tuve once muertos, entre los cuales estaba el teniente coronel Tomás Sánchez, y nueve heridos, entre ellos el capitán Bonifacio Valle, que lo había sido también en el encuentro de Tulcingo, y cuya herida aún no estaba cicatrizada.

Capítulo LIV. Operaciones contra Silacayoapan y Tlaxiaco

Del 6 de diciembre de 1865 al 24 de febrero de 1866

Volví a Tlapa donde permanecí algunas semanas sin que ocurriera aconte-cimiento notable, aprovechando la calma para instruir y organizar mi pequeña fuerza. En busca de recursos y hombres, emprendí una marcha para el Estado de Oaxaca, penetrando por el Distrito de Silacayoapan. Las pequeñas guarni-ciones que había en aquellos pueblos se retiraban al tener conocimiento de mi arribo al pueblo de Silacayoapan, cabecera del Distrito de su nombre, porque conocían que todos esos pueblos simpatizaban con la causa nacional, y yo lo ocupé el 13 de diciembre de 1865.

Expedí algunos decretos y pasé enseguida con intención de sorprender a Tlaxiaco, que estaba defendido por el general Trujeque. Después de algunos pequeños combates ocasionados por varias salidas que éste hizo, se resolvió a abandonar la plaza y la ocupé yo el 22 de diciembre de 1865, persiguiéndolo en su retirada para Teposcolula, hasta el pueblo de Santiago Yolomecal, en donde abandoné la persecución para volver a Tlapa.

Cuando supieron en Oaxaca que yo había ocupado a Silacayoapan y Tlaxiaco, mandaron fuerzas superiores a las mías para recobrar esas poblaciones, por lo cual tuve que a abandonarlas y retirarme a la costa.

Sabiendo en los primeros de enero de 1866 que en Silacayoapan había una fuerte guarnición austriaca y con el fin de hacerla salir de aquel pueblo amagué a Tlaxiaco; logré mi objeto, pues los austriacos se dirigieron a ese pueblo y yo ocupé a Silacayoapan. Me dirigí entonces sobre Tlaxiaco y lo batí por dos días, el 6 de enero de 1866; pero supe que venían al enemigo refuerzos considerables que estaban ya a 5 leguas de Tlaxiaco y tuve que evacuar mis posiciones frente a aquel pueblo. El 28 del mismo enero rechacé a una partida de traidores que asaltó a Silacayoapan muriendo el jefe.

Hice otros movimientos que no fueron de trascendencia a causa de los pocos elementos de que podía yo disponer, por lo cual no los enumero aquí.

Inserto enseguida dos cartas que dirigí a nuestro ministro en Washington, fechada la primera el 14 de enero de 1866, en Santa Lucía Monteverde, Distrito de Tlaxiaco, y la segunda en Yoxondua el 20 del mismo mes, ambos pueblos del Estado de Oaxaca, cartas que contienen algunos detalles respecto de mis movimientos en esos días y que fueron publicadas en inglés por el Gobierno de los Estados Unidos de América, y no encontrándose el texto español de la primera, ha habido que traducirla al castellano, de la traducción inglesa.

Santa Lucía, Monteverde.[13] Distrito de Tlaxiaco, Estado de Oaxaca, enero 14 de 1866.

Voy a decir a usted lo que me sucedió desde que me evadí de la prisión hasta la fecha, pero si usted ha leído lo que sobre esto le he escrito antes, no será sino una cansada repetición.

Verifiqué mi fuga de la prisión el día 20 de septiembre a media noche. El día 22 y 23 tuve dos escaramuzas con los traidores que me perseguían; la primera fue contra veinte y cinco infantes, en Tehuitcirgo, la segunda contra cuarenta o sesenta de caballería en Piaxtla. De allí pasé a Tecomatlán con el propósito de ponerme fuera de la acción de las Fuerzas de Acatlán y de proteger la incorporación de una pequeña Fuerza de Guardias Nacionales de Tlapa; pero las encontré en Tecomatlán y me regresé para encontrar a Visoso, que permanecía aún en los límites de Puebla y Guerrero, y había sido uno de mis más activos

---

13   Esta carta fue comunicada oficialmente por nuestro ministro en Washington al secretario de Estado de los Estados Unidos de América en nota de 23 de febrero de 1866, y transmitida por el presidente a la Cámara de Diputados del Congreso de aquel país con su mensaje de 20 de marzo de 1866, y publicada por acuerdo de la misma Cámara. (Documento del Ejecutivo N.º 73, primer período de sesiones de la Cámara de Diputados del 39.º Congreso, vol. 1, pág. 452.) Correspondencia de la Legación Mexicana en Washington durante la intervención extranjera, 1860-1867, vol. VII, págs. 200 y 986.

perseguidores. Le di alcance en Tulcingo; allí tuvo lugar un combate, en el cual el enemigo se retiró dejando dinero, armas y municiones en mi poder, además de cuarenta muertos en el campo y numerosos prisioneros.

Después, dejando todo mi botín en poder del coronel Segura, me fui a La Providencia a tener una entrevista con el general Álvarez; fui bien recibido en todas las poblaciones y en el Cuartel general del Sur. El gobernador se hallaba dispuesto a darme todo lo que tenía, es decir, armas y municiones, pero nada de dinero, porque no lo tenía. Podía haber dispuesto de cualquier número de Fuerzas del Sur, a condición de que las pagase desde que las alistara. A mi paso por Tixtla, en mi regreso de La Providencia, Supe que una columna del enemigo, fuerte de 700 hombres de todas armas, de austriacos y traidores, habían Ocupado a Tlapa, a la vez que como dos mil francotiradores defendían el paso del Mezcala, en Iguala.

Tomé trescientos infantes de Chilapa con algunos serranos y marché sobre Tlapa. El enemigo se retiró, dejando a Visoso con doscientos cincuenta hombres en observación nuestra. Tuve que devolver a la gente de Tixtla porque no podía mantenerla; hice que Visoso tuviera conocimiento exacto de que yo estaba enfermo en Tlapa a 6 leguas de Tepetlapa, en donde él se encontraba, y con esto se envalentonó mucho. El día 3 de octubre ordenó que formase la Guardia Nacional en la plaza y después de la parada, partí —él ignoraba la razón para esto— y después de la parada de la mañana, salí de allí y el día 4 al amanecer había yo escarmentado severamente a Visoso. Dejé en el campo ochenta y un muertos, entre ellos tres oficiales, muchos prisioneros, armas, caballos, etc. Allí obtuve alguna gente de refuerzo, con la caballería de Bernardino García, con lo que completé una fuerza de 100 infantes y otros tantos caballos. Volví a Tlapa, más de allí me fui a Silacayoapan, a donde llegué el día 13, y encontré que su guarnición de tiradores había huido antes de mi llegada. Organicé las autoridades y la Guardia Nacional, y entonces me fui a hacer lo mismo a Tlaxiaco; pero apenas hacía tres días que me hallaba en este último lugar, cuando se presentó una columna de austriacos y traidores, fuerte de 700 hombres. Me vi obligado a evacuar la plaza y el día 22 lo verifiqué retirándome al paso del enemigo que me perseguía, pero tan lentamente que en una semana solo hice unas 17 leguas, mientras que el enemigo hizo 9.

La columna austríaca se volvió a Oaxaca, en donde se necesitaba su presencia, y dejó en observación de mis movimientos unos 150 hombres y 300 de guarnición en Tlaxiaco. Me alisté para atacar a los que me observaban, pero habiéndose percibido de mi intento, se retiraron a Tlaxiaco. Entonces y con un refuerzo de unos 150 infantes de San Andrés Cabecera Nueva que recibí con sus autoridades a la cabeza, me aproximé a Tlaxiaco. El enemigo salió a encontrarme y lo batí en dos diversos encuentros, después de los cuales se retiró a la población. Le tomé cuatro caballos, catorce lanzas, cuatro prisioneros, una corneta, seis fusiles y le puse en dispersión treinta hombres. No puedo decir el número exacto de muertos y heridos; ellos dicen que solo tuvieron un muerto y cinco heridos. Por nuestra parte, tuve un teniente muerto; ocupé durante dos días parte de la población, a tiro de pistola del enemigo, pero no se atrevió a atacarme; mas como él esperaba refuerzos y yo no esperaba ningunos, tuve que irme a otras poblaciones para procurarme víveres y pasturas para cincuenta caballos y 116 infantes, pues los de Cabecera Nueva quedaron en sus casas. Tuve que licenciar 140 hombres porque no podía mantenerlos sin extorsionar a los habitantes. Cuando amenazaba yo a Tlaxiaco, el enemigo evacuó a Silacayoapan, que volvió a ocupar su jefe Político el comandante Manuel Reyes, con la Guardia Nacional.

Aun cuando habían llegado refuerzos al enemigo de unos 500 hombres en Tlaxiaco, y de entre ellos 100 eran austríacos, no se atrevía a atacarme.

Esto es todo lo que hasta ahora he podido hacer; le seguiré informando sobre mis futuros movimientos a medida que vayan teniendo lugar. He dispuesto la rebaja del impuesto de capitación a un real, y he devuelto las alcabalas al Estado como lo hice en 1864. No me ha sido posible pasar hacia el Norte del Estado; he transmitido órdenes en todas direcciones, pero solo de Figueroa y Juchitán he recibido respuestas favorables. Este momento es muy propicio para hacer mucho, y para extender la Línea de Oriente mucho más de lo que ocupaba en 1864, pero carezco de recursos y sin éstos nada puede hacerse.

Su amigo sincero.

(Firmado.) Porfirio Díaz.

C. Matías Romero, etc., etc.

Washington.

Yoxondua,[14] Estado de Oaxaca, enero 20 de 1866.

Muy querido amigo:

A principios de éste, el seis del corriente, con objeto de llamar a Tlaxiaco la guarnición austriaca que se hallaba en Silacayoapan, hice un amago serio al primero de estos puntos; se verificó la concentración de fuerzas que yo deseaba y se ocupó a Silacayoapan. También me proponía con ese movimiento llamar la atención de una columna austro-traidora que marchaba por oriente a batir a Figueroa; al presentarme a las puertas de Tlaxiaco salió su guarnición, superior en número a mis fuerzas y a las órdenes de Ramírez de Acevedo, a batirme, la rechacé con empuje de mi caballería (que es del mismo personal que tenía Ramos en Oaxaca en 1860) y esto sucedió tres ocasiones sin mayores resultados, porque siendo muy corta la distancia que arriesgaban a recorrer los defensores de la plaza, a poco de perseguirlos nos hallábamos bajo los fuegos de la torre y edificios altos del centro; permanecí dos días al frente de Tlaxiaco a menos de medio tiro de fusil, y el enemigo no emprendió una cuarta salida y teniendo noticia de que sus refuerzos estaban cerca, me he retirado 4 o 5 leguas, andando por los pueblos del mismo Distrito con la esperanza de que saldría a batirme; pero me equivoqué, el enemigo recibió sus refuerzos y solo se ocupa de fortificarse, siendo yo dueño de todos los pueblos con excepción de la Cabecera y del de Siloacayoapan, porque el jefe que mandé a ocuparlo está en posesión de él y lo explota, lo mismo que a todos los pueblos de Huajuapan que queden a su rumbo.

Tengo entre manos una porción de proyectos de que no puedo hablarle, mientras me fracasen o se realicen; son de fecundos resultados, pero no podrán tenerlos si yo no tengo pronto fondos a mi disposición y no es eso lo que siento, sino el ridículo en que vaya quedar ante militares extranjeros, a quienes, por esa circunstancia, tengo mucha vergüenza.

El Distrito de Juquila está pacífico con la fuerza y guarnición que le puse.

---

14   Esta carta fue comunicada oficialmente por nuestro ministro en Washington al Gobierno de los Estados Unidos de América, en nota fechada el 9 de marzo de 1866 y trasmitida por el presidente a la Cámara de Diputados del Congreso de aquel país, con su mensaje de 20 del mismo mes, y publicada por acuerdo de dicha Cámara. (Congreso 39.º. Cámara de Diputados. Primer Periodo de Sesiones.) Documento del Ejecutivo N.º 73, vol. 1, pág. 461. Correspondencia de la Legación Mexicana en Washington durante la intervención extranjera. 1860-1867, vol. VII, pág. 266.

Trabaje usted por el progreso de quien consagrando a la Independencia todos sus esfuerzos, deja para usted toda su sincera amistad.

(Firmado.) Porfirio Díaz.

Capítulo LV. Reposición en el mando de la Línea de Oriente

Del 20 de septiembre al 2 de febrero de 1866

Cuando el Gobierno tuvo la noticia de que debía evadirme yo de Puebla, que fue comunicada por don Justo Benítez a nuestro ministro en Washington y transmitida por él a la Secretaría de Relaciones Exteriores y la República, residente en el Paso, y el señor Juárez supo que intentaba yo evadirme y volver a tomar las armas contra el Imperio, me puso en el mando de la Línea de Oriente el 12 de noviembre de 1865, concediéndome las mismas facultades y atribuciones que tenía antes de la toma de Oaxaca por los franceses.

El 30 de diciembre de 1865 recibió el Gobierno Federal la noticia transmitida por nuestro ministro en Washington, el 13 de octubre anterior, de que había yo verificado mi evasión y que estaba ya en campaña contra la intervención y los traidores, y en ese mismo día ratificó su acuerdo anterior. Yo recibí en Atoyaquillo, del Estado de Oaxaca, el 2 de febrero de 1866, las órdenes respectivas de la Secretaría de Guerra, fechadas en el Paso del Norte el 12 de noviembre anterior, enviadas cuando se tuvo noticia de que pensaba yo evadirme.

El general don Alejandro García cuyo Cuartel general estaba en Tlacotálpam, del Estado de Veracruz, había quedado con el mando de la Línea de Oriente durante mi prisión en Puebla, y cuando volví a la campaña siguió como segundo en jefe.

Inserto enseguida dos comunicaciones fechadas respectivamente en el Paso del Norte, el 13 de octubre y 30 de diciembre de 1865, dirigidas por la Secretaría de Relaciones a nuestra Legación en Washington, que contienen esta resolución, y dos cartas mías fechadas en Atoyaquillo, del Estado de Oaxaca, el 2 de febrero de 1866, dirigidas al presidente Juárez y a nuestro ministro en Washington referente al mismo asunto, que contienen algunos detalles de los sucesos ocurridos en aquellos días y que pintan exactamente la situación que yo guardaba entonces:

Ministerio de Relaciones Exteriores y Gobernación.

Departamento de Relaciones[15]

Sección de América.

N.º 392.

Paso del Norte, noviembre 12 de 1865.

Coalición de Tabasco, Chiapas y Línea de Sotavento de Veracruz.

El general García.

El general Díaz.

Con la nota de usted, N.º 329 de fecha 8 de julio último, envió usted un pliego que le había remitido el C. general Alejandro García, relativo a la coalición de los Estados de Chiapas y Tabasco, y de la Línea de Sotavento de Veracruz.

Después me manifestó usted en su nota número 439 de fecha 15 de septiembre que había usted comunicado a ese Gobierno varios partes oficiales de las acciones que tuvieron lugar antes de la rendición de la ciudad de Oaxaca, y además, he recibido el duplicado de la nota de usted N.º 465 de fecha 28 de septiembre, acerca de la llegada a Nueva York de un Comisionado del C. general Porfirio Díaz y sobre la conveniencia de que éste volviese a tener el carácter de general en jefe de la Línea de Oriente, si según las noticias que había usted recibido está ya, o estuviese dentro de poco, libre y en aptitud de volver a prestar sus servicios.

Así lo ha acordado el C. presidente, y en tal caso, el C. general García, que tiene ahora el carácter de general en jefe de dicha línea, quedaría en el de segundo en jefe.

Envío a usted un pliego para el C. general García, que contiene la comunicación de este acuerdo, y la respuesta sobre lo relativo a la coalición, a fin de que se sirva usted dirigirle dicho pliego por el primer conducto oportuno.

También envío a usted la comunicación relativa para el C. general Díaz, con objeto de que se sirva usted dirigírsela desde luego o cuando fuere conveniente.

Protesto a usted mi muy atenta consideración.

Lerdo de Tejada.

Al C. Matías Romero, Enviado Extraordinario y ministro Plenipotenciario de la República Mexicana en los EE.UU. de América, Washington.

---

15 Correspondencia de la Legación Mexicana en Washington durante la intervención extranjera 1860-1867, vol. VI, pág. 366.

Ministerio de Relaciones Exteriores y Gobernación.
Departamento de Relaciones.
Sección de América.

Número 444.
Paso del Norte, diciembre 30 de 1865.
Ministerio de Relaciones Exteriores y Gobernación.[16]
Departamento de Relaciones.
Sección de América.
Evasión del general Díaz.
En la nota de usted N.º 497 de 13 de octubre último, me comunicó usted la noticia de que el C. general Porfirio Díaz se había evadido de su prisión en el Colegio Carolino de Puebla el 21 o 22 de septiembre anterior.

Me comunicó usted a la vez, que había recibido noticias satisfactorias de la situación del Estado de Oaxaca donde podrían ser así los servicios de aquel general más prontamente eficaces y muy provechosos. Después ha tenido el Gobierno por la vía de San Francisco, noticia de que se dirigió primero al Estado de Guerrero, en el que desde luego prestó un importante servicio, poniéndose a la cabeza de una fuerza que derrotó a otra del enemigo. Es probable que haya marchado para el Estado de Oaxaca enseguida.

Ya comuniqué a usted en mi nota N.º 392, de 12 de noviembre, lo dispuesto por el C. presidente de la República, para que el general Díaz volviese a tener el carácter de general en jefe de la Línea de Oriente, si se realizaba el anuncio de su próxima evasión como se realizó en efecto.

Protesto a usted mi atenta consideración.
Lerdo de Tejada.
Al C. Matías Romero, Enviado Extraordinario y ministro Plenipotenciario de la República Mexicana en los Estados Unidos de América.
Washington.

---

16 Correspondencia de la Legación Mexicana en Washington durante la intervención extranjera 1860-1867, vol. VI, pág. 406.

Atoyaquillo,[17] Estado de Oaxaca, febrero 2 de 1866.

Mi muy querido amigo:

He recibido hoy su muy apreciable de 18 de diciembre y con ella las tres comunicaciones a que usted se refiere; las anteriores de que usted me habla no han llegado a mis manos.

Incluyo a usted una carta abierta para el señor presidente, ella y otra que escribí al señor Godoy y de que debe usted tener copia, contienen la crónica de mi nueva época hasta hoy; véalas usted.

Siento infinito que en cuanto a recursos me hable usted de una manera tan terminante y absoluta haciéndome perder hasta la esperanza para más adelante si el préstamo como usted me dice no ha producido lo que esperábamos; en hora buena que yo tampoco cuente con lo que esperaba, pero que no cuente con nada cuando estoy en situación desesperada en cuanto a plata, es nulificarse por algún tiempo; crea usted que cualquiera cantidad por insignificante que fuera me valdría más ahora que millones después, porque hasta la gente descontenta que me busca y que no puedo mantener ni armar, se desmoraliza al verse despedida.

(...)

En el presente año solo ha ocurrido un ataque a Tehuantepec por Figueroa y los juchitecos; otro por mí a Tlaxiaco el día 6 de enero; pronunciamiento de Miahuatlán el día 24 y derrota de una partida traidora en Silacayoapan el día 28. Ahora viene sobre mí una invasión formal y voy a ver cómo la conjuro; la carta que le adjunto dará a usted una idea de mi situación y de los elementos con que podré resistir al mundo que según costumbre quieren echarme encima los traidores y austriacos.

Soy de usted respetuosamente su sincero y adicto amigo.

(Firmado.) Porfirio Díaz.

C. Matías Romero, E.E. y M. P. de la R. M. en Washington.

---

17   Estas cartas fueron comunicadas oficialmente por nuestro ministro en Washington al Gobierno de los Estados Unidos, en nota de 14 de marzo de 1866 y transmitida por el presidente a la Cámara de Diputados del Congreso de aquel país en su mensaje de 26 del mismo mes e impresas por acuerdo de la Cámara. (Congreso 39.° Cámara de Diputados. Primer Período de Sesiones. Documento del Ejecutivo N.° 73, vol. 1, págs. 462 y 463. Correspondencia de la Legación Mexicana en Washington durante la intervención extranjera 1860-1867, vol. VII, págs. 283 y 284.

Atoyaquillo, Estado de Oaxaca, febrero 2 de 1866.

Muy estimado y respetado señor:

Hasta hoy he recibido su muy apreciable del 12 de noviembre último, y con ella una copia del acuerdo en que se sirve usted reponerme en el mando en jefe que antes tenía, cuya copia viene autorizada por nuestro ministro en Washington y en el momento he comunicado tal disposición a los jefes de la Línea.

Usted debe suponer cómo estoy en cuanto a recursos y lo mucho que podría hacer teniéndolos; pero si la situación de usted también es mala en ese ramo, no pido, solo quiero que usted sepa para la primera oportunidad que necesito mucho y entretanto yo veré lo que hago con mis escopetas Viejas y mis hombres desnudos.

Al señor Godoy he mandado una revista de todas mis operaciones desde mi libertad el 21 de septiembre hasta fin de año, misma que debe haber mandado a usted y por eso solo vaya decir lo ocurrido en enero: un ataque a Tehuantepec sin más éxito que sacar a Juchitán del estado de vacilación y casi neutralidad en que se hallaba; hoy con todo lo ocurrido en dicho ataque le sería muy difícil volver a someterse al Imperio. Mis agentes de Miahuatlán y Ejutla han hecho un movimiento en la primera de dichas villas el 24 de enero y me remiten prisioneros a los empleados y autoridades traidoras que allí había.

Para preparar aquel movimiento he hecho movimientos rápidos sobre Tlaxiaco y Nochistlán, habiendo tenido en los suburbios del primero un encuentro el día 6, que me proporcionó algunas armas y caballos, teniendo el enemigo la pérdida de cuatro muertos, ocho heridos, cuatro prisioneros y muchos dispersos. Mi objeto era que la mayor parte de las Fuerzas de Oaxaca se situaran en la Mixteca y lo he logrado, por eso ha podido efectuarse lo de Miahuatlán a donde me dirijo, dejando por aquí a las órdenes de Leyva una fuerza que haga frente a la de la Mixteca que a mi juicio debe acudir a Oaxaca. El 28 del mismo enero una partida de traidores asaltó a Silacayoapan y fue rechazada por nuestras Guardias Nacionales, quedando muerto el jefe traidor y con él algunas armas; tendré a usted al tanto de lo que siga ocurriendo.

Pudiera aprovechar ventajosamente el estado de exasperación en que se hallan los pueblos, pero tengo que despedir las masas de hombres que no puedo armar ni mantener y esto nos hará perder el prestigio y a los pueblos la esperanza, y no por lo dicho crea usted que toda la fuerza está armada, tengo una porción de hombres con solo lanza que es lo que puedo construir a menos costo.

Quedo enterado de los decretos sobre retención del mando supremo y encausamiento del general González Ortega; han sido muy bien recibidos y solo murmuró Ruiz y nuestros enemigos que fundaban grandes esperanzas en una crisis que con rabia ven conjurada. En Oaxaca han sobresalido en esa materia nuestros amigos en razón directa de la adhesión con que otra vez han sido nuestros.

Escríbame usted con más continuación y como siempre mándeme, contando con mi sincera y muy justa estimación.

(Firmado.) Porfirio Díaz.

Ciudadano presidente Licenciado Benito Juárez.

Capítulo LVI. Lo de Soto

25 de febrero de 1866

Estando en Tlapa supe que una columna mandada por don Juan Ortega; procedente de Oaxaca, trataba de penetrar al Estado de Guerrero por Jamiltepec y Pinotepa, y que traía armamento para organizar un batallón que se llamara Batallón de Jamiltepec.

Auxiliado por el general Álvarez, con una fuerza de Guardia Nacional de 200 hombres que mandaba el coronel Antonio Reguera, emprendí mi marcha por Ometepec, hacia Jamiltepec, con objeto de encontrar a Ortega, y estando acampado en una ranchería que se llama Lo de Soto, el 25 de febrero de 1866, la avanzada que tenía sobre el camino a 3 leguas y compuesta de vecinos armados, abandonó su puesto, sin replegarse al campamento, y por consiguiente sin que yo pudiera tener aviso de la presencia del enemigo a tan corta distancia, y solamente pude verlo cuando ya hacía fuego sobre mis soldados que éstos le contestaban.

Al oír los primeros tiros salí de un jacal que me servía de alojamiento, y me encontré con la caballería enemiga a muy corta distancia que comenzó a dispararme sus armas. No tuve más recurso que volver al mismo jacal; tomé mis pistolas que estaban en mi montura, y no pudiendo salir por la puerta, porque por allí me amagaba el enemigo, me abrí paso rompiendo por la parte posterior la cerca del jacal que era de mimbre e hice otro tanto con otros dos jacales que seguían, porque al entrar sucesivamente en cada uno, mis perseguidores ocupaban la puerta. En esos momentos encontré por accidente a un oficial con diez hombres armados y montados, que horas antes me habían pedido permiso para ir a bañarse al río distante cosa de una legua y que regresaba en esos momentos; tomé su caballo y con esos diez hombres cargué sobre el enemigo, eficazmente ayudado por los fuegos de algunos soldados del Batallón Fieles de Oaxaca que con el teniente coronel don Martín Rivera habían ocupado un pequeño promontorio que estaba en el centro de la ranchería y desde allí batían bien a la caballería enemiga. Con esa eficaz ayuda pude llevarla hasta pasar una barranca, único paso que tenía y que era por donde ella había venido.

Una vez que logré arrojar la caballería enemiga al otro lado de la barranca, permanecí defendiendo el estrecho; pero a poco se me incorporó el teniente coronel don Marcos Bravo, con veinte hombres, que hasta esos momentos habían podido ensillar sus caballos, y pocos instantes después se me presentó el teniente coronel don Bernardino García, con otros cien hombres.

Salvada así la situación, pasé la barranca poniendo en retirada a la caballería enemiga que perseguí hasta el Rancho del Alacrán, donde ya no pude continuar por haberse incorporado a su infantería y su artillería que constituía el núcleo principal de la fuerza enemiga. Entonces comencé a retirarme porque el general Leyva me avisó que las mulas que pastaban a más de una legua, habían llegado y que estaban aparejadas y cargadas y formada la infantería. Entonces ordené que marcharan rumbo a Ometepec hasta los Horcones, y notando que en ese lugar podría presentarse acción con ventaja para nosotros, mandé al general Leyva que hiciera alto y me esperara. Una vez en los Horcones, me coloqué en condiciones de resistir un ataque, pero el enemigo no lo aceptó y volvió a pernoctar en Lo de Soto y nosotros en Ometepec.

En ese combate el enemigo había tenido seis o siete muertos y algunos heridos, y nosotros solo perdimos al teniente coronel don Manuel Aburto, que por estar gravemente enfermo y no habiéndose acordado de él sus compañeros que fueron de los más desmoralizados, lo encontró el enemigo en la cama y lo asesinó.

Capítulo LVII. Pinotepa y Jamiltepec

Del 26 de febrero al 12 de abril de 1866

Debilitada mi fuerza porque los surianos se habían dispersado en su mayor parte en los momentos de la sorpresa, y para no exponerme a un golpe de mano, pasé a acamparme a los bajos de Quetzala, con objeto de aprovechar para la caballada los buenos pastos que hay en aquel lugar y porque en la falta absoluta de recursos en que yo estaba, podía vivir allí de la pesca con mis soldados por espacio de una semana poco más o menos, en cuyo tiempo nos llegaron algunos recursos, enviados de La Providencia, por el general Álvarez, a quien referí lo ocurrido en Lo de Soto y me prometió enviarme nuevo refuerzo de infantería. Cuando lo recibí que sería como otros doscientos hombres, emprendí la marcha sobre el enemigo, sorprendiendo un destacamento de cuarenta o cincuenta soldados que tenía en Pinotepa.

La fuga de este destacamento desmoralizó mucho a las tropas de Ortega, que estaba en Jamiltepec a donde llegué pocas horas después de los muy pocos que pudieron huir de Pinotepa, cuando Ortega acababa de abandonar la población.

Lo perseguí, pero mi persecución no pudo ser muy larga aunque sí fructuosa, por la dispersión que le causé y por las armas y municiones que le quite. Precisamente por salvar mi pequeño botín y por tener de por medio el obstáculo del río, el cual había pasado ya el enemigo, no pude hacerle una persecución más tenaz.

A mi regreso a Jamiltepec, el 13 de abril de 1866, encontré 450 fusiles que había dejado Ortega escondidos en su salida precipitada, cuyas armas estaban todavía con el empaque de fábrica, y después recogí otras muchas que había puesto en manos de reclutas, que huyeron con ellos para sus pueblos; pero como Ortega había dejado sus papeles abandonados en su alojamiento, yo tuve en mis manos las listas del reparto de armas, y así pude reclamarlas a los que las tenían, lo cual me permitió adquirir cosa de quinientas, incluyendo las que quedaron abandonadas en el campo. Estas armas eran de sistema Enfield, mejores que las que el general Álvarez me había prestado, que eran lisas y viejas, y que le devolví entonces.

El siguiente parte oficial dirigido del Rancho del Zapote cerca de Putla, Estado de Oaxaca, al general don Alejandro García, refiere algunos de los sucesos ocurridos en esos días.

Rancho del Zapote,[18] abril 13 de 1866.

Tengo el gusto de comunicar a usted que a mi llegada a Jamiltepec, el enemigo fuerte de setecientos hombres, con dos piezas de artillería, habiendo tenido noticia anticipada de mi movimiento, abandonó la plaza. Inmediatamente dispuse la persecución de dicha fuerza, que hizo tenazmente el general Leyva, y aunque no fue posible darle alcance por la precipitación con que había, se le obligó a abandonar más de cuatrocientas armas de fuego, y bastantes pertrechos, de los que he recogido doscientos y tantos fusiles, parque de cañón, vestuario, etc., hasta ahora; y he dejado el encargo de recoger el resto al señor López Orozco, prefecto de Jarniltepec.

(Parte dirigido al general don Alejandro García, 2.º en jefe de la Línea de Oriente.)

Capítulo LVIII. Putla
Incorporación de Visoso
14 de abril de 1866.

Permanecí dos o tres días en Jamiltepec para dejar medianamente atendidos nuestros heridos, arbitrar algunos recursos y salir rumbo a Oaxaca sobre las huellas de Ortega; pero habiendo tenido noticia de que en Putla había un destacamento de alguna importancia, me dirig´ a ese pueblo a campo traviesa sobre la montaña, hasta caer al valle de Putla. Por los primeros aldeanos que encontré en el valle, supe que el destacamento había marchado el día anterior a las órdenes de un español llamado Ceballos, mayor de Caballería. Esta noticia

---

18   Este parte fue comunicado oficialmente por nuestro ministro en Washington en nota de 10 de junio de 1866 al Gobierno de los Estados Unidos en América y transmitido por el presidente de la Cámara de Diputados del Congreso de aquel país, en su mensaje de 29 de enero de 1867, y publicado por acuerdo de la misma Cámara. (Documento del Ejecutivo N.º 76. Segundo período de sesiones en la Cámara de Diputados del Congreso 39.º, pág. 287.) Correspondencia de la Legación Mexicana en Washington durante la intervención extranjera. 1860-1867, vol. VII, pág. 620.

me animó a redoblar el paso con mi Estado Mayor para ganar algún tiempo, a efecto de proporcionar víveres a la tropa con algunas horas de anticipación.

Había yo agregado a mi Estado Mayor todos los jefes y oficiales incorporados, a quienes no podía todavía colocar en las mas. En consecuencia, formábamos un grupo de más de treinta hombres. En esas condiciones se encontraba el capitán Carlos Pacheco, que fue después general de División y secretario de Fomento, el Mayor Juan de la Luz Enríquez, que llegó a general de Brigada y a gobernador del Estado de Veracruz, el coronel don José María Pérez y Milicua, el teniente coronel Guillermo Palomino y otros muchos.

Al tocar la población de Putla en concepto de que estaba desocupada, vi por una de las calles atravesar rápidamente un hombre con banderola roja, y me pareció que sería algún rezago del enemigo que permanecía allí con intención de robar. Entonces dividí a mi Estado Mayor en dos fracciones, para entrar a la población por dos calles paralelas, con objeto de sorprender al que yo suponía disperso, y al llegar a la plaza me encontré con el destacamento de Ceballos que, sorprendido por nuestra entrada rápida y simultánea, emprendió un combate inesperado, cuyo tiroteo hizo al general Francisco Leyva que mandaba la caballería y que venía más cerca de la infantería, ponerse a escape en nuestro auxilio.

Como algunos de los enemigos abandonaron la plaza en el primer choque, y el camino para Tlaxiaco, que era el que ellos proponían seguir, comienza a ascender desde el momento en que se sale de Putla, tuvieron ocasión de ver nuestra caballería que se acercaba a escape y eso más bien que nuestra presencia, los obligó a abandonar la población, no sin considerables pérdidas para ellos.

Habiéndome avisado el general don Juan Álvarez que el Estado de Guerrero era amagado otra vez por el rumbo de Tlapa, volví a dicha población y después de algunos días se me presentó un comisionado de Visoso, quien había sido derrotado por segunda vez y procesado por el Gobierno imperial, ofreciéndome sus servicios, los cuales acepté con la condición de que no viniera solo, sino con alguna fuerza y practicando antes algunas operaciones que me dieran garantías de su buena fe.

Pocos días después, Visoso salió furtivamente de Puebla, cuya ciudad tenía por prisión, y se dirigió en la noche a Chiautla, en cuya guarnición tenía simpatías. En la misma noche, previo acuerdo con la gente que formaba la Guarnición de Chiautla, se sublevó ésta con Visoso, matando al jefe Político y comandante Militar de ese punto.

Mandó poner en mi conocimiento ese suceso y yo protegí su incorporación con una marcha hasta el pueblo de Chila de la Sal, trayendo Visoso cerca de doscientos hombres y un obús de montaña.

El siguiente parte oficial contiene detalles de la acción de Putla.

República Mexicana.

Cuartel general de la Línea de Oriente.[19]

General 2.º en jefe.

Ciudadano ministro:

El C. general Luis P. Figueroa, en carta particular de 28 de abril próximo pasado, me dice desde Soyaltepec, lo que sigue:

Después de escrita la que con esta fecha le dirijo, remitiéndome a la del general Díaz, he visto el aumento de ella, fechada en Putla el 14 del corriente, cuyo tenor es como sigue:

Aumento. Putla, 14 de abril de 1866.

Como indico a usted arriba, comienzo mis operaciones en las Mixtecas. Hoy he ocupado a Putla, sorprendiendo al cabecilla español Ceballos que mandaba una fuerza de 200 hombres. Apenas tuvo tiempo el enemigo para hacer una resistencia de minutos, en una altura donde le cargué con una parte de mi caballería, dispersándolo completamente y persiguiéndolo hasta que la entrada de la noche me obligó a volverme. El resultado fue un triunfo completo, quitando al enemigo setenta fusiles, veintiún mosquetes, treinta lanzas y cuarenta caballos ensillados. Se hicieron igualmente al enemigo diecisiete muertos y veintitrés prisioneros. Por no tener tiempo para más, trasmítale usted este aumento al general García.

Porfirio Díaz.

---

19   El parte fue comunicado oficialmente por nuestra Legación en Washington al secretario de Estado de los Estados Unidos de América en ncta de 10 de junio de 1866 y transmitido por el presidente a la Cámara de Diputados del Congreso de aquel país en su mensaje de 29 de enero de 1867, y publicado por acuerdo de la misma Cámara. (Documento del Ejecutivo N.º 76 del segundo periodo de sesiones de la Cámara de Diputados del Congreso 39.º de los Estados Unidos, pág. 287.) Correspondencia de la Legación Mexicana en Washington durante la intervención extranjera 1860-1867, vol. VII, pág. 620.

Lo que inserto a usted en cumplimiento de la recomendación precedente, repitiéndome, etc.

Lo que me honro de trascribir a usted para conocimiento del Supremo Gobierno, a quien no dudo servirá de mucha satisfacción ver los progresos que ha hecho el C. general Díaz, a pesar de las muchas veces que lo ha supuesto derrotado el enemigo.

Independencia y Libertad.

Cuartel general en Amatlán, a 15 de mayo de 1866.

Alejandro García.

C. ministro de Guerra y Marina. Paso del Norte, o donde se halle.

Capítulo LIX. Prórroga del periodo constitucional del señor Juárez

Del 30 de noviembre de 1865 al 9 de mayo de 1866

Había surgido entretanto una cuestión seria, que amenazó por algún tiempo el buen éxito de los esfuerzos del país en favor de su Independencia. El señor Juárez había inaugurado su período de presidente Constitucional, el 15 de junio de 1861. La Constitución previene que el período presidencial sea de cuatro años y que termine el 30 de noviembre. Había, pues, la duda de si el primer período del señor Juárez debería terminar el 30 de noviembre de 1864, en cuyo caso no cumpliría los cuatro años que establece el artículo de la Constitución, o el 30 de noviembre de 1865, en cuyo caso se excedería a ese período.

El general don José González Ortega que había sido electo presidente de la Suprema Corte de Justicia y que funcionaba como vicepresidente, interpretó la Constitución en el sentido de que el período del señor Juárez terminaba el 30 de noviembre de 1864; saliendo a poco del país para los Estados Unidos, considerándose el presidente legal de México, y como tenía la convicción de que la guerra que hacían los franceses a México, era personal contra el señor Juárez, suponía que llegando él a ser presidente, cesaría la tuerca en virtud del cambio en el personal del Gobierno. Desde los Estados Unidos hizo el general Ortega varias tentativas para que México lo reconociera como presidente Interino Constitucional y fue mandado encausar por el Gobierno del señor Juárez.

Apoyaban este movimiento algunas personas distinguidas del partido liberal, como don Guillermo Prieto, el Licenciado don Manuel Ruiz, los generales Huerta, Patoni, Negrete, Quesada y otros; pero la gran mayoría de la Nación, comprendiendo que las consecuencias de un cambio en el personal del Gobierno en aquellas críticas circunstancias, podrían ser trascendentales y que sería difícil encontrar persona que reuniera el prestigio y las condiciones del señor Juárez, para continuar la campaña, a la vez que sería hasta indecoroso aceptar las condiciones que Napoleón ponía para tratar con México, pasó por la irregularidad que pudiera haber de la prolongación del período del señor Juárez y aceptó no solamente la resolución de 30 de noviembre de 1864 que declaró que el período presidencial terminaría hasta el 30 de noviembre de 1865, sino el decreto de 8 de noviembre de ese año que prorrogó el período del señor Juárez, hasta que pudiera hacerse una elección, y mandó encausar al general González Ortega.

Los caudillos militares que mandaban las Fuerzas Nacionales y los hombres más distinguidos del partido liberal, expresaron su aprobación de ese decreto y a la vez me tocó hacerlo así, en una carta particular que dirigí desde Tlapa el 9 de mayo de 1866 a nuestro ministro en Washington, cuya carta inserto enseguida. Antes lo había hecho en una carta dirigida al señor Juárez, de Atoyaquillo el 2 de febrero de 1866:

Tlapa[20] mayo de 1866.

Señor don Matías Romero.

Washington

He hecho publicar aquí los decretos del Gobierno.

El primero relativo a la prórroga del Período Constitucional del presidente, se ha recibido con notable satisfacción. Es inútil hablar de mis opiniones, porque siempre las revela mi conducta, que consiste en la obediencia absoluta o en mi absoluta separación de toda posición oficial, cuando mis convicciones no me permiten estar de acuerdo con la política que se sigue.

---

20 Esta carta fue comunicada oficialmente por nuestro ministro en Washington al Gobierno de los Estados Unidos de América en nota fechada el 31 de octubre de 1866, y transmitida por el presidente a la Cámara de Diputados del Congreso de aquel país, con su mensaje de 29 de enero de 1867 que fue publicado por acuerdo de dicha Cámara. (Congreso 39.º, segundo período de sesiones, Cámara de Diputados.) Documento del Ejecutivo. N.º 76, pág. 461. Está ademas publicado en español en el vol. 8.º pág. 508 de La Correspondencia de la Legación Mexicana en Washington durante la intervención extranjera. 1860-1867.

En el presente caso, el paso dado por el presidente, no solamente me parece oportuno, sino la única conducta que puede conducir a la salvación de la República.

El decreto que dispone sean encausados el general Ortega y demás jefes y oficiales que se hallan en igualdad de circunstancias, está, a mi juicio, bien fundado en la ordenanza militar y en los usos de la guerra.

Mi opinión con respecto a la estricta observancia de las ordenanzas militares, es bien conocida; siempre deben ser rigurosamente aplicadas.

Creo por lo tanto que el Gobierno no ha hecho más que cumplir con su deber sobre este particular.

Su afectísimo amigo y servidor.

Porfirio Díaz.

Capítulo LX. Pláticas con el general Trujeque

Del 10 al 8 de mayo de 1866

Después de que se incorporó Visoso regresé otra vez a Tlapa, y considerando que mi fuerza era muy pesada para vivir sobre aquellos pueblos que eran amigos míos; y considerándome, por otra parte, capaz de emprender operaciones en el Estado de Puebla, promoví un pronunciamiento entre los vecinos de San Juan Ixcaquistla que eran amigos. Mientras se preparaba ese movimiento, el general Trujeque que se encontraba al servicio del enemigo encuartelado en el Rancho de Tacache, punto estratégico para observarme y observar a Ixcaquistla y Silacayoapan, pueblos muy sospechosos para el enemigo, me mandó en comisión al capitán don Enrique Travesí, que era ayudante suyo y hermano de don Manuel Travesí, mi secretario particular, ofreciéndome ponerse al servicio del Gabinete con toda su fuerza. Me daba como garantía, la vida de don Enrique Travesí, que quedaría en rehenes como los míos, mientras yo pasaba a tener una conferencia con él en el Rancho de Tacache.

Como la situación comenzaba a declinar para los imperialistas y yo conocía el carácter de Trujeque, no me pareció inverosímil su buena disposición, y salí para Tacache, acompañado de un ayudante.

Al salir de Xochihuehuetlán que era mi Cuartel general, quedaron muy alarmados todos mis subordinados de que yo emprendiera solo esa marcha y sin ninguna escolta que me diera seguridad, y convinieron en que me seguiría a cierta distancia para que yo no los viera, el teriente coronel don Marcos Bravo con cien caballos de lo mejor que tenía. Pasé la avanzada que tenía el general Trujeque sin novedad, porque no me conocieron o porque tendrían instrucciones al efecto. Parecía lo primero, porque me trataron como desconocido. La avanzada era un puesto nada más de vigilancia de cinco hombres desmontados.

Al llegar al Rancho de Tacache y en los momentos de desmontar junto a la puerta del jacal donde estaba alojado Trujeque, hicieron fuego de otro que había al lado opuesto de la pequeña plaza, sobre mí y mi ayudante, hiriendo al caballo de éste. Salí a todo escape por donde había entrado, forzando y evadiendo la avanzada en cuanto lo permitía el terreno que era muy estrecho y seguido por gente de a caballo a tan corta distancia, que no pasaría de quinientos metros.

Cuando corríamos de ese modo por las colinas vi fuerza de caballería que al parecer salía a cortarnos la retirada. A poco reconocí que esa fuerza pertenecía a los míos, y entonces me incorporé a ella y retrocedió la de Trujeque, al Rancho de Tacache.

Acto continuo me escribió Trujeque explicándome que todo lo que había pasado fue porque me reconoció algún oficial de los que no estaban de acuerdo con él, y yo quedé en duda de la verdad de lo ocurrido, porque si hubiera sido efecto de un plan preconcebido, bastaba que me hubiera dejado poner pie en tierra para que hubieran sido dueños de mí y de mi ayudante.

Capítulo LXI. Chiautla-Tlaxiaco
Del 9 de mayo al 31 de julio de 1866

En los primeros días de junio de 1865 me propuse tomar a Chiautla por asalto, y con tal objeto me acerqué a ese pueblo, no por caminos directos sino como yo acostumbraba en tales casos, cortando por lugares despoblados con el objeto de tomar al enemigo por sorpresa. Estando ya cerca del pueblo y sin que nadie hubiera sentido mi movimiento, y esperando solamente el toque de diana, momento a propósito para verificar el asalto, se le disparó su fusil a uno de mis soldados y los demás que estaban soñolientos y medio dormidos, comenzaron a disparar sus armas en todas direcciones, creyendo que los atacaba el enemigo, por lo cual no me fue ya posible asaltar a Chiautla y tuve que retirarme.

Emprendí además diversas operaciones contra Tlaxiaco y otros puntos, que por no haber dado resultados importantes, a causa de los raquíticos elementos con que contaba, no considero necesario referir aquí; pero que aparecen consignados en las siguientes cartas particulares escritas por mí en los días que tuvieron lugar los sucesos que estoy refiriendo, comprenden varios detalles respecto de los mismos y tienen la circunstancia de haberse escrito cuando ocurrían los acontecimientos y de dar una idea aproximada de la situación de entonces, pues ellos expresan en algunos casos hasta mis propósitos:

Tlapa,[21] mayo 9 de 1866.

Señor don Matías Romero. Washington.

Mi muy estimado amigo:

He recibido hoy las cartas de usted de 22 de febrero y 22 de marzo últimos, quedando impuesto por ellas del buen aspecto que presentan nuestros asuntos en ese país; así como la imposibilidad en que usted se encontraba, hasta la fecha de su última carta para proporcionarme los recursos que tanto necesito para ponerme en actividad y abandonar las escaramuzas de que me ocupo, como de un mero pasatiempo, pues operaciones en grande escala necesitan dinero y sin éste los hombres de que puedo disponer no me son útiles.

He recibido también las órdenes del Gobierno por las cuales se me encarga del mando en jefe de la Línea de Oriente, cuya nueva prueba de confianza siempre recordaré con satisfacción. No puedo extenderme tanto como quisiera acerca de la situación que guardamos por aquí. En el momento que recibí las órdenes del Gobierno, pensé en marchar al otro lado del Estado (Oaxaca); pero el temor de que el enemigo no tenga más que en un solo punto de esta línea donde fijar su atención, pudiendo así cargar todas sus fuerzas sobre un lugar dado, y el buen éxito que hasta ahora ha producido dividir su atención y sus fuerzas, me han decidido a permanecer por aquí, confiando en que cuando me haga de mayores recursos, podré pasar al otro lado dejando aquí una fuerza

---

21 Esta carta fue comunicada oficialmente por nuestro ministro en Washington en nota de 13 de julio de 1866 transmitida por el presidente a la Cámara de Diputados del Congreso de aquel país con su mensaje de 29 de enero de 1867 que fue publicado por acuerdo de la misma Cámara. Documento del Ejecutivo N.º 76 del segundo período de sesiones de la Cámara de Diputados del Congreso 39.º de los Estados Unidos, pág. 289. Correspondencia de la Legación Mexicana en Washington durante la intervención extranjera 1860-1867, vol. VII, pág. 68.

respetable. De este modo, el enemigo al moverse sobre un punto, se verá amenazado inmediatamente y lo tendremos constantemente en jaque. Hay además otra razón; en aquellos pueblos puedo disponer de más recursos que aquí y aun de más elementos de guerra; pero aquella gente no es tan a propósito para la campaña, porque como ésta de la Costa del Sur, quieren hacerla en sus respectivas localidades. Puesto que de aquel lado tengo los recursos y de éste los hombres, lo más acertado sería traer una parte de aquéllos para organizar éstos. Si lo consigo pondré en campaña la gente de la Mixteca, Valle de Puebla y Tlaxcala, que está dispuesta a fundar en mí sus esperanzas. Si no consigo recursos de usted, de García o de otra parte, prescindiré con pena de este gran proyecto y pasaré entonces al otro lado del Estado a conservar y movilizar aquellos pocos elementos, sacando de ellos el mejor partido posible.

Aunque muy sucintamente daré a usted algunos detalles de mis últimas operaciones. Después de mi penúltima retirada de la Mixteca hacia la Costa, que hice con tan buen orden que los más días se avistaba mi retaguardia con la vanguardia del enemigo, cambié mi base de operaciones. Una columna me perseguía por la Mixteca, y habiendo tenido noticia de que otra columna enemiga se dirigía sobre mí por el camino de Sola y Juquila; apresuré mi marcha y logré llegar antes que ella a Pinotepa. Allí volví a estacionarme hasta que ambas columnas se reunieron y entonces me dirigí a Lo de Soto donde volví a esperar al enemigo hasta el 25 de febrero. El enemigo logró dispersarme una avanzada, de la cual ni un solo hombre volvió a mi campo, y sin aviso alguno se me presentó con el grueso de su fuerza. Con dificultad pude retroceder por el mismo camino y aprovechándome de un retardo de dos horas que tuvo una parte de la infantería enemiga, organicé mi retirada, levanté mi campo y me retiré a Ometepec, dejando mi caballería al mando del general Leyva, con orden de que se fuera retirando a la vista del enemigo para contenerlo y asegurar así mi retirada. Este incidente desbarató mis planes.

La caballería enemiga que atacó dos veces la mía, por dos veces también volvió grupas. En estas escaramuzas perdí un oficial, Manuel Aburto, hicimos tres muertos, algunos heridos y un prisionero del enemigo, En Ometepec me hice de algunos recursos y por caminos de travesía me dirigí violentamente a Jamiltepec. El enemigo que creía estaba yo lejos, se sorprendió al saber que me encontraba yo a una jornada de distancia por rumbo que no esperaba,

Contramarché buscando su base de operaciones y en la retirada lo hostilizamos con tan buen éxito que recogimos 232 fusiles y algunas municiones.

Con una fuerza pequeña me dirigí a Putla el 14 de abril y destrocé un destacamento enemigo de 200 hombres que estaba allí. El 25 recogí todo lo que el enemigo tenía allí consigo, me proporcioné medios de transporte para conducir el botín y continué al día siguiente para Tlaxiaco. Las guarniciones de dicha plaza, Justlahuaca y Huajuápam se habían replegado a Teposcolula; avancé hasta Yolomecal y el enemigo se disponía a retirarse enviando sus cargas y artillería a Yanhuitlán. Tuvieron noticia en Oaxaca de mis movimientos y mandaron refuerzos al enemigo; entonces contramarché a Tlaxiaco y de allí a esta villa con el objeto de sorprender la guarnición austriaca, pero ésta se había retirado y unido al grueso del enemigo. Mi movimiento sobre Tlaxiaco produjo el efecto que me propuse y fue llamar la atención del enemigo hacia un punto haciéndole creer que iba yo a atacarlo con el grueso de mi fuerza; para que de este modo el general Leyva, a quien desde el 16 había yo mandado con una parte de la caballería escoltando un convoy no tuviera embarazo ninguno y llegara como llegó felizmente al lugar de su destino.

Pienso permanecer aquí algunos días para dar descanso a mis tropas, organizar fuerzas con las armas que el enemigo me ha proporcionado y hacer otras cosas que no debo decir.

El principal inconveniente que tengo para contar con la fuerza que yo quisiera, es la falta de recursos: todos los pueblos me llaman y me ofrecen las armas que les ha dado el imperio, pero prefiero tener una fuerza reducida a tenerla numerosa sin haber alguno. Con dinero tendría facilidad de extender mi línea de operaciones y llegar a lugares donde hay traidores ricos que son quienes deben pagar los gastos de la guerra. Mi presupuesto es tan económico que el soldado recibe doce centavos diarios, a veces menos; en cuanto a los jefes y oficiales sirven sin recibir sueldo alguno. Algunos dirán que debería yo exigir préstamos a los pueblos, pero no creo que esta es la marcha que debo seguir; no quiero extorsionar, es contra mi carácter y educación por más que Forey afirme lo contrario.

He hecho publicar los últimos decretos del Gobierno. El primero sobre prórroga del Período Constitucional del presidente, ha sido recibido con satisfacción. Nada había dicho a usted de esto porque mi conducta no interrumpida consiste en obedecer o retirarme cuando no me agrada la marcha de la política: nunca lo haría en estas circunstancias y mucho menos cuando el paso indicado no solo me parece más oportuno, sino el único que nos puede salvar.

El decreto que manda enjuiciar al general Ortega y demás militares que se hallan en su caso, es mi opinión fundada en la ordenanza y práctica del ejército. Demasiado conocida es mi opinión en materia de ordenanza, aplícola siempre con rigor. Creo por lo mismo que el Gobierno no ha hecho sino lo que debe en este particular.

Ruego a usted me siga favoreciendo con sus letras y quedo de usted atento amigo y servidor.

(Firmado.) Porfirio Díaz.

Huamuxtitlán,[22] 28 de julio de 1866.

Juntas he recibido dos cartas de usted de 10 y 17 de junio.

Después de mi carta fechada en Quetzalá, a que usted se refiere, le escribí de Jamiltepec, dándole conocimiento de mi entrada en aquella plaza y ventajas que obtuve sobre el enemigo, en la persecución que le hice rumbo a Oaxaca; en Putla avisé a usted, quince días después, mi arribo a dicho punto, sorprendiendo y destrozando un destacamento del enemigo, de 200 hombres poco más o menos; cuatro días después, comuniqué a usted mi entrada a Tlaxiaco, persecución que hice a su guarnición hacia Oaxaca, y mi vuelta rápida a este rumbo. Por ser estos hechos pequeños, los he comunicado a usted en lo particular, porque me ha dado pena dirigir a usted y al Gobierno oficialmente, parte de operaciones de guerrillas; pero veo que usted lo desea así, y lo haré en lo sucesivo.

El hecho más notable de que también he dado a usted conocimiento, es la derrota completa que dio Figueroa a una columna austriaca, que por la Sierra

---

22   Esta carta fue comunicada oficialmente por nuestro ministro en Washington al secretario de Estado de los Estados Unidos de América en nota de 6 de octubre de 1866 y transmitida por el presidente de la Cámara de Diputados del Congreso de aquel país con su mensaje de 29 de enero de 1867 y publicada por acuerdo de la misma Cámara. (Documento del Ejecutivo N.º 76, en el segundo período de Sesiones de la Cámara de Diputados del 39.º Congreso de los Estados Unidos, pág. 295.) Correspondencia de la Legación Mexicana en Washington durante la intervención extranjera. 1860-1867, vol. VIII, pág. 369.

se diría a la Costa de Sotavento; y de esto no he dado a usted ni al Supremo Gobierno, conocimiento oficial y detallado, porque de la línea que ocupa Figueroa a este Cuartel general solo se atreven los correos a traer papeles muy pequeños: y todo lo que en ellos me ha dicho lo he trasmitido a usted, no mandando el parte oficial porque no lo he recibido, ni lo creo ya oportuno, después de tanto tiempo.

En dos de mis anteriores he repetido a usted los pormenores que me dio Figueroa, y no obstante que deben estar ya en poder de usted, repito a grandes rasgos lo más interesante.

En Soyaltepec, lugar de la acción, fueron recogidos y quemados noventa y tres cadáveres de austriacos; en todo el camino por donde aquellos fueron perseguidos, de allí al Plan de Tehuacán, quedaron muchos muertos, cuyo número no puede precisarse, por la espesura del monte y porque los perseguidores no eran realmente los soldados de Figueroa, sino los pueblos que apoyados en los primeros, tomaban sucesivamente puntos ventajosos en el camino, en los cuales hacían mal al enemigo; y los menos resueltos desocuparon sus casas y les aplicaron fuego para negar por ese modo toda clase de recursos. En esta conducta heroica han sobresalido los pueblos de Soyaltepec, Ixcatlán y Ojitlán.

En cuanto a mis próximas operaciones, que es donde encuentro lo de positivo provecho, creo aventurado dar a usted explicaciones, por la inseguridad de la correspondencia; pero sí puedo asegurar a usted que todo marcha a mi satisfacción. De usted afmo. y seguro servidor.

(Firmado.) Porfirio Díaz.

Señor don Matías Romero, ministro de la República Mexicana en Washington.

Capítulo LXII. Operaciones militares

Del 1.º de julio al 31 de agosto de 1866

Mis operaciones contra el enemigo durante el período que transcurrió desde la acción de Lo de Soto hasta la ocupación de Huajuápam de León, que tuvo lugar el 18 de septiembre siguiente, se encuentran referidos en la siguiente comunicación oficial dirigida al ministro de la Guerra del Gobierno de la República y una carta particular enviada a don Justo Benítez. La circunstancia de haber sido escritos esos documentos en momentos en que tenían lugar los sucesos a que ellos se refieren, les dan un carácter de exactitud que los hacen muy atendibles. Tal vez hubieran desaparecido varios de ellos, si no hubieran sido comunicados oficialmente por la Legación Mexicana en Washington al Gobierno de los Estados Unidos, con el objeto de tener a aquel Gobierno al tanto de las operaciones militares en la República y haber sido comunicados por el presidente de aquel país al Congreso del mismo, a petición de la Cámara de Diputados, e impresos por acuerdo de esta Cámara. A esta circunstancia se debe el haberse perdido el texto español de algunos de ellos y estar atenidos tan solo a su texto inglés del que han sido traducidos de nuevo al español. El texto español ha tenido que tomarse después de los archivos del Departamento de Estado de los Estados unidos.

Xochihuahuetlán,[23] 12 de agosto de 1866.

Querido amigo:

Llevaba algunos días de estar encerrado, girando en un círculo muy pequeño, en esta frontera del Estado de Guerrero, fingiendo algunas operaciones pequeñas que hicieran creer al enemigo, y aun a los amigos, que eran el objeto único de mi presencia por aquí. Pero mientras me ocupaba activa y muy reservadamente de preparar un sacudimiento general desde el tercer Distrito de México hasta Tehuantepec, esto es: todo e Sur de los Estados de Puebla y Oaxaca, y todo el Distrito antes mencionado. En los últimos días de estos trabajos he ligado, también, a la parte Norte del Estado de Puebla y si bien creo que mi trabajo no es una obra completa, estoy seguro de que mi situación, bastante mala por la faz monetaria, no me era posible hacer más para su perfección. Así es, que bien o mal trabajado, tengo en mis manos todos los hilos, y comienzo a sacudirme, hasta ahora con buena fortuna.

Me aproximaba a Chiautla para proteger un movimiento que debía verificar una parte de su guarnición, el 14 del corriente, simultáneamente con la toma de San Juan Ixcaquistla, y según correos que he recibido en todo el día de hoy, se festinaron uno y otro, porque así fue necesario para no caer en un lazo. El de Chiautla puso en mi poder 150 infantes, cincuenta caballos, un obús de montaña y el depósito de armamento que allí había, cuya importancia aún no

---

23 Correspondencia de la Legación Mexicana en Washington durante la intervención extranjera. 1860-1867. Nota N.º 683, vol. VIII, pág. 400.

conozco. El de San Juan Ixcaquistla, pone a mi disposición cuarenta caballos de los de Flon y 150 más que se reunieron para ejecutar la operación.

El tercer distrito de México también comienza a rebullirse, y en este momento destaco a Leyva con una caballería para que uniforme y dirija las operaciones que se harán sentir para el imperio hasta el 14. Para esa fecha, Segura, con 160 infantes me entretendrá a 300 austriacos que se hallan en Huajuápam; mientras yo me apodero de Acatlán y de Tepeji.

En la misma fecha, Felipe Cruz y Romualdo Zárate, que mandan la fuerza de la montaña mixteca, se aproximarán sobre la cordillera hasta Peras; y Figueroa, que dispone de 800 infantes y 200 caballos en Cuicatlán, atacará a Tehuacán, y conseguirá cuando menos, que aquella guarnición y la de Puebla no se ocupen mucho de mí.

Respecto a lo que sucederá en la misma fecha por Tlaxcala, Texmelucan, Huamantla, etc., nada debo decir aún, puesto que tú conoces ese plan, que es viejo, y que solo faltaba fijarle día para su desarrollo. En la misma fecha, López Orozco se moverá con fuerzas de la Costa Chica, por el rumbo de Zola, hasta donde pueda; y Juchitán batirá a Tehuantepec.

No he dado participio a García porque no quiero quitarle su atención, que debe estar fija sobre Tlacotálpam.

Próximamente te diré el resultado completo de este registro y la aventura que debe seguirle, y entonces verás el motivo que tenía yo para no pasarme a Oaxaca.

El general Leyva, gobernador del tercer Distrito de México, como más inmediato a mí, y animado por nuestra afinidad, se ha unido de hecho a la Línea de Oriente. De ella recibe dirección y elementos. Procura que este hecho sea confirmado por el Gobierno.

Acabo de recibir tu carta de 12 de julio, pero no puedo seguir escribiéndote, porque son las dos de la mañana y me esperan los caballos ensillados y formada la tropa. Por esta misma razón no puedo escribir a Romero. Hazme favor de mostrarle ésta y saludarlo, lo mismo que a su apreciable familia.

Se me olvidaba decirte que quien ejecutó el movimiento de antier en Chiautla fue Visoso, y que batió y derrotó a Gavito, comandante Militar de dicho punto, quien murió en la acción.

Las operaciones de Tepeji, Acatlán y demás, las ejecuta don Vicente Ramos.

Si como dices estarás por nuestra tierra para octubre, no seré muy atrevido al ofrecerte que para esa fecha nos veremos en Oaxaca.

Aunque Maximiliano me favorece con el armamento que reparte a los pueblos, éste no es de la mejor clase; por consiguiente, no pierdo la esperanza de cambiarlo por el que me puedas conseguir con Romero; sobre todo, carezco de municiones, porque de esto sí escasea mucho Maximiliano y aunque Álvarez me da cuantas puede, no me puede dar todas las que necesito, lo cual me pone en gran dificultad, que es buena añadidura a la diferencia de mis armas con las del enemigo.

Te desea felicidades tu hermano.

(Firmado.) Porfirio Díaz.

Señor licenciado don J. Justo Benítez.

Nueva York.

Chinantla,²⁴ 20 de agosto de 1866.

Muy querido amigo:

Deseo instruir a usted de mi situación actual y progreso que voy teniendo en ella, y como tengo el mismo deber para con el Supremo Gobierno y no cuento con el tiempo necesario para duplicar este trabajo, remito a usted abierta toda mi correspondencia oficial para que se informe de ella antes de darle dirección.

Su amigo y S. que lo aprecia y saludándolo afectuosamente B. S. M.

(Firmado.) Porfirio Díaz.

---

24 Dos comunicaciones oficiales envié a nuestro ministro en Washington con esta carta, la que se inserta enseguida y otra de la misma fecha, en que se transcribía el parte oficial que me dio el general don Luis Pérez Figueroa de la acción de Zoyaltepec, fechada en Teotiltán del Camino el 1.º de mayo de 1866, que por no tener relación con las operaciones militares que yo dirigía directamente, no la inserto aquí.

Estos documentos fueron comunicados por nuestro ministro en Washington al secretario de Estado de los Estados Unidos de América, con nota de 21 de octubre de 1866, y transmitidos por el presidente de la Cámara de Diputados del Congreso de aquel país con su mensaje de 29 de enero de 1867, e impresos por acuerdo de la misma Cámara. (Documento del Ejecutivo N.º 76 del segundo período de sesiones de la Cámara de Diputados del Congreso 39.º pág. 300.) Correspondencia de la Legación Mexicana en Washington durante la intervención extranjera. 1860-1867. Nota No. 698, vol. VII, pág. 423.

Señor licenciado Matías Romero, E. E. Y M. P. de la República.
Washington.

República Mexicana, Línea de Oriente.
General en jefe.
Ciudadano ministro:
Aprovechando el estado de distracción en que actualmente se encuentra el
Ejército invasor, por las operaciones de las Fuerzas Republicanas en el interior
de país, he dispuesto hacer un movimiento general de los pequeños elementos
de guerra con que cuento en los Estados de México, Puebla, Oaxaca, Tlaxcala
y Chiapas; y ha comenzado a realizarse el día 10 del corriente con buen éxito
hasta ahora. En ese día el coronel C. Jesús M. Visoso, sublevó ciento cincuenta
infantes de la Guarnición de Chiautla y derrotó con ellos el resto de la guarnición
que mandaba el traidor Gavito, incorporándoseme enseguida con su fuerza, un
obús de montaría y ochenta y seis fusiles sobrantes. El 13 de ese mismo mes
nos hallábamos al frente de Chiautla, cuya plaza había sido reocupada por el
enemigo, reforzado con la Guarnición austríaca de Matamoros; en ese día, dos
distintas ocasiones creí que el enemigo aceptaba el combate que mi presencia
le ofrecía; pero en las dos ocasiones no hizo más que salir a ver mis fuerzas, sin
dejar el apoyo de la plaza fortificada.

En tal situación recibí aviso de que el teniente coronel Ignacio Sánchez
Gamboa, a la cabeza del pueblo de Ixcaquixtla había batido al traidor Granados
Maldonado, prefecto de Tepeji, haciéndole siete muertos, veintiséis prisioneros,
quitándole treinta fusiles y dispersándole la mayor parte de la fuerza, de la cual
se pasaron a nuestras filas durante el combate, veintiocho jinetes traidores.
Embarazado Sánchez Gamboa por su pequeño botín y perseguido de cerca
por fuerzas procedentes de Tepeaca y Puebla, demandaba mi protección para
incorporárseme, mientras el enemigo, encastillado en Chiautla, no daba esperanzas de aceptar un combate fuera de sus atrincheramientos. En tal virtud
mandé al C. general Francisco Leyva, gobernador del tercer Distrito de México,
con setenta caballos, para reunir las partidas republicanas que se hallan en su
distrito, organizar y armar a la parte de aquel vecindario que se halle dispuesto
a defender la Independencia, y establecer allí las autoridades republicanas; y
con el resto de la fuerza que está a mis inmediatas órdenes, marché para ese

punto, a donde se me reunió con su fuerza el expresado C. teniente coronel Ignacio Sánchez Gamboa.

Mientras esto pasa por aquí, el C. general Luis P. Figueroa ha debido amagar vigorosamente la Plaza de Tehuacán por la parte norte; el comandante de Batallón C. Felipe Cruz, a la cabeza de ciento cincuenta montañeses de las Mixtecas, ha debido ocupar el mineral de Peras el día 12; en la misma fecha el coronel C. Manuel López y Orozco ha hecho su marcha agresiva de Jamiltepec a Zola; la Guarnición de Juchitán debe haberse trasladado a Tequisistlán para cortar el camino entre Tehuantepec y Oaxaca. Espero el resultado de todas esas operaciones, que deben haberse ejecutado simultáneamente, y me aprovecharé del conflicto del enemigo para extender mi campo de operaciones por este lado y adquirir algunos recursos para mantener a mis soldados; lo cual servirá también para desafiar al enemigo que se halla en Puebla, por medio de marchas cerca de aquella ciudad. Si, como me prometo con fundamento, sale a perseguirme, lo alejaré de su centro cuanto sea posible, y lo batiré solo en el caso de estar seguro del buen resultado, pues no es ese mi objeto, sino hacerlo de esta parte, para poner en acción los grandes elementos con que cuento en la parte norte del Estado de Puebla, en Tlaxcala y aun en la misma ciudad de Puebla, en donde ya comienza a agitarse la insurrección. Próximamente tendré el gusto de poner en conocimiento de usted el resultado de todas estas maniobras, en las cuales no he dado participio a las Fuerzas de Chiapas, Tabasco y Veracruz, porque las primeras deben estar en los límites de Oaxaca en observación de las operaciones de Juchitán sobre Tehuantepec y las del general García sobre Tlacotálpam, y las segundas deben conservarse siempre en guardia contra los agresores de Yucatán.

Patria y Libertad.

Chiautla, 20 de agosto de 1866.

(Firmado.) Porfirio Díaz.

C. general ministro de la Guerra.

Chihuahua.

Capítulo LXIII. Huajuápan de León

Del 15 de agosto al 13 de septiembre de 1866

Pocos días después de mis pláticas con el general Trujeque, el general don Vicente Ramos, tenientes coroneles Manuel Sánchez Gamboa y Antonio Gamboa y algunos otros oficiales vecinos de Ixcaquistla, se levantaron en actitud de guerra con cuarenta y tantos hombres bien montados y armados, del mismo pueblo, y esto hizo que Trujeque abandonara su cuartel en Tecache y se situara en Huajuápam de León, donde había una guarnición austriaca.

En esos momentos yo tuve la fortuna de que don Juan Ibarra, dueño de una pequeña finca en el Valle de Huamuxtitlán, me facilitara 500 pesos y que don Mariano Ruiz, de Silacayoapan, me prestara 1.000; recursos que aunque pequeños eran muy valiosos en las circunstancias que yo guardaba. Con estos pequeños recursos y el engrosamiento de mi fuerza con la de Ramos que se movía para incorporárseme, emprendí mi marcha y me incorporé con el en Piaxtla, del Estado de Puebla.

Avancé hasta Tepeji de las Sedas y mandé una partida que fuera a sorprender en Tlacotepec la diligencia que traía la correspondencia de Oaxaca.

En esa correspondencia había entre otras, una carta de don Francisco Sáenz de Enciso, administrador de alcabalas de Oaxaca, dirigida al licenciado don Manuel Dublán, quien a la sazón se encontraba en México sirviendo al imperio, en que aquel le suplicaba que le situara algún dinero, en una casa donde estuviera muy seguro, aunque ganara poco interés o no lo venciera; y que le consiguiera un destino en México, cualquiera que fuera su dotación, porque eran sus palabras: ya Porfirio Díaz tocaba el territorio del Estado, y cayendo él (Enciso) en manos de ese hombre, la fusilata era segura. Comprendí por esto el estado de abatimiento en que se encontraba el ánimo de todos los servidores del imperio, y esa circunstancia me inspiró la idea de adoptar en mi correspondencia y algunas veces en mi conducta, un tono amenazador e inexorable para todos los traidores y que me dio muy buenos resultados.

Cuando se me incorporó la partida destacada sobre Tlacotepec, las guarniciones de Tehuacán, Huajuápam de León, de Tepeaca y de Acajete, se movían simultáneamente, dando a conocer el propósito de encerrarme en Tepeji.

La Fuerza de Huajuápam era la más seria y la dejó avanzar hasta Santa Inés. Cuando ella se puso en marcha de Santa Inés para Tepeji y las otras estaban ya muy cerca, emprendí mi marcha por el pueblo de Atexcal, y en una marcha forzada por Chazumba y por toda la barranca de ese nombre, fui a salir cerca de Huajuápam de León, sin haber tocado camino nacional ni vecinal.

Como mi arribo a Huajuápam era inesperado, encontré en sabana toda la caballada de Trujeque, que estaba en dicho punto y como su excusa por el acontecimiento de Tacache me había parecido obvia, dije a los remonteros que se retiraran para el pueblo y dijeran a Trujeque que lo esperaba yo afuera. Le dirigí un pequeño recado escrito en que le prevenía que ensillara y saliera a incorporarse conmigo. Procedí así porque a más de Trujeque, había fuerza austriaca de infantería que ocupaba las alturas de Huajuápan.

Estaba yo tan cerca de la ciudad que a poco de haber entrado la caballada oí tocar bota-sillas y me parecía que Trujeque iba a cumplir mis órdenes, cuando lo vi salir; no obstante que con alguna cautela tenía formada mi fuerza, avancé más de un tiro de mosquete a encontrarlo y en esos momentos rompió sus fuegos sobre mi fuerza, obligándome a atacarlo, y a hacerlo volver a las calles de la ciudad hasta donde yo podía penetrar en su persecución, con mucho peligro por los fuegos de los infantes que coronaban los edificios.

Así permanecí dos días y cuando calculé que era ya tiempo para que regresara la columna enemiga que debía haber llegado hasta Tepeji y de que estuvieran cerca de mí las otras de distinta procedencia que también me perseguían, me retiré por la montaña rumbo a Tlaxiaco.

La noticia de mi presencia en Tlaxiaco alarmó mucho a la guarnición de Oaxaca y salió en mi persecución el general Carlos Aronoz que era el jefe de aquella zona militar, con mil quinientos hombres de las tres armas. No estando yo en condiciones de resistir a semejante fuerza, me dirigí a Chalcatongo, donde tal vez hubiera podido resistir, protegido por las condiciones del terreno y ayudado por los indios de la montaña que todos eran patriotas celosos.

Después de algunos días de permanecer el enemigo en Tlaxiaco y yo en Chalcatongo, con mucha escasez de víveres y forrajes, así como de municiones, pues llovía mucho y no era posible secar la poca pólvora que podíamos elaborar, empezaron a desmoralizarse mis soldados, entre otras causas por la inacción y a desertar en partidas.

Las cartas siguientes escritas por mí en aquellos días, explican bien la situación que yo guardaba entonces.

Ixcaquistla,[25] septiembre 10 de 1866.

Estimado amigo:

Hace cinco días entré a Tepeji después de haber derrotado a su pequeña guarnición que huyó, dejándome varios prisioneros y algunas armas. Permanecí allá dos días y enseguida vine a este lugar. Los traidores austro-franceses no se atrevieron a seguirme, sino que continuaron fortificándose en Tepeaca. Acatlán está completamente interceptado y muy pronto lo atacaré.

No espero conseguir en estas poblaciones más que armas. Ayer al amanecer mandé una compañía de caballería a las poblaciones vecinas para recoger las armas que habían distribuido los franceses, y volvió hoy trayendo un gran número de fusiles y pertrechos de guerra. He despachado hoy otra expedición con el mismo objeto.

El señor don Rafael J., García es ahora gobernador interino del Estado de Puebla, y he nombrado al general Cuéllar comandante militar de los Distritos al Norte de Puebla y de Tlaxcala.

El general Méndez está al mando de la sierra de Puebla. El general Ramos es jefe de los Distritos de Occidente, y el general Leyva está operando en las inmediaciones de Cuernavaca, mientras que Figueroa amaga en Tehuacán ...

Su afectísimo atento servidor.

(Firmado.) Porfirio Díaz.

Al señor don Matías Romero.

Washington.

Campo sobre Huajuápam,[26] 5 de septiembre de 1866.

Muy estimado amigo:

---

25 Esta carta fue comunicada oficialmente por nuestro ministro en Washington al secretario de Estado de los Estados Unidos de América en nota de 20 de noviembre de 1866, transmitida por el presidente a la Cámara de Diputados de aquel país con su mensaje el 29 de enero de 1867 y publicada por acuerdo de la misma Cámara. (Documento del Ejecutivo N.º 76. Cámara de Diputados del Congreso 39.º en su segundo período de sesiones, pág. 304.) Correspondencia de la Legación Mexicana en Washington durante la intervención extranjera. 1860-1867. Nota N.º 762, vol. VIII, pág. 588.

26 Correspondencia de la Legación Mexicana en Washington durante la intervención extranjera. 1860-1867. Nota N.º 805, vol. VIII, pág. 681.

Después de mi expedición a la parte sur del Estado de Puebla, he engrosado considerablemente mis fuerzas; mas, no obstante, nada serio puedo emprender, por la escasez suma de municiones, que me obliga a no poder atacar plazas, como ésta, que estén atrincheradas.

Ya he pedido muchas veces al señor Álvarez que me preste algunas, pero he conseguido muy poco, porque tampoco está abundante en ellas, a lo que parece, el Estado de Guerrero.

En consecuencia, me voy a dedicar al progreso de mis fuerzas, mientras puedo obtener parque suficiente para emprender grandes operaciones; por lo que he resuelto colocar mis infanterías en seguridad, y yo recorreré por todas partes la Mixteca con una fuerza de caballería.

Como siempre, me repito de usted afectísimo amigo y s. s.

(Firmado.) Porfirio Díaz.

Señor licenciado don Matías Romero.

Tlaxiaco, septiembre 9 de 1866.

Muy estimado amigo:

En mi última que escribí a usted de mi campo frente a Huajuápam, le manifesté que tendría que retirarme, sin intentar el ataque de la plaza, por la escasez suma de municiones. Mi objeto era ver si el enemigo abandonaba sus atrincheramientos para batirlo afuera; desde por la mañana retiré mi infantería poniéndola en marcha a la vista del enemigo, y permanecí con la caballería amagando la plaza. Por un momento creí que se realizaban mis deseos, pues en la tarde la caballería enemiga hizo una salida, cargando impetuosamente sobre mi ala derecha que se apoyaba en el Calvario, pero ésta resistió el choque, y al lanzarme a escape sobre ellos con un trozo de la reserva, volvieron grupos aceleradamente y se refugiaron dentro de la población, habiendo tenido cinco hombres fuera de combate. En la noche verifiqué mi retirada, y me he venido a este punto, concentrando las fuerzas de la primera división, para ocuparme de la fabricación de municiones, después de lo cual volveré a emprender la campaña, si antes no soy atacado.

Adjunto a usted, para que tenga la bondad de dirigirlas al Gobierno, unas transcripciones de los partes que he recibido últimamente de algunos hechos militares en la línea de mi mando.

Deseo que usted se conserve bueno, y me repito su afectísimo amigo y s. s. (Firmado.) Porfirio Díaz.

Señor licenciado Matías Romero, ministro de la República Mexicana en Washington.

Capítulo LXIV. Regreso a la campaña del coronel Félix Díaz

Del 9 de febrero de 1865 al 14 de septiembre de 1866

Al rendirse la Plaza de Oaxaca el 9 de febrero de 1865, el coronel Díaz que se encontraba en las vertientes de la sierra de Ixtlán, tuvo que retirarse hasta Tuxtepec. En esa retirada se le separó el coronel Ladislao Cacho con sus guerrilleros de Tehuacán, quien se sometió con los suyos al imperio y se le fueron separando algunas otras, al grado de llegar con muy pocos soldados a la línea de Tlacotálpam, que mandaba el general Alejandro García.

El servicio militar no estaba en esa línea establecido en condiciones estrictamente militares, tanto porque muchos de los principales jefes y oficiales no lo eran de profesión, cuanto porque el carácter de la gente de aquel rumbo se presta muy poco a la disciplina militar.

Por causa de algunas objeciones que el coronel Díaz hacía al servicio militar de aquella zona, comenzó a hacerse poco simpático para aquellos patriotas y para su jefe el general Alejandro García, circunstancia que me obligó a prevenirle desde la prisión, que se retirara a los Estados Unidos, y que desde allí ofreciera sus servicios al Gobierno, procurando que al aceptarlos se le destinara a algún núcleo de fuerzas organizadas más militarmente que el de la costa; y que dejara el personal y armamento que tuviera a disposición del señor general García.

Con este motivo se embarcó para los Estados Unidos a principios de mayo de 1865, en donde permaneció poco más de un mes[27] y regresó a incorporarse con el Gobierno Nacional de Chihuahua, y fue destinado a la línea que mandaba el general Terrazas, gobernador de aquel Estado, y concurrió con el general Sóstenes Rocha al ataque y ocupación de la ciudad de Chihuahua.

---

27 La nota de la Legación Mexicana en Washington N.º 290 de 20 de junio de 1865 dirigida a la Secretaría de Relaciones Exteriores de la República, contiene varios detalles de la visita del general Díaz a Nueva York y Washington y de sus propósitos. Correspondencia de la Legación Mexicana en Washington durante la intervención extranjera. 1860-1867. Nota N.º 290, vol. V, pág. 396.

Pasado ese ataque, tuvo noticia el coronel Díaz de que yo me había evadido de la prisión y que estaba otra vez en actividad y haciendo la penosa travesía desde Tampico hasta Oaxaca por la Huasteca y Veracruz, comenzó a hacerse sentir organizando fuerzas y batiendo al enemigo en los alrededores de Oaxaca cuando yo hacía lo mismo por la Mixteca, de cuyo hecho tuve conocimiento en Chalcatongo por don Eugenio Durán el 14 de septiembre de 1866, según diré enseguida.

Capítulo LXV. Nochixtlan

28 de septiembre de 1866, en la noche

El día 14 de septiembre de 1866, en la noche, al visitar mis avanzadas de servicio, me encontré con que la que cubría el camino para Tlaxiaco había desaparecido. Mandé dos ayudantes a visitar las que cubrían las otras dos vías laterales y me participaron que había pasado otro tanto con ellas. Entonces mandé a mis ayudantes a vigilar las vías que quedaban abandonadas, y yo permanecí en la directa de Chalcatongo a Tlaxiaco con mi clarín pensando en lo que haría yo al día siguiente para interrumpir el período de desmoralización que se iniciaba en mis fuerzas. Cuando parecía pues mi posición más desesperada estaba yo en vísperas de obtener una serie de victorias que dieron por resultado la Ocupación, en nueve meses, de la ciudad de México.

Después de algunos momentos de meditación, y antes de aceptar decisión alguna, que probablemente hubiera sido emprender cualquier movimiento, oí pasos de caballo sobre el camino, y alguna voz que indicaba conversación, lo cual me hacía creer que cuando menos eran dos personas las que venían. Permanecí quieto hasta que tuve los bultos a la vista, y entonces me adelanté con mi clarín a sorprenderlos, resultando que eran un hombre a caballo y un indio a quien éste le servía de guía. El de a caballo era un español llamado Eugenio Durán, a quien yo no conocía, y después de alguna conversación que tuvo conmigo, en la que ocultaba el objeto de su presencia en aquellos lugares, cuando se convenció de quién era yo, me entregó unos pequeños pedazos de papel escrito que traía con la firma de mi hermano, en que me avisaba que aprovechando el estado de debilidad en que quedó la ciudad de Oaxaca con la salida de Oronoz a perseguirme, la amagaba tan de cerca, que pocos días antes había penetrado por las calles de San Juan de Dios hasta la Plaza del Mercado, poniendo en gran alarma toda la ciudad y obligando a la pequeña guarnición de Oaxaca a meterse detrás de trincheras lo mismo que a la policía.

Entonces supe que mi hermano estaba en el país y que se encontraba en actitud guerrera, pues creía yo que se hallaba todavía en los Estados Unidos. Agregaba Durán que con motivo de las maniobras de mi hermano, que seguramente habían llegado a noticia del enemigo que ocupaba Tlaxiaco, éste se movía violentamente para Oaxaca, y era probable que en los momentos que hablaba conmigo, que serían entre tres y cuatro de la mañana, el enemigo estaría retirándose de Tlaxiaco. Con esta noticia ya no me cuidé más de los caminos; subí violentamente al Cuartel general en compañía de Durán; antes de llegar mandé tocar diana y enseguida llamada de honor. Acudieron a mi alojamiento con toda prontitud, los jefes y oficiales; les leí los papeles que acababa de recibir; les manifesté que el enemigo abandonaba Tlaxiaco en esos momentos y mandé dar el primer toque de marcha.

Ocupé a Tlaxiaco entre diez y once de la mañana, cuando el enemigo acababa de abandonarlo. Conseguí algunos recursos de los comerciantes y en el mismo día seguí la marcha sobre la huella del enemigo. En la tarde alcanzamos algunos soldados cansados y la escolta de un oficial enfermo, a quien conducían en camilla.

El hecho de haber tomado la iniciativa contra el enemigo, cambió por completo el ánimo de mis soldados y en esas condiciones emprendí mi marcha hasta Yanhuitlán donde había un destacamento de cerca de doscientos húngaros atrincherados que no quisieron aceptar combate fuera de sus trincheras.

Oronoz había hecho alto por poco tiempo en Nochistlán, y con este motivo me dirigí al pueblo de las Andallas en donde encontré a mi hermano que venía, procedente de las inmediaciones de Oaxaca, con objeto de incorporárseme, con la fuerza que había organizado.

Oronoz siguió su marcha rápidamente para Oaxaca, y yo, en compañía de la fuerza de mi hermano, pernocté en Tecomatlán, pueblo que distará unos 8 o 10 kilómetros de Nochistlán, hacia el sur y al pie de la montaña.

En la noche supe que los húngaros acuartelados en Yanhuitlán habían hecho una excursión a Nochistlán en número de 100 caballos. Calculando que allí podría encontrarlos, me dirigí a Nochistlán violentamente antes de amanecer, dejando a la infantería en Tecomatlán a las órdenes del coronel don Manuel

González. Me acompañó mi hermano quien entre sus soldados tenía también un pequeño piquete de caballería. Llegamos a Nochistlán cuando comenzaba a amanecer y nos avisaron que los húngaros habían permanecido allí pocas horas y habían vuelto a tomar el camino de Yanhuitlán.

Apenas habíamos avanzado algunos pasos sobre el camino de Yanhuitlán, cuando vimos formado en una loma un escuadrón de húngaros al cual nos dirigimos en son de carga, en dos distintas fracciones, de las cuales yo mandaba la principal y el general don Vicente Ramos la otra.

Tuvimos varios choques muy reñidos y sangrientos con los húngaros, que al fin emprendieron una marcha muy táctica y muy bien ejecutada que les permitió llegar a Yanhuitlán sin sufrir grandes pérdidas; si los soldados que yo mandaba hubieran tenido la mitad de la disciplina de aquellos hombres, evidentemente que no hubiera escapado ninguno de ellos.

Dejaron en el campo de combate muchos hombres y caballos, heridos unos, y muertos otros, entre los últimos el jefe del Escuadrón, conde de Gants. El escuadrón de húngaros tendría cien hombres y mi fuerza tal vez llegaba a muy cerca de trescientos; pero había gran diferencia entre la disciplina de ambas. Por mi parte tuve también algunos heridos, siéndolo muy grave el entonces Mayor de Caballería don Manuel Bueno, hoy coronel de la misma arma y Diputado del Congreso de la Unión.

Capítulo LXVI. Miahuatlán

5 de octubre de 1866

Vuelto a mi campamento de Tecomatlán, emprendí otra vez la marcha por el rumbo de las Andallas, mandando a mi hermano por la vía más corta a colocarse al norte de la ciudad de Oaxaca, apoyándose en la Sierra de San Felipe del Agua, con orden de amagar seriamente la plaza si el enemigo la debilitaba sacando alguna tropa en mi persecución, y ofreciéndole que yo haría una cosa semejante por el sur en los casos en que él fuera perseguido por el enemigo, porque si no le era posible en esas acometidas tomar la ciudad, a lo menos serviría para distraer a la columna que me persiguiera y viceversa.

En cumplimiento de esta combinación hice mi marcha, de las Andallas a Peras y de Peras a Huajolotitlán, llegando hasta Zimatlán. Pernocté en este pueblo y supe que una fuerte columna mandada por el general Oronoz, salía en mi persecución. Evadiendo el choque del enemigo me dirigí a Ejutla y allí permanecí hasta que Oronoz se movió de Zimatlán y entonces ocupé Miahuatlán. Permaneció el enemigo dos o tres días en Ejutla, y yo en Miahuatlán.

El 3 de octubre de 1866 mis vigías que se habían descuidado vinieron a avisarme que el enemigo se movía sobre mí, y cuando me lo decían casi estaba el enemigo a la vista, a lo menos así se comprendía por el polvo que levantaba en su marcha.

Yo había mandado limpiar las armas para pasar revista de comisario, que debía tener lugar la tarde de ese día, y con ese motivo aún quedaban muchos fusiles desarmados. Mandé que violentamente se armaran, que la tropa se pusiera en estado de recibir órdenes y que se cargaran las mulas con los bagajes, y que cuando todo esto estuviera hecho, el coronel González emprendiera su marcha con toda la infantería por el camino de Cuixtla, que es montañoso desde la salida de Miahuatlán. Yo con mi numeroso Estado Mayor y mi escolta como de treinta hombres de caballería, marché hacia el camino que traía el enemigo, dejando ordenado que luego que estuviera ensillada y lista la caballería siguiera mi movimiento, y que recibiría órdenes al incorporárseme. El general don Vicente Ramos mandaba la caballería que constaría de unos 280 caballos.

Seguí yo mi marcha hasta una colina que parte por la mitad la carretera para Oaxaca y que distará como un kilómetro de la Plaza de Miahuatlán. Mi escolta y ayudantes fueron colocados en línea de tiradores sobre la cumbre de la colina; y como el enemigo no podía ver lo que había detrás de ella, creyó que allí había fuerza con quien tenía que combatir, hizo alto y montó sus abuses de montaña que venían a lomo de mula. En esos momentos aparecía la columna de caballería saliendo por una de las calles principales del pueblo a incorporárseme, y en ese instante la vio bien el enemigo aunque la perdía de vista a proporción que se acercaba a la colina. Con muy poca diferencia comenzó a salir por el camino de Cuixtla la infantería que mandaba el coronel González. El enemigo naturalmente creyó entonces que se trataba de una retirada y que mi presencia, cortando el camino, no tenía más objeto que dar tiempo a la infantería para que se alejara de aquel lugar. En consecuencia, reunió su caballería que había colocado a los dos costados de la infantería y comprendiendo yo que iba a darme una carga decisiva, ordené al general Ramos que por la misma calle por donde había venido volviera a la plaza y saliera a juntarse con el coronel González que debía esperar en la loma por la que iba desfilando. Toqué alto y frente al coronel González y destaqué un ayudante con orden de traerme cincuenta hombres de infantería de los que por no haber ascendido a la colina no estaban a la vista del enemigo, y que los condujera por dentro de la barranca, a fin de que pudieran llegar cerca del camposanto del pueblo, sin que el enemigo los viera.

En el movimiento de retroceso del general Ramos le incorporé mi escolta y mi Estado Mayor y me quedé solo con un clarín en una de las bocacalles del pueblo por donde tenía que pasar mi caballería y enseguida la del enemigo.

La caballería enemiga cargó resueltamente sobre la mía en su retirada y cuando pasaron por donde yo estaba, y cuando ya comenzaba a hacer uso hasta de arma blanca contra los soldados de retaguardia, apareció en momentos oportunos una partida de paisanos de Miahuatlán armados y organizados por su cuenta, sin que yo tuviera antecedente ni noticia de ello, dentro de un sembradío y a la izquierda del enemigo, le hacían fuego casi a quemarropa.

Yo había colocado los cincuenta hombres que pedí al coronel González y que eran tiradores de la montaña, emboscados dentro de la milpa y muy cerca de la calle por donde debía pasar el enemigo. En consecuencia, al aparecer la caballería enemiga y comenzar a recibir los fuegos de los paisanos, le hizo un fuego nutrido la infantería que yo había emboscado y así pudo salir nuestra caballería y atravesar la población para unirse al coronel González.

La caballería enemiga volvió a incorporarse con la infantería que formaba en batalla cerca del camposanto, haciendo frente al coronel González con la barranca de por medio.

Los paisanos de Miahuatlán fueron rechazados al centro de la población con muchas pérdidas porque eran muy atrevidos y estaban muy ebrios. Los tiradores montañeses habían quedado ocultos dentro del maíz y buscando yo paso a la barranca, me incorporé al coronel González en momentos en que el enemigo desplegaba, en cadena de tiradores, un batallón que mandaba el teniente coronel Pedro Garay, y formaba en columnas paralelas el resto de su infantería con su caballería a retaguardia.

Una vez incorporado con el coronel González mandé que la caballería tomara distancia como para cubrirse de los fuegos del enemigo; y como todos estábamos en la cima de la colina, a pocos pasos la caballería quedaba fuera de la vista del enemigo.

Esa colina da una vuelta en forma de semicírculo, por el lado que en esos momentos era izquierda nuestra y derecha del enemigo y atrás de la colina en la depresión, hay un pequeño arroyo. Di orden al general Ramos para que hiciera un movimiento de medio kilómetro, por todo el lecho del arroyo, para no levantar polvo, lo cual era bastante para quedar oculto y a espalda del enemigo. Las líneas de tiradores enemigos nos hicieron un fuego muy nutrido que las nuestras no podían contestar, porque apenas tenían cuatro o cinco cartuchos disponibles; y cuando noté que nuestros fuegos estaban completamente apagados y como prendí la causa, reforcé nuestra cadena con algunos soldados que fueran a intercalarse en ella para refrendar el fuego durante algunos momentos.

Había yo dado orden al general Ramos de cargar sin reserva y con vigor sobre el enemigo en los momentos que yo le tocara tres puntos agudos después de atención, y al capitán Rojas que mandaba a los tiradores ocultos en el maíz, que a la misma señal rompieran un fuego vivo sobre el enemigo, aproximándose hasta la orilla del plantío, y sin salir de él para que no se notara lo reducido de su número. Como no teníamos municiones con qué sostener un combate regular, mandé a la infantería descender a la barranca, pasar el arroyo y batir al enemigo en la ribera opuesta, y en esos momentos di la señal que servía, tanto para la caballería, como para los tiradores escondidos.

Al notar el enemigo nuestro brusco movimiento nos lanzó la caballería que fue inmediatamente arrollada y con el impulso de su propia caballería derrotada, se desorganizó su infantería y se volcaron sus cañones, a la sazón que la nuestra cargaba al sable por la espalda, comenzando por apoderarse de todos los caballos de la oficialidad y cargamento de municiones que habían quedado a retaguardia.

Sin gran dificultad recogí toda la infantería del enemigo que después de haber tirado sus armas corría en desorden por toda la llanura, y con mi caballería hice a la caballería enemiga una persecución de más de 3 leguas, de donde regresé entre nueve y diez de la noche y la pasé toda en recoger heridos y armas, dejando para el día siguiente la operación de recoger muertos.

El general Oronoz había huido con varios de sus jefes y oficiales, quedando muerto en el campo el jefe francés Enrique Testard, que mandaba un Batallón de Fuerzas mexicanas, cuya oficialidad era exclusivamente de franceses, teniendo todo el personal de sus clases de sargentos, cabos y algunos soldados del personal francés que habían enganchado en México.

La mayor parte de los muertos eran oficiales franceses, puesto que, habiendo perdido sus caballos, no pudieron huir, como lo hizo su general en jefe.

Entre los prisioneros había oficiales franceses que fueron remitidos a la sierra para su custodia y para que no entorpecieran las operaciones, siendo pasados por las armas los veintidós jefes y oficiales mexicanos, según leyes vigentes a la sazón, con la circunstancia de que todos ellos habían sido oficiales del Ejército mexicano, pero se habían pasado al enemigo.

El botín consistió en cosa de mil fusiles poco más o menos, dos obuses de montaña, cuarenta y tantas mulas cargadas con municiones de infantería y de artillería.

Teniendo en cuenta la desigualdad de nuestros elementos, pues yo apenas contaba con cosa de 700 hombres mal armados, desnudos, sin disciplina y con parque que no alcanzaba para sostener el fuego ni por quince minutos y sin artillería, mientras que el enemigo tenía 1.400 hombres bien organizados, disciplinados, vestidos, armados y elementos de todo género; considero la victoria de Miahuatlán como la batalla más estratégica de las que sostuve durante la Guerra de Intervención y la más fructuosa en resultados, pues ella me abrió las puertas de las ciudades de Oaxaca, Puebla y México.

El día siguiente, 4 de octubre, lo pasé en dar colocación a los prisioneros en los cuadros de batallones que yo había formado, en establecer un hospital que pude organizar, debido a la incorporación del doctor don Antonio Salinas que me prestó en su profesión importantes servicios.

Inserto enseguida el parte oficial de la Batalla de Mihuatlán dirigido el 6 de octubre de 1866 al ministro de Guerra y Marina, suprimiendo los estados anexos al mismo.

Ejército Republicano.[28]

---

28 Este parte fue comunicado oficialmente por nuestro ministro en Washington en nota de 20 de noviembre de 1866, al secretario de Estado de los Estados Unidos de América y transmitido por el presidente a la Cámara de Diputados del Congreso de aquel país,

Línea de Oriente.

General en jefe.

Ciudadano ministro:

Después del combate con los húngaros en Nochistlán el 23 de septiembre, de cuyo hecho tiene usted conocimiento, marché con las fuerzas de mi mando para este punto por Tezacoalco y Peras: luego que el movimiento fue sentido en Oaxaca, se me destacó una columna de 1.100 hombres de las tres armas a las órdenes de Oronoz, que tuve a la vista el 3 del corriente a las tres y media de la tarde. El enemigo marchaba rápidamente y en tal virtud salí con mi escolta, que fue la primera fuerza que estuvo disponible, a contenerlo, entretanto el general Vicente Ramos, con toda nuestra caballería se me presentaba en cumplimiento de la orden que había recibido; pocos momentos después se me presentó y ordenándole que detuviese al enemigo el mayor tiempo posible, pasé a situar la infantería en las lomas, al oeste de esta villa, llamadas de los Nogales, con frente al este; antes había mandado la orden al C. coronel Manuel González, jefe de infantería, para que las ocupara, y en tal virtud, cuando llegué, solo tuve que hacer ligeras rectificaciones en la línea y situar mi escaso parque, quedando en la forma siguiente: la línea de batalla se prolongaba de sur a norte, hallándose a la derecha el Batallón Morelos de Tlapa, con 100 hombres de fuerza a las órdenes del C. teniente coronel Juan J. Cano; seguía tiradores de la Montaña a las órdenes del comandante Felipe Cruz, con 230 plazas, no todas armadas, y cerraba la izquierda el Batallón La Patria con noventa y seis plazas, su jefe el coronel José Segura y Guzmán.

Apoyaba la derecha la Compañía de Chiautla, de ochenta plazas, en columna, y la izquierda el Batallón Fieles de la Patria, en la misma formación, a las órdenes de su comandante C. José Guillermo Carbó. Cuando la línea se encontró establecida, el general Ramos, cumpliendo mi orden, se retiraba por el centro de esta villa, dejando en sus calles un pelotón de treinta vecinos armados, a las órdenes del capitán Apolinar García.

con su mensaje de 29 de enero de 1867 y publicado por acuerdo de la misma Cámara. (Documento del Ejecutivo N.º 76, del segundo período de Sesiones de la Cámara de Diputados del 39.º Congreso de los Estados Unidos, pág. 304.) Correspondencia de la Legación Mexicana en Washington durante la intervención extranjera. 1860-1867. Nota N.º 76, vol. VIII, pág. 580.

Para impedir que la caballería fuese molestada en su retirada, mandé ocultar en las milpas que forman las primeras calles de la población, una compañía de cuarenta hombres de los Tiradores de la Montaña, que obrando en combinación con los vecinos armados, hizo retroceder al enemigo en la persecución que muy de cerca hacía a nuestra caballería; esta pasó por el costado derecho a situarse a retaguardia de la línea, y entonces el enemigo hizo un cambio sobre su derecha, quedando por este motivo frente a frente de mi línea de batalla: se formó en tres columnas destacando una fuerte línea de tiradores que abrieron el combate y rompiendo sus fuegos de artillería sobre nuestras posiciones, dio principio la batalla. Nuestros tiradores sostuvieron valientemente el primer impulso del enemigo, que contenido en su avance, se vio obligado a detenerse, aprovechando los accidentes del terreno para continuar el combate.

Visto el gran número de tiradores del enemigo, reforcé los de mi línea con el resto de la compañía de Chiautla, de la cual una parte estaba ya en combate, veinte hombres del Batallón Morelos de Tlapa y ordené tomase el mando de todos ellos el jefe de mi Estado Mayor C. coronel Juan Espinosa y Gorostiza.

El combate se hizo general en toda la línea y nuestras municiones se iban agotando rápidamente, lo que me decidió a dar una carga sobre las posiciones del enemigo, y terminar a nuestro favor, por el valor de nuestros soldados, un hecho de armas que de otra manera nos hubiera sido adverso, por la escasez completa de municiones.

Tomada esta resolución ordené que los tiradores pasasen el río que formaba la parte divisoria de nuestras respectivas posiciones. Organicé el resto de mis fuerzas en columnas y ordené al C. general Ramos que él en persona con el Escuadrón de Tepeji avanzase por nuestra izquierda a tomar la retaguardia de las posiciones de Oronoz, adelantando nuestro costado derecho al mismo tiempo que el centro, y apoyando el movimiento del Escuadrón de Tepeji con las tropas que formaban nuestra izquierda de tal manera, que quedasen envueltas las posiciones del enemigo en el ataque general.

Tomadas estas disposiciones di la señal de avance, poniéndome a la cabeza de una columna formada por el Batallón Fieles y el Escuadrón Lanceros de Puebla, cuya columna cargó por el centro sobre la artillería enemiga, protegiendo la carga, las fuerzas que vinieron a unírseme ya sobre la línea de batalla del enemigo.

La dirección del ataque por la derecha fue confiada al ciudadano coronel González con las tropas que cerraban este flanco, donde se encontraba también mi ayudante C. comandante Juan de la Luz Enríquez.

Nuestras tropas, venciendo todos los obstáculos, subieron hasta las posesiones ocupadas por el enemigo, y arrojándole, se apoderaron de su artillería poniéndolo en dispersión y asegurando una cara, pero completa victoria.

La columna de caballería que a las órdenes del C. general Ramos marchó a tomar la retaguardia del enemigo, ejecutó su movimiento con tan buen éxito, que en el momento que éste era destruido sobre su línea, ella, cortando las cargas, cargaba de revés sobre los dispersos, destruyendo los pequeños grupos que aún permanecían unidos e impidiendo toda reunión.

Los dispersos fueron perseguidos por espacio de 3 leguas, y en su fuga dejaban tirado multitud de armamento, cuyo número verá usted por la relación adjunta, lo mismo que la de muertos, heridos y prisioneros, así como la de municiones, efectos y acémilas quitados al enemigo.

Me es satisfactorio manifestar a usted que la conducta que observaron en esta jornada los jefes, oficiales y tropa, es de tal manera honrada, que no me permite hacer recomendaciones especiales.

Los oficiales traidores hechos prisioneros fueron pasados por las armas, conforme a la ley de 25 de enero de 1862, y de sus nombres y empleos adjunto a usted relación por separado, advirtiéndole que algunos de ellos fueron de los que se pasaron al enemigo en el último sitio de Oaxaca.

Los días 4 y 5 de este mes los he pasado en esta plaza reorganizando mis batallones, en los cuales he refundido los prisioneros de la clase de tropa, cambiando una gran parte el armamento por el que dejó el enemigo, revisando y reparando en lo posible las municiones quitadas también a éste, y estableciendo el hospital; por fin, ayer casi en la noche he pasado mi revista de guerra, y hoy marcho para Oaxaca, cuya plaza ha sido ocupada por el C. coronel Félix Díaz, reduciéndose el enemigo a Santo Domingo, el Carmen y el Cerro de La Soledad.

A dicha plaza deben concurrir, según mis órdenes el general Luis P. Figueroa con su brigada, y el coronel Manuel López Orozco con las fuerzas de Costa Chica.

Independencia y Libertad.

Miahuatlán, octubre 6 de 1866.

Porfirio Díaz.
Ciudadano general ministro de la Guerra y Marina.
Chihuahua o donde se halle.

Capítulo LXVII. Cuarto sitio de Oaxaca

Del 5 al 16 de octubre de 1865

El 5 pasé la revista de entrada a mis tropas en la nueva organización que les había yo dado, y en la tarde una escrupulosa revista de guerra, y el 6 en el Vergel, el 7 en Ocotlán y el 8 a Oaxaca. A poca distancia encontré un comisionado del coronel don Félix Díaz, quien me comunicó, que aprovechando el movimiento de la columna que había salido a atacarme, había asediado vigorosamente la ciudad por el norte, sorprendiendo una guarnición de cincuenta hombres de caballería que cubría la Plaza de Tlacolula y que se dirigía sobre la ciudad con el objeto de amagarla más seriamente. En efecto, al día siguiente, según nuevo parte que recibí, el coronel Díaz había ocupado la plaza y la parte baja de la ciudad, teniendo reducido al enemigo a los Conventos de Santo Domingo, el Carmen, Santa Catarina y al Cerro de La Soledad.

El 8 en la noche, luego que llegué a la capital, perfeccioné el sitio, ocupando la Hacienda de Montoya, la Casa Mata, y el Monte Pelado, y puse mi Cuartel general en la Hacienda de Aguilera. Permanecimos así hasta el día 16, en que había logrado estrechar al enemigo en los conventos que le servían de cuartel, hasta quedar con solo una calle de por medio, entre nuestras posiciones y las suyas.

La siguiente carta que dirigí de San Felipe del Agua, frente a la ciudad de Oaxaca al general don Alejandro García, durante el cuarto sitio de esa plaza, entre la Batalla de Mihuatlán y la de La Carbonera, da algunos detalles de la primera de dichas batallas y del estado que guardaba el sitio antes de levantarlo con motivo de la aproximación de una fuerte columna de austriacos que venía a proteger la plaza.

San Felipe del Agua,[29] octubre 11 de 1866.

---

29 Esta carta fue comunicada oficialmente por nuestro ministro en Washington al secretario de Estado de los Estados Unidos de América, en nota del 20 de noviembre de 1866 y transmitida por el presidente a la Cámara de Diputados del Congreso de aquel país, con su

Estimado compañero:

Con fecha 4 del corriente escribí a usted dándole cuenta del espléndido triunfo obtenido por las fuerzas de mi mando sobre la expedición que venía a atacarme en Miahuatlán, a las órdenes de Oronoz; pero sabiendo que se extravió mi carta, dirijo a usted la presente dándole un extracto de aquélla, por el que se impondrá usted de lo ocurrido.

Como a las tres de la tarde del 3 del corriente, se avistó el enemigo avanzando a paso veloz sobre Miahuatlán. Resolví salir inmediatamente a su encuentro, y dejando al general Ramos con la caballería para que lo detuviera por algunos momentos, dispuse que ocupara en el acto la infantería una altura que me pareció ventajosa, y poco después rompió sus fuegos sobre nosotros el enemigo. La columna del enemigo se componía de 1.300 hombres de las tres armas, de los que 200 eran de caballería con dos piezas de montaña. El fuego del enemigo fue contestado vigorosamente por nuestros tiradores, y al caer el Sol, observando que el enemigo no emprendía un ataque general, y encontrándome muy escaso de parque, me decidí a atacarlo, con cuyo fin organicé mis columnas, descendiendo de las alturas que ocupaba sobre la línea del enemigo. Al atravesar el río que separaba nuestras posiciones, se introdujo el desorden en el campo del enemigo, y al atacarlo, sus batallones emprendieron la fuga (aunque se formaron pequeños grupos que hicieron' alguna resistencia), perseguidos por nuestra caballería. Pronto cayeron en nuestro poder, así como los muertos y heridos que se hallaban en el campo de batalla. Capturamos todas las armas, dos piezas de artillería, unas cincuenta mulas cargadas de parque, y otros pertrechos de guerra; también más de cuatrocientos prisioneros de guerra. En el campo había más de ochenta muertos. De los franceses no escapó ni uno solo. La mayor parte de ellos fueron muertos o prisioneros, incluso su jefe Testard.

El efecto moral es mayor que el triunfo positivo. Como consecuencia de esto, mi hermano, que se hallaba cerca de la capital (Oaxaca), la ocupó inmediata-

---

mensaje de 29 de enero de 1867, e impresa por acuerdo de dicha Cámara. (Documento del Ejecutivo N.º 76, del segundo período de sesiones de la Cámara de Diputados del 39.º Congreso de los Estados Unidos, pág. 308.) No habiéndose encontrado el texto español de esta carta, se ha traducido de la traducción inglesa. Correspondencia de la Legación Mexicana en Washington durante la intervención extranjera. 1860-1867. Nota N.º 763, vol. VIII, pág. 585.

mente con algunas Fuerzas de la Sierra, y el enemigo, lleno de pavor, resistió muy poco, atrincherándose en sus fortalezas del Cerro de Santo Domingo y del Carmen. Después de haber levantado el campo y reorganizando mis fuerzas que habían aumentado considerablemente, me dirigí a la ciudad para disponer el sitio. Figueroa tiene que llegar con sus fuerzas, y de un momento a otro espero a López Orozco con sus Fuerzas de Costa Chica.

Está bien organizado el sitio y el enemigo sabe que no puede recibir auxilio alguno. Tengo establecido mi Cuartel general en este punto que es muy ventajoso para las operaciones.

(Firmado.) Porfirio Díaz.

Al general Alejandro García.

Tlacotálpam.

Capítulo LXVIII. La Carbonera

18 de octubre de 1864

Como la incomunicación a que había yo reducido al enemigo en la ciudad de Oaxaca era perfecta, le intercepté un pliego en que se le avisaba que una columna de mil trescientos hombres, en su mayor parte austriacos y franceses reenganchados, se dirigía a auxiliar la plaza y se recomendaba a Oronoz que se sostuviera a todo trance hasta la llegada de esa columna y que protegiera su entrada. Seguro de que los sitiados no tenían conocimiento de la venida de ese auxilio, levanté mi línea en la noche del día 16, la reuní toda en la Hacienda de Aguilera y atravesando por encima de los cerros, para no dejar huella por el Camino Nacional, emprendí la marcha para Etla, con objeto de proteger a una pequeña columna que venía a las órdenes del general don Luis Pérez Figueroa a incorporárseme por el camino de Teotitlán; y como el que seguía el enemigo se reúne con el que traía la Brigada Figueroa, en un punto cerca de La Carbonera, era muy posible que fuera batido antes de que se me incorporara. No pasó esto así, porque el general Figueroa llegó a San Juan del Estado a las nueve de la mañana del día 17, casi en los momentos en que yo llegaba al mismo pueblo, para proteger su marcha.

Volví a Etla con toda mi fuerza, incorporado ya Figueroa, e hice un movimiento de retroceso con toda la caballería hasta la Hacienda Blanca, a seis kilómetros de Oaxaca, para hacer creer al enemigo que volvíamos a establecer el sitio; pero después de media noche salí de la Hacienda Blanca habiendo anticipado mis órdenes para que la infantería y artillería marcharan para La Carbonera, tomando el camino de Tenexpa y Huitzo.

Alcancé la columna al salir de Etla y poniéndome a su cabeza, marché con ella a paso bastante acelerado hasta La Carbonera, porque temía que el enemigo ocupara ese punto antes que yo, en cuyo caso me batiría en descenso, ventaja que yo quería alcanzar sobre él; y aunque no pude lograrla del todo, porque llegamos simultáneamente a la Meseta de La Carbonera, que es el punto más elevado de la montaña, tomé posiciones adecuadas para batirlo en la principal eminencia donde tenía colocada su artillería, y sobre la marcha destaqué una pequeña columna, a las órdenes del coronel don José Segura y Guzmán, hombre muy conocedor del terreno, para que sin tomar parte en el combate, se situara a la derecha del enemigo detrás de una pequeña eminencia y con una barranca de por medio, procurara no ser visto ni sentido y estuviera listo para cortarle la retirada cuando se le ordenara, operación que favorecía grandemente una curva que acercaba a Segura el camino por donde el enemigo tenía que retirarse.

Formé la primera línea poniendo al coronel Díaz en el centro, al general Figueroa a la derecha y al coronel Fidencio Hernández a la izquierda. La caballería mandada por el general don Vicente Ramos, formó la segunda línea.

Aún no acababa yo de colocar mis tropas cuando el enemigo destacó una intrépida cadena de tiradores franceses que avanzaron muy cerca de mi línea, sin que pudiera impedirlo el fuego de los míos y de la artillería. Fue necesario hacer un ataque formal con dos pequeñas columnas, y esto ocasionó que el enemigo emprendiera un ataque decisivo sobre nosotros. No obstante que yo reforcé mis columnas con otras nuevas, fueron obligadas a retroceder por el empuje del enemigo, bien sostenido por su caballería que en su mayor parte era húngara. Metí entonces al combate toda la reserva que me quedaba, lo mismo que la caballería que había abrigado en un torno de la carretera, y cuando el enemigo llegaba desordenado a su base de operaciones, que consistía en una pequeña reserva de artillería, moví por medio de un toque combinado, al coronel Segura, quien según mis instrucciones debía atacar al enemigo por la espalda, comenzando por cortarle la carretera que era su única retirada.

Este movimiento que se ejecutaba a la vista del enemigo por encima de la colina y mi ataque vigoroso por el frente determinó la fuga de la caballería traidora y una parte de la húngara, abandonándonos en el campo cinco de sus cañones y retirándose todos los soldados en desorden.

Les hice una persecución de más de 4 leguas, cuyo fruto fue la adquisición del otro cañón que aún les quedaba y más de 700 prisioneros, entre los cuales había muchos oficiales austriacos de infantería.

La caballería, lo mismo la mexicana que la húngara, se escapó en su mayor parte, con excepción de unos treinta o cuarenta hombres que por haber perdido el camino, fueron capturados en la selva por paisanos armados y dos días después conducidos a Oaxaca.

Mi fuerza se componía de cosa de 1.600 hombres y la enemiga sería de 1.300 con seis cañones rayados de siete centímetros, del sistema austriaco, mientras que mi artillería consistía en dos obuses lisos de montaña, sistema Grigoval y un pedrero contrahecho.

Toda la oficialidad de infantería fue hecha prisionera. Entre los prisioneros había más de veinte oficiales austriacos de infantería, pues solamente se salvó la oficialidad de caballería.

Inserto enseguida un sucinto parte de la batalla de La Carbonera, fechado en Minas el mismo día de la acción, y el detallado en la Hacienda de Aguilera el 22 de octubre de 1866 suprimiendo los estados que acompañaron al último.

Ejército Republicano.[30]

Línea de Oriente.

General en jefe.

Ciudadano ministro:

Después de la acción de Miahuatlán el 3 del corriente de que he dado a usted parte, marché a Oaxaca que se hallaba sitiada por el C. coronel Félix Díaz;

---

30   Esta carta fue comunicada oficialmente por nuestro ministro en Washington al secretario de Estado de los Estados Unidos de América con nota de 20 de noviembre de 1866 y transmitida por el presidente a la Cámara de Diputados del Congreso de aquel país, con su mensaje de 29 de enero de 1867, y mandado imprimir por acuerdo de dicha Cámara. (Documento del Ejecutivo N.º 76, del segundo período de sesiones de la Cámara de Diputados del 39.º Congreso, pág. 309.) Correspondencia de la Legación Mexicana en Washington durante la intervención extranjera. 1860-1867. Nota N.º 760, vol. VIII, págs. 585 y 586.

perfeccioné el sitio y después de once días y en momentos en que había determinado un asalto, supe que una columna fuerte de 1.500 hombres de las tres armas, venía en auxilio de los sitiados. Abandoné a éstos y rápidamente vine sobre la expresada columna; la encontré en el paraje llamado La Carbonera, hoy a las doce del día; comenzamos a combatir a la una con tenacidad y valor, por ambas partes, son las siete de la noche y me encuentro en el paraje de las Minas, después de 3 leguas de persecución al enemigo, teniendo en mi poder 396[31] prisioneros austriacos, polacos y húngaros, de ellos siete son oficiales; tengo también cuatro piezas de montaña, más de 600 carabinas y un buen surtido de municiones de ambas armas, costándome algunas pérdidas bastante lamentables.

El Supremo Gobierno me perdonará que le dé este parte sinóptico, en lugar del detallado que daré más tarde; pero no tengo tiempo para más, supuesto que no debo dar lugar a que se me fugue el enemigo que se halla en Oaxaca con muy buena artillería, armamento, municiones y vestuario.

Tenga usted la bondad de felicitar en mi nombre al C. presidente por este fausto acontecimiento, aceptando para sí mi consideración y respeto.

Independencia y Reforma.

Cuartel general en las Minas, octubre 18 de 1866.

Porfirio Díaz.

C. ministro de la Guerra y Marina.

Ejército Republicano.

Línea de Oriente.

General en jefe.

Ciudadano ministro:

Como manifesté a usted en el parte que sobre la marcha di a ese Ministerio del punto de Las Minas, el mismo día del hecho de armas en La Carbonera, el 18 del corriente, levanté el sitio que había puesto a esta ciudad por haber sabido que una columna fuerte de 1.500 hombres de las tres armas compuestas

---

31 El día de la acción se recogieron 396 prisioneros según dice el parte oficial; pero los vecinos de los pueblos de Jayacatlán, Atatlauca y Oloapam, recogieron y me entregaron al día siguiente, más de trescientos dispersos, lo cual hizo un total de 700 prisioneros que llevé a Oaxaca.

casi en su totalidad de tropas austriacas, avanzaba por el camino de la Mixteca en auxilio de la plaza. En el mismo día supe también que el ciudadano general Figueroa, con la brigada de su mando y obrando conforme a las instrucciones que había recibido de este Cuartel general, se dirigía por la Cañada a verificar su incorporación; y temiendo que el enemigo tratase de batirlo, antes de que lo verificase, me decidí por esta razón más, como he manifestado a usted, a marchar a su encuentro, procurando que antes se me uniese el general Figueroa, lo que tuvo lugar el 17 del corriente en el pueblo de San Juan del Estado.

Desvanecido el temor de que esta fuerza fuese batida en detall robustecida con su auxilio y sabiendo que Oronoz trataba de hacer un movimiento de la plaza y salir al encuentro de la columna austriaca, marché de San Juan del Estado a Etla, avanzando la brigada de caballería hasta la Hacienda Blanca, simulando emprender de nuevo mis operaciones sobre la plaza. Este movimiento produjo los resultados que yo me esperaba; los defensores de ella se encerraron otra vez en sus fortificaciones, y yo me quedé libre para obrar sobre la columna austriaca. Como era preciso hacerlo con actividad, salí de Etla a la una de la mañana del 18, tomando el camino de Huachichilla, por La Carbonera, vía que según mis exploradores debía traer el enemigo.

A las doce del día, los exploradores, tanto de mi descubierta como los que había mandado dentro del enemigo, me anunciaron que los austriacos estaban ya a nuestro frente: detuve mi marcha y escogí las posiciones para librar el combate; éstas son las lomas de La Carbonera. Mi línea de batalla quedó establecida de esta manera: la Brigada del general Figueroa, formada en columna con la artillería, teniendo a su frente líneas de tiradores, apoyaba la derecha; el centro lo formaba la Brigada de la Sierra a las órdenes del ciudadano coronel Félix Díaz, en batalla con tiradores al frente; a su retaguardia dos columnas de los Batallones de Chiautla, de la Brigada del ciudadano coronel González, y cazadores de la que manda Figueroa, formando una fuerza de 350 hombres mandados por los tenientes coroneles Juan de la Luz Enríquez y Lorenzo Pérez Castro, a las órdenes del ciudadano jefe del Estado Mayor, coronel Juan Espinosa y Gorostiza. Cuatro pequeñas columnas de la Brigada del ciudadano coronel González, compuestas de los Batallones Fieles, Montaña, Guerrero y Costa Chica, teniendo a su frente la compañía del Tlaxiaco, en tiradores, defendían el Camino Nacional a las órdenes del jefe de la Brigada, y a la izquierda, que estaba separada del centro por dicho camino y por una barranca donde embosqué tiradores, la formaban los Batallones Patria y Morelos, de la misma Brigada.

La caballería a las órdenes del general Ramos, quedó formada a retaguardia de la línea, sobre el mismo camino que se mantuvo despejado para que pudiese cargar.

Pocos momentos después de haber quedado establecida la línea de batalla, el enemigo desembocó por el camino en una fuerte columna, marchando a tomar posesión de una loma situada a 600 metros de nuestras posiciones, y desplegando la columna estableció su artillería, rompiendo inmediatamente los fuegos; entre tanto, organizaba otras dos columnas de infantería que lanzó sobre el centro de nuestra línea, las que fueron rechazadas y el enemigo retrocedió a organizarse de nuevo, bajo el amparo de su artillería. Acomete otra vez en el apoyo de su caballería, que carga impetuosamente sobre nuestra línea, llegando casi a tocarla, introduciendo algún desorden en ella; sin embargo, es de nuevo desbaratada y retrocede. Este momento creí era el más oportuno para lanzar nuestra caballería y así lo ordené. Avanza en efecto, se traba el combate entre ambas y la nuestra se ve obligada a retroceder algún espacio por el fuego del cañón del enemigo que recibe a quemarropa; vuelve sin embargo a la carga y el combate permanece indeciso. En estos supremos momentos ordené que las Brigadas del general Figueroa y coronel Díaz cargasen también, lo que verificaron con sumo brío; sin embargo el enemigo había echado mano de sus reservas, y estas columnas son contenidas; entonces y queriendo acabar de una vez, hice mover las reservas que mandaba el coronel Espinosa y las columnas del general González. El enemigo opuso al avance de ellas una desesperada carga de caballería por el camino, sobre los Batallones Fieles y Chiautla, que avanzaban por él. Esta carga fue rechazada. Al mismo tiempo que avanzaban todas estas columnas, las Brigadas Figueroa y Díaz hacían otro tanto; el enemigo, amedrentado por éste ataque general, empezó a retirarse, sufriendo en menos de una hora completa derrota.

Los Batallones Patria y Morelos que habían recibido orden de cargar sobre el flanco derecho del enemigo, lo hicieron sobre la izquierda por haber comenzado éste su retirada.

La persecución se hizo por espacio de 4 leguas, y el enemigo dejó en este espacio regada su artillería, municiones, armamento y multitud de muertos y prisioneros.

La relación número uno indica a usted los muertos, heridos y dispersos que ha tenido esta División; la marcada con el número dos el armamento y pertrechos quitados al enemigo; el número tres las municiones consumidas, y la número cuatro las pérdidas conocidas del enemigo en muertos, heridos y prisioneros. Además, acompaño a usted las listas nominales de ellos, marcadas con las letras A, B y C.

Un Subteniente y tres soldados que se portaron cobardemente, fueron castigados ayer. El resto del personal con cuyo mando me honro, llenó sus deberes a mi satisfacción de una manera tan general, que no me atrevo a recomendar especialmente a nadie, y espero que haciendo justicia ese Supremo Gobierno al mérito militar, concederá un recuerdo honorífico a los combatientes del 18 de octubre en La Carbonera.

Felicito a usted y al ciudadano presidente por el hecho de armas a que me refiero, y me honro en reiterarle mi justa consideración y respeto.

Patria y Libertad.

Cuartel general en la Hacienda de Aguilera, octubre 20 de 1886.

Porfirio Díaz.

Ciudadano ministro de Guerra.

Monterrey.

Capítulo LXIX. Quinto sitio y toma de Oaxaca

Del 20 al 31 de octubre de 1865

El 19 volví a Huitzo y el 20 a Oaxaca para restablecer el sitio.

La primera noticia que tuvo Oronoz de que venía a auxiliado una columna y que había sido derrotada, fue una de las circulares que yo mandé a todos los pueblos para que me llevaran hombres y camillas para conducir a los heridos.

Oronoz se apercibió naturalmente de que había tenido lugar un reñido combate; pero dudaba de su resultado y había ordenado al jefe que mandaba el Fortín de La Soledad, que cuando alguna columna de tropa se acercara a la ciudad, disparara, como aviso a la plaza, si era amiga, tres tiros de cañón consecutivos, y si era enemiga, un solo tiro con bala en la dirección en que se presentara la columna.

Como los primeros que formaron en la columna, eran los prisioneros austriacos y todos tenían uniforme rojo, el jefe del Fortín de La Soledad creyó naturalmente, que habían triunfado los austriacos, y avisó la presencia de una columna amiga, equivocación que no tardó en reparar cuando estuvimos más cerca y pudimos ser examinados mejor.

Reocupé sin que el enemigo hiciera conato ninguno de resistencia, toda la línea que había ocupado antes, con muy poco trabajo y con tiroteos que duraron hasta media noche, haciendo desfilar a los prisioneros y su respectiva escolta por el centro de la ciudad, para reparar la moral de ésta, y alojándolos en el panteón que está situado al oriente de la misma.

Al día siguiente seguí estrechando el sitio, y cuando me preparaba a asaltar el fortín, como operación preliminar, para asaltar enseguida la ciudad, el enemigo tocó parlamento, y me propuso la entrega de la plaza mediante algunas condiciones, a lo que contesté que solo aceptaría su rendición incondicional. Así me la ofreció por medio de un nuevo parlamentario, y nombré en comisión para el arreglo de los detalles de la capitulación al general Figueroa y a los coroneles don Manuel González y don Félix Díaz. El enemigo se rindió a discreción el 31 de octubre. Refundí toda su tropa en mis batallones y establecí prisiones convenientes para los jefes y oficiales.

Al ocupar la Plaza de Oaxaca, di el grado de general, usando de autorización que me había concedido el Gobierno Federal, y por necesitar los jefes de esa graduación, a los coroneles Manuel González y Faustino Vázquez Aldana, no habiendo hecho lo mismo con el coronel Díaz, por ser mi hermano sin embargo de que me lo suplicaron los coroneles ascendidos; pero habiendo llegado éste hecho a conocimiento del Gobierno Federal, me mandó de San Luis un despacho de general graduado para mi hermano.

Permanecí en la ciudad de Oaxaca ocupado preferentemente en reorganizar mis fuerzas hasta el 12 de diciembre de 1866, que salí para Tehuantepec con el objeto que diré más adelante.

Habiendo tenido ocasión de notar en el curso de la campaña, el estado de atraso que guardaba en el país la educación de la mujer, lo cual la hacía egoísta, y la grande influencia que ella naturalmente ejerce sobre el hombre, pues en muchos casos era bastante para entibiar el entusiasmo de mis soldados y hacerlos desistir de su propósito de pelear por la Independencia de su patria, me pareció que tenía el deber de promover su educación, y con este objeto, al ocupar a Oaxaca, después de la rendición de Oronoz, y sin embargo de la grande escasez de recursos con que luchaba y de la necesidad de aplicar de toda preferencia los muy pocos de que podía disponer a la organización del ejército con que intentaba hacer la campaña contra Puebla y México, establecí el 2 de diciembre de 1866, una academia de educación secundaria para niñas, que fue la primera que se organizó en los Estados, y tuve la satisfacción de instalarla el 15 de enero de 1867 y he tenido la de verla después de prosperar y producir muy buenos resultados, pues ella ha mejorado grandemente la condición moral e intelectual de la mujer en Oaxaca.

Capítulo LXX. La Chitova
19 de diciembre de 1865

Inmediatamente después de haber ocupado la ciudad de Oaxaca, organicé una columna compuesta de los Batallones Libres de Oaxaca, Batallón de Costa Rica y Guardias Nacionales de Chiautla y de Tlapa y con ella marché el 12 de diciembre de 1866, para Tehuantepec, donde quedaban mil y tantos hombres a las órdenes del general don Luciano Prieto, quien falleció durante mi marcha para Tehuantepec, víctima del tifo, recayendo el mando de las Fuerzas Imperialistas en el coronel don Remigio Toledo, el mismo que durante el sitio de Oaxaca por el general Bazaine, en enero de 1865, defeccionó con la Guarnición de Tehuantepec.

Hice mi marcha sin novedad hasta Jalapa, 8 leguas antes de llegar a Tehuantepec y allí supe por mis exploradores que el enemigo ocupaba posiciones ventajosísimas en un lugar llamado el Tablón, a la margen izquierda del Río de Tehuantepec. En consecuencia, al emprender mi marcha al día siguiente, hice una desviación a la izquierda, tomando el camino que conduce a Guevea por La Chitova, con objeto de evadir la emboscada y ocupar a Tehuantepec sin combatir o de obligar al enemigo a aceptar un combate igual en otro terreno.

Cuando el enemigo tuvo noticia de mi movimiento, que debió ser poco después de haberlo emprendido, porque cerca de sus posiciones había alturas que dominaban todas mis operaciones, se dejó venir bizarramente sobre mi retaguardia; traté de contenerlo con pequeños tiroteos, y seguí mi marcha hasta La Chitova. Al llegar a este lugar que presenta alguna extensión clara y desmontada, aunque en plano inclinado, formé con el frente a retaguardia, en condiciones de combate, habiendo dejado antes oculto en un arroyo que atraviesa el camino, el Batallón Libres de Oaxaca a las órdenes del coronel don Félix Díaz, con orden de batir al enemigo por la espalda cuando hubiera pasado, o se oyera que iniciaba combate conmigo. Así lo ejecutó el coronel Díaz, y a los primeros disparos que mi artillería hizo sobre el enemigo, lo batió por la espalda decidida y rudamente.

Este ataque, así como el que el enemigo recibió por el frente, lo hizo salir en completa dispersión abriéndose paso en un bosque muy cerrado, y por esa circunstancia su fuga tenía que verificarse separados los individuos entre sí y sufriendo mucho, porque el bosque además de ser muy tupido, estaba formado en su mayor parte de una planta que produce espinas en forma de ganchos, por lo cual se le llama vulgarmente uña de gato. Por el desorden en que el enemigo huyó y la espesura del monte no me fue posible perseguirlo, así como porque la función de armas concluyó con el día.

Seguí mi marcha hasta Guevea, que no dista mucho de La Chitova, y al día siguiente entré sin resistencia a Tehuantepec.

Capítulo LXXI. Tequisixtlan

26 de diciembre de 1865

Dos días después de haber ocupado a Tehuantepec y habiendo sabido por mis exploradores que un núcleo considerable del enemigo estaba en Tequisixtlán, me dirigí a ese pueblo, y después de una marcha del siguiente día, en momentos en que el enemigo lo abandonaba precipitadamente. Le hice algunos perjuicios, no pudiendo perseguirlo por alguna distancia, porque como toda su gente era de la localidad y acostumbrada a la selva, se dispersaba completamente para evadir la persecución.

Dos días más tarde supe que el enemigo se estaba reuniendo en una selva inmediata a Jalapa. Hice otra batida que dio por resultado algunos muertos y la captura de prisioneros, volviendo a huir el enemigo, aunque ya era en número mucho menor que el que se había reunido en Tequisixtlán.

Como era urgente mi presencia en Oaxaca para continuar la campaña sobre Puebla y México, emprendí mi marcha dejando una Guarnición de juchitecos en Tehuantepec y una compañía del Batallón Fieles de Oaxaca en San Bartolo Yautepec para expedicionar contra el enemigo en todos los lugares en donde pretendiera reunirse.

Esa compañía quedó a las órdenes del capitán don Carlos Pacheco, y logró pocos días después, el 3 de febrero de 1867, dar una sorpresa al enemigo que se había reunido en el pueblo de Tlacolulita, causándole grandes destrozos y quitándole todo el armamento que le quedaba, en términos que ya no volvió a intentar reunirse en ninguna parte y pude recoger al capitán Pacheco con su compañía antes de emprender la marcha sobre Puebla, para que me acompañara en la campaña que tenía por objeto la ocupación de la Capital de la República.

La carta siguiente dirigida a nuestro ministro en Washington antes de los encuentros de La Chitova y Tequisixtlán, da una idea del estado que guardaban entonces mis fuerzas.

Tequisixtlán,[32] diciembre 16 de 1866.

Mi muy querido amigo:

Doy a usted las gracias más expresivas por las felicitaciones que tiene la bondad de hacerme en su grata de 18 de diciembre próximo pasado, la que tengo el gusto de contestar.

Al dirigir a usted ésta, creo que habrá recibido mis cartas y visto los partes oficiales que le habrán impuesto de la fortuna con que se ha peleado por nuestra parte, y llamo a esto una fortuna, atendida la desigualdad y escasez de nuestros elementos comparados con los del enemigo; pero en fin, ya con esfuerzo pude cumplir lo que ofrecí a usted de hacer la campaña de este Estado, aun cuando nada se me enviara, pues mi deseo era principiar nuevamente, arrebatando al enemigo lo que me era necesario.

Hoy la faz de las cosas ha cambiado: la guerra necesita ser más vigorosa y de una singular actividad; pero creo que con el armamento llegado y el que tenemos en nuestro poder, tengo por ahora el necesario; recomendando a usted mucho

---

32 Correspondencia de la Legación Mexicana en Washington durante la intervención extranjera. 1860-1867. Nota N.º 37, vol. IX, pág. 75.

que para completar éste, haga un esfuerzo para remitirme las armas especiales y artillería que mandé pedir con el coronel Fidencio Hernández.

Esto en materia de armamento; pero tenemos otra necesidad urgente y es la de numerario. Usted, con su buen criterio, comprenderá que para medio sostener la fuerza que tengo, es indispensable usar de exacciones y medidas que atraen en favor de sí, el odio a la causa y que puede decirse está en renacimiento y necesita un impulso incesante de vida y prestigio; por esto es que si me enviasen algunas cantidades regulares, podría poner en pie de guerra 15.000 hombres y seguirlos sosteniendo.

Podría usted decirme que tengo a mi disposición los bienes de los traidores; pero para convertirlos en numerario es necesario la realización de fincas, etc., y, cosa difícil, si se entiende a lo timorato de la gente a quien usted conoce; pero si por la influencia de usted se proporcionase el envío de postores, se encontraría en esto un magnífico recurso, y ellos se beneficiarían haciendo este negocio, pues se les podría dar con un cincuenta por ciento de rebajo.

Por las apreciables de usted, estoy enterado de la influencia moral que el Gobierno de éste país sigue prestando al nuestro y sus determinaciones con Ortega y Santa Anna; mas para aprovechar esta protección, es preciso que en esta República entremos en una acción violenta y eficaz para terminar todo, y yo por mi parte, para llenar este deber que tanto deseo, no encuentro otro obstáculo que los recursos; pero fío en la ayuda de usted para expeditarlo.

Sin más por ahora, me repito de usted su servidor y amigo que lo aprecia.

(Firmado.) Porfirio Díaz.

Señor don Matías Romero.

Washington.

Capítulo LXXII. Don Justo Benítez

Del 1.º de enero de 1863 al 31 de enero de 1867

El licenciado don Justo Benítez fue, para mí, persona muy conocida desde el Seminario de Oaxaca, cuando yo tenía trece años de edad y él casi la misma. No fuimos condiscípulos, pues él tenía un año más de estudios, y en consecuencia no estábamos en una misma clase. Él, como yo, pensaba seguir la carrera eclesiástica, y como yo, la abandonó para seguir la de abogado.

Era hijo adoptivo del presbítero don José Félix Benítez, cura de la Parroquia de San Pedro Teococuilco, en cuyo pueblo nació don Marcos Pérez, y como el vicario de ese curato, el presbítero don Ramón Pardo era primo mío, acostumbraba yo pasar mis vacaciones en él, y así se estrechó más nuestra amistad.

Más tarde, con motivo de las ideas liberales que profesaba el licenciado Benítez, desistió de la carrera eclesiástica y siguió la del foro, que pudo terminar con lucimiento y con provecho para sí. Fue entonces más cordial nuestra amistad, llegando a ser íntima cuando militamos juntos en una gran parte de la Guerra de Reforma.

Durante esa guerra, siendo yo coronel, servía como Mayor de Ordenes de la brigada que mandaba el general don Cristóbal Salinas, que vino después a Tehuacán a incorporarse con la División del general don Pedro de Ampudia, y el licenciado Benítez, con el carácter de teniente coronel asimilado, servía de secretario a Salinas desde que estaba en Oaxaca, y al salir juntos a la campaña tuve ocasión de estar en más íntimo contacto con Benítez.

Algunos años después, durante la guerra con los franceses, me ofreció Benítez sus servicios como secretario, cuando supo que había yo sido nombrado gobernador del Estado de Veracruz y general en jefe de la División Llave, en sustitución temporal del general don Ignacio La Llave, servicios que no acepté, manifestándole que era tan efímero ese nombramiento, que él no ameritaba la molestia de un viaje.

Con esta expresión de buena voluntad por parte del señor licenciado Benítez, y el buen concepto que yo tenía de sus aptitudes, al volver a Oaxaca, en diciembre de 1863, lo nombré secretario del Gobierno del Estado, mientras estuve encargado de él, y cuando nombré gobernador al general don José María Ballesteros, encomendé a Benítez la Secretaría del Cuartel general de la Línea de Oriente, cuyo carácter conservó hasta que la plaza se rindió al general Bazaine, el 9 de febrero de 1865.

Los servicios que esa vez me prestó el licenciado Benítez fueron de grande importancia, porque además de que tiene buena instrucción y buenas facultades mentales, es muy asiduo para el trabajo.

Luchaba yo, sin embargo, con su carácter imponente; pero la buena amistad que nos ligaba y mi posición superior, contribuyó mucho a hacerlo condescendiente. Tenía yo fe en su patriotismo, y por lo mismo cuando tuve necesidad de dedicarme a la organización del ramo militar, en el cual no podía él ayudarme, le dejé gran latitud en los ramos administrativos propiamente dichos y en los financieros.

Durante el sitio de Oaxaca, además del trabajo que desempeñaba en la Secretaría, me servía de vigilante para poder dormir una o dos horas diarias, cuando me retiraba con ese objeto al Cuartel general, pues aunque cualquiera de mis ayudantes podría haber hecho ese servicio, tenía yo más confianza en él, por considerado con todo el criterio suficiente para apreciar los casos que debieran ser puestos en mi conocimiento.

Fue capturado conmigo en Oaxaca por los franceses, conducido a Puebla y puesto en libertad en virtud de haber firmado la protesta de neutralidad que los austriacos nos presentaron a todos los prisioneros. Tanto en el Fuerte de Loreto como en el Convento de Santa Catarina, habitamos el mismo cuarto. Duró en la prisión cosa de cinco meses.

Permaneció en Puebla, después de haber sido puesto en libertad, sirviéndome personalmente y dispuesto a prestar los servicios públicos que yo le encomendaba.

Algunos días antes de que el barón de Schizmandia me hiciera objeto de sus consideraciones, que más que útiles me fueron embarazosas, porque yo ya tenía casi arreglada mi evasión mucho antes de verificarla, que habría realizado más fácilmente sin la severidad del conde de Thum ocasionada por las consideraciones que me dispensó Schizmandia, había yo concertado con el licenciado don Justo Benítez que marchara a los Estados Unidos a desempeñar algunas comisiones cerca del Gobierno Federal, por el intermedio de nuestro ministro en Washington. Quise que la marcha de Benítez se anticipara a mi evasión, porque procediendo de otro modo y conocida como lo era su amistad conmigo, habría sido preso al evadirme yo.

Para proveer a Benítez de los fondos necesarios para su viaje, pedí al señor don José de Teresa, caballero español y amigo mío, que con insistencia me había ofrecido sus recursos, 1.200 pesos, que me facilitó en un giro de 1.000 pesos sobre Nueva York y 200 en oro menudo, para los gastos de viaje.

El principal objeto de la comisión que di a Benítez acerca del señor Romero, ministro Plenipotenciario en Washington, era obtener armas y algunos fondos que me permitieran hacer la guerra, sin exigir mucho de las pequeñas y pobres poblaciones donde tenía yo que ejecutar mis primeras operaciones, que siempre son las más costosas, porque consisten en la creación del material y personal de guerra.

Luego que el Gobierno supo por la llegada de Benítez a los Estados Unidos, mi propósito de evasión y la supuso consumada, renovó en mi favor todas las autorizaciones con que me había honrado en la primera campaña que terminó con la rendición de Oaxaca.

Más adelante inserto una nota de nuestro ministro en Washington fechada el 28 de septiembre de 1865, dirigida a la Secretaría de Relaciones Exteriores residente entonces en Paso del Norte, en que se refiere el objeto de la misión del señor Benítez a Washington.

Durante su comisión en los Estados Unidos, hice yo la campaña que he referido y que comprende desde esa fecha hasta la ocupación de Oaxaca y vuelta de la campaña de Tehuantepec, que fue cuando me reuní con él en la capital de aquel Estado, en enero de 1867. Después de su regreso de los Estados Unidos, siguió en la misma condición de secretario del Cuartel general durante toda la campaña hasta la ocupación de la capital de la República.

En todas las disposiciones financieras del Cuartel general, en los días de los sitios de Puebla y México, fueron de grande importancia los servicios que el licenciado Benítez me prestó en la Secretaría, auxiliado poderosamente en ese ramo por el señor don Francisco Mejía y por don Albino Carballo Ortega, quien a la sazón era Comisario general del Ejército.

Las relaciones que me estrechaban con el señor don Justo Benítez, no eran solo las que correspondían a nuestra identidad de ideas y de miras políticas y sociales, sino a una amistad casi fraternal aunque mantenida con mucho trabajo por mi parte, por su carácter dominante y su rigidez de opiniones sobre todas materias.

Ministerio de Relaciones Exteriores y Gobernación.

Departamento de Relaciones.

Sección de América.

Número 465.[33]

---

33 Correspondencia de la Legación Mexicana en Washington durante la intervención extranjera. 1860-1867, vol. V, pág. 655.

Legación Mexicana en los Estados Unidos de América.

Nueva York, septiembre 18 de 1865.

Comisionado del general Díaz.

Tengo la honra de comunicar a usted que anoche llegó a esta ciudad el señor don José Justo Benítez que viene en comisión del general Díaz cerca del Supremo Gobierno con los objetos que paso a referir.

Durante la prisión del general Díaz en Puebla, estuvo preparando el terreno para lanzarse a la campaña cuando lo considerara conveniente. Del 14 al 16 del actual, debe haberse fugado de su prisión para ponerse a la cabeza de varias fuerzas que lo esperaban en el Estado de Puebla y en el de Oaxaca. Su primer cuidado ha sido enviar un comisionado al Supremo Gobierno con los objetos siguientes:

1.º Explicar los acontecimientos que precedieron a la rendición de Oaxaca y las razones que motivaron ésta.

2.º Saber si al volver el general Díaz a la campaña, vuelve a reasumir el mando en jefe de la Línea de Oriente, con las mismas facultades que tenía antes de la rendición de Oaxaca, o si ha de quedar subordinado a algún otro jefe.

3.º Pedir al Supremo Gobierno hasta cinco mil fusiles con las municiones necesarias antes de tomar a Oaxaca, e igual número o mayor después que dicha ciudad haya sido tomada.

4.º Solicitar una subvención en numerario, de la mayor cantidad que fuere posible, para el sostenimiento de la fuerza que organice, cuya subvención deberá ser mayor mientras no se tome a la ciudad de Oaxaca.

Impuesto de todos estos puntos, aconsejé al señor Benítez que desempeñe desde aquí su comisión por escrito, manifestándole además que si antes de que venga la respuesta del Supremo Gobierno, tuviéremos aquí algunos elementos de guerra a nuestra disposición, procuraría yo enviar algo de preferencia al general Díaz. Parece inclinado a seguir este camino, en cuyo caso, enviará por el próximo correo sus comunicaciones con todos los detalles necesarios, que no puedo dar por falta de tiempo.

La noticia de que el general Díaz ha vuelto a entrar en campaña, es de las mejores que podemos recibir, pues la República tiene mucho que esperar de su acreditado patriotismo y su pericia militar. Por su graduación en el ejército y los buenos servicios que ha prestado, creo que la Nación recibiría muy bien el que el Supremo Gobierno declarara, que estando otra vez en campaña, le corresponde el mando en jefe de la Línea de Oriente. El servicio público nada perdería con esa determinación, y no hay susceptibilidades que pudieran considerarse justamente heridas con ella.

Reproduzco a usted las seguridades de mi más distinguida consideración.

M. Romero.

C. ministro de Relaciones Exteriores.

Paso del Norte.

Capítulo LXXIII. Canje de prisioneros arreglado con el mariscal Bazaine

Oferta de armas y de plazas fuertes

Del 20 de octubre de 1866 al 31 de enero de 1867

El mariscal Bazaine, que tenía una idea exagerada del número de prisioneros extranjeros con que yo contaba, porque no sabía a punto fijo cuántos habían sido muertos, cuántos dispersos y cuántos prisioneros, me propuso un canje que acepté, encomendando su estipulación, conforme a las bases que fijé, al coronel José M. Pérez Milicua, a quien sirvió de intérprete el francés don Carlos Thiele, que con ese objeto avanzó hasta la capital de la República, teniendo lugar las conferencias para arreglar el canje en Tehuacán, donde se detuvo al coronel Pérez Milicua.

Después de canjeados todos los prisioneros mexicanos que aún quedaban en poder de las Fuerzas invasoras, devolví gratis al mariscal Bazaine, cerca de mil prisioneros, todos extranjeros, con la condición de que fueran inmediatamente embarcados en Veracruz, como lo fueron en efecto.

Cuando mandé a México a don Carlos Thiele para arreglar el canje de prisioneros, el mariscal Bazaine lo autorizó para que me propusiera en venta fusiles, municiones, vestuario y equipo, ofreciéndome esos objetos a precios fabulosamente bajos, esto es, a peso por fusil y a peso también por vestuario de lienzo con zapatos, lo mismo que materiales para fabricarlos, caballada, mulada y sus respectivas monturas y arneces. Comprendí por esa oferta y por los destrozos y remates a precio vil que el enemigo estaba haciendo de su material, que la razón de su oferta era que no tenía vehículos para conducidos a Veracruz y acaso ni capacidad en su flota para embarcarlos y me negué a comprarlos, pues teniendo que dejarlos me era más barato ocuparlos como propiedad del enemigo, que comprarlos aun a vil precio. Entonces expedí una circular a todas las plazas, incluyendo a las ocupadas por el enemigo, en que declaraba contrabando de guerra todos los efectos que aquél dejara en el país, ya fueran vendidos, regalados o abandonados, e imponía una fuerte multa a sus tenedores o encubridores, la cual sería aplicada íntegramente al denunciante en cada caso, dando a ésta la mayor garantía de sigilo.

Esta circular fue extraordinariamente fructuosa para el ejército, al grado que me permitió presentar al presidente Juárez, a su arribo a la capital, 21.000 hombres perfectamente vestidos, armados y municionados. El Gobierno Federal, después de su regreso a la ciudad de México, dictó algunas órdenes en el sentido de mi circular.

Thiele era un francés inteligente, ilustrado, buen escritor, sereno y de iniciativa, que se me presentó en la Mixteca a mediados de septiembre de 1866 ofreciéndome sus servicios, y deseando aprovecharme de sus buenas condiciones, lo puse en mi Secretaría particular con el carácter de auxiliar, pues el secretario era don Manuel Travesi. Me acompañó en Miahuatlán y La Carbonera. Al regresar a Oaxaca de mi expedición a Tehuantepec, lo mandé como intérprete con el coronel Pérez Millcua, y al volver a Oaxaca y no pudiéndose entender con él don Justo Benítez, que ya figuraba como secretario del Cuartel general de la Línea de Oriente, le retribuí sus servicios y con el dinero que le di se fue a Guatemala, en donde estableció una fotografía, y murió varios años después.

El mariscal Bazaine me mandó decir con Thiele que a su salida de México permanecería cinco días en Ayotla, como lo verificó, y que si mientras él estaba allí, atacaba yo a la ciudad de México, le mandase decir con Thiele el uniforme de mis soldados para distinguirlos de los de Maximiliano, pues que en ese caso se proponía regresar a la capital con el objeto de restablecer el orden, y que todo se arreglaría satisfactoriamente. Entendí por esto que quería manifestarme de esta manera que me haría entrega de la capital y acaso del mismo Maximiliano siempre que yo accediese en recompensa a sus propuestas, de desconocer al Gobierno del señor Juárez, con el objeto de que la Francia pudiese tratar con otro Gobierno antes de retirar sus fuerzas de México; pues sus palabras textuales fueron: diga usted al general Díaz que yo pagaré con usura el brillo con que nuestra bandera pueda salir de México. No me pareció conveniente aceptar esas propuestas, y así lo manifesté a Thiele para que lo comunicara al general Bazaine.

En una carta que dirigí a nuestro ministro en Washington, durante el sitio de la ciudad de México, fechada en Guadalupe Hidalgo el 3 de mayo de 1867, que él publicó en los Estados Unidos, y cuyo pasaje respectivo inserto al fin de este capítulo, hice una alusión a las ofertas de Bazaine. Con este motivo y varios años después, cuando el mariscal se encontraba en Madrid, prófugo de su país, tal vez por agradar a la reina regente de España, sobrina de Maximiliano, y a consecuencia de una tercera publicación que se hizo en Francia de mi carta de 1867, me dirigió Bazaine una carta, ello de ciciembre de 1886, pretendiendo que rectificara yo los asertos consignados en mi carta de Guadalupe Hidalgo, por considerados él inexactos, y recordándome que él no había publicado una carta que yo le escribí el 8 de febrero de 1865, la víspera de la rendición de Oaxaca, que suponía me haría mucho mal si era conocida del público. Le contesté, el 11 de enero de 1867, que siendo exactos aquellos conceptos, no podía yo rectificarlos, que lo haría si Thiele se desdecía de lo que me había manifestado, y que ningún mal me podría hacer la publicación de mi carta en 1865, y por los sentimientos que me inspiró la situación que él guardaba, no quise entrar en consideraciones de otro género. Después de esto no volví a recibir carta ninguna del mariscal Bazaine.

Inserto también la carta que me dirigió el mariscal Bazaine y mi respuesta.

Guadalupe Hidalgo,[34] mayo 3 de 1867.
Señor don Matías Romero, etc., etc.
Washington.
Mi querido amigo:
El general Bazaine, por medio de una tercera persona, ofreció entregarme las ciudades que poseía, así como también a Maximiliano, Márquez, Miramón, etc., con tal de que yo accediera a una propuesta que me hizo, y la cual deseché por no parecerme honrosa. También se me hizo otra proposición con autoridad

---

34 Esta carta fue comunicada oficialmente por nuestro ministro en Washington al secretario de Estado del Gobierno de los Estados Unidos de América, con nota extraoficial el 28 de mayo de 1867. Correspondencia de la Legación Mexicana en Washington durante la invasión extranjera. 1860-1867. Nota N.º 219, vo. XI, pág. 487.

de Bazaine, para la compra de seis mil fusiles y cuatro millones de cápsulas; y si lo deseaba también, me vendería cañones y pólvora; mas me negué a aceptarla. La intervención y sus resultados han abierto nuestros ojos, y de aquí en adelante tendremos más cautela al tratar con las Naciones extranjeras, particularmente con las de Europa, y con especialidad con la Francia ...

(Firmado.) Porfirio Díaz.

Madrid, 10 de diciembre de 1886.
General.

El resentimiento de que vengo quejándome, proviniendo del señor general Porfirio Díaz, es a él a quien escribo, y no al jefe de Estado Mexicano.

La publicación de nuevo en los periódicos de su carta a don Benito Juárez, citando proposiciones deshonrosas que yo le hubiera propuesto por un intermediario, no es más que una sarta de calumnias inventadas por ese intermediario, que no designa usted, y que tuvo usted la torpeza de acoger tan ligeramente con sus falsedades; después de haber hecho alarde para servir sus intereses políticos, desmiento, pues; de una manera absoluta, los hechos contenidos en esa carta, citada como auténtica, y que es de usted solamente; y si las primeras publicaciones han pasado sin observación, es porque la personalidad de usted era menos que ahora.

No debía usted haber olvidado que la víspera de la rendición de Oaxaca, vino usted a pasar parte de la noche en mi Cuartel general, contrario a todas las leyes militares, y que hubiera estado en mi derecho el tratarlo como insurrecto, en lugar de hacerlo como prisionero de guerra. Si hubiera yo hecho publicar su carta referente a esa entrevista, carta que está en mi poder, no hubiese usted llegado a la Presidencia; protesto, pues, con la mayor indignación contra esa calumnia vuelta a remover, y ruego a usted, señor general, designe el intermediario, por el cual sin duda fue engañado, a fin de que lo haga perseguir como difamador.

Reciba usted general, la expresión de toda mi consideración de sentimiento por su conducta poco leal hacia mí.

M. Bazaine.

México, enero 11 de 1887.

Al señor mariscal Bazaine.

23 Monte Esquina.

Madrid.

Señor:

He recibido una carta de usted de fecha 10 de diciembre último, que en resumen tiene por objeto manifestarme su resentimiento por la publicación de una carta mía, escrita en el año de 1867, en que, refiriéndome a usted, aseguraba que por tercera persona me había hecho proposiciones que no quise aceptar por indecorosas; suplicarme le designe quién fue ese intermediario, y reprocharme el beneficio de no haber dado a luz la carta que le dirigí el 8 de febrero de 65, así como de haberme tratado como prisionero de guerra y no como insurrecto.

En cuanto a lo primero, debo advertir a usted, desentendiéndome de su estilo que no quiero calificar, que la carta que al principio cita, no fue dirigida al señor Juárez, como lo asienta, sino al señor licenciado Matías Romero, por cuyo conducto acostumbraba yo informar al jefe Supremo del Estado, de todo lo que yo hacía y ocurría en la zona cuya defensa me estaba encomendada: que esta fue mi única intención al escribirla, y no la publiqué ni pensé que podría ser publicada. Rectificó la aseveración de usted sobre este punto así es la verdad, y no porque hubiera tenido inconveniente en dar a luz dicha carta, pues nunca vacilé sobre la veracidad de los hechos que en ella cito; y además por razones contrarias a las que decidieron a usted despreciarla en su primera, segunda y tercera publicación, esto es, porque la personalidad de usted valía entonces mucho más que ahora.

Respecto al segundo punto, aunque han pasado ya algunos años, no creo que haya olvidado usted a Mr. Carlos Thiele. Debo decirle, supuesto que me lo pregunta, que esa es la persona que mandé cerca de usted para ajustar el canje de los prisioneros mexicanos que tenía usted en su poder, por lo que yo tomé en las acciones de Nochixtlán, Miahuatlán, Carbonera, Tehuantepec y Oaxaca, canje que realizamos con gran ventaja para el ejército francés, porque le envié como gracia todos los jefes, oficiales y soldados que me sobraron, cuando a usted no le quedaba personal equivalente para canjeármelos. Ese señor Thiele fue quien me hizo en nombre de usted las proposiciones de que di cuenta en mi carta que me ha concitado el resentimiento de usted y quien pocos meses después de los hechos a que me refiero, se radicó en Guatemala, donde se puede ocurrir a él. Celebraría muchísimo si algún día pudiera usted persuadirme de que todo fue impostura de dicho señor, y lo manifestaría así al público que ha conocido mi carta; pero para esto necesito la propia declaración del señor Thiele, pues el conocimiento que de él tengo no me autoriza a dudar de su caballerosidad.

En cuanto a mi repetida carta de febrero de 65, con cuya publicación cree usted que me habría hecho y aún me podría hacer mal ahora, ese es otro error que usted padece. Hago memoria de habérsela dirigido y aunque no tengo presentes con perfección los términos en que está concebida, sí puedo asegurar que no me deshonran, sencillamente porque tanto en mi conciencia de hombre, como de militar, no recuerdo ningún hecho que pudiera avergonzarme. Por otra parte, la inmensa desigualdad en que entonces combatíamos —menos de uno contra diez— y las circunstancias y episodios que rodearon esa campaña y tuvieron lugar en ella, solo son conocidos hasta la fecha por los que como usted y yo, fuimos en ella actores, lo mismo que por nuestros subordinados respectivos y por los pueblos del heroico Estado de Oaxaca. Su publicación halagaría mucho mi orgullo militar y patriótico, y la necesidad de contestar cargos formulados por usted me pondría en condiciones para hacerlo sin el riesgo de aparecer presuntuoso y con más ventaja aún si me permitiera comparar el asedio, sitio y pérdida de la Plaza de Oaxaca, con otro caso contemporáneo del mismo género, aunque no semejante.

Me recuerda usted también, no sé con qué objeto, que fui su prisionero y que no me trató como insurrectos. Si hace usted esto para censurarme, le repetiré que, aunque por casualidad y no por deber a que no estoy sometido, no fue mi voluntad la que decidió la publicación de mi carta, que tanto le ha afectado. En cuanto a que usted haya obrado así por deber o por gracia, permítame que no le replique, porque como quiera que haya sido, tengo presente que usted ha tenido el honroso carácter de mariscal del Ejército Francés y cualesquiera que sean las desgracias que han pesado y aún pesan sobre usted, y el estado en que ellas hayan dejado su ánimo y su razón, no puedo sin agraviar a usted y al sentido común, entrar en una cuestión que tendría por objeto demostrarle la diferencia que existe entre el insurrecto o bandolero, y el general del Ejército de una Nación reconocida por el mundo civilizado y que plenamente autorizado por los Supremos Poderes de ella, a la sombre de su bandera, la defiende en su territorio contra un ejército invasor.

Envío a usted los testimonios de mi pena por la poca meditación que revelan los conceptos estampados en la carta que le contesto.

Porfirio Díaz.

Capítulo LXXIV. Armas enviadas por nuestro ministro en Washington

Del 1.º de octubre de 1866 al 31 de enero de 1867

El objeto principal de la misión del señor licenciado Benítez en los Estados Unidos, fue como acabo de indicarlo, obtener recursos y elementos de guerra para hacer una campaña fructuosa contra la intervención extranjera. La llegada del licenciado Benítez a los Estados Unidos coincidió con la aprobación de nuestro ministro en Washington de un contrato celebrado por el general don José María de J. Carvajal con los señores John W. Corlies y Ca. de Nueva York, en virtud del cual se autorizó la emisión de 30 millones de pesos en bonos, destinados a la compra de elementos de guerra, que se utilizaran en la campaña contra el invasor. Nuestro ministro en Washington dio sus instrucciones al general Hermann Sturm, nombrado por el general Carvajal para hacer la compra de armas y otros elementos de guerra a fin de que se comprasen los artículos que yo necesitase, según los informes que ministraran el señor licenciado Benítez y el general don Pedro Baranda, comisionado al efecto por el general don Alejandro García, segundo en jefe de la Línea de Oriente.

El general Sturm compró un cargamento que puso a bordo del vapor Vixen, en el cual vinieron a Minatitlán los señores Benítez y Baranda.

En el volumen intitulado: Contratos hechos en los Estados Unidos por los comisionados del Gobierno de México, durante los años de 1865 y 1866 publicado en 1868 en la imprenta del Gobierno, consignó don Matías Romero todos los informes referentes a estos asuntos, y entre ellos[35] menciona el envío de armas destinadas a la Línea de Oriente que condujeron don Justo Benítez y el general don Pedro Baranda, y en ese libro aparece el pormenor de los efectos enviados en el Vixen, el costo que tuvieron los mismos y todos los demás datos referentes a ese envío.

---

35 Contratos hechos en los Estados Unidos por los comisionados del Gobierno Mexicano durante los años de 1865 y 1866, págs. 481, 488, 496 y 497.

El 9 de noviembre de 1866 se fletó el vapor Vixen por el general Sturm en 600 pesos diarios pagaderos en bonos.[36] El día 10 salió de Nueva York conduciendo las armas y artículos de guerra para la Línea de Oriente, que se pusieron a cargo del general don Pedro Baranda.[37] El vapor se averió y tuvo que arribar en Norfolk, Estado de Virginia, en donde permaneció algunos días para reponer sus averías; después de lo cual partió para Minatitlán.[38]

Desde que yo salí de Oaxaca para Tehuantepec con el objeto de someter a Remigio Toledo, que a la cabeza de mil y tantos hombres ocupaba Tehuantepec, había llamado al general Alejandro García al Cuartel general, con objeto de que informara sobre las dificultades que tenía con algunos distritos de su línea que se le habían puesto casi en estado de rebelión contra él; y aprovechando su presencia en el Cuartel general y para causar en el ánimo de los disidentes una impresión que fuera favorable al general García, le encomendé interinamente el mando del Cuartel general que era la ciudad de Oaxaca y sus inmediaciones, y le dejé instrucciones para que continuara en la obra de organización a los batallones que debían servirme para la campaña sobre Puebla y México, la conclusión de las baterías que también con ese objeto había yo comenzado a construir, así como la fabricación de municiones para dichas baterías y para las armas portátiles y de vestuario y equipo para los batallones a que aludo.

En marcha para Tehuantepec recibí en Tlacolula un correo procedente de Acayucan que me mandaba don Justo Benítez, en que me avisaba que acababa de desembarcar en Minatitlán procedente de los Estados Unidos, y que había llegado a ese puerto con una remesa de armamento, equipo, municiones y útiles de hospital. Con este motivo mandé a recibir esos efectos al capitán de Ingenieros don Lorenzo Pérez Castro con una Fuerza de Guardia Nacional.

El general Baranda traía el encargo de conducir dichas armas; pero como los indios de Acayucan estaban pronunciados contra el general García, ocultó su nombre y su misión y se puso bajo el amparo de Benítez, quien afrontando la situación dijo que las armas eran para mí y entonces los indios, lejos de opo-

---

36 Correspondencia de la Legación Mexicana en Washington durante la intervención extranjera. 1860-1867. Nota N.º 741 de 9 de noviembre de 1866, vol. VIII, pág. 558.

37 Correspondencia de la Legación Mexicana en Washington durante la intervención extranjera. 1860-1867. Nota N.º 746 de 11 de noviembre de 1866, vol. VIII, pág. 566.

38 Correspondencia de la Legación Mexicana en Washington durante la intervención extranjera. 1860-1867. Nota N.º 756 de 17 de noviembre de 1866, vol. VIII, pág. 575.

nerse a su conducción, ayudaron a traerlas hasta Tutepec. Recibí estas armas al volver de la expedición de Tehuantepec y las utilicé en la campaña sobre Puebla y México, que emprendí a poco.

Capítulo LXXV. Don Juan Pablo Franco

Del 4 de octubre de 1866 al 30 de enero ce 1867

Don Juan Pablo Franco, que desde que el Gobierno Federal abandonó la ciudad de México y se organizó en ella el pr mer simulacro de administración intervencionista, se había manifestado partidario activo y entusiasta del imperio, fue al fin nombrado prefecto Superior Político de Oaxaca y acompañó en su expedición a los generales Curtois d'Hurbal y Bazaine, sirviéndoles con mucha actividad y eficacia, y haciéndoles creer que ejercía gran prestigio en dicho Estado, así como en el de Chiapas.

Después de la Batalla de Miahuatlán, aprovechó Franco la salida de una fuerza de caballería que mandó a Oronoz a Puebla escoltando al obispo Covarrubias para ir con él a esa ciudad. Covarrubias había sido uno de los más eficaces auxiliares de la intervención, y se asustó mucho porque habiéndome mandado preguntar qué consideraciones él guardaría si tomaba a Oaxaca, y siguiendo mi sistema de aparentarme sanguinario para infundir terror, le contesté que lo fusilaría con su gran uniforme de obispo, lo cual lo desmoralizó completamente y otro tanto le pasó a Franco, y esto motivó la salida de ambos para Puebla.

Estando en México Franco con don Manuel Dublán, después de la rendición de Oaxaca, se pusieron ambos de acuerdo para ir con una escolta de traidores hasta Tehuacán, que todavía estaba en poder del enemigo, a recibir a sus respectivas familias, que habían mandado traer a Oaxaca. Con este propósito salieron de México; pero en Puebla comprendió Dublán que había peligro en seguir adelante, y manifestó a Franco que lo esperaría allí si él continuaba su marcha, aconsejándole que no pasara de allí.

Avisados los puestos avanzados que tenía yo en algunos lugares cercanos de la carretera que conduce de Puebla a Tehuacán, de que llegaba a Tlacotepec una fuerza de caballería enemiga en tal número que ellos podían batir, la dejaron entrar a Tlacotepec para atacarla en dicha población con ayuda del vecindario.

No tardaron mis soldados de caballería, mandados por el teniente coronel don Ignacio Sánchez Gamboa, en apoderarse de Franco y de su escolta, que mandaron para Oaxaca, a donde llego el primero el 6 de enero de 1867, antes de mi regreso de Tehuantepec.

Luego que tuve noticia de la captura de Franco, mandé instaurar el proceso correspondiente y después de su tramitación regular y completa y de permitirle el ejercicio de todos los recursos legales, fue sentenciado a muerte el 26 y pasado por las armas en Oaxaca el 30 de enero de 1867 después de haber salido yo de aquella ciudad para Puebla. Interpuso el recurso de indulto que le negué.

Fue fiscal de esa causa, el teniente coronel don Joaquín Ballesteros, asesorado por el auditor, licenciado don Ramón Rodríguez y su defensor, el licenciado don José Isaac Cañas, abogado distinguido de Oaxaca.

Capítulo LXXVI. Marcha sobre Puebla

Del 10 de enero al 10 de febrero de 1867

El 10 de enero de 1867 entré a Oaxaca, de regreso de Tehuantepec, y me ocupé activamente de organizar la campaña sobre Puebla.

Coincidió mi regreso de la campaña de Tehuantepec con el arribo a Oaxaca del armamento que condujo de los Estados Unidos el general don Pedro Baranda, y esa circunstancia favoreció mucho la organización de mi columna con que debía operar sobre la capital y cuya organización e instrucción había dejado encomendada al general Alejandro García, a quien había llamado de su Cuartel de Tlacotálpam con ese objeto. Encontré, sin embargo, que aún no estaban concluidas las baterías rayadas que yo había mandado fundir y montar antes de salir para Tehuantepec, y que aún no estaba uniformada una brigada compuesta de los Batallones 1.º, 2.º y 3.º, de Cazadores de Oaxaca, y encomendé ese trabajo al general Alejandro García y al jefe de dicha Brigada, general don Manuel González.

Al comenzar mi campaña, después de mi evasión de Puebla, había ofrecido a las Guardias Nacionales que me seguían, que aprovecharía sus servicios hasta la ocupación de la capital del Estado de Oaxaca y que una vez logrado esto, las licenciaría a todas, regalándoles las armas con que habían hecho la campaña. Esta promesa constituía para mí un gran embarazo, y ella explica la necesidad que tenía de improvisar nuevas tropas, con carácter ya de Ejército Permanente, a lo que procedí desde luego. En momentos, pues, en que tanto necesitaba tropas para emprender una nueva y seria campaña, estuve licenciando a todas las Guardias Nacionales que exigieron el cumplimiento de mi promesa, y por fortuna logré convencer a algunos, aunque muy pocos, para que siguieran sirviendo en la nueva campaña que iba a abrirse.

No siendo suficientes para esa campaña las fuerzas que yo pudiera organizar en Oaxaca, extendí mi acción y mis esfuerzos, a los Estados de Puebla, Veracruz, México y Tlaxcala, y con ese propósito y estando todavía en la ciudad de Oaxaca, destaqué con sus respectivas fuerzas, y con objeto de aumentarlas, al general Luis Pérez Figueroa a los Distritos de Tuxtepec y Teotitlán de aquel Estado, con orden de concurrir algunos días después al Valle de Ixcaquistla. Había ordenado también a los generales Juan N. Méndez e Ignacio R. Alatorre que aumentaran sus fuerzas, tanto como fuera posible en el Norte de Puebla y Estado de Veracruz respectivamente, para concurrir al lugar que yo designaría en una orden al efecto, y al coronel don Cristóbal Palacios que organizara un regimiento en los Distritos de Tepeaca y San Andrés Chalchicomula de Puebla, y en la parte oriental del Estado de Tlaxcala. Al coronel Rodríguez Bocardo que había desertado del imperio y que se había puesto a mis órdenes, le mandé que permaneciera y mejorara sus tropas en la ciudad de Tlaxcala. Al coronel Anastasio Roldán, servidor del imperio y que también se había puesto a mis órdenes con doscientos caballos, le ordené permaneciera en Acajete y amagara a Puebla por el rumbo de Ayotla. Al general Rafael Cuéllar le había mandado que organizara fuerzas de infantería y de caballería en los Distritos de Chalco y Xochimilco y contiguos del Estado de México, y al coronel Florentino Mercado, que organizara también la fuerza de caballería que pudiera en los llanos de Apam.

El 26 de enero de 1867 salí de Oaxaca para Acatlán, del Estado de Puebla, con una pequeña fuerza de caballería que no llegaría a trescientos hombres, porque el resto de caballería que era en su totalidad de hombres de Ixcaquistla, de Tepeji y de toda la Mixteca baja y sur de Puebla, les había dado licencia para presentárseme, un mes después, en el repetido pueblo de Ixcaquistla.

Me situé primero en Acatlán con objeto de observar de cerca las operaciones del enemigo, y proteger al coronel don Juan Espinosa y Gorostiza que había avanzado con unos cuantos infantes para posesionarse de Matamoros Izúcar y organizar allí un batallón que debía mandar él mismo, y también había mandado al general don Francisco Leyva a apoderarse de Cuernavaca y organizar allí fuerzas de infantería y caballería con las cuales maniobraría después, según órdenes que recibiera, y mandé al general don Vicente Ramos que inspeccionara la organización de las fuerzas que había mandado levantar en los distritos del sur de Puebla, pero desgraciadamente murió cuando comenzaba a desempeñar ese servicio que encomendé después al general Manuel Toro.

Permanecí en Acatlán cosa de dos semanas, esperando que emprendieran su marcha para incorporárseme las diferentes fuerzas que había mandado organizar en los Estados de Oaxaca, Veracruz, Puebla, México y Tlaxcala.

Capítulo LXXVII. Solicitud de Maximiliano por conducto de Mr. Bournof

Del 1.º al 10 de febrero de 1867

Estando en Acatlán en observación de las operaciones del enemigo, y con el objeto de proteger la organización de tropas que hacían por orden mía, los jefes a quienes acabo de referirme, y en espera de las Tropas de Oaxaca y materiales de guerra que debían incorporárseme con el general don Manuel González, condujo un día la avanzada de Acajete por cordillera y con las precauciones usuales en esos casos, a mi Cuartel general, a una persona llamada Carlos Bournof, que había sido comisionado personalmente por Maximiliano, según credencial que trajo al efecto, para recabar mi promesa de no batir al archiduque en la marcha que próximamente se proponía hacer de México a Veracruz, protestando que haría su travesía exclusivamente con soldados europeos y que su objeto era embarcarse con ellos en la fragata Novara que lo esperaba fondeada en Veracruz.

Mr. Bournof me dijo que esto era todo lo que Maximiliano le había encargado me manifestase; pero él agregó, como opiniones personales suyas y como informes que me daba, que Maximiliano tenía un alto concepto de mí, y que si pudiera contar con mi cooperación, se descartaría de los conservadores que lo rodeaban y de los militares de ese partido que estaban a su lado; que me daría el mando de todas sus fuerzas, y que pondría la situación del país en manos de los liberales, porque él tenía gran predilección por nuestros principios políticos;

que sentía gran respeto y consideración por el señor Juárez y por los principios que profesaba; pero que vista la situación que él guardaba y teniéndonos a nosotros por antagonistas, no podía proceder como lo deseaba, sino como las circunstancias lo obligaban a obrar. Me pareció que Mr. Bournof cumplía con un encargo de Maximiliano, sin embargo de que él cuidó de hacerme entender que esto no era así, sino que tan solo expresaba sus impresiones personales.

Detuve a Mr. Bournof toda la noche para mandarlo al día siguiente con una respuesta verbal negativa, y le dije que no podía tener condescendencia de ningún género con el enemigo y que mis únicas relaciones con Maximiliano consistían en batirlo o ser batido por él, para lo que tomaba desde luego mis providencias y que me empeñaría en hacerlo prisionero y someterlo a la justicia de la Nación.

En toda esa noche fue necesario hacer algunos desfiles de tropas de distintas armas por la calle en donde había alojado a Bournof acompañado de oficiales que cuidaban de que se cumpliera con la prohibición que le impuse de abrir las ventanas, con objeto de que creyera que en Acatlán había gran número de tropas acuarteladas y movimiento de entrada y salida de trenes y de fuerzas de distintas armas, cuando en realidad solo tenía doscientos y tantos caballos, pues mi gran apoyo consistía en los pueblos de los Distritos de Matamoros, Tepeji y Tepeaca que todos eran amigos y muchos de ellos estaban armados y dispuestos a participar de algún combate que se ofreciera cerca de sus respectivos pueblos. En esos pueblos se encontraba además con sus armas y caballos todo el personal de mi caballería, a quien acababa de conceder licencia por un mes.

Capítulo LXXVIII. Ixcaquistla, Tepeaca y Huamantla

Del 12 de febrero al 8 de marzo de 1867

Después de haber permanecido algunos días en Acatlán y de habérseme incorporado algunas de las fuerzas que esperaba, marché para Ixcaquistla con el objeto de acercarme a Puebla y de proteger el arribo del general Luis Pérez Figueroa, que debía llegar a ese pueblo con su Brigada de infantería.

En efecto, a la vez que yo, llegó a Ixcaquistla, el general Luis Pérez Figueroa con su brigada, y algunos días después el general Manuel González que había salido de Oaxaca el 15 de febrero de 1867 con una Brigada de infantería formada de los tres Batallones de Cazadores, dos baterías rayadas de montaña, media batería de batalla y una sección de cuerpo médico y ambulancia que mandaba el doctor don Francisco Hernández y una compañía de ingenieros mandada por el capitán Lorenzo Pérez Castro.

Una vez en estas condiciones y después de haber pasado cosa de diez días en Ixcaquistla, emprendí mi marcha a Tepeaca, donde se me incorporaron el coronel don Cristóbal Palacios con cuatrocientos caballos, el teniente coronel Sánchez Gamboa con más de trescientos organizados en Acatlán y Matamoros Izúcar y el coronel Juan Espinosa y Gorostiza con su Batallón en alta fuerza formado en Matamoros y Atlixco.

De Tepeaca pasé a Huamantla y allí se me incorporaron el general Ignacio Alatorre con las fuerzas que había organizado en Jalapa y el general don Juan N. Méndez con las suyas, organizadas en la sierra de Tetela del Estado de Puebla.

Me ocupé inmediatamente de dar nueva forma a aquella masa de tropas, organicé dos Divisiones, y encomendé el mando de la primera al general don Ignacio R. Alatorre y el de la segunda al general Juan N. Méndez, y una Brigada de caballería, cuyo mando di al general don Manuel Toro. La primera Brigada de la primera División la mandaba el general don Manuel González, la segunda el general don Francisco Carreón, y la tercera el general don Luis Pérez Figueroa.

La 1.ª Brigada se componía de los tres Batallones 1.º, 2.º y 3.º de Cazadores de Oaxaca, mandados, él primer Batallón por el teniente coronel don José G. Carbó y Mayor don Carlos Pacheco; el segundo por el teniente coronel don Juan de la Luz Enríquez y el tercero por el teniente coronel, don Juan Higareda.

La segunda Brigada se componía del Batallón Ligero de Matamoros, mandado por el coronel Juan Espinosa y Gorostiza y de las Guardias Nacionales de Veracruz y Puebla, mandadas por los generales Juan Francisco Lucas y Rafael Cravioto.

La tercera Brigada se componía del Batallón de Cazadores de la Montaña, mandada por el Mayor Manuel Ramírez Terrón y otras Fuerzas de Guardia Nacional de la Sierra, por jefes cuyos nombres no recuerdo.

La segunda División se componía de Fuerzas de la sierra de Puebla que había traído el general don Juan Méndez, acompañado de los generales Juan Crisóstomo Bonilla, Juan Francisco Lucas y de otros jefes.

La caballería se formaba de los regimientos que mandaban los coroneles don Cristóbal Palacios, Anastasio Roldán, teniente coronel don Ignacio Sánchez Gamboa y general don Antonio Rodríguez Bocardo y de otro que mandaba el teniente coronel don Marcos Bravo. Mi fuerza hacía un total de cuatro mil hombres.

Capítulo LXXIX. Tercer sitio de Puebla

Del 9 al 31 de marzo de 1867

Con la fuerza organizada de Huamantla emprendí la marcha sobre la plaza de Puebla, a donde llegué por el 9 de marzo de 1867 y ocupé sin resistencia el cerro de San Juan, donde establecí mi Cuartel general, tomando en el mismo día posesión del Convento de San Fernando sin que el enemigo intentara defenderlo. La casa del señor licenciado don Manuel María de Zamacona, situada en la cima del cerro de San Juan, me sirvió de alojamiento durante todo el sitio, y recibí en ella marcadas pruebas de franca y cordial hospitalidad. El señor Zamacona mandó a su familia a Cholula, en donde él pasaba las noches; pero el día lo empleaba en procurar hacerme cómoda y agradable mi permanencia en su casa.

Seguí extendiendo mi línea envolvente, ocupando los suburbios de la ciudad por el sur y por el oriente, sin cerrar el sitio por la parte norte, porque me lo impedían los cerros de Loreto y Guadalupe, que el enemigo tenía ocupados y perfectamente artillados, sin embargo de lo cual, ocupé casi todo el barrio de la Luz y el Alto; y aunque no pude incomunicar los cerros con la ciudad, establecí con mi caballería, completa incomunicación de los cerros para afuera.

Estando en el sitio de Puebla, y pocos días antes del asalto, se me incorporó el general don Diego Álvarez con cosa de seiscientos hombres de Fuerzas del Sur y el coronel don Mucio Maldonado con 400 caballos de Texcoco.

Siguieron las operaciones con objeto de reducir el perímetro ocupado por el enemigo al grado de avanzar nuestra línea por la parte occidental de la ciudad hasta la plazuela de San Agustín, teniendo nosotros los tres lados de esa plazuela, occidente, norte y sur, y el enemigo el lado de oriente y de allí continuaba toda nuestra línea rectamente hasta el Convento de La Merced; ocupando nosotros en todas esas calles las aceras del occidente y el enemigo las de oriente. Por el sur ocupábamos la línea de manzanas en que estaba la Aduana y todas las siguientes hasta el barrio de la Luz donde nuestra línea volteaba hacia los cerros por el puente de la Luz.

Cosa de ocho o diez días antes del asalto de Puebla, que tuvo lugar el 2 de abril, el teniente coronel Domínguez, oficial tan arrojado como imprudente, emprendió un ataque vigoroso en la manzana que hace frente al mesón llamado Nobles Barones, con objeto de desalojar al enemigo que ocupaba la mitad de la manzana. Como se hizo muy nutrido el fuego de fusilería en aquel lugar, y general el cañoneo en toda la línea, el general González, cuya línea comprendía la manzana ocupada en parte por Domínguez y en parte por el enemigo, acudió al lugar, siendo el fuego tan nutrido, que en el momento de salir a la azotea, fue herido del brazo derecho, por un tiro que le destrozó el codo. Yo que también había oído fuego muy nutrido, acudí y entré en momentos en que bajaban por una escalera al general González. Después de dar las órdenes conducentes para contener una abundante hemorragia que hacía peligrosa su herida, corrí al sitio del combate con algún refuerzo que de antemano había mandado traer, y la manzana fue en esa noche ocupada por nosotros.

En uno de los últimos días del sitio, el enemigo incendió una tienda en la manzana que ocupaba el general don Francisco Carreón, cuya tienda contenía mucha madera, pues estaba allí todo un armazón y además todos los muebles de la familia que, había abandonado esa casa.

Inmediatamente que tuve conocimiento del hecho, acudí al lugar del incendio para apagarlo, y comencé por la pieza contigua a la tienda que también ardía. Hice poner al efecto una mesa en el centro del cuarto y sobre ella coloqué un caldero del rancho de la tropa, el cual lo mandé llenar de agua, constantemente renovada por la que acarreaban los soldados. Mientras yo, parado sobre la mesa, con una jícara arrojaba agua del caldero a las vigas del techo, el del piso superior, que me dijeron que ya había caído, se desplomó, y las vigas del inferior, medio carbonizadas ya, no resistieron el golpe y cayeron sobre mí. Al oír el primer estruendo brinqué desde la mesa para la puerta de salida, y allí me encontré con el licenciado Juan José Baz, única persona que se atrevía a darme valor y a quien con mi choque arrojé fuera del peligro; pero el techo siempre me alcanzó y quedé cubierto de escombros de medio cuerpo para abajo. Cayeron enseguida las puertas de las ventanas que estaban ardiendo y me descubrieron ante el enemigo que me lanzaba sus fuegos de enfrente, atreviéndose después hasta llegar a meter sus fusiles por las rejas ce hierro, que eran las únicas que quedaban, para hacerme fuego a quemarropa: pero en esos momentos Carreón salió por los balcones de las piezas que no ardían y desalojó al enemigo, quien me hacía, sin embargo, fuego de enfrente.

Yo, entre tanto, quedé en una trampa, y Luis Terán para sacarme de esa situación me jalaba de tal manera de los brazcs que temía yo que me los arrancara, porque Terán era muy nervioso y cuando había dificultades se ponía peor pero un ayudante fue a traer una palanca de maniobra de una pieza de sitio, y con esa me sacó, levantando las vigas que estaban sobre mí, y Terán que no aflojaba, logró sacarme metiendo la palanca a las vigas que soportaban los materiales que yo tenía encima; pero mis botas quedaron entre los escombros.

Sufrí unas quemaduras en los muslos; me paré, vi que mis piernas estaban buenas, y me fui enseguida a los baños de Carreto que quedaban en la misma manzana y mandé que fueran a traerme ropa porque la que tenía estaba toda quemada.

Como se empezó a propalar en mi campamento que yo había muerto en ese incendio, recorrí enseguida la línea para que me vieran todos los soldados, y luego me fui al cerro de San Juan, en donde estaban acampadas las reservas.

Yo incendié también al enemigo algunas casas. Puse un mortero, y a las granadas de a doce les amarraba en la espalda un alambre con un pedazo de brin empapado en aguarrás; así incendié el circo de Chiarini, que era de madera, lo mismo que las casas inmediatas a dicho circo, hasta conseguir por este medio tomar la manzana contigua a San Agustín, que era de las más difíciles, porque esa línea central estaba defendida eficazmente por las alturas de la Iglesia y Convento de San Agustín.

Durante el sitio de Puebla, el general Escobedo, que a la sazón sitiaba a Querétaro, me pidió algún auxilio y le mandé al general Juan N. Méndez con parte de su División y ordené que se le unieran las Fuerzas de Pachuca que mandaba el general Martínez y las que mandaban los generales Vicente Jiménez, Vicente Riva Palacio y coronel Florentino Mercado, y esto permitió que llegara el general Méndez a Querétaro con un total de más de seis mil hombres y diez obuses de montaña.

Capítulo LXXX. Preparativos para el asalto de Puebla

1.º de abril de 1867

Márquez salió de Querétaro con 1.200 caballos el 22 de marzo de 1867, y tomando el camino de la sierra se dirigió a la ciudad de México sin encontrar gran resistencia en el camino. Vino nombrado Lugarteniente del Imperio con amplias facultades de Maximiliano y con el objeto principal de obtener en la capital recursos pecuniarios y elementos de guerra, y volver con una fuerza respetable a Querétaro para levantar el sitio. Lo acompañó don Santiago Vidaurri, nombrado por Maximiliano jefe del Gabinete y ministro de Hacienda. Llegó a la ciudad de México el 27 de marzo, en momentos en que se recibía del general Noriega, jefe de las Fuerzas sitiadas en Puebla, una comunicación en que hacía presente que no podía sostener por mucho tiempo el sitio, y solicitaba auxilios. Márquez organizó una expedición de cosa de 4.000 hombres de caballería, infantería y artillería, entre los cuales había varios cuerpos extranjeros, y se dirigió sobre Puebla. En los Llanos de Apam recibió la noticia de que había yo tomado a Puebla, pero que los cerros de Loreto y Guadalupe se conservaban en poder de los traidores y que esperaban su auxilio. Con este objeto siguió para Huamantla, y como entre tanto se rindieron los cerros, me fue posible ir a atacarlo sin dejar ya enemigo a la retaguardia.

En la noche del 30 de marzo de 1867, el mismo día en que Márquez había salido de México, estando el sitio de Puebla en el estado que acabo de referir, recibí un parte del general Leyva que se encontraba en Tlálpam con dos mil hombres de infantería y caballería, en que me avisaba que don Leonardo Márquez, procedente del sitio de Querétaro, había llegado a México; que había organizado en la capital una columna de más de 4.000 hombres y que con ella había emprendido su marcha hasta San Cristóbal Ecatepec. Como de dicho punto podía marchar, lo mismo, en protección de los sitiados de Querétaro que de los de Puebla, mandé que lo observaran y me dieran parte diariamente de los movimientos que hiciera.

Había yo mandado establecer un telégrafo militar por la cuesta de Río Frío hasta Tlálpam, y otro hasta Apizaco, para tener comunicación fácil y violenta con las distintas fuerzas que estaban a mis órdenes. Además, tenía en Apizaco una locomotora con el objeto de observar al enemigo y recibir noticias exactas de sus movimientos. Cuando por telégrafo se me avisó, el 31 de marzo, que Márquez seguía su marcha por la vía de los Llanos de Apam, lo cual indicaba bien que su punto objetivo era Puebla, me decidí a asaltar la plaza y empecé a sacar todos mis enfermos, heridos y bagajes rumbo a Tehuacán, con objeto de ponerlos a salvo, en caso de que mi asalto tuviera mal éxito; pero sin decir a nadie cuál era mi propósito, por cuyo motivo todo mi trabajo preliminar fue interpretado por amigos y enemigos, como preparativos de retirada que se suponía con seguridad sería hacia el rumbo de Tehuacán y Oaxaca.

No podía hacer trabajos preliminares para el asalto sin declarar mi intención; y en consecuencia, nada hice que pudiera interpretarse en ese sentido hasta bien entrada la noche del 1.º de abril, pues si mis propios soldados hubieran tenido noticia de mi propósito, habría fracasado por completo.

Cuando ya no era posible ocultarlo por más tiempo porque llegaba el momento de su ejecución, lo comuniqué al general don Ignacio R. Alatorre que me servía de Cuartel Maestre, y le ordené citara para una junta a todos los jefes en quienes me había yo fijado para el mando de las columnas que debían asaltar, cita que tuvo lugar en una casa que estaba en el cerro de las líneas, a fin de que cada jefe no se alejara mucho del lugar que le estaba encomendado.

Así se efectuó y sobre el plano de la ciudad prevenimos verbalmente a cada uno, yo y el Cuartel Maestre, las operaciones que tenían que practicar, señalando a cada jefe la fuerza de que debía constar su columna de asalto, la trinchera que debía asaltar, y la puerta o puertas que debían desatrincherar para hacer por allí su salida.

Ninguna columna salía a una distancia mayor de cien metros de la trinchera que debía atacar y algunas salían a menos de cincuenta.

El perímetro reatrincherado del enemigo tenía una forma elíptica casi parabólica, cuyo diámetro mayor se extendía de sur a norte. En consecuencia el Convento del Carmen era uno de los puntos más distantes de la plaza, y esa circunstancia me sugirió la idea de hacer sobre él un ataque falso que llamara fuertemente la atención del enemigo e hiciera concurrir en su protección a la mayor parte o a todas las columnas de reserva.

Determiné la formación de diecisiete columnas de asalto con el propósito de emplear tres de ellas como ataque falso y sucesivo sobre el Carmen, y con ese objeto saqué luego que entró la noche, toda la artillería que estaba distribuida en nuestra línea de aproches y la establecí pasajeramente sobre las trincheras del Carmen que hacían sus fuegos al sur.

Las tres columnas de ataque falso sobre Puebla estaban mandadas: la 1.ª por el teniente coronel Jesús Figueroa, la 2.ª por el general Eutimio Pinzón y la 3.ª por el general Luis Pérez Figueroa.

Las de ataque verdadero estaban mandadas por los generales Rafael Cravioto, Doroteo León, Ramón Márquez Galindo, Francisco Carreón, Juan Crisóstomo Bonilla y Manuel Andrade Párraga; coroneles Luis Mier y Terán y Vicente Acuña; tenientes coroneles Juan de la Luz Enríquez, Francisco Vázquez y Genaro Rodríguez; y Mayores José Guillermo Carbó y Carlos Pacheco.

Cada columna tendría por término medio cosa de ciento treinta hombres.

El siguiente fragmento de la orden que se dio a media noche del 1.º de abril de 1867, demuestra a qué jefes se confió el mando de cada columna y qué punto debían asaltar cada una.

1.ª Al general Cravioto asalto de la trinchera de la calle de la Alcantarilla.

2.ª Al general Carreón asalto de las trincheras de las calles de Betlem e Iglesias y la brecha abierta en la manzana de Malpica. El asalto lo encabezará con 100 hombres el jefe del Batallón de Zapadores, teniente coronel don Genaro Rodríguez.

3.ª A don Vicente Acuña asalto de la formidable fortificación de Iglesias, quien lo llevará a efecto con 150 hombres.

4.ª Al teniente coronel Francisco Vázquez se le encomienda que penetre por una brecha abierta por la artillería republicana en la manzana de Malpica.

5.ª A los CC. coronel Luis Mier y Terán y teniente coronel Juan de la Luz Enríquez, se les previene que asalten personalmente las trincheras de la calle de Miradores.

6.ª Al teniente coronel Guillermo Carbó que se posesionase del Noviciado.

7.ª Al C. general Juan C. Bonilla se le confía la toma del parapeto del costado de San Agustín.

8.ª A los jefes Luis Pérez Figueroa, Andrade, Doroteo León, Vázquez Aldana y otros, que concurrieran por la parte oriente sobre la calle del Deán.

9.ª Al Mayor Carlos Pacheco el asalto de la calle de la Siempreviva.

10.ª Al coronel Manuel Santibáñez se le previene que en los momentos del asalto ocurra al Convento de San Agustín.

11.ª El general Alatorre, con una columna de reserva del 3.º de Cazadores, ocurrirá a todos los lugares en que hubiere necesidad de su auxilio.

El total de mi artillería consistía en dieciocho bocas de fuego, de sitio, de batalla y de montaña; y aunque con riesgo, la establecí a menos de medio tiro de las trincheras que debía batir en brecha.

El enemigo había cometido la falta muy grave, de no cubrir la espalda de los defensores de sus trincheras, falta que yo me propuse aprovechar, haciendo que todo ataque sobre una trinchera tuviera uno correlativo sobre la opuesta, porque de ese modo todos los fuegos que pasaran por encima de la trinchera atacada, herían por la espalda a los defensores de la opuesta; y esto, tratándose de un ataque dado en la noche, sugeriría evidentemente a los que se sentían heridos por la espalda, la idea de que el enemigo había logrado entrar y los atacaba a retaguardia.

Las tres columnas que debían hacer el ataque falso fueron colocadas cerca de la artillería aprovechando accidentes que las ponían fuera del enfilamiento de los fuegos de respuesta.

Colocadas respectivamente las otras catorce columnas en el lugar de donde cada una debía emprender su asalto, hice poner un gran lienzo formado de piezas de manta colgadas a lo largo, de un alambre tendido de torre a torre de la Iglesia del Cerro de San Juan, y suspendidas hasta el suelo cuyo lienzo empapado en espíritu de resina, debía ser encendido cuando yo lo ordenara, habiendo advertido antes a todos los jefes de columnas de asalto verdadero, que esa gran luz era la señal para iniciar el asalto.

Desde que la noche entró, había yo prohibido que se hiciera fuego en ninguno de los puntos de la línea, sino solamente en el caso de que el enemigo pretendiera salir.

Este silencio que pronto fue observado por el enemigo, y la circunstancia de que Márquez estaba a 12 leguas a nuestra espalda, pues esa noche pernoctó en la Hacienda de Guadalupe, hacía creer al enemigo que esa misma noche nos retirábamos y que tal vez estábamos ejecutando la evacuación de todas las líneas.

Dispuesto todo así, me situé cerca de la Alameda Vieja en un punto desde donde podía ver la maniobra de algunas de las columnas de asalto verdadero y las de las tres que debían ejecutar el ataque falso.

Era tal mi escasez de municiones que en la noche, cuando ya estuvo preparado el ataque, supliqué al general don Diego Álvarez, que estaba bien provisto de ellas, me facilitara algunas y mandé recoger a la caballería que estaba formada fuera de la ciudad por el sur y frente a los cerros, todas las municiones que tuvieran en cartucheras para dotar un poco mejor a las columnas de asalto, pues ninguna de ellas llegó a tener dos paradas completas; consolando a la caballería con la idea de que ella tenía para su defensa la lanza y el sable, y ordenando al general Toro que la mandaba, que aun cuando sintiera un ataque muy rudo en las calles de la ciudad, no abandonara su puesto mientras no se le ordenara, ni intentara tomar parte de dicho ataque porque tenía noticia cierta de que el enemigo trataba de romper el sitio en esa noche, y estaba dispuesto a impedirlo, habiendo dado todas mis órdenes conducentes.

Mi objeto al dar esas órdenes fue lograr que por ningún motivo tomara parte la caballería en el asalto, porque entre sus individuos había mucha gente de malas costumbres que podría causar graves desórdenes en los momentos del asalto y tal vez después. Así pues, cuando la caballería tuvo conocimiento del asalto de la plaza, ya estaba tomada.

Confieso que vacilé mucho en la conducta que debía yo seguir con motivo de la aproximación de Márquez. Salir a batirlo tenía el inconveniente de que al levantar el sitio se desmoralizaría mi fuerza y dejaría enemigo a retaguardia, lo cual empeoraba grandemente mi situación. La retirada para Oaxaca equivalía a la destrucción completa de toda la gente, y los elementos de guerra, que con tanto esfuerzo había yo acumulado y que estaba seguro se desbandarían y perderían por completo aún antes que nos persiguiera el enemigo. No me quedaba pues más alternativa que perder esos elementos en buena lid y en una empresa que si me daba buen éxito, me abriría las puertas de la capital y pondría término a la guerra. Me decidí por lo mismo a hacerlo así, a pesar de la oposición que encontraba en algunos de mis amigos que me acompañaban, como don Juan José Baz, quien desde el principio del sitio me urgía porque fuera yo primero a ayudar a la toma de Querétaro y marchar después sobre México y Puebla. Afortunadamente el éxito coronó mis esfuerzos.

Capítulo LXXXI. Asalto de Puebla

2 de abril de 1867

A las tres menos quince minutos de la mañana del 2 de abril, rompí el fuego en brecha sobre las trincheras del Carmen y cuando estuvieron agotadas las municiones de artillería que no eran muchas, ordené el movimiento de la primera columna de ataque falso. Esta marchó vigorosamente sobre la trinchera del Carmen, siendo recibida desde que el enemigo pudo sentir su movimiento, con vivo fuego a metralla y retrocedió en desorden y con fuertes pérdidas, como unos cien metros antes de llegar a la trinchera, pues su ataque era largo y en llanura limpia. Destaqué inmediatamente a la segunda columna que llegó hasta la contraescarpa y fue también rechazada, y luego la tercera que avanzó algo más, pues no solamente llegó a la contraescarpa, sino que intentó pasar el foso y dejó algunos cadáveres dentro de él, y fue también rechazada.

En estos momentos, mediante un toque convenido de clarín, mandé encender el lienzo preparado entre las dos torres del cerro de San Juan, que significaba la orden de asalto general y que ninguno podía dejar de ver, puesto que estaba en la cúspide del mismo cerro.

El escrupuloso silencio en que habían permanecido toda la noche nuestras líneas de aproche, fue interrumpido por un fuego general, tanto de las columnas asaltantes, como de los defensores de las trincheras y de los coronamientos que el enemigo tenía en los edificios altos y balcones, que formaban un canal de fuego por donde los asaltantes tenían que pasar antes de tocar una trinchera.

Yo había reunido un gran número de jefes y oficiales que sucesivamente se me habían ido presentando y que no teniendo servicio que darles los había armado y formado con ellos una Legión de Honor, pero a media noche de la víspera del ataque los dividí previamente en grupos de a cinco hombres, armados todos con mosquetes cortos y ordené a cada jefe de grupo que se posesionaran de las escaleras que habían abandonado en la parte de la ciudad que ocupábamos nosotros y que habían pertenecido al servicio del alumbrado público, para que en los momentos en que las columnas iniciaran sus respectivos ataques, estos grupos, escalando los balcones de todas las manzanas que estuvieran encerradas entre dos ataques y por las azoteas o por las horadaciones, vinieran a introducir el desorden entre los edificios de dichas manzanas que a la sazón debían estar preocupadas en las defensas de sus respectivas trincheras.

Distribuí otra parte de esa misma Legión de Honor, en grupos de cuatro personas cada uno, y designé a cada grupo una manzana para que colocado un oficial en cada esquina, por donde ya hubieran pasado las columnas de asalto, hicieran el servicio de policía para evitar los desmanes que la tropa vencedora intentara cometer en la ciudad. La señal para el movimiento de esos grupos sería el paso de las columnas.

El fuego vivísimo de fusilería y de cañón no duraría en todo su vigor, arriba de diez minutos, y a los quince minutos ya no quedaban defendiéndose más que las torres de Catedral, y las alturas de San Agustín y del Carmen.

Las columnas rechazadas por el Carmen, volvieron de nuevo a la carga y penetraron por el mismo punto por donde habían sido rechazadas, cuando el ataque se hizo general en toda la ciudad.

Los cerros que no solo no habían sufrido ataque alguno sino que habían sido reforzados con la mayor parte de los prófugos de la ciudad, hacían fuego de artillería muy vivo sobre toda ella; y principalmente sobre las calles por donde podían ver las masas de mis soldados, pues esto pasaba cuando ya la luz del día era clara.

El enemigo había tenido cuidado de situar sus trincheras al principio de cada calle, con objeto de que la continuación de la que le servía de campo de tiro fuera ocupada respectivamente por tiradores que metía por horadaciones de uno y otro lado hasta la esquina en cada caso; por consiguiente, los asaltantes de cada trinchera tenían antes de tocarla, que penetrar por un canal de fuegos que despedían las ventanas bajas, las aspilleras, los balcones y las azoteas, más el fuego de artillería y de fusilería que a lo largo de la calle despedía la trinchera. En algunos casos ese canal de fuegos laterales era hasta de cien metros de largo.

En estas condiciones estaba la trinchera de la calle de la Siempreviva que tocó asaltar al comandante Carlos Pacheco, quien peleó con gran brío. Al comenzar su asalto, lanzaban de las azoteas no solo granadas de mano y tiros de fusil, sino grandes granadas, puesto que solamente tenían que encenderlas y dejarlas caer. Un casco de esas granadas hirió a Pacheco en una pantorrilla, y sin embargo de que perdía también muchos hombres su columna, avanzó hasta la trinchera. Arrojados allí los sacos de paja que traían muchos de los soldados con el objeto de pasar los fosos, pudo pasar Pacheco uno de los primeros, y allí también fue herido en una mano. Siguió sin embargo; hasta la esquina de la plaza, y allí un tiro de metralla disparado del Atrio de Catedral, puso fuera de combate a algunos soldados de su columna y a él le rompió el muslo izquierdo. En esos momentos uno de sus soldados lo tomó en brazos para pasarlo a un lugar menos enfilado por los fuegos del enemigo, y otro golpe de metralla le rompió el brazo derecho y los dos al soldado que lo conducía. Era el momento en que llegaban a la plaza como primeras columnas asaltantes la que mandaba el coronel Luis Mier y Terán y la que mandaba el teniente coronel Juan de la Luz Enríquez, llegando sucesivamente todas las demás.

El teniente coronel Juan de la Luz Enríquez tuvo ocasión de proteger a los tenientes Figueroa y Santiago Pou que se batían valientemente con una fuerza replegada en el Portal del Cazador, en donde fue gravemente herido y muerto poco después el teniente Santiago Pou, de origen español.

Alargaría mucho esta relación si me detuviera a referir todos los actos de valor y de arrojo de mis subordinados en el asalto del 2 de abril. Solamente diré que considero esta acción como una de las más importantes de las que sostuve durante la Guerra de Intervención.

Inserto enseguida el parte oficial que di al Ministerio de Guerra, el mismo día del asalto y fragmentos de la carta que he citado antes que dirigí de Guadalupe Hidalgo el 3 de mayo de 1867 a nuestro ministro en Washington, y que contiene algunos detalles del asalto y toma de Puebla:

Ejército Republicano.
Línea de Oriente.
General en jefe.
C. ministro de Guerra.
Acabamos de tomar por asalto la plaza, el Carmen y demás puntos fortificados que el enemigo tenía en esta ciudad, quitándole un numeroso tren de artillería y un depósito abundante de parque. Don Mariano Trujeque, don Febronio Quijano y otros veinte jefes y oficiales traidores fueron hechos prisioneros y fusilados con arreglo a la ley.

Una parte de la guarnición enemiga se ha refugiado en los Cerros de Guadalupe y Loreto, en espera del auxilio que trae don Leonardo Márquez, y éste, según los informes de mis exploradores, pernoctó ayer en San Nicolás con una División de tres o cuatro mil hombres y diez y ocho piezas de artillería. Aún no puedo decir a usted las operaciones que me propongo ejecutar, pero sí me creo en aptitud de asegurarle, que los cerros sucumbirán y Márquez será batido si no regresa luego que sepa el revés que sufrieron sus cómplices. En uno u otro caso, muy pronto estaré sobre el Valle para acudir en auxilio del Ejército del Norte o emprender sobre México, según mejor convenga.

Sírvase usted poner lo expuesto en el conocimiento del C. presidente de la República, asegurándole de nuevo las seguridades de mi respeto.

Independencia y República.

Zaragoza, 2 de abril de 1867.

Porfirio Díaz.

C. ministro de Guerra y Marina.

Guadalupe Hidalgo,[39] mayo 3 de 1867.

Señor don Matías Romero, etc., etc.

Washington.

Mi querido amigo:

Cuando estaba yo sitiando a Puebla, supe que Márquez marchaba a atacarme con 5.000 hombres sacados de la ciudad de México.

Debo confesar sencillamente que al principio dudé sobre qué camino debía yo tomar; si el de levantar el sitio y marchar a encontrar a Márquez, o esperar su llegada, o asaltar inmediatamente la ciudad.

Me decidí a lo último. El buen éxito favoreció el ímpetu de nuestras tropas, que sin la educación necesaria y movidas solamente por su gran valor, asaltaron las fortificaciones y tomaron las líneas de defensa con el mejor éxito a pesar del nutrido fuego de fusilería y de las granadas de mano que se nos arrojaban de los balcones y de las azoteas.

Cuando las trincheras habían sido tomadas, los defensores de las casas, temerosos de que fuesen cortados o se les atacase por la retaguardia, las abandonaron, cayendo prisioneros muchos de ellos.

Los cerros inmediatos estaban todavía en poder del enemigo pero la guarnición que los defendía se rindió el día 4.

---

39   Correspondencia de la Legación Mexicana en Washington durante la intervención extranjera. 1860-1867. Nota N.º 219, vol. IX, pág. 487.

Porfirio Díaz.

Capítulo LXXXII. Capitulación de los cerros de Guadalupe y Loreto

4 de abril de 1867

Ocupada la ciudad de Puebla, me quedaban los cerros de Guadalupe y Loreto, que por espacio de dos o tres horas gastaron muchos proyectiles sobre nosotros.

Mi primer cuidado fue recoger toda la artillería que el enemigo había dejado en los puntos retrincherados de la plaza y comenzar a moverla hacia los cerros, con objeto de preparar un nuevo asalto iniciado con un cañoneo general y vigoroso.

El general don Francisco Leyva que había sido llamado el 1.º de abril con objeto de que tomara parte en el asalto no pudo estar a la hora citada porque era mucha la distancia, y yo no podía anticiparle más el aviso por temor de que se evaporara. Así, es, que llegó entre nueve y diez de la mañana con mil caballos, mil infantes y dos obuses de montaña.

Una vez tomada la plaza casi no había un soldado de los que tomaron parte en el asalto que conservara un cartucho en su cartuchera, pero entre los distintos almacenes que tenía el enemigo, había en el Convento de Santa Inés una gran cantidad de municiones. De suerte que mandé municionar tanto a los asaltantes como a la fuerza que había quedado de reserva, cuyas cartucheras había vaciado para mal surtir las de los primeros, y procedí al trabajo de incorporar en los batallones a los prisioneros de clase de tropa, asegurando convenientemente a los jefes y oficiales. Distribuí el vestuario que el enemigo tenía en sus almacenes e hice todos los preparativos necesarios para pasar una revista de guerra el día siguiente.

En todo el día 3 estuve colocando baterías en obras pasajeras que tenían por objeto batir a los dos cerros. Como disponía de toda la artillería que el enemigo me había dejado, que era mucha, lo mismo que sus municiones, comprendía bien el enemigo los resultados del cañoneo con que yo iba a iniciarle mi ataque. Además, había visto llegar el día 2 a las nueve de la mañana al general Leyva con dos mil hombres de las tres armas, y sabía que aun en el caso de que llegara la columna de Márquez, su protección no sería del todo eficaz, pues también había podido medir el brío de las columnas que lo habían asaltado el día anterior. En consecuencia de esto, a las tres de la mañana del día cuatro se desprendió del cerro de Guadalupe un oficial con una linterna y un clarín que tocaba parlamento. Mandé que fuera respetado y conducido hasta el Cuartel general, con las precauciones prescritas para estos casos.

Como yo había impedido la comunicación entre los dos cerros, el de Loreto, a ejemplo del de Guadalupe mandó también un portapliegos, con objeto de pedir algunas garantías, mediante las cuales se rendirían sus defensores. Intencionalmente, ni volví al portapliegos, ni quise contestar a ninguno de los dos, y a las cinco de la mañana vino un segundo enviado del cerro de Guadalupe y enseguida otro de Loreto, reiterando las mismas peticiones.

Como eso era ya un síntoma muy avanzado de madurez, manifesté al segundo enviado del cerro de Loreto que fuera a decir a su jefe que solo esperaba la luz del día, que ya comenzaba a alumbrar, para iniciar mi ataque, y por esa circunstancia no le contestaba por escrito, porque eso me obligaría a perder algunos momentos que para mí eran preciosos; que dijera a su jefe que no tenían más remedio él y sus subordinados que rendirse a discreción: que si el jefe contestaba por la afirmativa subiera al plano de fuegos de la fortificación y parado allí abriera su capa con los brazos; que a esa señal, yo que quedaba parado al descubierto al pie de la colina, subiría o mandaría un comisionado que recibiera la fortaleza.

Quise proceder primero respecto del Fuerte de Loreto, sin tocar el de Guadalupe, porque éste, al ver que Loreto se rendía se daría prisa por hacer otro tanto, y en efecto así pasó, pues al entrar el jefe comisionado que debía recibir los prisioneros y materiales de Loreto, salieron en persona del Fuerte de Guadalupe, los generales Noriega y Tamariz que eran general en jefe el primero y Cuartel Maestre el segundo, de la plaza de Puebla.

Yo subí a recibirlos entre Loreto y Guadalupe, y como hablaban los dos simultáneamente arrebatándose la palabra, pregunté quién era el general en jefe con quien debía entenderme. El general Tamariz me dijo que lo era el general Noriega. El general Noriega contestó que eso era exacto; pero que, habiéndose enfermado desde el día anterior, el mando había recaído desde entonces en Tamariz. Mandé en consecuencia que Noriega volviera a entrar a la fortaleza y quedara el general Tamariz hablando conmigo puesto que era el que ejercía el mando.

Después de algunas palabras en que Tamariz insistía en pedir garantías y habiéndole contestado que eso no era posible porque haría muy mal efecto al decoro de las fuerzas sitiadoras y principalmente a su jefe; pero que podía volver a su fortaleza, seguro de que no se dispararía un tiro antes de que él entrara. Entonces Tamariz me ofreció su espada que no acepté, diciéndole que todavía tenía que ejecutar algunas providencias conducentes a su rendición incondicional; que se la ciñera y volviera con ella a la fortaleza haciendo salir a todos sus soldados formados y sin armas, primero a la tropa y después a los jefes y oficiales. Mandé recibir a unos y otros y conducirlos a la ciudad a las respectivas prisiones que les señalé.

Al ver que los oficiales que salían no tenían equipajes, les dije que podían volver a su posición para tomarlos y salir con todo lo que les perteneciera, menos armas y caballos. Esto produjo un rayo de esperanza en el ánimo de los prisioneros, que se consideraban enteramente perdidos. Sin embargo, no pasó otro tanto con los generales, que como era natural, consideraban más comprometida su situación.

Después de haber reconocido las dos fortalezas y dado las órdenes conducentes a la conservación y almacenaje de los materiales que contenían y cuando volví al Palacio Municipal, que había tomado por alojamiento desde el día del asalto, los generales que estaban presos en un departamento del mismo Palacio, solicitaron hablarme y me suplicaron que les permitiera la entrada de algunas personas de sus familias, con quiénes deseaban comunicarse, así como la de sacerdotes católicos y notarios, porque tenían que hacer algunas disposiciones y me suplicaban les dijera de cuánto tiempo podían disponer para hacer sus arreglos. Les contesté que podían tranquilamente ejecutar cuanto quisieran, hasta las tres de la tarde. Cuando esto pasaba serían las ocho y media de la mañana.

Ordené enseguida que se les pusieran útiles de escribir, papel sellado de todas clases y que se les aumentaran algunas piezas más, para que pudieran separarse sucesivamente en compañía de los sacerdotes que concurrieran a su llamamiento. Pasaron el tiempo hasta las tres de la tarde en confesarse y hacer sus disposiciones testamentarias, mientras yo me dedicaba a mis múltiples ocupaciones.

Como a las tres y media de la tarde fui a decirles que tomaran sus sombreros y salieran conmigo. Los conduje personalmente y sin más escolta que mis ayudantes, al Palacio Episcopal, donde estaban todos los prisioneros de coronel a Subteniente, que serían como quinientos y donde estaban también los obispos a quienes había notificado de prisión. Una vez estando allí y estando todos juntos, les manifesté que según las leyes vigentes todos estaban sujetos a la pena de muerte; pero que tratándose de un número tan grande, me parecía que el Gobierno, cuando tuviera conocimiento del caso, haría alguna gracia, y que para eso era necesario conservarlos en prisión muy rigurosa, y yo, que acababa de sufrirla, sabía cuán penosa era, y quería evitarles ese sufrimiento si se comprometían bajo sus firmas a presentárseme cuando yo los llamara por la prensa, si así me lo exigía el Gobierno; que procedía yo así por el deseo de evitarles sufrimientos y por la gran confianza que tenía en la victoria de la República, aun en el caso de que ellos fueran desleales a sus compromisos. Todos contestaron conmovidos que se sometían y comenzaron a firmar el documento de compromiso que les hice leer en voz alta, saliendo en libertad según iban firmando.

El general Tamariz me manifestó siempre mucha gratitud por mi comportamiento con él, y cuando tenía yo que pasar por Puebla se esforzaba por demostrármelo.

En el siguiente parte oficial di cuenta al ministro de Guerra de la rendición de los cerros:

República Mexicana.

Línea de Oriente.

General en jefe.

En la mañana de hoy se han rendido los dos Fuertes de Loreto y Guadalupe sin condiciones de ninguna clase; con toda la artillería de su dotación, un gran repuesto de municiones y todas las armas que tenía su guarnición. Con la rendición de ambos fuertes, ha quedado completa la posesión de la plaza y terminada la campaña de este Estado.

Hallándome expedito para nuevas operaciones, hoy emprendo mi marcha sobre las fuerzas de don Leonardo Márquez, que según los partes recibidos, se halla a distancia de 15 leguas de ésta.

Lo que tengo el honor de participar a usted para Su conocimiento y el del Ciudadano presidente por este nuevo triunfo obtenido sin derramar sangre.

Independencia y Libertad.

Zaragoza, abril 4 de 1867.

Porfirio Díaz.

C. ministro de Guerra y Marina.

La orden de poner en libertad a los prisioneros de los cerros, la hice extensiva el mismo día 4 a todos los que conservaba de las batallas de Miahuatlán, La Carbonera, toma de Oaxaca y asalto de Puebla. Inserto enseguida la orden que expedí con ese objeto:

Ejército Republicano.

Línea de Oriente.

General en jefe.

En uso de las facultades de que me hallo investido por el presidente de la República, he tenido a bien disponer: que los prisioneros hechos por el Ejército de Oriente en las batallas de Miahuatlán y La Carbonera, en la ocupación de la ciudad de Oaxaca, en el asalto de esta plaza y en la rendición de los Fuertes de Guadalupe y Loreto, queden en libertad de residir en el país o en el lugar que elijan, permaneciendo por ahora, bajo la vigilancia de la autoridad local y a disposición del Supremo Gobierno.

Los extranjeros que quieran residir en el país, quedan sujetos a las mismas condiciones, y los que deseen salir de la República podrán hacerlo libremente.

Sírvase usted librar sus órdenes en este sentido, aceptando las protestas de mi estimación y aprecio.

Independencia y Reforma.

Zaragoza, abril 4 de 1867.

(Firmado.) Porfirio Díaz.

Ciudadano comandante Militar del Estado de ...

Capítulo LXXXIII. Don Vital Escamilla

4 de abril de 1867

En la entrevista que tuve en el Palacio Episcopal de Puebla con los prisioneros de los cerros de Guadalupe y Loreto, que acabo de referir en el capítulo precedente, ocurrió un episodio que merece mencionarse especialmente. El coronel Vital Escamilla, que estaba entre los prisioneros, había sido a la fecha de mi evasión de Puebla, jefe político del Distrito de Matamoros Izúcar, y cuando el conde de Thum publicó una circular ofreciendo 1.000 pesos como premio a quien me aprehendiera o me matara, Escamilla en su calidad de jefe político, y al reproducir la circular, guiado por un exceso de celo en favor del imperio, ofreció 1.000 pesos más de su peculio. Probablemente por este motivo tenía miedo de acercarse a firmar, porque estaban firmando en mi presencia sus compañeros. El coronel Visoso que estaba al servicio de la República y que era compadre y muy amigo de Escamilla, y que estaba también presente, vino a rogarme por su perdón, suponiendo que tenía escondido en la ciudad a Escamilla y ocultándome que estuviera presente entre los prisioneros. Yo, que aunque no conocía personalmente a Escamilla, lo conocí en esos momentos, porque alguien me lo acababa de denunciar, concedí a Visoso lo que me pedía y llamando a Escamilla por su nombre, manifesté a los dos juntos, que si no había salido en libertad, era porque aún no había firmado y esperaba yo que lo hiciera al tocarle su turno.

Escamilla trató de excusarse conmigo, diciendo que suponía que habrían llegado a mi conocimiento ciertas calumnias vertidas en su contra. Le contesté que en efecto había llegado a mi poder un ejemplar de su circular, que conservaba en mi cartera; lo saqué y se lo volví, diciéndole que celebraba mucho que no hubiera llegado el caso de que yo hubiera sido aprehendido, ni de que él hubiera tenido necesidad de gastar su dinero. Enseguida firmó la protesta y salió en libertad, recomendándole yo antes, que este caso le sirviera de experiencia para lo futuro. Después ha sido uno de mis más leales amigos, sin embargo de que sus ideas políticas son contrarias a las mías. Actualmente es Diputado al Congreso de la Unión.

Capítulo LXXXIV. San Diego Notario

6 de abril de 1867

Después de los sucesos que he narrado en los dos capítulos precedentes y concluido ya mi trabajo de reorganización y revista, hice salir en la misma tarde del día 5 de abril de 1867, a toda la caballería disponible, con dirección a Tlaxcala, y a poco la seguí y alcancé antes de llegar a esa ciudad, sin detenerme en ella, y nos dirigimos a Apizaco, en donde sabía yo que estaba Márquez, y a donde llegamos en la madrugada del día 6. Al salir de Puebla dejé orden para que al día siguiente nos siguiera la infantería y todo el tren de artillería que había organizado en dos días, con los cañones que tenía de antemano y los que había quitado al enemigo. El enemigo había salido en la noche del día 5 de abril, de Apizaco para Huamantla. El 6 salió mi infantería de Puebla, pasó por Apetatitlán y en la noche llegó al molino de San Diego, en donde había yo establecido mi Cuartel general, en acecho de Márquez.

Luego que amaneció el día 6, seguí el camino para Huamantla, y en la Hacienda de San Diego Notario alcancé a Márquez que había pernoctado allí; y aunque no marchaba, tal vez porque sintió mi movimiento, mandé orden a la infantería, que venía con el general Alatorre, que ya no siguiera por el camino que yo había llevado, sino que de Tlaxcala tomara el camino de San Diego Notario. El enemigo destacó a mi encuentro su caballería, compuesta en su mayor parte de húngaros y polacos.

Atacada por la mía vigorosamente, huyó hasta ocultarse entre la línea de batalla que Márquez me había establecido y la casa de la Hacienda de San Diego Notario. Entonces hice un movimiento lateral para ocupar unas colinas, poniéndome fuera de los fuegos de cañón del enemigo, mientras llegaba mi infantería.

El combate entre ambas caballerías había sido muy costoso para el enemigo, lo mismo que para las Fuerzas del Gobierno, y tal vez más para nosotros por el perjuicio que nos causaba la artillería enemiga, arma que por nuestra parte no entraba todavía en combate.

Nuestra pérdida total ese día fue de cuarenta y ocho hombres muertos y muchos heridos que hicimos conducir inmediatamente a Tlaxcala, lo mismo que los del enemigo que quedaron en poder de nosotros y muchos caballos muertos y heridos. Entre los muertos hubo varios oficiales, siendo uno de ellos el teniente coronel Ignacio Sánchez Gamboa, que mandaba un cuerpo.

Permanecimos así hasta muy entrada la noche, hora en que apareció la cabeza de nuestra columna, y como su jefe no conocía el terreno, fui personalmente a establecer sobre el camino que conduce de Tlaxcala a San Diego Notario, y la coloqué en un collado que tiene una pequeña finca que se llama Molino de San Diego, e inmediatamente en una ligera revista que pasé a la primera infantería que llegó a establecerse en su puesto, supe que no tenía cápsulas. Averigüé con los otros jefes si sus fuerzas estaban provistas de cápsulas, y encontré que todos estaban en igual condición, porque al municionarlos en Puebla nuestro Guarda Almacén que repartía las municiones acabadas de tomar al enemigo, supuso que cada panada llevaba su dotación de cápsulas en sí misma. En el acto dispuse que dos ayudantes míos, con sus respectivos asistentes, corrieran para Puebla matando los caballos que fuera necesario, para llegar y volver antes que amaneciera el día siguiente, con la cantidad de cápsulas que pudieran conducir en sus mismos caballos. Así lo hicieron, y a las cuatro de la mañana del día 7 estaba ya provista de cápsulas toda nuestra infantería y en marcha un carro con capsulería que debía alcanzarnos poco después.

Capítulo LXXXV. San Lorenzo

10 de abril de 1867

Durante la noche del 6 de abril, el enemigo había practicado un rodeo para emprender su marcha por el camino que conduce directamente de San Diego Notario a la Hacienda de Guadalupe, sin tocar Tlaxcala.

Como para seguir su movimiento y batirlo tenía yo necesidad de marchar hasta San Diego Notario, para seguirlo por el camino que llevaba, me pareció más obvio contramarchar por Tlaxcala, procurando cortarlo en el Paso de Tortolitas. La travesía a campo traviesa, con trenes era imposible.

Cuando llegué el día siete, al Paso mencionado, ya era de noche y el enemigo había llegado a la Hacienda de Guadalupe y allí había acampado. Antes de amanecer emprendí mi marcha, pero Márquez la había emprendido a media noche, dejándome casi todos sus heridos en la Hacienda de Guadalupe. En esos momentos se me presentó el coronel don Jesús Lalanne, avisándome que en un monte cerca de la Hacienda de San Nicolás el Grande, tenía 400 caballos y 600 infantes que había organizado en el Estado de México. Le ordené que hiciera lo posible por detener el paso de Márquez, aun cuando fuera por algunos momentos, puesto que estaba tan bien colocado para ese servicio, con objeto de que yo pudiera alcanzarlo en su marcha que era muy rápida, y al mismo tiempo puse a los Batallones 1.º, 2.º, y 3.º, de Cazadores de Oaxaca a la grupa de caballería, lo mismo que los pelotones de artilleros de dos baterías rayadas de montaña y cuyos cañones fueron conducidos por la caballería a cabeza de silla. El coronel Lalanne cumplió mis órdenes y fue destrozado casi por completo entre las Haciendas de San Nicolás y San Lorenzo, pero debido a esa circunstancia pude alcanzar a Márquez que se encastillo en la Hacienda de

San Lorenzo y mandó a mi encuentro toda su caballería, creyendo tal vez que la fuerza que tenía delante era exclusivamente de esa arma.

Fueron rudamente rechazados sus caballos hasta la Hacienda de San Lorenzo, y yo establecí mi columna de vanguardia a su frente, extendiéndola semicircularmente y con intención de envolver la hacienda y seguí colocando toda la tropa según iba llegando, habiendo llegado los últimos batallones hasta después de media noche del día ocho.

Por el reconocimiento que al amanecer hice del campo enemigo, aprovechando las alturas vecinas, a la hacienda, comprendí que no estaba acampado dentro de la finca, sino en los barbechos, dejándola por delante como defensa contra nuestros fuegos de cañón. Establecí entonces una batería de montaña sobre una eminencia que hay en un flanco, desde donde comencé a batirlo y lo obligué a meterse dentro de la hacienda.

Al anochecer del día 9 llegó un ayudante mandado por el general Guadarrama, a quien había mandado de Querétaro el general Escobedo con una columna de cuatro o cinco mil caballos en observación de Márquez, y me participó que se ponía con ella a mis órdenes. No tenía yo noticia de la venida de esta fuerza, y ordené al general Guadarrama que con toda su columna cerrara, por el sur y occidente, el sitio que yo había empezado a poner a la hacienda por la parte oriental; pero Márquez comprendió mi propósito, e hizo salir un carro con dinero, conducido por unos cincuenta húngaros por donde estaba el grueso de la caballería de Guadarrama. Esto causó algún desorden en las tropas de Guadarrama, que batieron a esa escolta de húngaros y se dedicaron al pillaje del carro. Este desorden entorpeció las operaciones de Guadarrama y lo aprovechó Márquez para salirse con rumbo a San Cristóbal, tomando la carretera que conduce a Texcoco.

Cuando yo lo advertí, mandé a los Munícipes de Calpulálpam, que estaban conmigo, que fueran a destruir el puente de San Cristóbal, único paso para trenes que podía aprovechar el enemigo. A causa de la gran extensión de la barranca de ese nombre, mis agentes no tuvieron tiempo para destruir completamente el puente, pero lo desaterraron dejando los maderos desnudos y pretendieron quemarlos, lo que no permitió el enemigo que llegó en esos momentos.

Al mismo tiempo que ordené la destrucción del puente, salí con las caballerías de Leyva y Toro a gran trote sobre Márquez; en el camino se me incorporó el coronel Lalanne, y poco después y cuando ya amanecía, el general Guadarrama con su caballería. Había dejado orden de que todo el Cuerpo del Ejército siguiera mi movimiento.

Sabedor Márquez de que el puente estaba inutilizado, mandó violentamente a unos ingenieros para repararlo, cosa que hubiera sido muy fácil, pero éstos metieron imprudentemente el carro en donde llevaban sus instrumentos de zapa, sobre el mismo puente y pasadas las patas de las mulas y las ruedas del carro, en los claros que dejaban los maderos, quedaron atorados el carro y las mulas y sirviendo de obstáculo en el puente, por cuyos flancos desfilaba la infantería y caballería confundidos y en condiciones de derrota, sin que Márquez pudiera evitarlo, y esto completaba la obstrucción del puente para el efecto de hacer pasar por él trenes. Entonces mandó Márquez arrojar al fondo de la barranca, que es muy profunda, toda su artillería con excepción de dos piezas de montaña de a siete, que hizo pasar en hombros, en momentos en que ya lo batíamos a corta distancia. Le pareció muy fácil defender aquel pozo tan estrecho y con ese objeto se colocó en aptitud de defensa, del otro lado del puente, pero una vez que comenzamos a batirlo seriamente, huyó dejándonos prisionera a toda su infantería, que sería como de dos mil hombres.

Seguimos la persecución todo ese día hasta Texcoco con muchos episodios muy poco sangrientos para nosotros, pero fatales casi todos para el enemigo. En la Hacienda Blanca hizo éste un supremo esfuerzo de resistencia que nos causó algunas pérdidas, entre ellas la del coronel don Mucio Maldonado, que fue muerto al tomar al enemigo las últimas dos piezas de montaña que le quedaban.

La fatiga del día y de la noche había sido tan fuerte para toda la tropa, cuyo número no le permitía encontrar alimento en todo el trayecto recorrido, que es muy poco poblado, que ya no me pareció prudente continuar la persecución, y mandé que la siguiera solamente el general Leyva con su caballería, que era de la localidad. Leyva siguió la persecución en toda esa noche y parte del día siguiente hasta cerca de los suburbios de la capital, y fue poderosamente ayudado por todos los indios cazadores de patos que hay por el rumbo del Peñón, en los pueblos situados en las márgenes de los Lagos de Texcoco y Chalco, a quienes ocurrió destrozar los puentes, obligando así a la caballería enemiga a atravesar pantanos inaccesibles, donde muy pocos podían salir a caballo, una vez metidos allí, y todo esto bajo los fuegos de los indios y de la caballería de Leyva. Así se explica que al llegar a México tuviera el enemigo muchos heridos de balas menudas.

Una vez en Texcoco, ordené a todas las fuerzas que aún quedaban en marcha, que acamparan por brigadas en los puntos en que respectivamente se les acabara la luz del día y emprendieran su marcha al día siguiente hasta incorporárseme en Texcoco donde permanecí con ese objeto con la caballería y la muy poca infantería que pudo llegar a ese lugar antes de que anocheciera, y ordené que la brigada que mandaba el general Francisco Carreón y que había dejado durante la persecución en el puente de San Cristóbal para custodiar los prisioneros del enemigo y su material de guerra que había arrojado a la barranca, permaneciera allí hasta que todo ese material fuera sacado y conducido a Texcoco, para cuyo efecto le mandé una sección de ingenieros, y que con uno de sus batallones remitiera todos los prisioneros del enemigo, menos trescientos hombres que distribuiría como reclutas en sus tres batallones.

El siguiente parte escrito sobre la marcha, cerca de Texcoco, refiere el resultado de nuestro encuentro con las fuerzas de Márquez en San Lorenzo.

Ejército Republicano.

Línea de Oriente.

General en jefe.

Tengo la satisfacción de participar a usted para que se sirva elevarlo al superior conocimiento del C. presidente de la República, que habiendo logrado Márquez esquivar un combate decisivo en la Hacienda de San Lorenzo, lo he perseguido de cerca en la mañana de hoy, con la primera División de caballería de este ejército, que manda el C. general Manuel Toro,[40] y una División de la misma arma, del Ejército de operaciones sobre Querétaro, que a las órdenes del C. general Amado Antonio Guadarrama, se me había incorporado anoche. El enemigo abandonó, para lograr salvarse, sesenta y dos carros de municiones y otros efectos, y habiendo sido alcanzado en el Puente de San Cristóbal, se vio obligado después de varios combates a dejar en nuestro poder su tren

---

40 Leyva mandaba la caballería con que se incorporó el día 2 de abril, y perteneció desde ese día a la brigada de caballería que mandaba Toro.

de artillería, parque, municiones y multitud de muertos y heridos y doscientos prisioneros;[41] no habiendo podido seguir su marcha con más de una cuarta parte de su fuerza. Continuó la persecución por el camino de Texcoco, y creo que no llegarán a México más de los jefes, oficiales y el Cuerpo de Austriacos mercenarios, que por estar bien montados arribarán hoy mismo a dicha capital.

Lo que me complazco en comunicar a usted para su conocimiento y fines consiguientes, con protesta de mi distinguido aprecio.

Independencia y Reforma.

Abril 11 de 1867.

Porfirio Díaz.

Ciudadano ministro de Guerra y Marina.

Capítulo LXXXVI. Principios del sitio de México

Del 13 al 18 de abril de 1867

El 13 de abril de 1867, dos días después de ocurridos los sucesos que acabo de referir, reunido ya todo el cuerpo de ejército con excepción de la Brigada que mandaba el general Carreón, emprendí la marcha de Texcoco para San Cristóbal Ecatepec y la Villa de Guadalupe, con objeto de amagar a la capital. La Villa de Guadalupe estaba defendida, lo mismo que sus cerros inmediatos; pero a la presencia de mi fuerza evacuó el enemigo sus posesiones replegándose a la capital. Desde esos momentos comencé a establecer una línea de aproche sobre la ciudad de México, tomando por base los terraplenes que forman las riberas del Río del Consulado.

Así ocupé todo el frente occidental de la ciudad desde el Rancho de Santo Tomás hasta cerca de Chapultepec. Establecí primero mi Cuartel general en la Villa de Guadalupe, y a mediados de marzo lo pasé a Tacubaya en donde permaneció hasta la ocupación de la plaza.

Para sostener el consumo de municiones que hacía yo en el sitio de México, había establecido grandes talleres en Puebla y en la fundición de Panzacola, y había aumentado el ferrocarril que entonces llegaba a Apizaco solamente, con

---

41   En momentos de escribir este parte que fue cuando Márquez abandonaba la barranca de San Cristóbal, no se sabía más que de la captura de 200 prisioneros que fueron los que quedaron del otro lado de la barranca; pero durante la jornada cayó prisionera toda su infantería. Pasó el número de éstos de dos mil.

un gran número de carros de mis trenes que transportaban de Puebla a Apizaco municiones y cañones salidos de los talleres, lo mismo que de Apizaco a Puebla, piezas inutilizadas que iban a los talleres para su compostura.

Toda la artillería que me sirvió en el sitio de México había sido tomada en Puebla con excepción de treinta cañones que tenía yo antes de tomar dicha ciudad, de los cuales doce eran rayados de montaña sistema austriaco, que había obtenido en Oaxaca, y los demás los había tomado en distintas funciones de armas hasta el número de diez y ocho.

Como Puebla antes de la invasión había servido de estación a los convoyes que surtían al ejército de artillería y municiones y poco más o menos durante el período del imperio había seguido prestando el mismo servicio, a más de los cañones útiles que el enemigo tenía cuando yo la ocupé que serían entre todos ochenta y tantos, tenía más de doscientos cañones desmontados en almacenes que durante el sitio de México iban montando en los talleres y remitiéndome a México. La mayor parte de esos cañones eran de fierro y muy pesados, pero a falta de mejor artillería y para posesiones fijas, me prestaron muy buen servicio; sin embargo, tenía bastante artillería de batalla y montaña para maniobras si hubiera sido necesario.

El general Guadarrama que tan buenos servicios me había prestado con su caballería en el ataque de San Lorenzo y persecución de Márquez hasta Texcoco, recibió orden del Cuartel general del Ejército del Norte para replegarse a Querétaro y esta circunstancia no me permitió por algunos días extender mi línea de aproche; pero seguí recibiendo nuevas tropas que había mandado organizar en distintos Estados, y trayendo la artillería que había quitado al enemigo en Puebla, para continuar mis trabajos de sitio hasta llegar a encerrar perfectamente la capital, y armé caroas con piezas de montaña para cerrar la línea en el área que ocupaban las lagunas y establecer un puente flotante desde San Cristóbal hasta el Peñón de los Baños, para comunicarme con los puestos que hostilizaban la plaza, por su parte oriental.

A poco de retirado el general Guadarrama y antes de que la línea de circunvalación estuviera perfeccionada en los últimos días del mes de abril de 1867, recibí una carta del señor general Escobedo manifestándome que necesitaba de mi auxilio además del que yo le había mandado con el general Juan N. Méndez, y aun me indicaba que con mucho gusto se pondría a mis órdenes, pues que no sería la primera vez que sirviera así, si así lo disponía el Supremo Gobierno a quien ya se lo manifestaba.

Contesté al general Escobedo que me movería después de algunos días que pensaba aprovechar para hacer venir de Puebla una suficiente provisión de municiones que pudiera servirnos a los dos.[42] Y cuando me disponía a ejecutarlo, recibí nueva carta del general Escobedo de que fue conductor el teniente coronel don Agustín Lozano, en la que me hablaba de algunas dificultades que le ocurría que podíamos tener, en caso de reunirse los dos Cuerpos de Ejército en cuanto a provisiones, forrajes y algunas otras que eran suficientes para indicarme que había cambiado de opinión; y como por otra parte, a mí me parecía peligroso abandonar a México en el estado de impotencia a que yo iba reduciéndolo, me resolví a permanecer y seguir mejorando el sitio, haciéndole al general Escobedo una buena remesa de municiones conducidas por treinta carros cargados la mayor parte de municiones de artillería, de los cuales también era conductor el teniente coronel Lozano.

Antes de cerrar el sitio, hizo el enemigo una salida, en alta fuerza, entre la Escuela de Agricultura y una pequeña hacienda contigua, llamada la Ascensión, atacando la fortificación que defendía el coronel Téllez Girón, quien abandonó su puesto, huyendo hasta Atzcapotzalco. Me trasladé al lugar atacado y ordené al general Cravioto que era el que estaba más cerca, que trajera un batallón de su línea, y mandó traer a la Brigada Carreón. Con la Fuerza de Cravioto, mi escolta y mis ayudantes, fue bastante para detener al enemigo y hacerlo volver a la plaza, ayudado en esta operación por la artillería de toda la línea que podía hacer fuego sobre él.

No me hubiera sido difícil tomar la plaza por asalto, sobre todo en los últimos días del sitio cuando el enemigo había perdido gran parte de su moral y cuando

---

42   De una publicación contemporánea se toman los siguientes fragmentos de las cartas que nos cambiamos el general Escobedo y yo. La primera decía:
Si no viene usted, levanto el campo y concentro mis fuerzas sobre algún otro punto, porque ya no me es posible mantener la extensa línea de sitio. Venga usted y con su presencia todo cambiará, En cuanto al mando, inútil es decirlo, yo me consideraré muy honrado si usted me juzga digno de militar a sus órdenes.
Mi respuesta decía:
Mantenga usted sus posiciones por algunos días, seguro de que dentro de ocho, me pondré en marcha para ese campamento.

los coroneles Kodolits y Khevenhüller, jefes de los regimientos austriacos que estaban encerrados en la plaza, y los pocos infantes austriacos que quedaban en ella, me habían ofrecido que si yo la asaltaba, permanecerían neutrales y encerrados en el Palacio Nacional, según diré después; pero la seguridad que yo tenía de que la plaza se rendiría con diferencia de pocos días y la circunstancia de que el enemigo encerrado allí era el único que quedaba armado en todo el Territorio Nacional, me decidió a economizar la sangre que tenía que derramarse en el asalto y a esperar a que por la naturaleza de las cosas, el enemigo se rindiera, como al fin lo hizo sin sacrificar una sola vida más.

Capítulo LXXXVII. Sitio de México

Ocupación de Querétaro.

Pláticas con el padre Fischer y la princesa ce Salm Salm

Del 18 de abril al 31 de mayo de 1867

Cuando el general Escobedo tomó a Querétaro el 15 de mayo de 1867, me lo comunicó por el telégrafo que teníamos en corriente, y yo hice llegar la noticia a la plaza de México; pero Márquez se empeñó en desmentirla, en el interior de la plaza, asegurando que Maximiliano había triunfado y que estaba en marcha con sus fuerzas victoriosas para proteger a la capital. Ni la circunstancia de que se me pedía permiso para que salieran de la plaza sitiada los defensores nombrados por el archiduque, fue suficiente para que el enemigo reconociera la verdad de la política.

Cuando Maximiliano nombró defensores a don Mariano Riva Palacio y a don Rafael Martínez de la Torre en la causa que se le seguía, se solicitó de mí el permiso necesario para que salieran de la plaza sitiada y pudieran dirigirse a Querétaro en donde tenía lugar el juicio del archiduque. Los acompañó el barón de Lago, Encargado de Negocios de Austria, y en esa vez tuvo conmigo una conversación en la que me hizo presente lo que antes me había manifestado el Príncipe de Khevenhüller, y que referiré más adelante, esto es, lo que los soldados austriacos que estaban en la plaza de México creían, que una vez capturado Maximiliano, había cesado su misión y que para no agravar la suerte de su Soberano, tenían el propósito de no tomar parte ninguna en las operaciones militares que tuvieran lugar en México. Me limité a oír la manifestación del barón de Lago sin darle respuesta ninguna, ni menos hacerle promesa de ninguna especie.

Aun antes de la ocupación de Querétaro y captura de Maximiliano, se me habían acercado algunos agentes suyos con varias proposiciones más o menos autorizadas. Desde el 18 de abril de 1867, y cuando todavía no estaba perfecta ni estrecha la línea salió el padre Fischer, secretario particular de Maximiliano, según él decía, a quien recibí en la Hacienda de los Morales, pues en ese momento estaba yo en camino de Tacubaya para Guadalupe, cuyo punto había sido desocupado por el general Guadarrama, quien había sido llamado a Querétaro por el general Escobedo. El padre Fischer me propuso la abdicación de Maximiliano a condición de que se le permitiera salir del país, sin exigirle responsabilidad por todos los hechos ocurridos durante el período que él llamaba de su gobierno. Mandé regresar al padre Fischer para el centro de la plaza, sin tomar en consideración sus proposiciones y le contesté sencillamente que no tenía facultades para entrar en esos arreglos y di conocimiento del hecho al Supremo Gobierno.

Algunos días después salió la princesa Salm Salm, una señora de los Estados Unidos, casada con un oficial austriaco que estaba en Querétaro al servicio de Maximiliano, con pretensiones análogas a las del padre Fischer, aunque se manifestaba menos exigente y agregaba que las fuerzas extranjeras que estaban directamente a las órdenes de Maximiliano, se pondrían desde luego fuera de acción militar. Mi respuesta a la primera proposición de la princesa fue poco más o menos la misma;[43] y sin averiguar si tenía o no autorización para hacer la segunda proposición, puesto que de todos modos no me parecían

---

43 El siguiente telegrama dirigido por el general Leyva al gobernador del Estado de Puebla el 20 de abril de 1867, da algunos detalles sobre este incidente:
Señor gobernador:
Ayer ha salido a hablar con el señor general Díaz una princesa alemana, esposa de un ayudante de Maximiliano. Le propuso la disolución del Cuerpo Austro-Belga, pidiendo la garantía de la vida para los individuos que lo formaban, y que se les permitiera regresar a su país. Solicitaba también que se le otorgara a Maximiliano la garantía de la vida. Sobre el primer punto contestó el general que estaba dispuesto a escuchar las proposiciones que se le hicieran, y sobre el segundo, que no tenía facultades para indultar a Maximiliano. Nada ocurre notable. Se cambian durante el día unos tiros de cañón. Ayer hice un reconocimiento al frente de mi línea, que me ha servido para hacer algunas observaciones provechosas sobre la manera de hostilizar ventajosamente al enemigo.

aceptables ni las tomé a lo serio, ordené a la princesa que volviera a la plaza y protegí su entrada hasta donde era posible.

Después, cuando ya se admitió en la plaza el hecho de la pérdida de Querétaro y prisión de Maximiliano, volvió a salir la princesa de Salm Salm con objeto de ir a Querétaro a ofrecer sus servicios a su marido y al archiduque y le facilité su viaje, lo mismo que a los Ministros extranjeros y defensores de Maximiliano que salieron con el mismo objeto.

La carta siguiente escrita a nuestro ministro en Washington en los primeros días del sitio de México, de la que he consignado antes dos fragmentos diferentes y que ahora se inserta íntegramente, contiene algunos detalles del sitio y de las operaciones que le precedieron.

Guadalupe Hidalgo,[44] mayo 3 de 1867.
Señor don Matías Romero, etc., etc.
Washington.
Mi querido amigo:
Cuando estaba yo sitiando a Puebla, supe que Márquez marchaba a atacarme con 5.000 hombres sacados de la ciudad de México.

Debo confesar sencillamente que al principio dudé sobre qué camino debía yo tomar; si el de levantar el sitio y marchar a encontrar a Márquez, o esperar su llegada, o asaltar inmediatamente la ciudad.

Me decidí a lo último. El buen éxito favoreció el ímpetu de nuestras tropas, que sin la educación necesaria y movidas solamente por su gran valor, asaltaron las fortificaciones y tomaron las líneas de defensa con el mejor éxito a pesar del nutrido fuego de fusilería y de las granadas de mano que se nos arrojaban de los balcones y de las azoteas.

Creo que luego que lleguen los morteros, si la plaza no se rinde, se romperán sobre ellas fuegos y las hostilidades comenzarán vigorosamente.
Leyva.

44 Esta carta fue comunicada por nuestro ministro en Washington al secretario de Estado del Gobierno de los Estados Unidos de América con nota extraoficial de 28 de mayo de 1867. Correspondencia de la Legación Mexicana en Washington durante la invasión extranjera. 1860-1867. Nota N.º 219, vol. IX, pág. 487.

Cuando las trincheras habían sido tomadas, los defensores de las casas, temerosos de que fuesen cortados o se les atacase por la retaguardia, las abandonaron, cayendo prisioneros.

Los cerros inmediatos estaban todavía en poder del enemigo, pero la guarnición que los defendía se rindió el día cuatro. Me vi libre entonces para salir a encontrar a Márquez, lo que hice inmediatamente el día cinco. La División de caballería lo persiguió bien, estorbándole el paso al camino de Veracruz, cuya dirección parecía que deseaba tomar; pero contramarchó cuando se hallaba como a 3 leguas de distancia de Huamantla; y rehusando la batalla que le presentaba yo en las alturas del Molino de San Diego, tomó el camino que conduce a México. Continué persiguiendo a Márquez, aunque creí difícil alcanzarlo porque me llevaba la ventaja de un día de marcha.

El general Escobedo había destacado al general Guadarrama con una División de caballería en persecución de dicho Márquez, a cuyas fuerzas se agregaron otras que operaban en el Valle de México y le di órdenes de que cortase la retirada de Márquez a México, lo cual verificó tan bien, que Márquez se vio obligado a refugiarse en la Hacienda de San Lorenzo.

Cuando todo estaba ya preparado para atacarle, huyó por el camino que conduce de Calpulálpam a Texcoco, y fue completamente derrotado.

La derrota de Márquez ocurrió el día 10 de abril, tercer aniversario de la aceptación del trono del austriaco. Yo estaba resuelto a atacar a México desde luego, y marché sobre esta ciudad, intentando establecer mi Cuartel general en Tacubaya; pero habiendo mandado retirar el general Escobedo la División de Guadarrama, me vi obligado a cambiar mi plan de operaciones y venir a esta plaza. Poco después de mi llegada, el padre Fischer, confesor de Maximiliano, vino a hacerme algunas proposiciones inaceptables, las cuales deseché desde luego. Entonces la princesa Salm Salm, esposa de uno de los ayudantes de campo de Maximiliano vino a verme, solicitando un salvo conducto para ir a Querétaro, diciendo que ella explicaría a Maximiliano la situación de México, y que no tenía duda de que se rindiera Querétaro. También deseché esta petición, porque en verdad que no tengo confianza en tales propuestas.

Antes de mi llegada frente a la ciudad de México, Portilla, que se titulaba ministro de Guerra, ofreció entregarme la ciudad, si se le daban garantías personales y O'Horan me hizo la misma proposición, agregando que me entregaría a Márquez, con tal que le asegurase su vida y le diese un pasaporte para el extranjero. Los traidores son villanos aun entre ellos mismos.

Nuestras baterías están establecidas, lo cual protege nuestras obras de fortificación que se hallan a cerca de 800 metros de la del enemigo; y continuamos avanzando de manera que la capital de la República pronto estará en poder de nosotros, ya sea por asalto o por capitulación. Dentro de la ciudad no hay violencia ni extorsión que deje de cometerse por Márquez, a fin de hacerse de recursos y aumentar sus fuerzas. Los comerciantes extranjeros han cerrado sus establecimientos, y están ahora bajo la protección de sus respectivos Ministros, quienes han protestado contra los actos de Márquez; los periódicos de ayer por la tarde, dicen que se expedirá próximamente una orden severa contra ellos. Parece que el Cuerpo Diplomático desea salir de la ciudad e irse a Tacubaya. Como es regular, yo no los reconoceré en un carácter oficial, sino como individuos particulares. No les impediré que salgan.

Nuestra situación actual es excelente: solamente tres plazas, México, Querétaro y Veracruz son las que le quedan al austriaco, y ellas están perfectamente sitiadas. En este mes espero que todo quedará decidido a favor de la República. Disturbios y desalientos es lo que existe entre los traidores: en todos los encuentros y escaramuzas que han tenido lugar, ellos han sacado la peor parte, no obstante la superioridad de su número. Esto aumenta la moral de nuestros soldados, les inspira confianza en toda batalla, en la cual nuestros medio desnudos reclutas han derrotado a las tropas bien aperadas y provistas del austriaco.

El general Bazaine, por medio de Una tercera persona, ofreció entregarme las ciudades que poseía, así como también a Maximiliano, Márquez, Miramón, etc., con tal de que yo accediera a una propuesta que me hizo, y la cual deseché por no parecerme honrosa. También se me hizo otra proposición con autoridad de Bazaine, para la compra de seis mil fusiles y cuatro millones de cápsulas; y si yo lo deseaba también, me vendería cañones y pólvora; mas me negué a aceptarla. La intervención y sus resultados han abierto nuestros ojos, y de aquí en adelante tendremos más cautela al tratar con las naciones extranjeras, particularmente con las de Europa, y con especialidad con la Francia ...

(Firmado.) Porfirio Díaz.

Capítulo LXXXVIII. Sitio de México

Salida de Márquez por La Piedad

9 de junio de 1867

El enemigo intentó hacer algunas salidas durante el sito. La principal fue la que encabezó Márquez, por La Piedad, en los últimos días, y probablemente con objeto de abandonar la plaza y salvar la fuerza que le quedaba, que era todavía de cosa de 12.000 hombres. En todos sus conatos de salida, fue rechazado el enemigo con grandes pérdidas y consiguiente desmoralización.

Estando yo una mañana en la oficina del Cuartel general en Tacubaya, en los primeros días de junio, por el nueve, comenzó un fuego de cañón casi general en la línea del enemigo y de fusilería muy nutrido en los puntos fortificados que el enemigo tenía en La Piedad e inmediatos, lo mismo que en el puente de Los Cuartos, contra nuestra línea que hacía frente a La Piedad y puntos anexos. Salí inmediatamente con mi Estado Mayor y escolta hacia el puente de Los Cuartos y encontré cerca de La Condesa al coronel don Venancio Leyva que sobre la marcha me dio parte de haber sido forzado el puente de Los Cuartos y destrozado su batallón. Esto pasaba cerca del campamento que tenía el coronel Terán con los Batallones 1.º, 2.º, y 3.º, de Cazadores de Oaxaca que estaban a sus órdenes. Tomé inmediatamente el 1.º, que hice marchar a gran trote hacia el puente de Los Cuartos, que estaba ya casi en poder del enemigo; pero haciendo todavía una suprema defensa con una parte del Batallón que Leyva suponía destrozado el teniente coronel Jaramillo, del mismo Batallón, por un lado, y por el otro el Mayor del mismo cuerpo, Manuel María de Zamacona, defensa que vigorizaron notablemente al ver que me aproximaba con el primer Batallón de Oaxaca, maniobrando ya sobre el enemigo.

Entretanto, había dejado órdenes al coronel Terán para que siguiera mi marcha en columna, con los Batallones 2.º y 3.º, de Oaxaca, y a buen paso para que no llegaran fatigados al lugar del combate. Había mandado órdenes también al coronel Francisco Naranjo que estaba acampado con su División de Caballería, en la Hacienda de los Morales y al coronel Félix Díaz que estaba con la suya en Coyoacán, para que concurrieran con sus respectivas fuerzas al lugar del combate. Pocos momentos después mandé hacer alto al coronel Terán con los dos Batallones de Cazadores, antes de descubrirlos a la vista de la artillería enemiga, y al coronel Loera, que por ausencia del general Naranjo conducía la División de Caballería hacia el puente de Los Cuartos, le mandé hacer alto entre la Condesa y Chapultepec. Mandé igualmente hacer alto al coronel Félix Díaz con su División, que formó en los Llanos de Narvarte, puesto que recobrada por el primer Batallón de Cazadores de Oaxaca la línea que había ocupado con su Batallón el coronel Venancio Leyva, la artillería con que dicha línea estaba dotada funcionaba ya activamente sobre las columnas de Márquez, que regresaban a la plaza con grandes dificultades, porque como para salir solo habían tendido un puente sobre la zanja cuadrada, su retirada por ese puente les consumió mucho tiempo y les hizo perder muchos hombres y caballos.

El terreno que hay entre el puente de Los Cuartos y La Piedad, quedó cubierto con muchos muertos y heridos. Pretendí recoger a los segundos; pero al salir mis ambulancias con sus respectivas banderas a ejecutar mis órdenes, las trincheras de la plaza les hicieron fuego y me hirieron y mataron algunos ambulantes, por cuyo motivo ya no insistí en aquella operación, pues que se trataba de heridos del enemigo, que no recogía, ni dejaba recoger. Los heridos permanecieron en el más completo abandono por varios días, hasta que murieron, por haber quedado a la intemperie y por falta de asistencia médica y auxilios oportunos.

Capítulo LXXXIX. Últimos días del sitio de México

Del 10 al 20 de junio de 1867

Cuando la guarnición de México se persuadió de que Querétaro había caído en poder de las Fuerzas Nacionales y que Maximiliano y todo su ejército estaban prisioneros, la desmoralización cundió en ella rápidamente.

La situación de los sitiados se hacía cada día más difícil por la falta de víveres para sostener no solamente a sus fuerzas sino a la gran población de la capital.

Desde mediados de mayo había yo trasladado mi Cuartel general a Tacubaya y se notaba gran contraste entre mi campamento y la ciudad sitiada. La seguridad reinaba en el primero y Tacubaya fue el asilo de las familias que lograban salir de México, convirtiéndose sus calles en un mercado de toda clase de efectos; pues se veían llenas de puestos de ropa, mercería, semillas, carnes y demás artículos, no solo de consumo, sino también de lujo, hasta el grado de dificultarse el tránsito de carruajes, pues no pudiendo entrar a la plaza los efectos que ordinariamente vienen a ella, se quedaban en mi campamento, y como el consumo era menor que en México, el precio de los efectos era más bajo. También había mercados en todos los demás puestos militares y sus reservas, en proporción al número de hombres de que se componían.

Muy feliz se consideraba la familia que llegaba a mi campamento, en donde encontraba abundancia, abrigo y seguridad. Era de ver cómo la población multiplicada por la creciente avenida de México y los Estados vecinos, se entregaba confiada al comercio, al paseo y a todos los goces de la vida, bajo la salvaguardia del ejército sitiador, mientras ricos y pobres, imperialistas y republicanos, huían de la persecución y extorsiones que estaban a la orden del día en la capital.

En una de las reiteradas gestiones que me hicieron los hacendados productores de pulque, para que permitiera su introducción a la capital, me manifestaron que su perjuicio era muy grande, porque con excepción del flete, tenían que hacer el mismo gasto vendieran o no su producto, pues si no recogían diariamente perdían los magueyes, y convine con ellos en hacer los gastos y recoger el pulque para que no lo perdieran, y desde entonces pude dar dos veces al día a mis soldados, una ración de pulque de a libra.

Mientras que las fuerzas de la plaza disminuían diariamente por la deserción y el hambre, las mías aumentaban considerablemente, pues todos los días recibían refuerzos importantes. En los últimos días del sitio llegaría yo a tener 25.000 hombres mientras que el enemigo tendría cosa de 12.000.

Las fuerzas sitiadoras estaban colocadas en los últimos días del sitio en esta forma: el general Corona con la División de Occidente en la Villa de Guadalupe; el general Riva Palacio con la División del Sur en Mexicalcingo; el general Hinojosa, con la División de Norte en el Peñón Viejo; el general Naranjo, con la caballería en la Hacienda de Los Morales; y el general Félix Díaz, con la fuerza de caballería que había traído de Oaxaca, en la Hacienda de Portales. El general Terán, con la primera Brigada organizada en Oaxaca por el general don Manuel González, el Batallón Fieles de Oaxaca, Ingenieros, el Escuadrón Juárez y la escolta del Cuartel general, formaban la reserva.

Cuando pasé mi Cuartel general a Tacubaya, por el veinte de mayo, confié el mando de la Línea de Guadalupe al general don Ramón Corona, a quien el general Escobedo había enviado de Querétaro con su División, luego que tomó aquella plaza para que me auxiliara en mis operaciones sobre la capital.

Al salir de Oaxaca, dejé al general Félix Díaz como jefe Militar, y cuando estaba yo sitiando a México lo llamé y vino cuando llevaba yo cosa de dos semanas de haber comenzado el sitio. Luego que llegó, formé una División de caballería con las fuerzas que trajo de Oaxaca y con otras que le agregué, que fueron la brigada que mandaba Manuel Toro y la caballería de Leyva. Encomendé el mando de esta División al general Félix Díaz y los generales Toro y Leyva quedaron como jefes de sus respectivas Brigadas.

La desmoralización en la plaza y la falta de provisiones de boca se habían hecho tan sensibles que tenía yo frecuentes proposiciones de algunos jefes de ella para defeccionar y facilitarme su ocupación, proposiciones que no quise aceptar porque tenía la seguridad de ocuparla sin compromisos ni transacciones, muy pocos días después. En uno de los capítulos que siguen, hablaré especialmente de estas proposiciones.

La carta siguiente, dirigida a nuestro ministro de Washington y fechada en Tacubaya el 26 de mayo de 1867, contiene pormenores respecto de la situación que guardaba el sitio en esa fecha.

Traducción.

Tacubaya[45] mayo 26 de 1867.

Mi muy estimado amigo:

Después de que escribí a usted mi última carta, la División del general Riva Palacio y una Brigada de Puebla, que estaba unida al Ejército de Oriente durante el sitio de Querétaro, han sido incorporadas al Ejército de operaciones contra la ciudad de México, así como el Ejército de Occidente al mando del general Corona y dos Divisiones del Ejército del Norte, bajo las órdenes del general don Francisco Alatorre; de esta manera formamos por todo unos 35.000 hombres, y dentro de unos cuantos días será nuestra la ciudad de México.

---

45 Esta carta fue comunicada por nuestro ministro en Washington al secretario de Estado de los Estados Unidos de América en nota verba de 14 de junio de 1867. No habiéndose encontrado el texto español de esta carta, se inserta una traducción tomada de la traducción inglesa. Correspondencia de la Legación Mexicana en Washington durante la intervención francesa. 1860-1867. Nota N.º 251, vol. IX, págs. 594 y 595.

Hubiera yo podido tomarla solamente con las Fuerzas del Ejército de Oriente, pero no tenía yo suficiente caballería para cubrir todas las salidas, por las cuales los principales culpables se habrían escapado; pero ahora con 9.000 caballos estarán bien resguardadas todas las salidas, y sucederá lo mismo que en Querétaro; nadie se nos escapará. Tengo entera fe y confianza en el resultado.

En la ciudad de México la prensa se empeña todavía en engañar al pueblo, negando la caída de Querétaro y la prisión de Maximiliano; pero tanto el pueblo como el ejército tienen noticias de ambas cosas. Considero la ocupación de México un asunto de pocas horas, y no creo que Veracruz intente sostenerse después.

En conclusión, cuando haya usted recibido esta carta estará ya limpio de traidores el suelo mexicano.

Sin tiempo para más, me repito de usted sincero amigo.

(Firmado.) Porfirio Díaz.

Señor don Matías Romero, ministro de México en Washington.

Capítulo XC. Rendición de las fuerzas Austro-húngaras

Del 20 de mayo al 24 de junio de 1867

Luego que se supo en México la ocupación de Querétaro y captura de Maximiliano, el Príncipe Khevenhüller, jefe de las Fuerzas húngaras y austriacas que defendían la plaza, me ofreció que no tomarían parte en ningún combate que tuviera por objeto defender la ciudad; que aunque Márquez y los suyos negaban el hecho de la captura de su soberano, él no lo dudaba; y en la creencia de que toda resistencia armada podría perjudicar a Maximiliano más bien que servirle, y no teniendo él otro objeto en el país que su servicio, me avisaba que seguiría esa conducta, si en cambio le ofrecía yo que le permitiría marchar al puerto de Veracruz, con todos los jefes, oficiales y tropa que estaban a sus órdenes con objeto de embarcarse con ellos para el Austria.

Contesté a Khevenhüller que le concedería lo que solicitaba si rompía la línea de los sitiados, se me presentaba en Tacubaya y me entregaba sus armas, municiones y caballos que no fueran de propiedad particular, y que en cambio yo le facilitaría los recursos pecuniarios y vehículos que necesitara para llegar con sus subordinados hasta Veracruz y embarcase allí. Khevenhüller me contestó que le era imposible ejecutar lo que yo le prevenía, pero que se encerraría con toda su fuerza en el Palacio Nacional, y en los momentos en que empezara algún combate, izaría su bandera blanca y se abstendría a tomar parte en él; y que esperaba que por esta conducta le concedería yo las consideraciones que a mi juicio fueran de equidad, pues su principal objeto era no hacer más difícil la situación de su soberano.

Después de tomada la capital y por las exigencias amistosas del barón de Schizmandia, concedí a Khevenhüller en primer lugar, que conservara sus armas y mando durante tres días, sin que él ni sus subordinados pudieran salir del recinto del Palacio Nacional y de sus oficinas anexas en donde estaban acuartelados, y le impuse la responsabilidad de conservar los archivos, mueblaje y demás objetos que contenía el edificio.

Algunos días después exigí la entrega de su armamento y caballos y le facilité recursos y vehículos para llegar a Veracruz; esto es, le concedí lo mismo que le había ofrecido para el caso de que saliera y se me presentara en Tacubaya.

El capitán Chainét francés, y que mandaba una guerrilla francesa de cerca de doscientos hombres de soldados cumplidos, me hizo proposiciones análogas a las de Khevenhüller, y le previne que permaneciera en su cuartel que estaba en el Convento de San Pedro y San Pablo con sus armas hasta nueva orden. Recogí sus armas y despaché a Chainét a Veracruz con sus soldados en las mismas condiciones que a Khevenhüller, quien le ofreció pasaje en La Novara para él y los suyos.

Capítulo XCI. Sitio de México

Pláticas con los generales O'Horan y Tavera
Del 12 de abril al 20 de junio de 1867
En marcha de Texcoco para San Cristóbal Ecatepec y la Villa de Guadalupe, se nos incorporó, procedente de México, la señora doña Luciana Arrozola de Baz, esposa de don Juan José Baz, y me manifestó que traía una comisión del general don Nicolás Portilla, quien a la sazón figuraba como ministro de Guerra en México, que ésta se reducía a ofrecerme la entrega de la capital mediante algunas concesiones a Portilla, a los principales jefes del ejército imperialista y funcionarios de la administración; aunque su primera intención era buscar una fusión entre los dos ejércitos, bajo la base de que unidos ambos, reconociéndose recíprocamente los empleos que tenían los jefes de cada uno, procedieran

de acuerdo para establecer un nuevo orden de cosas, que no fuera ni el llamado Imperio de Maximiliano, ni el Gobierno Constitucional del señor Juárez.

Por supuesto que deseché esas proposiciones, y ni siquiera las acepté en su forma menos desfavorable que era la de la rendición condicional de la plaza, y contesté que solo admitiría la rendición sin condiciones.

No fue esta la única oferta que se hizo de entregar la plaza. El general O'Horan, me mandó decir con un hermano del licenciado don José María Aguirre de la Barrera, actualmente Magistrado de la Suprema Corte de Justicia de la Federación, que tenía empeño en hablar conmigo, y que me convenía el asunto que me iba a comunicar. Su enviado me trajo una pequeña linterna con un lente rojo, y me dijo que mostrar la luz roja sería la señal para que saliera O'Horan a hablar conmigo. Me acerqué, pues, en la noche hasta muy cerca de la garita de Peralvillo, más acá del rancho de la Vaquita, y me coloqué en una zanja fangosa con cuatro muchachos de los tambores y cornetas, porque para estos casos son buenos muchachos, pues no tienen miedo, y una vez metido en la zanja, saqué la linterna, pero al ver el enemigo la luz colorada, nos lanzó todos sus fuegos de artillería y fusilería que no nos causaron ningún perjuicio por estar metidos en la zanja sin que O'Horan saliera a hablarme. Cuando calmó el fuego, despedí a mis muchachos de uno en uno, y después salí yo de la zanja y volví a mi posición, no por la calzada, que estaba enfilada por los fuegos de artillería del enemigo, sino atravesando los potreros.

Al día siguiente me volvió a mandar O'Horan al señor Aguirre de la Barrera, diciéndome que lo dispensara por lo que había pasado la noche anterior; que Márquez estaba en la trinchera en los momentos en que yo me acerqué e hice la señal convenida, y que cuando vieron la luz roja se alarmaron, pues comprendieron que no podía venir sino del enemigo. Me citó de nuevo; pero entonces ya no fui sino hasta la Vaquita. Salió O'Horan en esa vez, me habló y me ofreció entregarme la plaza lo mismo que a Márquez, y a los demás jefes principales, sin más condición que extenderle un pasaporte para el extranjero.

Le contesté que no podía hacer nada de eso, porque consideraba la plaza como mía y que en cuanto a los demás jefes yo cumpliría con mi deber. Me replicó O'Horan que en efecto, la plaza sería mía; pero que los pollos gordos, fue su frase, podían escapárseme; mientras que aceptando lo que me proponía todos caerían. Convencido de que yo no aceptaba sus proposiciones, me dijo:

—¿Tiene usted mucho empeño en fusilarme?

—No, señor —le contesté—. Si usted cae en mis manos, lo único que haré será cumplir con mi deber.

—Si usted sabe dónde estoy escondido ¿me mandará aprehender?

—Si alguno viene a denunciarme en dónde está usted, tendré que mandarlo aprehender. No puedo ofrecer ni más ni menos.

—Está bueno —me contestó, agregando al retirarse—, ¡ojalá que pueda usted deberme algo!

Me retiré y me hizo O'Horan una mala partida. De antemano había yo colocado algunos centinelas avanzados y al regresar él a su línea, se llevó a uno de ellos no sé con qué fin.

Como dos o tres días antes de la rendición de la plaza, pidió permiso para hablar conmigo el general Tavera, en representación de Márquez, con objeto de proponerme la rendición de la plaza mediante algunas condiciones. Contesté a Tavera que podía venir a hablarme si gustaba; pero que no admitiría la rendición de la plaza, mientras se ofreciera condicionalmente, y le participé también que no hablaría conmigo solo, sino en presencia de algunos generales del ejército. Procedí así porque había muchas versiones vulgares, en las cuales no quería yo aparecer complicado.

Vino, sin embargo Tavera, lo recibí en la Casa Colorada, en presencia del general Ignacio A. Alatorre, lo invité a almorzar con nosotros, y le repetí lo que antes le había mandado decir, esto es, que no podía conseguir ninguna condición para la entrega de la plaza. No tomé con el general Tavera ninguna de las precauciones usadas en esos casos, para impedir que conociera la forma de defensa en los parapetos por donde pasó, porque la situación desesperada en que estaba el enemigo, no exigía ya esas precauciones y así se lo manifesté. Tavera regresó sin embargo, a la plaza sin comprometerse a nada y simplemente a dar cuenta a Márquez de lo que había ocurrido.

Capítulo XCII. Rendición de México

20 de junio de 1867

Al día siguiente de mi conversación con el general Tavera desapareció Márquez de la plaza de México, y Tavera me mandó un recado con el Cónsul general de los Estados Unidos de América, Mr. Marcus Otterbourg, repitiendo su petición de garantías y ofreciéndome la plaza. Recibí yo personalmente en la puerta de Chapultepec a Mr. Otterbourg, y no solo no quise informarme de las proposiciones que traía el encargo de hacerme, sino que no le permití bajar de su carruaje y le advertí que me ocupaba en esos momentos del ataque de la plaza y que le daba cinco minutos para regresar a ella, en la inteligencia de que si pasado ese tiempo aún estaba su coche sobre la calzada, comenzaría mis fuegos sobre él. Esperé, sin embargo, que el coche de Mr. Otterbourg se perdiera de vista más allá de la estatua de Carlos IV, para hacer la señal que ordenaba un fuego general de artillería sobre la plaza y movimiento de todas las columnas hacia las garitas que respectivamente tenían a su frente.

Como una vez iniciado el fuego de cañón los de la plaza ya no podían ver a las columnas en movimiento y éstas sí podían recibir mis órdenes, porque mi telégrafo de banderas estaba fuera del círculo invadido por el humo y el polvo, ordené a las columnas volver a sus campamentos, de lo cual, sin embargo, no se apercibió el enemigo. Nuestros fuegos de cañón fueron contestados por la plaza; y como tanto la artillería enemiga como la nuestra disparaban proyectiles huecos, cuando el enemigo suspendió sus fuegos de cañón, creímos por algunos momentos que todavía contestaba a los nuestros, porque nuestros proyectiles hacían explosión en sus trincheras, y tal parecía que contestaba a nuestros fuegos.

En estos momentos el vigilante del Caballero alto avisó que en las torres de Catedral había una bandera blanca. Mandé suspender el fuego y entonces se vio que en todas las trincheras de la plaza se había puesto la misma bandera. En el acto que cesaron los fuegos de cañón, salió un coche también con bandera blanca, por la calzada de la Reforma llamada entonces del emperador, en el cual llegaron a Chapultepec los generales Piña, Díaz de la Vega, Palafox y otro, cuyo nombre no recuerdo, que venían a poner la plaza incondicionalmente a mi disposición, comisionados a este efecto por Tavera, puesto que desde el día anterior no se tenían noticias de Márquez.

Cuando llegaron a Chapultepec los comisionados de la plaza sitiada, nombré al general Alatorre para que se entendiera con ellos y le di instrucciones para que no aceptara más que una rendición sin condiciones. Los respectivos comisionados firmaron una capitulación incondicional, que fue ratificada en el mismo día por mí y por el general Tavera, como jefe de la plaza sitiada.

Una vez firmada la capitulación, previne al general Tavera por conducto de sus generales que lo representaban, que permaneciera con el mando hasta el día siguiente, en que pasaría yo, después del toque de diana, a tomar posesión de la ciudad, y que todo permaneciera hasta esos momentos bajo su cuidado.

Inserto enseguida el texto de la capitulación:

El general de Brigada del Ejército Republicano C. Ignacio Alatorre, nombrado por el general en jefe del Ejército de operaciones, C. Porfirio Díaz, para ajustar la ocupación de la plaza de México, y los S.S. generales del Ejército Imperial don Miguel Piña, don Carlos Palafox y don Manuel Díaz de la Vega, nombrados por el señor general don Ramón Tavera, después de mostrar sus respectivos poderes y encontrándolos en forma, han convenido en los artículos siguientes:

1.º Cesan desde luego las hostilidades hasta la ratificación del presente convenio.

2.º Las vidas, propiedades y libertad de los habitantes pacíficos de la plaza, quedan bajo la garantía y protección del general Díaz.

3.º El señor general Tavera nombrará una Comisión compuesta de tres personas que pondrán la plaza a disposición del general Díaz en la forma siguiente: un empleado de Hacienda para este ramo, un general para las fuerzas imperiales y un jefe de artillería para el material de guerra. El general podrá ser el jefe del Estado Mayor. Igual número de personas serán nombradas por parte del C. general Porfirio Díaz para hacer la recepción.

4.º Las Fuerzas imperiales nacionales al ser relevadas en las líneas que ocupan, se reconcentrarán en la Ciudadela, donde quedarán reunidas para su entrega. La Contraguerrilla Schenét, se acuartelará en San Pedro y San Pablo y las otras Fuerzas extranjeras en Palacio.

Los señores generales, jefes y oficiales, conservarán sus espadas y se presentarán en los locales que se designen a la hora que acordarán los señores generales en jefe. En dichos locales permanecerán, hasta que el C. general Díaz reciba instrucciones.

Los artículos anteriores se ejecutarán a la hora que se fije, después de ratificado el presente convenio, del que se sacarán dos ejemplares.

Chapultepec, junio 20 de 1867.

I. R. Alatorre.

Miguel Piña.

Carlos Palafox.

M. D. de la Vega.

Ratifico el presente convenio.

Porfirio Díaz.

Ratifico el presente convenio, Ramón Tavera.

Capítulo XCIII. Ocupación de México

21 de junio de 1867

Reservé la ocupación de la plaza de México para el día siguiente de firmada la capitulación, con objeto de tomar algunas precauciones que evitaran el pillaje y el derroche de los elementos de guerra que aún quedaban al enemigo.

Mandé, en consecuencia, que todos los defensores de la plaza permanecieran en sus puestos, hasta que personas autorizadas por mí pasaran a recibirlos, nombré un servicio compuesto de los tres Batallones de Cazadores de Oaxaca, que merecían especial confianza, que debía cubrir toda la plaza con pequeños destacamentos y puestos de vigilancia que les marqué sobre el mismo plano de la ciudad, a efecto de que no pudiera haber una sola casa fuera de la vista de esos puestos y destacamentos, y que hasta nueva orden debían hacer el servicio de policía; y que el Batallón Libres de Oaxaca, lo mismo que Lanceros de Oaxaca y Escuadrón Juárez, se distribuyeran en patrullas que recorrieran toda la ciudad, listas para proteger, en caso necesario, a los destacamentos y para conducir a la Diputación a los delincuentes que los destacamentos aprehendieran.

Así se realizó sin derramamiento de sangre la ocupación de la plaza, el día 21 de junio de 1867 quedando prisioneros todos los jefes y oficiales que la defendían.

Conservé el mando de la plaza desde el 21 de junio hasta el 15 de julio en que hizo su entrada el presidente Juárez. Licencié algunas fuerzas, despedí otras y quedé con un ejército de veinticinco mil hombres con el cual recibí al presidente de la República.

El mismo día 21 de junio de 1867, en que ocupé la ciudad de México, comuniqué ese suceso al presidente Juárez, por medio del siguiente parte oficial:

Ejército Republicano.

Línea de Oriente.

General en jefe.

C. ministro:

Felizmente terminada la gloriosa guerra que la Nación ha sostenido contra la intervención extranjera en el dilatado período de cerca de seis años, con la rendición de la Capital de la República, al Ejército que tengo la honra de mandar, según comunico a usted en oficio separado de esta fecha, he llenado mi primer deber poniéndola a disposición del Gobierno Supremo Constitucional de la República. Paso a cumplir con el segundo, manifestándole que considerando ya innecesarias las facultades omnímodas que me ha conferido e inútil mi permanencia en el encargo de general en jefe del Ejército y Línea de Oriente, que sin merecimiento mío me encomendó, hago formal dimisión de dicho cargo, dando al presidente y a su digno ministro las más rendidas gracias por la confianza con que me han honrado, y suplicándoles se sirvan designarme la persona que deba substituirme en el mando de este Ejército.

Protesto a usted mi distinguido aprecio y alta consideración.

Independencia y libertad.

Tacubaya, junio 21 de 1867.

Porfirio Díaz.

C. ministro de Guerra.

Capítulo XCIV. Don Santiago Vidaurri

26 de junio de 1867

Entre las providencias que dicté cuando se rindió la plaza de México, ordené que la línea de contrarrelación quedara establecida hasta nueva orden, con la prescripción de no dejar entrar ni salir a persona alguna que no llevara autorización escrita del Cuartel general.

Los defensores de los distintos puntos fortificados no esperaron la llegada de mis fuerzas, según se les había ordenado, y tuvimos que recoger las armas, los materiales de artillería y las municiones, y solo tenía yo prisionero en las primeras horas de mi ocupación de la capital, al general Tavera con algunos oficiales que no llegaban a diez.

Publiqué entonces una circular en que previne a los generales y jefes del ejército enemigo que se constituyeran prisioneros, presentándose a distintas prisiones que fijé a cada clase. Igual requerimiento hice a todos los que hubieran servido como Ministros, Consejeros y jefes de oficinas en la administración superior del imperio. Concedí para que se presentaran el plazo de veinticuatro horas que pasó sin que se hubieran presentado sino muy pocos. Pasado ese plazo destaqué comisiones en persecución de los que se encontraran en el caso de la circular a que acabo de aludir, y fue aprehendido el general don Santiago Vidaurri, que hasta los últimos momentos había sido ministro de Hacienda y jefe del Gabinete de Maximiliano, nombrado además uno de los regentes para el caso de su muerte, y había desempeñado algunos otros puestos en la administración imperialista, y lo mandé pasar por las armas inmediatamente, sin más diligencia judicial que la identificación de su persona, tanto porque había incurrido en las penas establecidas por las leyes vigentes y por mis circulares que acababa de expedir, cuanto por la parte principal que había tomado en la prolongación de la guerra, sosteniendo la causa imperialista y para que su ejecución sirviera de ejemplo a los que no habían cumplido con mis órdenes.

Prorrogué por doce horas más el plazo para que se presentaran los prisioneros, advirtiendo que durante esas doce horas la policía suspendería toda pesquisa.

Esta medida fue eficaz porque se presentaron enseguida todos, con excepción de Márquez y O'Horan, aunque el segundo cayó cuando el presidente Juárez estaba ya en la ciudad de México.

Capítulo XCV. Entrada del presidente Juárez a la ciudad de México

15 de julio de 1867

En los primeros días de julio debía llegar a la capital el presidente Juárez y con objeto de recibirlo, hasta donde me era permitido separarme del centro de mi línea de operaciones, fui más allá de Tlalnepantla. Momentos después de haber llegado a aquella ciudad, y cuando nos llamaba a almorzar el licenciado don José M. Aguirre de la Barrera, que era el jefe Político de ese Distrito, me llamó el presidente que a la sazón platicaba en voz baja con sus secretarios de Estado, y delante de ellos me manifestó que hacía algunos días que estaba sin haberes la escolta que lo acompañaba, compuesta de un regimiento, dos batallones y media batería, y me preguntó si tendría yo fondos con que cubrir esa urgente necesidad. Contesté al presidente que sí los tenía, y que podía ordenar a sus respectivos pagadores, que al volver yo a la capital, vinieran conmigo para llevar el haber que esos cuerpos habían dejado de percibir y además el que les correspondiera hasta el fin de quincena corriente.

Animado el señor Juárez por esta respuesta, me manifestó que tampoco el personal de las distintas Secretarías de Estado había recibido sueldos hacía muchos días, y preguntó si podría ministrar algunos fondos con este objeto. Le contesté que tenía fondos suficientes para cubrir esos sueldos y que entregaría la cantidad que me ordenara. Entonces me mandó dar 10.000 pesos con cargo a ese ramo, y ordenó a su habilitado que también viniera conmigo a la capital para recibirlos.

Los presupuestos de la escolta del presidente fueron cubiertos con arreglo a la tarifa general del Ejército y no a la tarifa económica, conforme a la cual venían ellos socorridos y que había servido de base a los presupuestos formados por sus pagadores, por cuya razón no fueron éstos aceptados y tuvieron que hacerlos de nuevo.

El presidente permaneció en Chapultepec mientras se preparaba de una manera conveniente su recepción y su alojamiento en la capital.

Esto me dio tiempo para preparar la construcción de una gran bandera para enarbolada en el Palacio Nacional el día de la entrada solemne del presidente, porque habiéndome dicho en una de sus cartas durante la guerra y cuando se consideraba difícil recobrar la capital, que volveríamos a izar la bandera mexicana en el Palacio Nacional, recordando su expresión de entusiasmo, prohibí que se izara la bandera en ese edificio, hasta que personalmente lo hiciera el señor Juárez, como en efecto lo verificó el 15 de julio de 1867, día de su entrada.

El presidente me había ordenado en carta particular fechada en San Luis Potosí, que redujera a prisión a M. Dano, ministro del Imperio francés cerca de Maximiliano y que pusiera a disposición del Gobierno el archivo de la Legación. Contesté al presidente que no me parecía prudente ese procedimiento, pero que no me permitía aconsejarle que no lo llevara a cabo, sino que simplemente le suplicaba me eximiera de ejecutarlo, y que puesto que ya no había enemigo en el país, no tendría yo inconveniente en entregar el mando del ejército que estaba a mis órdenes, al jefe que me indicara para que éste cumpliera sus órdenes. No recibiendo respuesta a mi carta, ni a un oficio en que resignaba el mando, le escribí otras varias cartas, suplicándole me diera sus órdenes para no perder la oportunidad de cumplirlas, porque el ministro francés me urgía mucho para que le diera una escolta que lo condujera a Veracruz.

Cuando recibí al señor Juárez adelante de Tlalnepantla, pregunté al señor Lerdo, por qué no se habían contestado mis cartas, y me dijo que, en su concepto, había yo tenido razón en no prestarme a cumplir esa orden, que pudo haber comprometido al Gobierno y di así por terminado este incidente.

El señor Juárez me había recomendado muy especialmente que no nombrara yo gobernador del Distrito; y entendí que el objeto de su recomendación era que no ocupara este puesto el señor don Juan José Baz, quien se me había unido desde Puebla y quien por haber desempeñado en otra vez ese puesto, tenía aptitudes especiales para él. Para no contrariar el deseo del señor Juárez, no nombré al licenciado Baz, gobernador del Distrito, sino jefe Político de la Capital y de los pueblos adyacentes. Nada me dijo después sobre este incidente el señor Juárez; pero comprendí que no sin razón, le había desagradado mi conducta.

En una conversación que tuve con el presidente, a poco de su llegada a la capital, le supliqué me mandara liquidar mis alcances, en concepto de que no deseaba yo el pago íntegro de ellos, sino solamente un abono de 5 o 6.000 pesos y que el resto se me fuera pagando por la Aduana de Veracruz, con los derechos de importación que yo causara directamente, pues intentaba dedicarme al comercio y me parecía que esta manera de pago sería cómoda para el Gobierno.

El señor Juárez me hizo observaciones muy obvias respecto a lo difícil que me sería dedicarme a otra carrera, y a la imposibilidad de formar mi liquidación, por no saberse qué cantidades se me habían pagado por cuenta de mis haberes, durante todo el tiempo de la guerra, cuando no solo eran irregulares los pagos, sino muy variable el personal de los comisarios y pagadores encargados de verificarlos.

Comprendiendo que las observaciones del señor Juárez eran incontestables, en cuanto a hacer una liquidación exacta, le manifesté que podía formarse ésta, tomando la base de que hubiera yo recibido una tercera parte del sueldo que me correspondía, y se me liquidara por las dos terceras restantes; cuando en realidad estaba seguro de que no había yo recibido ni la cuarta parte. El señor

Juárez aceptó la idea y entiendo que una base semejante se adoptó para formar la liquidación de otros funcionarios y empleados que acompañaron al Gobierno hasta Paso del Norte, y a quienes entonces se pagaron sus alcances en efectivo.

Hecha mi liquidación sobre esa base, me manifestó el señor Juárez, como prueba de la benevolencia con que siempre me había tratado, que tenía dadas sus órdenes para que se me entregaran en numerario y en un solo pago los 21.000 pesos que yo alcanzaba. Contesté al señor Juárez que no tenía conocimiento de que tal cantidad se encontrara a m disposición en la Tesorería; pero que si ese pago entrañaba alguna condición, tuviera presente que aún no lo había cobrado y era tiempo de retirar la orden de pago.

Nunca llegué a sacar ese dinero de la Tesorería; pero algunos días después, lo sacó mi apoderado, don José de Teresa, por aviso que le dio directamente el señor Juárez, y lo conservó en su poder hasta que el señor Benítez dispuso de él, con mi autorización para sostener un periódico en esta capital. Cuando supe que no me quedaban más de 3.000 pesos, encargué al señor don José de Teresa, que me los remitiera, pero desgraciadamente se perdió ese depósito, en un robo que sufrió su casa, y aun cuando el señor Teresa podía considerarse obligado a reportar la pérdida, por las condiciones que guardaba el depósito, me ofreció el cincuenta por ciento, que fue todo lo que recibí de los $21.000 de mis alcances.

El 27 de julio de 1867 nos comunicó la Secretaría de Guerra un decreto del presidente, por el que se mandaba cesaran las facultades extraordinarias en Guerra y Hacienda, que durante la guerra, se habían concedido a los jefes Militares y se distribuían las fuerzas existentes en la capital en cuatro Divisiones de cosa de cuatro mil hombres cada una: la primera del Centro cuyo mando se dio al general don Nicolás de Régules; la segunda de Oriente, cuyo mando se me confió; la tercera del Norte se puso a las órdenes del general don Mariano Escobedo, y la cuarta de Occidente al mando del general don Ramón Corona, organizándose además otra con Fuerzas del Sur, a las órdenes del general don Juan Álvarez. Poco después marché a Tehuacán en donde establecí el Cuartel general de la Segunda División.

Capítulo XCVI. Cuentas del Ejército de Oriente

Julio de 1867

A pesar de las alternativas de la campaña y de los frecuentes cambios en el personal de los empleados de la Comisaría, pude llevar una cuenta de todos los caudales que manejé, que comenzó ello de octubre de 1865, con el dinero que capturé a Visoso en Tulcingo y terminó con la entrada del Gobierno Federal a la ciudad de México el 15 de julio de 1867.

Durante el sitio de México, logré pagar con puntualidad no solamente los haberes de la fuerza que estaba a mis órdenes, sino hacer con regularidad los gastos públicos del territorio en donde ejercía mando, y hasta tener un sobrante considerable en mis arcas. Los ingresos de que disponía fueron las contribuciones ordinarias de los Estados que estaban a mis órdenes y algunas multas o composiciones que hice con personas que residían en la capital o en los Estados, que tenían sus fincas o propiedades fuera de ella, y que se habían comprometido con Maximiliano, por lo cual habían incurrido en la pena de confiscación, como aconteció con el señor licenciado don Pedro Escudero y Echanove. Conseguí además bajo mi crédito personal y luego que ocupé a la capital, dos préstamos importantes: uno de $50.000 que me facilitó el señor don José de Teresa, y otro de $200.000 que me proporcionaron varios comerciantes extranjeros, principalmente ciudadanos de los Estados Unidos, por el intermedio del Cónsul general de ese país, Mr. Marcus Otterbourg, y cuyos préstamos fueron reembolsados antes de la entrada del presidente Juárez.

A pesar de que llegué a reunir una fuerza muy considerable, pues que excedía al ocupar la capital, de veinticinco mil hombres, la pude municionar, vestir y pagarle con puntualidad sus haberes con solo esos recursos, honradamente administrados.

Al entregar la capital entregué también no solo la existencia en efectivo que tenía mi comisaría, sino además la que había en las oficinas de Hacienda que había organizado en la capital y que entregaban semanariamente sus fondos a la Comisaría del Ejército. En la Aduana de Veracruz había, además, una existencia de importancia, cuando la puse a disposición del Gobierno Federal.

La existencia que entregué al Gobierno habría sido mucho mayor si no hubiera yo hecho gastos que no me correspondían directamente, como el pago de los haberes de la escolta que acompañaba al presidente y de sueldos de los empleados de las diferentes Secretarías de Estado que importarían cosa de 50.000 pesos, y de una cantidad fuerte invertida en preparar el alojamiento del presidente y hacerle una recepción conveniente. Invertí también una cantidad de importancia en la construcción de vestuario para todo el Cuerpo de Ejército que estaba a mis órdenes, para lo cual me aproveché de muchas piezas de paño pertenecientes a los franceses, que declaré contrabando de guerra, y en una fuerte cantidad de carne y pan, que tería preparada y mandé repartir al ocupar la plaza, como uno de los recursos preventivos contra el pillaje que se desarrolla en esos casos, a la vez que excusa por el rigor con que me proponía castigarlo.

El 4 de agosto de 1867 rindió su último corte de caja la Comisaría del Ejército de Oriente, que comprendió el movimiento de caudales habido en esa oficina del 26 de mayo al 2 de agosto de 1867, esto es; durante la parte principal del sitio de México y mes y medio después de la ocupación de la capital, y apareció en él una existencia de 87.232 pesos 91 centavos.

Apéndice. Documentos del 1 al 10

Capítulo I

Se ha solicitado la fe de bautismo, defunción y casamiento de las personas de mi familia, para fijar con exactitud las fechas que se citan en este capítulo y los lugares en que tuvieron lugar algunos de esos sucesos; pero no se ha logrado obtener sino las que aparecen enseguida:

Número 1
Fe de bautismo de la señora doña Nicolasa Díaz de Borjes
12 de septiembre de 1828 Sagrario Metropolitano de Oaxaca.
Octubre 13 de 1892.
Un sello que dice:
Parroquia del Sagrario de Oaxaca.
Una estampilla de cincuenta centavos.
Documentos.
México.
1892. 1893.
El presbítero Juan María Muñozcano, cura Interino de la Parroquia del Sagrario Metropolitano de esta Santa Iglesia Catedral de Oaxaca.

Certifico en debida forma:

Que en el Archivo parroquial que es a mi cargo se encuentra el Libro setenta y seis (76) de Bautismos en el que a folios ciento cuarenta y ocho (148) frente, se lee la partida setecientos cincuenta y una (751) del tenor siguiente.

En la Capital del Estado libre de Oaxaca, a doce de Septiembre de mil ochocientos veinte y ocho. Yo el teniente bauticé solemnemente a Nicolasa Macedonia, hija legítima de legítimo Matrimonio de José Díaz, y Petrona Mori; Abuelos paternos, Manuel Díaz y Catarina Orozco; Maternos, Mariano Mori y Tecla Cortés; nació el día anterior, fue Padrino don José Mariano Magro; le amonesté su obligación y lo firmé con el S.C.S.

Luis Castellanos. Rúbrica.

Manuel Muñúzuri. Rúbrica.

Al margen.

751.

Nicolasa Macedonia.

Y a petición de parte legítima expido el presente testimonio de la expresada partida copiándola fielmente del original a que me remito.

Sagrario Metropolitano de Oaxaca.

Octubre 13 de 1892.

Juan María Muñozcano.

El Ciudadano Licenciado Manuel Pérez Ortiz, Notario público de número de este Distrito del Centro. Certifica:

que la anterior partida es en un todo igual a su original con la que practiqué el cotejo respectivo. Y para constancia extiendo la presente en Oaxaca de Juárez a quince de octubre de mil ochocientos noventa y dos.

Licenciado Manuel Pérez Ortiz.

Estampilla de a diez centavos.

Documentos.

México.

1892 a 1893.

Oaxaca de Juárez, octubre 17 de 1892.

Secretaría del Gobierno del Estado de Oaxaca.

Sección 2.ª

Certificado N.º 109.

Los Ciudadanos Gregorio Chávez, gobernador Constitucional del Estado Libre y Soberano de Oaxaca y licenciado Agustín Canseco, secretario general del Despacho.

Certifican: que la firma y sello que anteceden del C. licenciado Manuel Pérez Ortiz, quien como se titula, es Notario público y en ejercicio de sus funciones, es la misma que acostumbra en todos sus actos oficiales.

Y en fe de lo expuesto se expide el presente a solicitud del interesado.

Palacio de los Poderes del Estado.

Oaxaca de Juárez, octubre (17) diez y siete de mil ochocientos noventa y dos.

El gobernador, Gregorio Chávez.

El secretario general, Canseco.

Número 2

Fe de Bautismo del general Porfirio Díaz 15 de septiembre de 1830

Secretaría del Estado Libre y Soberano de Oaxaca.

Sección de ...

Una estampilla de cincuenta centavos cancelada debidamente con un sello negro que dice:

Parroquia del Sagrario de Oaxaca.

Sagrario de Oaxaca, abril 26 de 1888.

Registro.

Libro 77.

Folio 164.

Partida 847.

El presbítero Juan María Muñozcano. Cura interino de la Parroquia del Sagrario de esta Santa Iglesia Catedral de Oaxaca. Certifico en debida forma: Que en el archivo parroquial que es a mi cargo se encuentra el libro setenta y siete (77) de bautismos en el que a folios ciento sesenta y cuatro (164) frente, se lee la partida ochocientos cuarenta y siete (847) del tenor siguiente:

En la Capital de Oaxaca, a quince de septiembre de mil ochocientos treinta. Yo el teniente bauticé solemnemente a José de la Cruz Porfirio, hijo legítimo de José de la Cruz Díaz y Petrona Mori, abuelos paternos Manuel José Díaz y María Catarina Orozco; maternos Mariano Mori y Tecla Cortés, fue padrino el Señor cura de Nochixtlán, licenciado don José Agustín Domínguez a quien recordé su obligación y la firmé con el S. C. S.

Luis Castellanos. Rúbrica.

José María Romero. Rúbrica.

José de la Cruz Porfirio.

Y a petición de la parte legítima expido el presente testimonio de la expresada partida, copiándola fielmente del original a que me remito.

Sagrario de Oaxaca, abril 26 de 1888.

Juan María Muñozcano.

Una estampilla de cincuenta centavos debidamente cancelada, con un sello azul que dice:

Jesús A. Vázquez.

Notario público N.º 14.

Estado de Oaxaca.

El C. licenciado Jesús A. Vázquez, Notario público de este Distrito. Certifica y da fe: que en el archivo parroquial de esta ciudad, libro setenta y siete de bautismos, folio ciento sesenta y cuatro y bajo el número ochocientos cuarenta y siete, se encuentra una partida exactamente igual a la contenida en la copia que antecede. Y para constancia asiento la presente en Oaxaca de Juárez a los veintisiete días del mes de abril de mil ochocientos ochenta y ocho.

Licenciado Jesús A. Vázquez, Notario público N.º 14.

Estado de Oaxaca.

Es copia sacada del Tomo VIII del Periódico oficial del Estado, N.º 35, correspondiente al día 29 de abril de 1888, que certifico.

Oaxaca de Juárez, septiembre 8 de 1892.

Manuel Martínez Gracita, oficial Mayor.

Número 3

Fe de bautismo del general Félix Díaz 3 de mayo de 1833

Sagrario Metropolitano de Oaxaca, octubre 13 de 1892.

Un sello que dice: Parroquia del Sagrario de Oaxaca.

Una estampilla de cincuenta centavos.

Documentos.

México.

1892.

1893.

El presbítero Juan María Muñozcano, cura Interino de la Parroquia del Sagrario Metropolitano de esta Santa Iglesia Catedral de Oaxaca.

Certifico en debida forma: Que en el archivo parroquial que es a mi cargo se encuentra el Libro setenta y nueve (79) de Bautismos en el que a folios ciento sesenta (160) frente, se lee la partida trescientas setenta y una (371) del tenor siguiente:

En la Capital de Oaxaca, a tres de mayo de mil ochocientos treinta y tres. Yo el teniente Bauticé solemnemente a Felipe[46] Santiago, hijo legítimo de José de la Cruz Díaz, y Petrona Mori; fue Madrina doña Rafaela Domínguez; le amonesté su obligación y lo firmé con el S.C.S.

Luis Castellanos.

Rúbrica.

Por mandado de S.S.I. en la Santa Visita.

Juan Abendaño y Parra. Rúbrica.

Felipe Santiago.

Y a petición de parte legítima expido el presente testimonio de la expresada partida copiándola fielmente del original a que me remito.

Sagrario Metropolitano de Oaxaca, octubre 13 de 1892.

Juan María Muñozcano.

El Ciudadano Licenciado Manuel Pérez Ortiz, Notario Público de número de este Distrito del Centro.

Certifica: que la anterior partida es en un todo igual a su original con la que practiqué el cotejo respectivo. Y para constancia extiendo la presente, en Oaxaca de Juárez a quince de octubre de mil ochocientos noventa y dos.

Licenciado Manuel Pérez Ortiz.

Estampilla de a diez centavos.

Documentos.

México.

---

46 Aunque a mi hermano se le dio al nacer el nombre de Felipe, él se lo cambió después por Félix.

1892 a 1893.

Oaxaca de Juárez, Octubre 17 de 1892.

Secretaría de Gobierno de Oaxaca.

Sección 2.ª

Certificado N.º 112.

Los Ciudadanos Gregorio Chávez, gobernador Constitucional del Estado Libre y Soberano de Oaxaca y licenciado Agustín Can seco, secretario general del Despacho.

Certifican: que la firma y sello que anteceden del C. licenciado Manuel Pérez Ortiz, quien como se titula es Notario Público y en ejercicio de sus funciones, es la misma que acostumbra en todos sus actos oficiales.

Y en fe de lo expuesto se expide el presente a solicitud del interesado.

Palacio de los Poderes del Estado.

Oaxaca de Juárez.

Octubre diez y siete de mil ochocientos noventa y dos.

El gobernador, Gregorio Chávez.

El secretario general, Canseco.

Número 4

Fe de defunción de don José Díaz

18 de octubre de 1833

Sagrario Metropolitano de Oaxaca, octubre 13 de 1892.

Un sello que dice: Parroquia del Sagrario de Oaxaca.

Una estampilla de cincuenta centavos.

Documentos.

México.

1892-1893.

El presbítero Juan María Muñozcano, cura Interino de la Parroquia del Sagrario Metropolitano de esta Santa Iglesia Catedral de Oaxaca.

Certifico en debida forma: Que en el archivo parroquial que es a mi cargo se encuentra el Libro treinta y dos (32) de Defunciones en el que a folios setenta y siete (77) frente, se lee la partida quinientas treinta y cinco (535) del tenor siguiente:

En la Capital de Oaxaca, a diez y ocho de octubre de mil ochocientos treinta y tres. En unión de N. S. M. Iglesia, falleció de Inflamación crónica don José Díaz, de 50 años, casado con doña Petrona Mori; recibió los SS. Sacramentos, se sepultó en San Francisco y lo firmé.

Francisco Basconcelos.

Rúbrica.

Don José Díaz. Fab. I po.

Y a petición de parte legítima expido el presente testimonio de la expresada partida copiándola fielmente del original a que me remito.

Sagrario Metropolitano de Oaxaca, octubre 13 de 1892.

Juan María Muñozcano.

El Ciudadano Licenciado Manuel Pérez Ortiz, Notario público de número de este Distrito del Centro.

Certifica: que la anterior partida es en un todo igual a su original con la que practiqué el cotejo respectivo. Y para constancia extiendo la presente en Oaxaca de Juárez a quince de octubre de mi ochocientos noventa y dos.

Licenciado Manuel Pérez Ortiz.

Estampilla de a diez centavos.

Documentos.

México.

1892 a 1893.

Oaxaca de Juárez, octubre 17 de 1892.

Secretaría del Gobierno, Estado de Oaxaca.

Sección 2.ª

Certificado N.º 110.

Los Ciudadanos Gregorio Chávez, gobernador Constitucional del Estado Libre y Soberano de Oaxaca y licenciado Agustín Canseco, secretario general del Despacho.

Certifican: que la firma y sello que anteceden del C. licenciado Manuel Pérez Ortiz, quien como se titula es Notario público y en ejercicio de sus funciones es la misma que acostumbra en todos sus actos oficiales.

Y en fe de lo expuesto se expide el presente a solicitud del interesado.

Palacio de los Poderes del Estado.

Oaxaca de Juárez, octubre diez y siete de mil ochocientos noventa y dos.

El gobernador, Gregario Chávez.

El secretario general, Canseco.

Número 5

Fe de defunción de la señora doña Petrona Mori de Díaz

21 de agosto de 1850

Sagrario Metropolitano de Oaxaca, octubre 13 de 1892.

Un sello que dice: Parroquia del Sagrario de Oaxaca.

Una estampilla de cincuenta centavos.

Documentos.

México.

1892-1893.

El presbítero Juan María Muñozcano, cura Interino de la Parroquia del Sagrario Metropolitano de esta Santa Iglesia Catedral de Oaxaca.

Certifico en debida forma: que en el archivo parroquial que es a mi cargo se encuentra el Libro cuarenta y dos (42) de Defunciones en el que a folios ciento diez y nueve (19) frente se lee la partida seiscientos cincuenta y tres (653) del tenor siguiente:

En la Capital del Obispado de Oaxaca a veinticuatro de agosto de mil ochocientos cincuenta y nueve falleció de Diarrea doña Petrona Mori, natural de la Magdalena Yodocono. Doctrina de Tilantongo y vecina de esta Ciudad, de sesenta y ocho años de edad, viuda de don José Díaz, recibió los Santos Sacramentos, se sepultó en el panteón. Y para constancia lo firmo.

Mariano Sánchez Velasco. Rúbrica.

Doña Petrona Mori.

Y a petición de parte legítima expido el presente testimonio de la expresada partida copiándola fielmente del original a que me remito.

Sagrario Metropolitano de Oaxaca, octubre 13 de 1892.

Juan María Muñozcano.

El Ciudadano Licenciado Manuel Pérez Ortiz, Notario Público de número de este Distrito del Centro.

Certifica que la anterior partida es en un todo igual a su original con la que practiqué el cotejo respectivo. Y para constancia extiendo la presente, en Oaxaca de Juárez a quince de octubre de mil ochocientos noventa y dos.

Manuel Pérez Ortiz.

Estampilla de a diez centavos.

Documentos.

México.

1892 a 1893.

Oaxaca de Juárez, octubre 17 de 1892.

Secretaría del Gobierno, Estado de Oaxaca.

Sección 2.ª

Certificado N.º III.

Los Ciudadanos Gregario Chávez, gobernador Constitucional del Estado Libre y Soberano de Oaxaca y licenciado Agustín Canseco, secretario general del Despacho.

Certifican: que la firma y sello que anteceden del C. licenciado Manuel Pérez Ortiz, quien como se titula es Notario público y en ejercicio de sus funciones, es la misma que acostumbra en todos sus actos oficiales.

Y en fe de lo expuesto se expide el presente a solicitud del interesado.

Palacio de los Poderes del Estado.

Oaxaca de Juárez.

Octubre diez y siete de mil ochocientos noventa y dos.

El gobernador, Gregorio Chávez.

El secretario general, Canseco.

Número 6

Acta del matrimonio civil del general Porfirio Díaz con la señorita Delfina Ortega

15 de abril de 1867

Secretaría del Gobierno del Estado Libre y Soberano de Oaxaca.

Sección de ...

Registro N.º 53, Cincuenta y tres.

Celebración

Díaz Porfirio y Díaz Ortega Delfina.

En la Capital de Oaxaca a los quince días del mes de abril de mil ochocientos sesenta y siete a las siete de la nuche, reunidos en la casa habitación del C. general Porfirio Díaz. El C. presidente del Ayuntamiento en ejercicio de las funciones del juez de Estado Civil, manifestó el C. presidente del Superior Tribunal de Justicia, licenciado Juan de Mata Vázquez, que según las diligencias que anteceden tiene legalmente comprobada la aptitud legal para contraer matrimonio a nombre del digno general C. Porfirio Díaz con la señorita doña Delfina Ortega Díaz, según el poder que testimoniado apudacta se encuentra en acta de presentación, siendo el mencionado general, natural y vecino de esta población, soltero, de treinta y cinco años de edad y actual general de División del Ejército Republicano y en jefe de la Línea de oriente e hijo de los finados don José Faustino Díaz y doña Petrona Mori; la segunda de esta naturaleza y vecindad doncella de veinte años de edad e hija natural del C. Doctor Manuel Ortega y doña Manuela Díaz, difunta, en cuya virtud piden la celebración de su matrimonio con todas las formalidades necesarias. Y teniendo presentes al C. gobernador del Estado, Juan María Maldonado y al C. licenciado Miguel Castro, ambos de esta Ciudad, mayores de edad, quienes manifestaron que en un todo reproducen sus declaraciones que obran en este libro a fojas cuarenta y tres vuelta sin tener ni qué añadir, ni qué quitar, pues es la pura verdad cuanto en ellas se manifiesta, agregando que aunque hubo un impedimento de consanguinidad en tercer grado este fue dispensado por la superioridad, según lo demuestra el documento que se archiva con el número y folio de este registro. Y puestos en pie todos los concurrentes se procedió al acto de la celebración con todas las formalidades de estilo, y el C. juez que autoriza este acto interrogó a los interesados en esta forma: Usted, C. presidente del Supremo Tribunal de Justicia del Estado, licenciado Juan de Mata Vázquez ¿recibe Usted a nombre y representación del C. general Porfirio Díaz, por esposa a la señorita doña Delfina Ortega Díaz, que está presente? y contestó Sí y luego a ella; Usted, señorita doña Delfina Ortega Díaz, ¿tiene voluntad de unirse en matrimonio, con el C. general Porfirio Díaz, representado en este acto por el presidente del Superior Tribunal de Justicia del Estado, C. licenciado Juan de Mata Vázquez, que presente está? Y contestó Sí, entonces el expresado juez dijo en voz alta, pues en virtud de la espontánea contestación que Ustedes acaban de pronunciar, Yo en nombre de la Sociedad y autorizado por la ley, los declaro legalmente unidos en

Matrimonio en presencia de todos los concurrentes, y a fin de hacerles saber los deberes que han contraído, ordeno se lea el artículo quince de la ley general de la materia. Verificada que fue dicha lectura se dio por terminado este acto, para cuya validez se levantó la presente, la cual fue leída, y estando conformes, para la debida constancia la firmaron conmigo.

Doy fe. Haciendo presente, que las publicaciones que la ley exige, fueron dispensadas por la superioridad.

Francisco Candiani.

Juan M. Vázquez.

Delfina Ortega Díaz.

Miguel Castro.

J. M. Maldonado.

Manuel Ortega.

Es copia sacada del testimonio que obra a fojas cuarenta y tres, cuarenta y cuatro vuelta del Libro segundo del Registro Civil de esta Capital, de las actas de matrimonios, correspondientes al año de mil ochocientos sesenta y siete.

Oaxaca de Juárez, septiembre tres de mil ochocientos noventa y dos.

Manuel Martínez Gracida

Oficial Mayor

Número 7

Acta de nacimiento del niño Porfirio Germán Díaz

29 de mayo de 1868

Secretaría del Gobierno del Estado Libre y Soberano de Oaxaca.

Sección de ...

Registro N.º 240.

Número doscientos cuarenta.

Díaz Porfirio Germán.

En la Capital de Oaxaca, a los veintinueve días del mes de mayo de mil ochocientos sesenta y ocho, a las diez y media de la mañana compareció en esta oficina el Ciudadano general de División Benemérito del Estado, Porfirio Díaz, de esta naturaleza y vecindad, casado de treinta y ocho años de edad, quien declaró que ayer a las seis cincuenta y siete minutos de la tarde en la casa número uno, calle de la Factoría, Manzana once del Cuartel segundo, su esposa doña Delfina Ortega dio a luz un niño que se nombró Porfirio Germán, asegurando ser su hijo legítimo. Y en cumplimiento de la ley, pide que su nacimiento se registre en presencia de los ciudadanos Vicente Lebrija, natural de la Villa de Zamora, casado, y Francisco Mena, natural de la Villa de León, soltero, ambos de esta vecindad, mayores de edad y no parientes de la parte. Y leída que les fue la presente, y conformes con su contenido, firmaron conmigo.

Doy fe.

F. Fernando Calvo.

Porfirio Díaz.

Vicente Lebrija.

Francisco Mena.

Es copia sacada del testimonio que obra a fojas ochenta y dos y ochenta y tres del libro del Registro Civil, correspondiente al año de mil ochocientos sesenta y ocho.

Oaxaca de Juárez, septiembre cinco de mil ochocientos noventa y dos.

Manuel Martínez Gracida

Oficial Mayor.

Número 8

Acta de nacimiento del niño Camilo Díaz

20 de diciembre de 1869

Gobierno del Estado Libre y Soberano de Oaxaca.

Al margen. Registro N.º 714.

Díaz Camilo.

En la capital de Oaxaca a 20 de diciembre de mil ochocientos sesenta y nueve, a las diez del día, compareció en esta oficina el Ciudadano Porfirio Díaz, de esta naturaleza y vecindad, casado, mayor de edad, de ejercicio general de división y Benemérito del Estado, quien declaró que ayer a la una del día en la Labor de santa Cruz de la Noria, manzana catorce del cuartel cuarto, su esposa la señorita Delfina Ortega, de esta ciudad, mayor de edad, dio a luz a un niño que se nombra Camilo, asegurando el exponente ser su hijo legítimo. Y en cumplimiento de la ley, pide que su nacimiento se registre en presencia de los Ciudadanos testigos Francisco Uriarte, natural de Veracruz, soltero, comerciante, y Manuel Ortega, de esta ciudad, casado, doctor y cirujano, ambos de esta vecindad, mayores de edad, y el segundo padre abuelo del niño: en cuya virtud se levantó la presente que les fue leída, y conformes con su contenido, firmaron conmigo para la debida constancia.

Doy fe.

F Fernando Calvo, una rúbrica.

Porfirio Díaz, una rúbrica.

Francisco Uriarte, una rúbrica.

Manuel Ortega, una rúbrica.

Es copia sacada del libro de Nacimientos que obra en el archivo general del Gobierno. Lo certifico.

Oaxaca de Juárez, septiembre seis de mil ochocientos noventa y dos.

Por ocupación del secretario general, Manuel Martínez Gracida.

Oficial Mayor.

Número 9

Acta de defunción del párvulo Camilo Díaz

13 de abril de 1870

Secretaría del Gobierno del Estado Libre y Soberano de Oaxaca.

Sección de ...

Registro N.º 329. Trescientos veintinueve.

Díaz Camilo.

En la capital de Oaxaca, a veintitrés de abril de mil ochocientos setenta a las cuatro y media de la tarde compareció en esta oficina el Ciudadano Juan de Mata Vázquez, de esta ciudad, casado, de treinta y seis años de edad, abogado, quien declaró que hoy a las dos de la tarde en la Labor de la Noria, falleció de congestión cerebral el párvulo Camilo Díaz, de cuatro meses dos días de edad, e hijo legítimo del Ciudadano general de División Porfirio Díaz y la señorita Delfina Ortega. Y en cumplimiento de la ley pice que su fallecimiento se registre en presencia de los ciudadanos testigos Matías Rosas, natural de Tehuantepec, abogado; y Ramón Castillo médico y cirujano, ambos de esta vecindad, casados y mayores de edad y no parientes de la parte. En cuya virtud se libró boleta de entierro con el número del margen, y se le levantó la presente que les fue leída y conformes con su contenido, firmaron conmigo para constancia.

Doy fe.

F. Fernando Calvo. Una rúbrica.

Matías Rosas. Una rúbrica.

Juan M. Vázquez. Una rúbrica.

R. Castillo. Una rúbrica.

Es copia sacada del testimonio que obra a fojas ciento cuarenta y seis del libro tercero de defunciones correspondientes al año de mil ochocientos setenta.

Oaxaca de Juárez, septiembre cinco de mil ochocientos noventa y dos.

Manuel Martínez Gracida

Oficial Mayor

Número 10

Acta de defunción del párvulo Porfirio Germán Díaz

4 de mayo de 1870

Secretaría del Gobierno del Estado Libre y Soberano de Oaxaca.

Sección de ...

Al margen.

Registro N.º 376, trescientos setenta y seis, fojas 168.

Díaz Porfirio Germán.

En la capital de Oaxaca a cuatro de mayo de mil ochocientos setenta a las doce y tres cuartos del día, compareció en esta oficina el Ciudadano Juan de Mata Vázquez, de esta ciudad, casado, de treinta y seis años, abogado, quien declaró que hoy a las once y tres cuartos del día, en la Labor de la Noria, falleció de congestión cerebral el párvulo Porfirio Germán Díaz, hijo legítimo del Ciudadano general de División Porfirio Díaz y la señorita Delfina Ortega. Y en cumplimiento de la ley pide que su fallecimiento se registre en presencia de los ciudadanos testigos Pablo Alcázar de esta ciudad, casado, empleado, y Gumesindo Rueda, natural de Tehuantepec, soltero, jurista, ambos de esta vecindad, mayores de edad y no parientes de la parte. En cuya virtud se libró boleta de entierro con el número del margen y se levantó la presente que les fue leída y conformes con su contenido firmaron conmigo para constancia.

Doy fe.

F. Fernando Calvo, una rúbrica.

Juan M. Vázquez, una rúbrica.

P. Alcázar, una rúbrica.

Gumesindo Rueda, una rúbrica.

Es copia sacada del libro de fallecimientos correspondiente al año de mil ochocientos setenta que obra en el archivo general del Gobierno.

Oaxaca de Juárez, septiembre nueve de mil ochocientos noventa y dos.

Manuel Martínez Gracida.

Oficial Mayor

Apéndice. Documentos del 11 al 20

Número 11

Acta de defunción de la Señora doña Desideria Díaz de Tapia

25 de octubre de 1870

Secretaría del Gobierno del Estado Libre y Soberano de Oaxaca.

Sección ...

Díaz Desideria.

En la Capital de Oaxaca, a veinticinco de octubre de mil ochocientos setenta a las once del día compareció en esta oficina el Ciudadano Luis Márquez, de esta ciudad, soltero, de cuarenta y cuatro años de edad, empleado, quien declaró: que anoche a la una y media, en la casa número cuatro; calle de Pinos, manzana quince del cuartel cuarto, falleció de una afección intestinal la señora Desideria Díaz, de esta ciudad, viuda, de cincuenta años de edad, e hija legítima de los finados José María Díaz y Petrona Mori, ambos de esta ciudad, presentando un certificado del C. Doctor Francisco Hernández, el cual queda archivado. Y en cumplimiento de la ley pide que su fallecimiento se registre en presencia de los ciudadanos testigos Juan Zárate y Navor Olivera, ambos de esta ciudad, solteros, empleados, mayores de edad, y no parientes de la parte. En cuya virtud se libró boleta de entierro con el número del margen y se levantó la presente, que les fue leída y conformes con su contenido firmaron conmigo para constancia.

Doy fe.

F. Fernando Calvo. Una rúbrica.

Juan Zárate.

Luis Márquez.

N Olivera.

Dos rúbricas.

Es copia sacada del testimonio que obra en el Libro 3.º de Defunciones, Tomo 2.º, correspondiente al año de mil ochocientos setenta.

Oaxaca de Juárez, octubre diez y siete de mil ochocientos noventa y dos.

Manuel Martínez Gracida.

Oficial Mayor.

Número 12

Acta de nacimiento de la niña Luz Díaz

25 de mayo de 1871

Secretaría del Gobierno del Estado Libre y Soberano de Oaxaca.

Sección de ...

Registro N.º 280.

Número doscientos ochenta.

Díaz Luz.

En la capital de Oaxaca, a veinticinco de mayo de mil ochocientos setenta y uno, a las cuatro y tres cuartos de la tarde compareció en esta oficina el Ciudadano Porfirio Díaz, de esta naturaleza y vecindad, casado, de cuarenta años de edad, general de División y Benemérito del Estado, quien declaró: que hoy a las cinco de la mañana, en la casa situada en la calle de Magro, manzana segunda del cuartel segundo, su esposa la señorita Delfina Ortega de Díaz, de esta ciudad, de veinticuatro años de edad, dio a luz a una niña que se nombró Luz, asegurando el exponente ser su hija legítima. Y en cumplimiento de la ley pide que su nacimiento se registre en presencia de los ciudadanos testigos Martín González, casado, empleado, y Francisco Uriarte, soltero, comerciante, el primero de esta ciudad y el segundo de Veracruz; ambos de esta vecindad, mayores de edad y no parientes de la parte. En cuya virtud se levantó la presente que les fue leída y conformes con su contenido firmaron conmigo para constancia.

Doy fe.

Fernando Calvo. Una rúbrica.

Porfirio Díaz. Una rúbrica.

M González. Una rúbrica.

F. Uriarte. Rúbrica.

Es copia sacada del testimonio que obra a fojas ciento cuarenta y tres del libro de Registro Civil correspondiente al año de mil ochocientos setenta y uno.

Oaxaca de Juárez, septiembre cinco de mil ochocientos noventa y dos.

Manuel Martínez Gracida.

Oficial Mayor.

Número 13

Acta de defunción del general Félix Díaz

28 de enero de 1872

Gobierno del Estado Libre y Soberano de Oaxaca.

Registro Civil de Pochutla.

En nombre de la República de México y como juez del Estado Civil de este lugar, hago saber a los que la presente vieren y certifico ser cierto que en el libro número tres del Registro Civil que es a mi cargo, a la foja número tres, se encuentra una del tenor siguiente:

Registro número cinco.

Díaz Félix.

En la Cabecera de Pochutla a los veintitrés días del mes de enero de mil ochocientos setenta y dos, a las siete de la mañana compareció ante mí. Juez del Estado Civil. El C. ayudante de la mayoría de órdenes del Batallón Unión de Tehuantepec, casado, de treinta y siete años de edad, militar, quien declaró que a las tres de la mañana de hoy, falleció de muerte violenta el ex gobernador don Félix Díaz, natural y vecino de Oaxaca, casado, de cuarenta años de edad, de ejercicio militar, ignorando quiénes fueron sus padres y cuya viuda es hoy doña Rafaela Salomé Varela. Para la validez de este acto presentó por testigos a los CC. José Miguel Romero, soltero, mayor de edad y empleado, y a Demetrio Arista casado, mayor de edad y jefe Político de este distrito. En tal virtud y practicado el Registro correspondiente, se libró la orden para la inhumación del cadáver y se levantó la presente que fue leída y estando conformes con su contenido, la firmaron para la debida constancia.

Doy fe.

H. Soto.

Valentín Escobar.

José M. Romero.

Demetrio Arista.

Pochutla. Enero 23 de 1872.

H. Soto.

Es copia que certifico sacada del periódico El Regenerador órgano oficial del Gobierno del Estado, correspondiente al año de 1872.

Manuel Martínez Gracida.

Oficial Mayor

Número 14

Acta de defunción de la niña Luz Díaz

2 de septiembre de 1872

Gobierno del Estado Libre y Soberano de Oaxaca.

Al margen, Registro N.º 714, N.º setecientos catorce, f. 362.

Díaz Luz.

En la Capital de Oaxaca a dos de septiembre de mil ochocientos setenta y dos a las dos de la tarde compareció en esta oficina el Ciudadano José Anastasio Santibáñez, natural de Oaxaca y vecino de la Hacienda del Rosario, mayor de edad, casado, agricultor, quien manifestó que hoy a las doce y cuarto del día, en una casa situada en la calle del Carmen bajo manzana diez y ocho del Cuartel Segundo, falleció de Sarampión la párvula Luz Díaz, de esta ciudad, de un año dos meses, e hija legítima del Ciudadano general Porfirio Díaz y su esposa doña Delfina Ortega, ambos de esta ciudad, habiendo presentado un certificado del Ciudadano Doctor el cual queda archivado en esta oficina. Y en cumplimiento de la ley pide que su fallecimiento se registre en presencia de los Ciudadanos testigos, Francisco Vasconcelos y Agustín Liévana, ambos de esta naturaleza y vecindad, mayores de edad, empleados, el primero casado y el segundo soltero, no parientes de la parte. En cuya virtud se libró boleta de entierro con el número del margen y se levantó la presente que les fue leída y conformes con su contenido.

Doy fe.

Fernando Calvo. Una rúbrica.

José A. Santibáñez. Una rúbrica.

F. Vasconcelos. Una rúbrica.

A. Liévana. Una rúbrica.

Es copia que certifico, sacada del libro de fallecimientos que obra en el archivo del Gobierno.

Oaxaca de Juárez, septiembre seis de mil ochocientos noventa y dos.

Por Ocup. del señor general.

Manuel Martínez Gracida.

Oficial Mayor

Número 15

Acta de nacimiento del niño Deodato Lucas Porfirio Díaz

18 de octubre de 1873

Al margen.

Deodato Lucas Porfirio.

Una estampilla de a un peso cancelada con un sello que dice: Parroquia de San Cristóbal Tlacotálpam.

México.

Estado de Veracruz.

El presbítero Fermín Moreno, cura interino de la Parroquia de San Cristóbal Tlacotlálpam, certifica en debida forma que en uno de los libros que obran en el archivo de este curato, que empieza en veintinueve de junio de mil ochocientos setenta y dos y concluye a veintinueve de septiembre de mil ochocientos setenta y seis, a fojas 147 frente, bajo el número 365, se encuentra una partida del tenor siguiente.

En la iglesia parroquial de Tlacotálpam a veintiséis de diciembre de mil ochocientos setenta y tres, yo el presbítero dcn José María Pérez, cura de esta Parroquia, bauticé solemnemente y puse los santos óleos a Deodato Lucas Porfirio, de dos meses ocho días de nacido, hijo legítimo de don Porfirio Díaz y de doña Delfina Ortega; fueron sus padrinos don Francisco Z. Mena y doña Rosa Alegre, a quienes advertí el parentesco espiritual y las obligaciones que contrajeron; lo que firmo para que conste.

José M Pérez. Una rúbrica.

Está copiada exactamente del original y para los fines que al interesado convengan se extiende el presente en Tlacotálpam de Veracruz, República Mexicana, a los once días del mes de noviembre del año del Señor de mil ochocientos noventa y dos.

Fermín Moreno.

José de la Luz Alayón. Notario.

Número 16

Acta de nacimiento de la niña Luz Aurora Victoria Díaz

5 de mayo de 1875

Al margen.

Luz Aurora Victoria.

Una estampilla de a un peso, cancelada con un sello que dice: Parroquia de San Cristóbal Tlacotálpam.

México.

Edo. de Veracruz.

El presbítero Fermín Moreno, cura interino de la Parroquia de San Cristóbal Tlacotálpam, certifica que en uno de los libros que obran en el archivo de este curato y que empieza en veintinueve de junio de mil ochocientos setenta y dos y concluye a veintinueve de septiembre de mil ochocientos setenta y seis, a la página 268 bajo el número III se encuentra una partida del tenor siguiente:

En la iglesia parroquial de Tlacotálpam, a cinco de mayo de mil ochocientos setenta y cinco, yo el presbítero don Ignacio del Teso, teniente cura de esta ciudad, bauticé solemnemente y puse los santos óleos a Luz Aurora Victoria, hija legítima del señor don Porfirio Díaz y la señorita doña Delfina Ortega. Fue su madrina doña Nicolasa Díaz a quien advertí su obligación y parentesco espiritual que contrajo; y firmo para que conste.

Ignacio del Teso. Una rúbrica.

Esta copia es conforme su original y para los fines que al interesado convengan, se extiende el presente en Tlacotálpam de Veracruz, República Mexicana, a los once días del mes de noviembre del año del Señor de mil ochocientos noventa y dos.

Fermín Moreno.

José de la Luz Alayón. Notario.

Número 17

Acta de nacimiento del niño Camilo Díaz

22 de enero de 1878

Gobierno del Distrito Federal.

Para certificados de las actas del Registro Civil del Distrito.

Sin derechos.

Juzgado del Estado Civil.

México.

Para los años de mil ochocientos noventa y uno y mil ochocientos noventa y dos.

De oficio.

Administración de Rentas Municipales.

Nov. 15

1892.

México.

En nombre de la República de México, y como juez del Estado Civil de este lugar, hago saber a los que la presente vieren y certifico ser cierto que en el libro número 68 del Registro Civil que es a mi cargo, a la foja 9 vta. se encuentra asentada una Acta del tenor siguiente: Confrontado.

15. Quince.

Camilo Díaz.

En la Ciudad de México, a las tres de la tarde del día veintidós (22) de enero de mil ochocientos setenta y ocho, ante mí Ricardo Cicero, juez Primero del Estado Civil, compareció el Ciudadano presidente de la República Porfirio Díaz, de Oaxaca, casado, vive en la Calle de la Moneda número 1 (uno) y dijo que hoy a las doce del día, en dicha casa nació un niño, al que presenta vivo, al que puso por nombre Camilo, hijo legítimo suyo y de su esposa, la señora Delfina Ortega de Díaz, de Oaxaca, mayor de edad, nieto por línea paterna, de los finados José Faustino Díaz y de la señora Petrona Mari, y por la materna, del señor Manuel Ortega Reyes y de la señora Manuela Díaz, el primero de Oaxaca, casado en segundas nupcias, profesor de medicina, vive en la Calle de la Moneda número diez (10). Fueron testigos de esta manifestación el abuelo materno, cuyas generales ya constan y el Ciudadano Agustín del Río, de México, casado, comerciante, vive en la Calle de Nuevo México número siete. Con lo que terminó esta acta que leída ratificaron y firmaron.

R. Cicero.

Porfirio Díaz.

Manuel Ortega Reyes.

A. del Río.

Y para los usos legales expido la presente copia en México, a 16 (diez y seis) de noviembre de 1892 (mil ochocientos noventa y dos).

E. Valle.

Número 18

Acta de defunción del niño Camilo Díaz

23 de enero de 1873

Gobierno del Distrito Federal.

Para certificados de las actas del Registro Civil del Distrito.

Sin derechos.

Juzgado del Estado Civil.

México.

Para los años de mil ochocientos noventa y uno y mil ochocientos noventa y dos.

De oficio.

Administración de Rentas Municipales.

Noviembre 10 de 1892.

México.

En nombre de la República de México, y como juez del Estado Civil de este lugar, hago saber a los que la presente vieren, y certifico ser cierto que en el libro N.º 153 del Registro Civil que es a mi cargo, a la foja 72 se encuentra asentada una Acta del tenor siguiente: Confrontado.

190. Ciento noventa.

Díaz Camilo.

En la ciudad de México, a las 9 (nueve) del día 23 (veintitrés) de enero de 1878 (mil ochocientos setenta y ocho), ante mí Ricardo Cicero, juez Primero del Estado Civil, compareció el ciudadano Agustín del Río, de México, mayor de edad, casado, propietario, vive en la calle de Nuevo México número 7 (siete) y dijo: que hoy a las 7 (siete) de la mañana en la casa número 1 (uno) de la calle de la Moneda falleció de una asfixia el niño Camilo Díaz, de México, de 19 (diez y nueve) horas de nacido, hijo legítimo del señor presidente de la República Porfirio Díaz y de la señora Delfina Ortega de Díaz, de Oaxaca, mayores de edad, casados, viven donde acaeció la defunción. Fueron testigos de esta manifestación los señores Juan Llamedo y Joaquín Quijano, mayores de edad, el primero de España, casado, comerciante, vive en la calle de Academia número 6 (seis), el segundo de México, soltero, empleado, vive en la de Victoria número 1 (uno). Con lo que terminó esta acta que leída ratificaron y firmaron: expidiéndose la boleta para el Tepeyac de Guadalupe Hidalgo.

R. Cicero.

A. del Río.

Juan Llamedo.

J. Quijano.

Número 19

Acta de nacimiento de la niña Victoria Francisca Díaz

2 de abril de 1880

Gobierno del Distrito.

Para certificados de las Actas del Registro Civil del Distrito.

Sin derechos.

Juzgado del Estado Civil.

México.

Administración de Rentas Municipales.

Nov. 15, 1892.

México.

Para los años de mil ochocientos noventa y uno y mil ochocientos noventa y dos.

De oficio.

En nombre de la República de México, y como juez del Estado Civil de este lugar, hago saber a los que la presente vieren, y certifico ser cierto que en el libro N.º 78 del Registro Civil que es a mi cargo, a la foja 121 se encuentra asentada una Acta del tenor siguiente: Confrontado.

269. Doscientos sesenta y nueve.

Díaz Victoria.

En la ciudad de México, a las 4 (cuatro) de la tarde del día 3 (tres) de abril de 1880 (mil ochocientos ochenta), ante mí José María Rodríguez. Juez del Estado Civil, compareció el ciudadano Porfirio Díaz, de Oaxaca, mayor de edad, casado, presidente de la República Mexicana, vive en la calle de la Moneda número 1 (uno) y presentó viva a la niña Victoria Francisca Díaz, que nació en dicha casa anoche a las 7 (siete), hija legítima suya y de su esposa, la señora Delfina Ortega, de Oaxaca, mayor de edad; nieta por línea paterna de los difuntos José Faustino Díaz y señora Petrona Mori, y por la materna, del ciudadano Manuel Ortega Reyes, de Oaxaca, casado en segundas nupcias, doctor en Medicina, vive en la calle de Jesús número 1 (uno) y de la finada señora Manuela Victoria Díaz. Fueron testigos de esta manifestación los ciudadanos Agustín del Río y Martín González, mayores de edad, casados, el primero de México, Senador, vive en la 4.ª (cuarta) calle de la Providencia número 10 (diez); y el segundo de Oaxaca, Diputado, vive en donde el comparente. Y leída la presente la ratificaron y firmaron.

José M. Rodríguez.

Porfirio Díaz.

A. del Río.

M. González.

Y para los usos legales expido la presente copia en México a 16 (diez y seis) de noviembre de 1892 (mil ochocientos noventa y dos).

E. Valle.

Número 20

Acta de defunción de la niña Victoria Díaz

3 de abril de 1880

Gobierno del Distrito.

Para certificados de las actas del Registro Civil del Distrito.

Sin derechos.

Juzgado del Estado Civil.

México.

Para los años de mil ochocientos noventa y uno y noventa y dos.

De oficio.

Administración de Rentas Municipales.

Noviembre 17 de 1892.

México.

En nombre de la República de México, y como juez del Estado Civil de este lugar, hago saber a los que la presente vieren, y certifico ser cierto que en el libro número 184 del Registro Civil que es a mi cargo, a la foja 141 se encuentra asentada una acta del tenor siguiente. Confrontada.

1048. Mil cuarenta y ocho.

Victoria Díaz.

En la ciudad de México a las diez del día 4 (cuatro) de abril de 1880 (mil ochocientos ochenta), ante mí José María Rodríguez, juez del Estado Civil, compareció el C. Juan Llamedo, de España, mayor de edad, casado, comerciante, vive en la calle del Tercer Orden de San Agustín número 1 (uno) y dijo: que anoche a las diez y media en la casa número 1 (uno) de la calle de la Moneda falleció de anemia congénita la niña Victoria Díaz, de México, de 27 1/2 (veintisiete horas treinta minutos) de edad, hija de legítimo matrimonio del ciudadano presidente de la República Porfirio Díaz y de su esposa la señora Delfina Ortega, de Oaxaca, mayores de edad, casados, el primero militar. Son testigos de esta manifestación los ciudadanos Agustín del Río y Martín González, mayores de edad, casados, el primero de México. Senador, vive en la 4.ª calle de la Providencia número 10 (diez), el segundo de Oaxaca, Diputado, vive donde acaeció la defunción. Con lo que terminó la presente que ratificaron y firmaron: expidiéndose la boleta para inhumar en el Panteón del Tepeyac.

José María Rodríguez.

Juan Llamedo.

M González.

A. del Río.

Y para los usos legales expido la presente copia en México, a 17 (diez y siete) de noviembre de 1892 (mil ochocientos noventa y dos).

E. Valle.

Apéndice. Documentos del 21 al 30

Número 21

Acta de defunción de la señora Delfina Ortega Reyes de Díaz

8 de abril de 1880

Gobierno del Distrito.

Para certificados de las actas del Registro Civil del Distrito.

Sin derechos.

Para los años de mil ochocientos noventa y uno y noventa y dos.

De oficio.

Administración de Rentas Municipales.

Noviembre 8 de 1892.

México.

Juzgado del Registro Civil.

México.

En nombre de la República de México, y como juez del Estado Civil de este lugar, hago saber a los que la presente vieren, y certifico ser cierto que en el libro N.º 184 del Registro Civil que es a mi cargo, a la foja 213 vuelta, se encuentra asentada una Acta del tenor siguiente: Confrontada.

(1097) Mil noventa y siete.

Ortega de Díaz Delfina.

En la ciudad de México a las once (11) del día ocho (8) de abril de 1880 (mil ochocientos ochenta) ante mí, Santiago Aguilar, juez del Estado Civil, compareció el Ciudadano Luis C. Curiel, gobernador del Distrito de Guadalajara, mayor de edad, casado, abogado, vive en la Avenida Juárez N.º cuatro (4), y dijo: que hoy a las nueve y media (9 1/2) de la mañana en la casa número uno (1) de la calle de la Moneda, falleció de metro-peritonitis puerperal la señora Delfina Ortega Díaz, de Oaxaca, de treinta y dos (32) años, casada con el Ciudadano Porfirio Díaz, presidente de la República Mexicana, de Oaxaca, mayor de edad, militar, hija del Ciudadano Manuel Ortega Reyes, de Oaxaca, casado en segundas nupcias, doctor en medicina; y de la finada señora Manuela Victoria Díaz. Fueron testigos de esta manifestación los Ciudadanos Rafael Rebollar y Florencio Riestra, mayores de edad, casados, el primero secretario del Gobierno del Distrito de México, abogado, vive en la 2.ª (segunda) calle de Necatitlán número 22 (veintidós); y el segundo oficial Mayor de la propia oficina, de

Guadalajara, empleado, vive en el Paseo de Bucareli número 10 (diez). Se pidió boleta para el Panteón del Tepeyac. Y leída la presente la ratificaron y firmaron.

Santiago Aguilar.

Luis C. Curiel.

Rafael Rebollar.

Florencio Riestra.

Y para los usos legales, expido la presente copia en México, a nueve (9) de noviembre de mil ochocientos noventa y dos (1892).

E. Valle.

Número 22

Acta de matrimonio del general Porfirio Díaz con la señorita doña Carmen Romero y Castelló

5 de noviembre de 1881

Gobierno del Distrito.

Para certificados de las actas del Registro Civil del Distrito.

Sin derechos.

Para los años de mil ochocientos noventa y uno y noventa y dos.

De oficio.

Administración de Rentas Municipales.

Noviembre 8 de 1892.

México.

Juzgado del Registro Civil.

México.

En nombre de la República de México, y como juez del Estado Civil de este lugar, hago saber a los que la presente vieren, y certifico ser cierto que en el libro N.º 86 del Registro Civil que es a mi cargo, a la foja 199 se encuentra asentada una acta del tenor siguiente: (Confrontado.)

637 (seiscientos treinta y siete).

Díaz Porfirio y Carmen Romero y Castelló.

Matrimonio.

En la ciudad de México, a las 7 (siete) de la noche del día 5 (cinco) de noviembre de 1881 (mil ochocientos ochenta y uno), ante mí Felipe Buenrostro, juez del Estado Civil, comparecieron en la calle de San Andrés número 5 (cinco) y seis para celebrar su matrimonio el Ciudadano Porfirio Díaz y la señorita Carmen Romero y Castelló, el primero de Oaxaca, de 51 (cincuenta y un) años, militar, vive en la calle de Humboldt número 8 (ocho), hijo de los finados ciudadanos José Faustino Díaz y Señora Petrona Mori; viudo de la Señora Delfina Ortega, que falleció en esta Capital el día 8 (ocho) de abril de 1880 (mil ochocientos ochenta) según consta por el acta 1097 (mil noventa y siete) libro 184 (ciento ochenta y cuatro) de defunciones que existe en el Archivo de este Juzgado. La contrayente de Tuja, Tamaulipas de 17 (diez y siete) años, doncella, vive donde tiene lugar este acto, hija del Ciudadano Manuel Romero Rubio y Señora Agustina Castelló, casados, viven con su hija; el primero de México, abogado, la segunda de Tampico. El padre de la señorita contrayente presente a este acto, ratificó su consentimiento para el enlace. Agregaron: que habiendo obtenido dispensa de publicaciones del Ciudadano gobernador del Distrito según consta por la comunicación que correspondientemente se archiva y llenado los demás requisitos legales sin que se haya denunciado impedimento, piden al presente juez autorice su unión. En virtud de ser cierto lo expuesto por los contrayentes les interrogué si es su voluntad unirse en matrimonio y habiendo contestado afirmativamente, Yo el juez hice la solemne y formal declaración que sigue: En nombre de la Sociedad, declaro unidos en perfecto, legítimo e indisoluble matrimonio al Ciudadano general Porfirio Díaz y a la señorita Carmen Romero y Castelló. Fueron testigos los Ciudadanos Manuel González, presidente de la República, Carlos Pacheco. Jorge Hammeken y Mexía, Ramón Guadalupe Guzmán, Eduardo Liceaga y Manuel Saavedra; el primero de Matamoros, Tamaulipas, militar, vive en la calle de la Moneda número 1 (uno); el segundo de Chihuahua, militar, vive en la calle de Humboldt número 10 (diez); el tercero de México, abogado, vive en 1.ª (primera) de la Independencia número 12 (doce); el cuarto de Jalapa, Veracruz, comerciante, vive en el callejón de Betlemitas número 12 (doce); el 5.º (quinto), de Guanajuato, médico, vive en la calle de San Andrés número 4 (cuatro) y el último de Sultepec, soltero, abogado, vive en el Hotel del Bazar; los cinco primeros casados y el último soltero; todos mayores de edad. Y leída la presente, la ratificaron y firmaron, así como los concurrentes a este acto.

Felipe Buenrostro.

Carmen Romero Rubio.

Porfirio Díaz.

Eduardo Liceaga.

Manuel González.

Carlos Pacheco.

Agustina C. de Romero Rubio.

M. Romero Rubio.

Manuel Saavedra.

Justino Fernández.

Jorge Hammeken y Mexía.

R. G. Guzmán.

Dolores L. de Hammeken.

Josefa C. de Pacheco.

Francisca C. de Fernández.

Consuelo Fernández.

Esther Guzmán.

Rosa Z. de Guzmán.

Teresa Menocal.

Matilde Castelló.

Carmen Castelló.

Carmen R. de Castelló.

J. B. Castelló.

Francisco don Barroso.

Antonio de P. Guzmán.

Y para los usos legales expido la presente copia en México a ocho (8) de noviembre de mil ochocientos noventa y dos (1892).

E. Valle.

Capítulo II

Después de escrito este capítulo llegó a mis manos la fe de bautismo de don Marcos Pérez que inserto enseguida como un testimonio de gratitud hacia mi finado amigo, y de alta estimación personal por los favores que me dispensó.

Número 23

Fe de bautismo del licenciado don Marcos Pérez

26 de abril de 1805

Al margen.

Una estampilla para documentos y libros de a cincuenta centavos.

Cancelada con fecha de 26 de marzo de 1889, por J. F. Fajardo.

El presbítero Bachiller Juan Francisco Fajardo, cura de la Parroquia de San Pedro Teococuilco, en el Obispado de Oaxaca, CERTIFICO en toda forma de derecho: Que en el archivo parroquial de mi cargo existe un libro titulado 4.º de Bautismos, en el que a fojas 55 vuelta se lee la partida del tenor siguiente:

En la Iglesia parroquial de San Pedro Teococuilco, en veintiséis días del mes de abril de mil ochocientos cinco años, bauticé solemnemente a Marcos Marcelino, que nació el día anterior, hijo legítimo de Juan Ignacio Pérez y María Santiago, cuyos abuelos paternos son Lucas Pérez y Juliana Miguel, y los maternos Juan Santiago y Antonia García; fueron padrinos Santiago y su madre María Pérez, a quienes advertí su obligación y parentesco espiritual. Todos son naturales y vecinos de la expresada cabecera, lo que para su constancia firmo.

Manuel Fernando de Riaño.

Concuerda literalmente con su original que obra en el libro correspondiente a que me remito, de donde deduje el presente testimonio, a pedimento de parte legítima con la estampilla relativa legalmente cancelada, siendo testigos de su cotejo los señores José Romualdo Ruiz y Leocadio Matías de esta cabecera y vecindad.

Conste.

Teococuilco, marzo 26 de 1889.

Firmado.

Juan Francisco Fajardo. Una rúbrica.

Capítulo X

Después de escrito este capítulo, llegó a mis manos la obra del abate Brasseur de Bourgbourg, intitulada Voyage sur l'Isthme de Tehuantepec, dans l'Etat de Chiapas et la Republique de Guatemala, executé dans les anées, 1859 et 1860, y en cuyo capítulo VII, páginas 154 y siguientes, refiere los pormenores de su visita a Tehuantepec cuando yo estaba en aquella ciudad como jefe Político y comandante Militar del Distrito, y la impresión que le causaron sus entrevistas conmigo.

Número 24

Opinión del Abate Brasseur de Bourgbourg sobre el general Díaz

Del libro titulado Voyage sur l'Isthme de Tehuantepec, dans l'Etat de Chiapas et la République de Guatemala executé dans les années, 1859 et 1860 par M. l'Abbé Brasseur de Bourgbourg.

París.

Arthus Bertrand, Editeur.

Libraire de la Societé de Geographie.

21, Rue Hautefeuille 1861.

Páginas 150-157.

Los criollos y los que se imaginan que lo son, son por derecho los sostenedores de Miramón. Llaman a éstos en Tehuantepec Los Patricios, que son los mismos que se arrogan la defensa de los fueros eclesiásticos y los bienes de la Iglesia. Creo, sin embargo, haber dicho lo bastante para demostrar que en esa lucha sangrienta no se trata realmente ce la religión católica, sino de los restos de la dominación española. En el Estado de Oaxaca, hasta los sacerdotes han tomado las armas y se baten, por una u otra causa, según el color más o menos oscuro de su epidermis. En la misma ciudad de Tehuantepec, el Prior del Convento de Santo Domingo, Fray Mauricio López, único fraile dominicano que esa orden decrépita ha podido enviar de Oaxaca, es uno de los más activos jefes del partido liberal; es el mismo que en la época de mi paso por dicha ciudad, con el gobernador Porfirio Díaz, era el dueño absoluto de la provincia y quien dirigía a los audaces juchitecos, que hallándose una vez más en posesión de Tehuantepec, ocupaban todos los puestos públicos.

Tal era, pues, la condición que guardaba ese infortunado país a mi llegada a Tehuantepec. La primera noche que pasé en esta ciudad fue extremadamente penosa: un calor excesivo me consumía impidiéndome cerrar los ojos, hasta que en la mañana del día siguiente, refrescada la atmósfera por el sereno (rocío) me permitió conciliar el sueño por algunos momentos. Tan luego como penetró el primer rayo de luz en mi cuarto salté de mi cama de cañas y me dispuse para efectuar mis abluciones en una fuente, situada a poca distancia, pero cuyo incesante ruido no había bastado para adormecerme durante toda la noche.

Me dirigí tan luego como salí de la casa hacia la plaza principal, que es muy grande, rodeada por todos sus lados con edificios de portales, pero en general sin gusto arquitectónico. La casa más notable entre esos edificios era la de don Juan Avendaño, para quien yo llevaba una carta de introducción. No conociendo a otra persona alguna en Tehuantepec, sin ceremonias me presenté en casa de dicho señor, a pesar de que eran apenas las seis de la mañana. Hallé al señor Avendaño en una vasta sala, acabado de llegar del río a donde había ido a tomar un baño, costumbre común a uno y otro sexo y a todas las clases sociales en esa ciudad. Ese señor es un comerciante zapoteca, nativo de Oaxaca, en donde su familia guarda una posición muy amplia y honorable: es un hombre de pequeña estatura y como de unos treinta y cinco años de edad, con una fisonomía franca, y de maneras corteses y afables. En Tehuantepec, en donde entonces se hallaba establecido, era considerado como uno de los más firmes sostenes del partido liberal y de los extranjeros; era el banquero y proveedor general de los americanos, los que lo querían mucho; con todo y que sacaban de él mucho partido y que al hablar de él hacían grandes elogios.

Al presentar al señor Avendaño la carta mencionada de introducción me acogió con extrema afabilidad; me suplicó que considerara su casa como la mía propia y uniendo el efecto con las palabras, envió desde luego a sus sirvientes por mi equipaje al Hotel Oriental, diciéndome de un modo confidencial que dicha casa no me convenía. Creo que en esto tenía razón; lo cierto es que durante las tres semanas que tuve ocasión de gozar de su hospitalidad, fui constante objeto de las más delicadas atenciones. Tomé con él una taza de excelente café, y a poco me propuso que me acompañaría a hacer una visita al cura, Prior de Santo Domingo, y también al gobernador, lo que acepté sin vacilar.

Cuando salimos me hizo atravesar la calle llamada del Comercio, en donde se hallaba el Hotel que por su consejo acababa yo de abandonar. Adelante de ella se halla una plaza menos extensa que la otra, y en la que se encuentra el edificio de la Municipalidad, en donde como en el antiguo Palacio del Gobierno, divisé algunos soldados juchitecos, medio desnudos, de mirar insolente, cuya mayor parte formaban la guardia por la delantera del portal. El lado izquierdo de dicha plaza estaba formado por casas medio arruinadas. En la parte de su fondo y sobre una doble azotea se alza el monasterio e iglesia de Santo Domingo, cuyo altivo y macizo aspecto da más la idea de una fortaleza que de un monumento religioso. Me bastó una sola mirada para hacer recuerdo de la época y circunstancias en que fue construido, y comprender que los frailes dominicos allí, como en tantas otras localidades de las antiguas colonias españolas, al erigir esas elevadas murallas, se propusieron labrarse un asilo en contra de la insurrección frecuentemente amenazadora de sus feligreses, o víctimas, como sucedió cuando la prisión del rey Cocijopij. Todo lo que se ofrece a la vista antes de llegar al paraje, las escaleras, los terraplenes, los muros de circunvalación de las explanadas, todo presenta el aspecto de ruinas; la iglesia que en primer término aparece por lo alto de la azotea, se halla tan tristemente derruida en su exterior como en su interior. Su pórtico elevado, y construido de ladrillo rojo no conserva el menor adorno escultural, y costaría mucho adivinar el estilo a que pertenece, si no se percibiese una culminante cúpula poco antes de llegar al absidio, sobre la masa del edificio. Un pequeño número de tragaluces proyectan la luz sobre la única nave de que éste se compone. Todo en él es triste y lúgubre; los altares colocados de trecho en trecho a lo largo de los muros, lo mismo que el altar mayor se hallan despojados de los objetos de metal precioso que en otra época los adornaban; y ya en ellos no hay otra cosa notable que su desaseo y las grotescas imágenes de palo que los expoliadores miraron con desprecio.

De los edificios que se elevaban a la derecha de la iglesia, ya no quedan sino ruinas. El monasterio se encuentra a su izquierda, y a él se entra por un pórtico estrecho y bajo; está construido como lo demás sin adorno alguno, ni salientes o relieves arquitectónicos y sin más ventanas que tragaluces sobresalientes, distinguiéndose de los demás edificios de Tehuantepec, en que tiene dos pisos. En su interior tiene la forma de todos los conventos: uno o vanos patios cuadrangulares, rodeados de portales, sobre los cuales, tanto arriba como abajo, tienen salida los salones y las celdas. Todo el edificio es abovedado; al piso segundo se sube por una escalera de ladrillo tan derruida como el resto del monasterio, que lo está más que la misma iglesia. Pero ese estado de destrucción no tiene comparación con el desaseo repugnante que por doquiera se observa en todo el edificio; es verdad que los que lo habitan hoy son los soldados en cueros que forman la guarnición. Jamás he visto yo nada tan inmundo; allí habitan esos soldados con sus concubinas, sus mujeres y sus hijos. En el momento que allí entré con el señor Avendaño, la mayor parte de los que no hacían de centinelas se hallaban tirados en todas las posturas posibles, gritando, aullando, o jugando sobre unos petates; en la galera que sirve de paso de la sacristía a la iglesia, vi algunos de ellos acostados con sus mujeres, en una agrupación obscena, en el umbral mismo del santuario. Tuve un sentimiento de repugnancia extrema; puede formarse una idea sobre el interés con que yo visitaba ese monasterio tan horriblemente profanado; traía a mi espíritu el recuerdo del infortunado Cocijopij, su fundador; me lo figuraba arrastrado a la fuerza a esas celdas habitadas hoy por los descendientes embrutecidos de sus antiguos vasallos. Qué lección para la España, si la España de entonces hubiera podido prever lo que yo contemplaba; Dios vengaba al último rey de Tehuantepec.

Sentía la necesidad de aliviar a mis ojos después de la contemplación de tan triste espectáculo. Al salir de allí entré con el señor don Juan Avendaño en casa del Prior que habitaba una especie de casa provisional a un lado del convento. Este me recibió con grande afabilidad y muy corteses maneras. Fray Mauricio es un hombre de unos cuarenta a cincuenta años, y parece tener sangre indígena en sus venas. Posee una instrucción superior a la mayor parte de los sacerdotes que conocí en esa parte de México; tenía el hábito de su orden, que llevaba con propiedad. Después de algunos momentos de conversación, me condujo a casa del gobernador, que vivía no lejos de allí, y quien me hizo una acogida igualmente bondadosa; su aspecto y porte llamaron vivamente mi atención. Zapoteca de raza pura, presentaba el tipo indígena más hermoso que jamás había yo contemplado en mis viajes. Creía tener a mi vista la imagen de Cocijopij, en su juventud o de Guatimozín, como yo me lo figuraba. De elevada estatura, con un aspecto de notable distinción y con su noble rostro ligeramente bronceado, me parecía ver en él los signos más perfectos de la antigua aristocracia mexicana. Porfirio Díaz era entonces todavía un joven. Dedicado a sus estudios en Oaxaca, aún no había terminado su carrera, cuando al estallar la guerra civil tuvo que abrazar la de las armas, y al señor Juárez, de quien era personalmente conocido, debió el nombramiento de gobernador de Tehuantepec. Después de esa entrevista, tuve ocasión de verlo casi todos los días, pues que tomaba sus alimentos, así como otros dos o tres oficiales de la guarnición en casa de mi huésped; pude por consiguiente hacer un estudio de su persona y carácter. Haciendo punto omiso de sus ideas políticas, puedo asegurar que las cualidades que un trato más íntimo me hizo reconocer en el, me confirmaron en la buena opinión que a su respecto había yo formado después de nuestra primera entrevista, y en el juicio sobre que sería de desear que todas las provincias mexicanas fuesen gobernadas por hombres de su temple.

La siguiente noticia suscrita por el Contador de Glosa del Estado de Oaxaca, contiene las fechas de los distintos nombramientos civiles y militares que obtuve del Gobierno de aquel Estado, del 27 de agosto de 1855 al 6 de junio de 1859.

Número 25

Nota de los datos encontrados en el archivo de la Tesorería del Estado, sobre nombramientos del señor don Porfirio Díaz

1. Subprefecto del Partido de Ixtlán

Fue nombrado el día 27 de agosto de 1855, por el señor gobernador don Ignacio Martínez, quien firmó la comunicación, solo, sin secretario. De este nombramiento tomó razón la Tesorería del Estado, el día 29 de octubre del mismo año.

2. Capitán de la Compañía de Infantería Guardia Nacional de Ixtlán

Fue nombrado el día 22 de diciembre de 1856, por el señor gobernador don Benito Juárez. Se tomó razón en la Tesorería del Estado, el mismo día 22 de diciembre citado.

3. Jefe político de Tehuantepec

Fue nombrado el día 27 de abril de 1858, por el señor gobernador interino, don José María Díaz Ordaz. La Tesorería tomó razón el mismo día 7 de abril citado.

4. Comandante de Batallón de su Cuerpo

El día 22 de julio de 1858, fue nombrado por el señor gobernador Constitucional don José María Díaz Ordaz; y fue tomada razón en la Tesorería del Estado, el día 7 de agosto siguiente.

5. Teniente coronel de Guardia Nacional del Estado.

Fue nombrado el día 6 de julio de 1859, por el señor gobernador interino del Estado, don Miguel Castro. La Tesorería tomó razón de este nombramiento el día 8 del mismo julio.

Oaxaca, noviembre 3 de 1892.

Juan Rebollar.

Al ascenderme el Gobierno de Oaxaca el 22 de julio de 1858 de capitán a comandante de Batallón; como recompensa por la victoria de Las Jícaras, La

Democracia, periódico oficial del Estado, publicó en su número del 25 de julio de 1858, el siguiente párrafo, escrito por su redactor en jefe, el licenciado don Bernardino Carbajal.

Número 26

Ascenso del capitán Díaz a comandante de Batallón

Ascenso. El valiente capitán don Porfirio Díaz, actual jefe Político del Distrito de Tehuantepec, ha sido ascendido a comandante de Batallón. Las recomendables prendas del señor Díaz lo hacen acreedor al aprecio y consideración del Supremo Gobierno del Estado, que al premiar sus distinguidos servicios con dicho ascenso, ha creado un jefe que dará siempre honor a nuestra Guardia Nacional. Reciba el señor don Porfirio Díaz nuestro más cumplido parabién.

(La Democracia de Oaxaca, tomo III, N.º 28, correspondiente al 25 de julio de 1858.)

Capítulo XII

La carta que sigue, fechada en Juchitán el 28 de diciembre de 1859, y escrita en la época a que este capítulo se refiere, demuestra las condiciones a que entonces me hallaba yo sometido.

Número 27

Juchitán, Dic. 28 de 1859.

Licenciado don Matías Romero.

Estimado amigo:

He visto una tabla sin óptica del Derecho Internacional de México, hecha por ud., y deseo mucho un ejemplar de esta buena pieza, importante para mí que tanto trabajo con extranjeros. Tenga usted la bondad de mandarme dos ejemplares, diciéndome su valor, para situarlo en ésa o entregado aquí a la casa que usted me indique.

Recomiendo a usted muy particularmente que no permita al señor presidente olvidar mi pedido de rifles de Sharp, que le hice, advirtiéndole que por economía pedí cien, pero que me mande los que guste, que para todos tengo muy buena gente.

Con fecha 16 del corriente ascendí por gracia del Gobierno del Estado, a coronel Efectivo, en cuyo empleo tengo el gusto de ponerme a sus órdenes.

Sírvase usted aceptar mi afectuoso saludo, y no olvidar que soy su afmo, servidor y amigo, Q.B.S.M.

(Firmado.)

Porfirio Díaz.

Capítulo XIV

Después de haber escrito este capítulo, recordé cinco incidentes relacionados con el segundo sitio de Oaxaca, cuando el general don Vicente Rosas Landa mandaba las fuerzas sitiadoras, y por creerlos de interés se insertan enseguida, con el propósito de incluirlos en e texto de estas Memorias.

Número 28

Toma de la manzana del Habitero

Abril 19 de 1860

En los primeros días de abril de 1860, con el objeto de ganar una manzana al enemigo y de acercarnos más al Convento de la Concepción, uno de sus puntos más fuertes, y sin tener órdenes del general Rosas Landa, llegué frente a la manzana que se conocía con el nombre de don Andrés el Habitero, por vivir en ella una persona que hacía hábitos de frailes y mortajas.

El enemigo tenía coronada de gente la azotea de la casa de enfrente y me hacía mucho mal, mientras que mis soldados no podían ofenderlo desde las ventanas de la casa que yo ocupaba. Esta era baja, pero tenía una pieza alta que era el pajar. En la noche subí a mi hermano con algunos soldados al pajar y le ordené hiciera troneras en dirección a la casa de enfrente, y coloqué además una fuerza sobre la azotea del pajar, protegida con sacos de tierra, que dominaba también al enemigo. Al amanecer del día siguiente, llamé la atención de éste desde las ventanas bajas de la casa que yo ocupaba, y cuando una gran parte de su fuerza estaba en la azotea, les rompió el fuego mi hermano desde el pajar y su azotea, causándoles muchas pérdidas y obligándolos a abandonar la azotea que ocupaban.

Me aproveché del desorden que esto produjo para atacar de frente la casa; y logré ocuparla, lo mismo que algunas otras de la misma manzana; pero repuesto a poco el enemigo de su sorpresa, no pude tomar toda la manzana. En la noche de ese día me ocupé de horadar una pared que resultó dar a una pieza que no estaba ocupada por el enemigo y que pertenecía a la casa contigua a la que yo ocupaba. La reconocí y mirando que no estaba defendida, saqué por ella varios soldados y puse un petardo en la puerta que comunicaba al patio de esa casa, encargando al Mayor de artillería, don José Antonio Gamboa, que saliera por allí con la fuerza que le designé para desalojar al enemigo. Encendido el petardo, sin que nos hubiera sentido el enemigo, voló la puerta; salió el Mayor Gamboa con su fuerza y mi hermano y yo lo ayudamos por la azotea de la casa atacada, y desconcertado por completo el enemigo, abandonó la casa y, quedamos en posesión completa de la manzana. Esta nos debía servir de punto de apoyo para el ataque intentado a la manzana del Hospital de San Cosme, de que hablaré después.

Número 29
Ataque al Convento de la Concepción
27 de abril de 1860.

Durante el sitio de Oaxaca el general Rosas Landa me ordenó que asaltara el Convento de la Concepción. Como éste era un punto muy dominante, lo mismo de la plaza, que de nuestra línea de operaciones, el enemigo comprendía que una vez tomado este edificio estaba tomada la plaza, y por esa razón lo tenía muy bien defendido. Sin embargo, recibí orden de atacarlo y era preciso cumplirla. En el ejército sitiador no teníamos ingenieros, y funcionaba como tal un teniente coronel Luévanos, que era de los oficiales que habían venido de Veracruz con el general Rosas Landa. La razón que Luévanos tenía para ocuparse del trabajo de minas, sin ser ingeniero, era que las había hecho en Guadalajara bajo la dirección de ingenieros, según me lo explicaron el general Rosas Landa y el mismo Luévanos.

Practicó tres minas sobre el Convento de la Concepción, una en cada una de las esquinas noreste y sudoeste del edificio, que es cuadrangular, y otra en el centro de ese lado del convento que ve al occidente, comprendido entre esas dos esquinas. La explosión de las minas debía abrirme brecha por donde verificar el asalto; pero las minas estallaron el 27 de abril de 1860, y no fue abierta brecha alguna, sino que desfogaron por las calles, levantando las banquetas y despidiendo las losas hacia nosotros a larga distancia. No habiéndose abierto brecha, no fue posible el asalto, y enseguida el general Rosas Landa me ordenó quemara una puerta que tenia el convento frente a nosotros. La quemé, y cuando la puerta desapareció resultó una tapia de mampostería por dentro. Me ordenó entonces el general en jefe, que destruyera yo esa tapia no a cañonazos, sino con obras de zapa, y penetrara por allí; y como la calle estaba enfilada por la trinchera del enemigo que le servía para ligar la manzana del Colegio de Niñas con la de San Felipe, con mucho peligro y perdiendo algunos hombres, puse una pequeña trinchera que defendiera mi flanco izquierdo, por donde me atacaba la trinchera del enemigo con artillería y fusilería; y para defenderme de los proyectiles de la altura del convento, desarmé una mesa de billar que había en la manzana horadada, y bajo los fuegos del enemigo saqué el tablón de la mesa para recargarlo sobre el muro de la Concepción, y proteger así a los trabajadores, de los proyectiles de la altura, formándoles una covacha con la mesa de billar.

Se comprende desde luego, que cada operación de éstas costaba hombres, y obligaba a afrontar muchos peligros. No fue posible, a pesar de todo esto, hacer el ataque tal como lo había ordenado el general Rosas Landa, porque luego que una de nuestras barretas pasaba al otro lado del muro, salía la boca de un fusil por la perforación, y aunque ésta llegó a agrandarse a barretazos y palazos, el ataque fue imposible.

Rosas Landa me previno también que añadiera las escaleras del alumbrado hasta que alcanzaran al coronamiento del edficio y que por allí subieran los asaltantes, cosa que tampoco fue practicable, no obstante de que se intentó a mucha costa. Por último, desistió de esta operación el general Rosas Landa, después de muchos ensayos muy peligrosos y que costaron muchas vidas.

Número 30
Ataque intentado a la manzana del Hospital de San Cosme
6 de mayo de 1860
Por el día 4 de mayo de 1860 me ordenó el general Rosas Landa que tomara yo la manzana del Hospital de San Cosme, que quedaba entre las dos alturas del Convento de la Concepción y la Iglesia de San Felipe Neri, y por esa razón era muy difícil de tomar, y más aún, de la manera que me lo ordenaba el general

Rosas Landa, esto es, atacando por la puerta del Hospital, que quedaba enfilada por las torres de San Felipe y por la calle de la Aduana, que estaba a su vez enfilada por la trinchera de la Concepción y por todas las alturas del convento. Manifesté al general Rosas Landa, que atacaría y tomaría esa manzana si me dejaba en libertad en cuanto al modo de atacarla y si me daba dos o tres días de plazo para ejecutar esa operación. El general Rosas Landa aceptó mi proposición, y sin decirle cuál era mi proyecto, practiqué una mina cuyo plan o cuya boca estaba en la tienda de Noriega, frente a la esquina noroeste de la Concepción por el oriente, y frente a la Aduana por el norte. Profundizado el plan convenientemente, practiqué la galería hacia la Aduana, hasta pasar los cimientos de dicho edificio y quedar dentro del salón principal de la Oficina, que por respeto a los archivos no había ocupado el enemigo, y así lo entendía yo porque nunca nos hacían fuego por las ventanas de ese salón.

Al día siguiente, cuando estaba concluida la mina terminado el plan debajo de la Aduana y teníamos ya todo preparado para dar el asalto, se supo que había llegado a Huitzo la columna del general Cuevas, y el general Rosas Landa determinó levantar el sitio por lo cual no se verificó ya el asalto que estaba yo seguro tendría buen éxito, pues iba yo a atacar al enemigo del todo desprevenido.

Apéndice. Documentos del 31 al 39

Número 31

Auxilio enviado de México a don José Cobos durante el segundo sitio de Oaxaca

11 de mayo de 1860

Después de escrito este capítulo, recordé que la expedición que envió a Oaxaca el Gobierno reaccionario establecido en la ciudad de México, en mayo de 1860, en auxilio de don José María Cobos, cuando estaba sitiado por nuestras fuerzas a las órdenes del general Rosas Landa, no fue mandada por el coronel don Mariano Miramón, hermano del general don Miguel, que fungía entonces como presidente del Partido Reaccionario, sino por el general don Santiago Cuevas; y que el coronel Miramón acompañó a esa expedición como jefe de un Cuerpo. La fuerza mandada por el general Cuevas, llegó a la ciudad de Oaxaca el 11 de mayo de 1860, el mismo día en cuya madrugada habíamos levantado el sitio de aquella ciudad, retirándonos para la sierra.

Número 32
El general Rosas Landa decide levantar el sitio
8 de mayo de 1860
Cuando el general Rosas Landa tuvo noticia de que se aproximaba la columna enemiga en auxilio de la plaza, citó a una junta de jefes y oficiales, en la que propuso la retirada a la sierra. Los jefes de fuerza del Estado, que acompañaban al general Rosas Landa, como el coronel Villasana, jefe del Estado Mayor; y los tenientes coroneles Balbontín, Zenteno, Zubeldía, Errasti, Subikuski y Tabachinski, estuvieron en favor de ese movimiento; pero yo apoyado por todos los demás jefes oaxaqueños, lo contrarié decididamente y propuse que la División marchase desde luego al encuentro de la fuerza enemiga, manifestando que si la derrotábamos, esa victoria nos abriría las puertas de la ciudad, y que si éramos derrotados, sería entonces tiempo de tomar el camino de la sierra para organizar de nuevo la campaña; pero el general Rosas Landa, con quien yo había tenido poco antes alguna dificultad personal, no recibió bien esta indicación, y pasamos dos o tres días en agrias discusiones, dando esto por resultado que se hiciera tarde para salir al encuentro del enemigo, y que no nos quedara más arbitrio que la retirada a la sierra, lo cual desagradó tanto a los jefes oaxaqueños, que si el general Rosas Landa permanece con nosotros, tal vez habría sufrido alguna violencia personal, que yo procuré evitar según referiré más adelante.[47]

Capítulo XV
Después de escrito este capítulo, recordé un incidente de la retirada de Oaxaca, ocurrido con el general Rosas Landa, y otro de la batalla de Ixtepeji, en que tomó parte mi hermano Félix. Díaz, y son los que siguen:

Número 33
Peligro del general Rosas Landa al levantar el sitio de Oaxaca

---

47   Este incidente se refiere en el documento N.º 14 de este apéndice.

Al llegar a San Agustín Etla, en nuestra retirada para la sierra y siendo perseguidos de cerca por el general Alarcón con fuerzas de Cobos, se metió el general Rosas Landa, para libertarse del Sol, en una ermita situada sobre el camino, con el propósito de esperar un ataque del enemigo, que no intentó; y aunque yo no solamente no me abrigaba del Sol, sino que se lo tenía a mal a los oficiales que lo hacían, me metí con él en la ermita, porque comprendí que la excitación que había en su contra, por parte de los jefes y oficiales oaxaqueños, con motivo de nuestra desastrosa retirada, era tan grande, que su vida corría peligro y me propuse escudarlo de cualquier atentado que se pretendiera cometer contra su vida. Don Luis Carbó y algunos de mis compañeros, se acercaron a la puerta de la ermita, y con señas me indicaban que me hiciera a un lado para que quedara el general Rosas Landa expuesto a sus tiros; pero lejos de complacerlos, les hice comprender que yo me proponía defenderlo a todo trance, y así pude lograr que llegara sin novedad hasta Teococuilco, en donde se separó de nosotros, y tomó el camino para Veracruz.

Número 34
El teniente coronel Félix Díez en la batalla de Ixtepeji
El día 14 de mayo de 1860, vine a Ixtlán y en la madrugada siguiente salí para atacar a Trejo que estaba en Ixtepeji, y aunque el día anterior se nos había desertado don Vicente Ramos con toda su caballería, como tomó camino por dentro de la sierra, para salir a la cañada de Cuicatlán por el rancho del Cuajilote, el enemigo no podía tener noticia de que nos habíamos quedado sin caballería.

Mi hermano Félix, que como oficial de caballería tenía gran empeño en organizar algunos soldados de esa arma, había reunido cuatro o cinco hombres montados, casi todos trompetas, que él consideraba como base para su regimiento. En los momentos en que yo atacaba por la Ermita de San Miguel, al pueblo de Ixtepeji, él tomó al trote el camino de La Piedra de Lumbre para la Parada, por las Ánimas, tocando degüello con sus clarines que era lo único que tenía disponible. Como el enemigo podía ver desde Ixtepeji algunas banderolas sobre la cerca del camino y oía una banda de caballería que tocaba degüello, comprendió que llegando aquella columna a las Ánimas o a la Parada, le cortaba su retirada para Oaxaca; y creo que esto contribuyó mucho para que abandonara a Ixtepeji y se retirara hacia La Parada, que por otra parte era punto más defendible.

Ese movimiento inició su derrota sin que después pudiera remediarlo, no obstante la superioridad de sus fuerzas, y si al fin se desengañó de que no había caballería, era ya tarde para reparar la moral de sus soldados. Después lo mandé flanquear con la compañía de Ixtepeji, por una vereda muy corta que es la del Cebollal, se la situé hasta la cumbre del Pinabete, donde él tendría que pasar dos horas después en su derrota.

Capítulo XXIV

Después de impreso este capítulo, recordé un incidente que aconteció con la Bandera de mi Cuerpo, y que se inserta enseguida, con el propósito de consignarlo en el lugar correspondiente, en alguna nueva edición que pueda hacerse de estas Memorias. Se inserta además el parte oficial que di al general Zaragoza el 6 de mayo de 1862, de la parte que tomé en la batalla del día anterior.

Número 35

La Bandera del 2.º Batallón de Oaxaca en la Batalla del 5 de mayo de 1862.

El combate fue tan reñido, que mi batallón, que era el 2.º de Oaxaca, perdió a su abanderado, el Subteniente don Manuel González. Muerto éste, tomó la bandera el capitán don Manuel Varela, que cayó muerto también, pocos momentos después; entonces la tomó el capitán don Crisóforo Canseco, actual general y Diputado al Congreso de la Unión, quien por atender a su compañía, tuvo que entregarla al Subteniente don Domingo Loaeza, en cuyas manos continuó hasta el fin del combate. Fue tan seria la refriega, que la bandera recibió cinco balazos en el paño y uno en su asta.

Esa bandera me fue presentada varios años después, con una acta suscrita por los que habiendo sido oficiales subalternos de ese batallón, eran ya generales cuando me la presentaron, y son entre otros el general don Francisco Loaeza, el general don José Guillermo Carbó y el general don Marcos Carrillo, y la conservo en mi sala de armas, como un recuerdo honroso y muy grato para mí.

Número 36

Parte oficial del general Díaz de la Batalla del 5 de mayo de 1862

Cuerpo de Ejército de Oriente.

Cuartel Maestre.

Ejército de Oriente.

3.ª División.

Mayoría general.

Me es grato poner en conocimiento de usted los pormenores de la función de armas de ayer, en lo relativo a la 3.ª División que actualmente mando. A las once y media de la mañana cuando las columnas del enemigo estuvieron al alcance de nuestra artillería, comenzó un fuego activo de esta arma, por una y otra parte. Durante este cambio de proyectiles y durante los primeros ataques que la infantería enemiga dio a los fortines de Guadalupe y Loreto, las columnas que estaban a mis órdenes permanecieron en quietud, puesto que según instrucciones superiores no llegaba aún el momento de moverlas.

Entre las dos y tres de la tarde, cuando más se empeñaba el combate en los fortines antes mencionados, observé que una gruesa columna de infantería se dirigía a mi frente apoyada por un escuadrón y trayendo a vanguardia una numerosa línea de tiradores que ya comenzaban a batir al Batallón Rifleros de San Luis que en la misma forma cubrían nuestro frente. Rifleros permaneció combatiendo en su puesto, en términos de que al emprender su retirada, según instrucciones que prevenían el caso, ya no solo era batido por los tiradores enemigos sino que comenzaba a sufrir los fuegos de la columna. En este momento mandé que el Batallón Guerrero, a las órdenes del teniente coronel C. Mariano Jiménez, se moviese en columnas hacia el enemigo, y desplegando sobre la marcha en batalla a su frente lo batieron sin dejar de ganarle terreno; comprometido este batallón en un serio combate y habiéndose alejado mucho era indispensable protegerle y doblar su impulso en caso necesario, y a este efecto, destaqué los Batallones 1.º y 2.º de Oaxaca al mando de sus respectivos jefes C. coronel Alejandro Espinosa del 1.º y C. teniente coronel Francisco Loaeza del 2.º, formados en una sola columna, y siguieron al enemigo con tal impulso que lo fueron desalojando sucesivamente en las sinuosidades del terreno que era una continuación de parapetos sobre la llanura.

Cuando nuestro ataque daba este plausible resultado, las columnas francesas que por última vez y con indecible vigor atacaban al Fortín de Guadalupe se convirtieron en torrentes de fugitivos que veloces descendían del cerro y parecían pretender cortar a los que combatíamos en el valle. En este momento mandé que el Batallón Morelos, que hasta entonces formaba mi reserva, se moviese en columna mandada por su teniente coronel C. Rafael Ballesteros y con dos piezas de batalla viniese a reforzar mi izquierda, como lo hizo, acabando de rechazar a los que no consumaban aún su fuga. Mandé también que por la derecha marchase rifleros con los escuadrones lanceros de Toluca y Oaxaca, en paralelo con Morelos y a su altura. Cuando en esta forma perseguía al enemigo, recibí repetidas órdenes para hacer alto y lo verifiqué dejando a mi retaguardia el sitio del combate y con el enemigo al frente en el más completo desorden y a distancia de setecientos metros.

En esta situación y cambiándonos muchos tiros de artillería permanecimos hasta las siete de la noche, hora en que por orden superior volvía a ocupar mi línea. Por nuestra parte hay que lamentar la pérdida del valiente capitán C. Manuel Valera y subteniente C. Manuel González, así como la herida del C. capitán José Omaña.

El adjunto Estado expresa los muertos y heridos de la clase de tropa pertenecientes a esta División, sin comprender a los lanceros de Oaxaca por haberse considerado en la 1.ª Brigada de caballería. No puedo decir con certeza el número de muertos y heridos del enemigo en esta línea, porque una comisión había comenzado a recogerlos antes que yo pusiese atención en ellos, y solo puedo asegurar que he visto levantar más de veinte cadáveres del enemigo y un número de heridos mayor que no puedo calcular, y a muchos de éstos he visto al enemigo levantar multitud de heridos que conducían a su campo. Sírvase usted felicitar a mi nombre al Ciudadano general en jefe, aceptando para sí la promesa de mi aprecio y debida subordinación.

Libertad y Reforma.

Campo frente al enemigo, mayo 6 de 1861.

Porfirio Díaz. Ciudadano general.

Cuartel Maestre del Cuerpo de Ejército de Oriente.

Presente.

Es copia.

Puebla, mayo de 1862.

Lázaro Garza Ayala. Secretario.

Capítulo XXV

La carta siguiente, fechada en Huatusco el 11 de junio de 1862, cuando funcionaba yo como gobernador y comandante Militar del Estado de Veracruz, por licencia concedida al general don Ignacio de La Llave, demuestra cuáles eran las circunstancias de aquella época.

Número 37

Carta del general Díaz fechada en Huatusco el 21 de junio de 1862.

Huatusco, julio 21 de 1862.

Muy querido amigo:

Las pocas veces que he disfrutado el gusto de escribir a usted lo he hecho tan a la ligera, urgido por las ocupaciones de la campaña, que si no recuerdo mal no he hecho más que saludarlo; pero ahora que la pasajera suspensión en que estamos me lo permite, tengo además de aquel objeto, el de que usted se sirva decirme su opinión con respecto a lo que nuestro Gobierno puede esperar de ése en la cuestión presente; yo he visto a la prensa de ese país muy animada en contra de la intervención extranjera, y doblemente opuesta al establecimiento de una monarquía en México; pero la prensa pública de mi país no nos da datos oficiales en qué poder fundar un juicio tal, como el que yo quisiera tener, pues aunque no dudo que ese Gobierno desaprueba la conducta del Gobierno francés, mi deseo es saber hasta qué punto será capaz de protegernos y qué clase de protección podemos esperar.

En cuanto a nosotros, tres veces hemos tenido la gloria de medir nuestras armas con el invasor: en una de ellas (5 de mayo) hemos tenido la gloria de humillarlo, y en las otras dos, hemos dejado bien sentado el honor del Ejército Nacional y conquistado nueva reputación para las tropas de Oaxaca en lo particular, que ocupan hoy un lugar distinguido en el Ejército.

Después de nuestra última tentativa sobre Orizaba, recibí orden para marchar a unir mis fuerzas con la División del Estado de Veracruz, quedando todas a mis órdenes en este Estado, donde me tiene usted en observación del enemigo, haciéndole todos los días el mal posible, pero sin poder emprender una operación decisiva hasta recibir nuevas órdenes del Cuartel general del Ejército.

Espero que no me escaseará usted sus apreciables letras dándome tanto las noticias que le pido como las que tenga acerca de nuevas remisiones de tropas francesas. La elocuencia de usted en el banquete dado al conde de Reus, ha tenido mucha aceptación entre nosotros y se ha hablado de ella, y escrito con la estimación que merece. Lo felicito a usted y felicito a mi patria por tener tan digno e ilustrado representante en el país cuyas relaciones amistosas le son más importantes que cualquiera otras. Acepte usted el afecto sincero de un amigo y servidor que lo quiere y B.S.M.

(Firmado.) Porfirio Díaz.

Señor licenciado Matías Romero.

Capítulo XXVII

Inserto enseguida el parte oficial que rencí al general González Ortega, jefe del Ejército de Oriente, del ataque de los franceses al Cuartel de San Marcos, que fue rechazado por las fuerzas que estaban a mis órdenes.

Número 38

Parte del general Porfirio Díaz sobre el combate en el Cuartel de San Marcos en Puebla.

2 de abril de 1863

Abril 2 de 1863.

Cuerpo de Ejército de Oriente.

General en jefe.

Con esta fecha me dice el señor Cuartel Maestre lo que sigue:

El señor general Porfirio Díaz, perteneciente a la División del Ciudadano general Berriozábal, encargado de la línea de vanguardia de San Agustín, me dice lo que copio:

Tengo la honra de participar a usted que en la brigada de mi mando han ocurrido en la noche de ayer y madrugada de hoy, las novedades siguientes:

A las ocho y cuarenta y cinco minutos de la noche, el enemigo que se halla en el Hospicio, abrió una brecha con artillería en el Cuartel de San Marcos, y se lanzó por ella en número considerable hasta ocupar la mitad del patio del edificio, y los defensores de éste el resto de él.

En este estado permanecimos sosteniendo un rudo combate hasta la media noche, a cuya hora volvió el enemigo a sus puestos, dejando en su fuga muertos y armas, que aún no puede recoger, por no permitírselo nuestros fuegos.

Como a las dos de la mañana, el enemigo que se hallaba cerca de la plazuela de San Agustín, abrió una brecha con artillería en la manzana que manda el Ciudadano coronel Balcázar, lanzándose a continuación hasta ocupar parte de una casa, en cuya posición sostuvo un combate con los defensores de la línea hasta las cinco de la mañana, a cuya hora fue completamente rechazado, dejando en nuestro poder algunos muertos y armas, y en la calle otros de los primeros y varios de las segundas, que tampoco se le permite recoger.

Excuso hacer a usted recomendaciones especiales de los pundonorosos jefes, oficiales y tropa con cuyo mando me honro, y solo le diré que todos ellos han manifestado que conocen cuánto vale la dignidad de una nación libre, que los ha honrado confiando a su denuedo el crédito de sus armas.

Por mi parte felicito a usted cordialmente y al Ciudadano general en jefe, reiterándole las protestas de mi justa consideración.

Porfirio Díaz.

Capítulo XXXIII

Después de escrito este capítulo recordé un incidente que ocurrió estando en San Juan del Río, con el cuerpo de Ejército que yo mandaba y que refiero enseguida.

Número 39

Sedición de tropas de Sinaloa y Tamaulipas.

Agosto de 1863

Al volver de Querétaro a San Juan del Río, en donde había quedado la matriz del Cuerpo de Ejército de operaciones, al mando del Cuartel Maestre, general don Miguel M. Echegaray, encontré sublevada a una parte de la fuerza. El general Echegaray era un militar demasiado rígido, pues obligaba a los soldados a hacer ejercicio hasta en las noches de Luna, y la Fuerza de Sinaloa y Tamaulipas que yo tenía, era de voluntarios poco disciplinados y que no querían someterse a ese rigor, lo cual ocasionó su rebelión. El general Echegaray me recibió antes de entrar a San Juan del Río, y me refirió lo que había ocurrido:

esto es, que los Batallones 1.º y 2.º de Sinaloa, mandados por los Mayores Jesús Toledo y Deodoro Corella; 1.º de Tamaulipas, mandado por el teniente coronel Servando Canales, y la caballería irregular de Tamaulipas, mandada por el general Macedonio Capistrán, habían abandonado sus cuarteles y se habían refugiado todas en el de Capistrán y estaban en actitud de resistencia.

Entré a la población: me acerqué al cuartel, y encontré que los soldados estaban en las azoteas y ventanas con sus armas preparadas, les hablé y les mandé retirarse a sus respectivos cuarteles, sin apearme de mi caballo, pues no estaba seguro de que me obedecerían, retirando a la vez las fuerzas que por orden de Echegaray lo acechaban, y mirando que los sublevados hacían lo que yo les mandaba, cité a todos los jefes y oficiales para mi alojamiento: una vez reunidos allí, les pregunté qué era lo que había ocurrido, y me presentaron sus quejas contra el general Echegaray, diciéndome que no podían seguir sirviendo con él; y con objeto de evitar dificultades, mandé a Querétaro a los que se habían amotinado para que no estuvieran en contacto inmediato con el general Echegaray.

Convencido de que no sería posible reducir a las fuerzas descontentas de Tamaulipas, solicité y conseguí del Gobierno que las mandara a su Estado. Cuando el coronel Canales recibió orden para volver a la frontera, se avergonzó de lo ocurrido y me manifestó que él y sus soldados estaban dispuestos a seguir conmigo, defendiendo la Independencia.

Cuando recibí órdenes de marchar a Oaxaca, deseaba llevarme a Canales, quien me manifestó que él personalmente iría de buena gana, pero que sus compañeros no consentirían en alejarse tanto de sus hogares, por lo cual tuve que desistir de llevarme su batallón, y lo puse entre las fuerzas que formaron la División, cuyo mando se encomendó al general don José López Draga, a quien lo recomendé muy especialmente. Desde entonces comprendí que cualesquiera que fuesen los defectos de Canales, había en él un fondo de patriotismo, y tuve ocasión de notar que estaba dotado de gran valor personal, cuyas cualidades demostró ampliamente en los sucesos posteriores.

Apéndice. Documentos del 40 al 47

Capítulo XLVI

Inserto enseguida las cartas que dirigí, en septiembre de 1865, al evadirme de Puebla, al general Thum y al Mayor Kerschel, con el objeto que en ellas se expresa.

Número 40
Carta del general Díaz al conde de Thum.
Puebla, 14 de septiembre de 1865.
Muy señor mío:

El teniente Schizmandia que tiene una idea justa de mi carácter, supo asegurarme, dándome toda la franqueza que le fue posible, sin tomarse ni la libertad de exigir mi palabra de honor, que nunca habría comprometido. Con el señor Schizmandia solo tenía la obligación, que tácitamente me impuse, de no comprometer su responsabilidad, generosa y oficiosamente empeñada en mi favor: nada contraje expresamente al aceptar su gracia, que tampoco solicité, y sin embargo, nunca he estado más afianzado en mi prisión que durante el goce de aquella; pero usted que no conoce a los mexicanos sino por apasionados informes, que cree que entre ellos no hay más que hombres sin honor y sin corazón, y que para conservarlos no hay otros medios que la custodia y los muros, me ha puesto en absoluta libertad, sustituyendo con estos ineficaces lazos los muy pesados e indisolubles con que hábilmente el mencionado Schizmandia me había reducido a la más completa inacción.

En Papantla y Tuxtepec tengo prisioneros del cuerpo que usted dignamente manda, y a quienes se da el mejor trato posible.

Si usted quiere que arreglemos un canje por otros de los míos, que aún quedan presos, mande usted a Papantla un comisionado con sus poderes al efecto, y yo le ofrezco que quedará contento del éxito.

S. S. Q. S. M. B.
(Firmado.) Porfirio Díaz. Señor general conde de Thum.
Presente.

Número 41
Carta del general Díaz al Mayor Kerschel.
Puebla, septiembre 19 de 1865.
Muy señor mío:

Perdone usted que no le preste mi mozo como tenía ofrecido y cuente usted con que personalmente desempeñaré la misión que usted desea.

Desde el 14 debí emprender mi marcha; pero usted me llamó la atención con un asunto importante a primera vista: en tal virtud, había escrito a los señores conde de Thum y Schizmandia esas cartas que ruego a usted haga llegar a sus respectivas manos.

Yo no me he podido resolver a sufrir prisión por tiempo indefinido: busco indistintamente la libertad o la muerte; en mi situación actual y la de mi patria me es igual.

Llevaré siempre de usted gratos recuerdos y le ruego que desentendiéndose por un momento de su calidad de militar imperialista, juzgue mi conducta con toda su caballerosa justificación; porque sentiría mucho que tuviera usted mala opinión de su servidor Q. S. M. B.

(Firmado.) Porfirio Díaz.

Señor Mayor don Richard Kerschel.

Capítulo LXXXIII

Se insertan copias de la circular litografiada, dirigida por el general Thum el 20 de septiembre de 1865 a las autoridades civiles y militares de Puebla, notificándoles mi evasión y recomendándoles mi aprehensión y de otra circular también litografiada del comandante Dulanh, jefe de la Cancillería del cuerpo austro-belga, fechada en Puebla el 21 de septiembre, en que se ofreció a nombre del conde Thum el premio de 1.000 pesos al que la verificara, cuyos documentos se han tomado de un expediente original que se encontró de la Subprefectura de Tepeaca correspondiente al año de 1866 y marcado con el número 34, respecto de este incidente.

Número 42

Circular litografiada del conde de Thum en que se avisa la evasión del Gral. Díaz y recomienda se le aprehenda.

Circular N.° 6595 op.

El prisionero de guerra, jefe de los disidentes, don Porfirio Díaz, huyó esta noche de la prisión.

Sírvase V. S. ordenar la más eficaz vigilancia para lograr su reaprehensión.

Puebla, septiembre 21 de 1865.

El general comandante de la 2.ª División Territorial-militar. Thum.

General.

Una rúbrica.

A los señores prefectos Políticos.

Un acuerdo en el margen de la Subprefectura de Tepeaca que dice:
Septiembre 22 de 1865.

Circúlase a las autoridades subalternas y dígase así en respuesta.

Número 43

Circular del director de la Cancillería del cuerpo auxiliar en que se ofrece un premio por la aprehensión del general Díaz.

Un sello que dice: K. Mex. Corps.

Oester. Freiwilliger (Cuerpo Imperial mexicano de Voluntarios Austro-Belgas.)

A. N.º 6595.

El señor general comandante de la 2.ª División territorial, conde de Thum, se ha servido contestarme adicionalmente que él ofrece una gratificación de 1.000 pesos a quien aprehendiere al prófugo general de los disidentes, don Porfirio Díaz.

Puebla, septiembre 21 de 1865.

El director de la Cancillería, Dulanh.

Otro sello que dice:

Com. Oester-Belg. Freiwilliger. Kais, Mex. Corps (comandante del Cuerpo Imperial Mexicano de Voluntarios Austro-Belgas).

Un acuerdo al margen de la Subprefectura de Tepeaca que dice:

Septiembre, 22 de 1865.

De enterado, manifestando que ya se hace saber esta disposición a las autoridades del resorte de esta oficina.

R. Cumplida en la misma fecha.

Número 44

Oficio del Juzgado Municipal de Acatzingo sobre el mismo asunto.

Un sello que dice: Juzgado Municipal de Acatzingo.

Acatzingo, septiembre 21 de 1865.

El señor secretario de la Prefectura Política del Departamento, por parte telegráfico recibido hoy a la una del día, me dice lo que copio:

El comandante Superior ofrece 1.000 pesos por la reaprehensión del general Porfirio Díaz que se ha fugado hoy de esta ciudad, por lo que de orden superior prevengo a usted proceda a la reaprehensión por medio de los agentes de esa oficina y que los avise al señor comandante Carrasco, con el mismo objeto.

Y lo transcribo a usted para su conocimiento, y que dé aviso al señor Carrasco, protestándole con tal motivo mi consideración y respeto.

El alcalde Municipal, J. de J. Machorro.

Una rúbrica.

Señor subprefecto del Distrito de Tepeaca.

Un acuerdo al margen que dice:

Septiembre 21 de 1865.

Recomiéndese al comandante Carrasco y al subprefecto de Tepeji la reaprehensión de que se trata y dígase así en respuesta.

Número 45

De estas 30 piezas, trajo 23 el coronel González, de las cuáles 12 eran de montaña de a siete que había yo mandado fundir en Oaxaca a imitación del sistema austriaco, y cinco piezas que yo tenía del mismo sistema, quitadas a los austriacos en la acción de La Carbonera, dos obuses lisos de montaña quitados al enemigo en Miahuatlán y las otras cuatro fueron tomadas al enemigo en Oaxaca; cuatro rayadas del sistema austriaco que trajo su fuerza el general Alatorre, y tres de sitio que el coronel Terán desmontó del Cerro del Borrego en Orizaba, y trajo al sitio de Puebla.

Capítulo XCVI

Después de escrito este capítulo llegó a mis manos la copia que se inserta enseguida de una comunicación que dirigí el 13 de julio de 1867 al secretario de Hacienda del Gobierno Federal, poniendo a su disposición la existencia que tenía en caja mi Comisario y en algunas oficinas de la capital, que importó 115.701 pesos 34 centavos.

Número 46
Comunicación del general Porfirio Díaz al ministro de Hacienda
13 de julio de 1867
Ejército Mexicano.
Línea de Oriente.
General en jefe.
Sección de Hacienda.
C. ministro:
Al dimitir hoy nuevamente el cargo de general en jefe del Ejército y Línea de Oriente, juntamente con las amplias facultades con que el Supremo Gobierno me había investido, tengo el honor de manifestar a usted que quedan a su disposición en la Comisión general del Ejército la cantidad de 104.000 pesos; en la Administración Principal de Rentas del Distrito Federal, 3.517 pesos 15 centavos; y en la Oficina de Contribuciones, 8.184 pesos 19 centavos, no haciendo mención de las rentas de Correos, papel sellado o bienes nacionalizados, por ser de poca consideración hasta ahora sus rendimientos de las dos primeras, y ningunos los de la última.
Libertad y Reforma.
México, julio 13 de 1867.
Porfirio Díaz.
Una Rúbrica.
C. ministro de Hacienda y Crédito Público.
Chapultepec.
Es copia de la original que existe en mi poder.
México, noviembre 17 de 1892.
Manuel Santibáñez.

Número 47
Último corte de caja de la Comisaría general del Ejército de Oriente

Se inserta enseguida el último corte de caja que practicó la Comisaría general del Ejército de Oriente, que comprende el movimiento de caudales que hubo en esta oficina del 26 de mayo al 2 de agosto de 1867.

CORTE DE CAJA general relativo a la entrada y salida de caudales habidos en la Comisaría general del Ejército de Oriente del 26 de mayo al 2 de agosto del corriente año.

CARGO

A entrega hecha por el C. Francisco Camacho ... $14 825.00

Existencia de meses anteriores ... $87 232.91

Pagaduría del Supremo Gobierno ... $17 000.00

Administración Principal de Rentas de México ... $81 924.75

Administración Principal de Papel Sellado .. $4 106.90

Administración Principal de Correos ... $5 210.00

Recaudación de Contribuciones ... $2 220.00

Ensaye Mayor ... $17 918.00

Jefatura política ... $$13 711.79

Jefatura de Hacienda del Distrito ... $233 312.02

Jefatura de Hacienda de Veracruz ... $52 482.19

Jefatura de Hacienda de Tabasco ... $3 718.00

Jefatura de Hacienda de Puebla ... $12 282.00

Inspección de Aduana de Veracruz y Tabasco ... $10 500.00

Tesorería del 1.er Distrito ... $18 899.91

Tesorería del 2.º Distrito ...$4 152.09

Tesorería del 3.er Distrito ... $27 207.13

Tesorería general de Oaxaca ... $296.25

Tesorería general del Ejército de Operaciones ... $29 998.00

Tesorería general del Ejército de Occidente ... $2 933.75 3/4

Banco de Londres ... $200 000.00

Préstamos en calidad de reintegro ... $30 997.00

Préstamos a la Secretaría del Cuartel general ... $15 100.00

Depósitos ... $1 880.20 1/2

Donativos ... $116.93

Aprovechamientos ... $185.00

Pagaduría de Inválidos ... $52.50

Total cargo ... $918 142.33 1/4

DATA

Ministerio de Hacienda

Remisiones a la Administración de Rentas de México ... $17 852.09

Remisiones a la Prefatura de Hacienda de Tabasco ... $3 000.00

Remisiones a la Jefatura Política del Distrito ... $5 000.00

Inspección de Policía ... $3 363.00

Tesorería del 1.er Distrito ... $40.00

Pagaduría del Supremo Gobierno ... $10 000.00

Pagaduría de la 2.ª División ... $38.81

Reintegro por suplentes ... 50 800.00

Ayuntamiento de México ... $10 000.00

Ayuntamiento de Guadalupe Hidalgo ... $500.00

Cuerpo Diplomático ... $100.00

Ferrocarril línea de Apizaco ... $6 500.00

Sección telegráfica ... $1 430.00

Sección de Correos ... $138.00

Impresiones ... $4 567.62 1/2

Arrendamiento de casa ... $300.00

Gastos generales de Hacienda ... $369.97 1/2

Gastos menores de oficina ... $118.43 3/4

Ingenieros civiles ... $314.72 3/4

Estado Mayor del C. general en jefe ... $10 280.23 1/4

Secretaría del Cuartel general y sus gastos ... $8 517.50

Cuartel Maestre ... $1 608.00

Estado Mayor. 1.ª División Infantería ... $1 041.04 1/4

Mayoría general. 1.ª División Infantería ... $23.25

Mayoría general. 2.ª División Infantería ... $548.01 1/2

Estado Mayor. División Caballería ... $227.67 1/4

Mayoría general. División Caballería ... $417.25

Estado Mayor. 1.ª Brigada. 1.ª División ... $1 223.72 3/4

Estado Mayor. 2.ª Brigada. 1.ª División ... $766.14

Estado Mayor. 3.ª Brigada. 1.ª División ... $345.56 3/4

Estado Mayor. 4.ª Brigada. 1.ª División ... $82.37 1/2

Estado Mayor. 1.ª Brigada. 2.ª División ... $386.50 1/2

Estado Mayor. 2.ª Brigada. 2.ª División ... $32.62 1/2

Estado Mayor. 3.ª Brigada. 2.ª División ... $882.62 1/2

Estado Mayor. 4.ª Brigada. 2.ª División ... 292.73

Mayoría de Órdenes. 1.ª Brigada ... $17.00

Mayoría de Órdenes. 2.ª Brigada ... $$12.50

Mayoría de Órdenes. 3.ª Brigada ... $667.18

Mayoría de Órdenes. 4.ª Brigada ... $9.75

Mayoría de Plaza ... $509.63

Estado Mayor. División mixta ... $220.87 1/2

Estado Mayor. Brigada mixta ... $215.37 1/2

Estado Mayor. Brigada Fragoso ... $107.44

Estado Mayor. Brigada Malo ... $7.50

Estado Mayor. Brigada Núñez ... $33.90 1/2

Estado Mayor. Brigada Observaciones ... $86.62 1/2

Mayoría de Órdenes. Brigada mixta ... $168.49

Estado Mayor. Brigada Márquez Galindo .. $236.50

Estado Mayor. Brigada Ligera ... $20.50

Estado Mayor. Brigada Sección Tlalnepantla ... $107.12 1/2

Estado Mayor. Brigada Cuéllar ... $58.75

Estado Mayor. Brigada León ... $19.25

Estado Mayor. Brigada de Caballería ... $590.77 1/2

Estado Mayor del general Téllez Girón ... $412.50

Estado Mayor del general Vélez ... $712.58

Estado Mayor. Brigada Hinojosa ... $207.62 1/2

Estado Mayor. Brigada Terán ... $46.58

Estado Mayor. Brigada Carreón ... $217.80 1/2

Estado Mayor. Brigada Figueroa ... $696.00

Estado Mayor. Brigada Lalanne ... $463.62 1/2

Legión de Honor. Brigada Núñez ... $42.75

Legión de Honor. División Mixta ... $13.81 1/4

Legión de Honor. Brigada Fragoso ... $64.62 1/2

Legión de Honor. Brigada Cuéllar ... $240.75

Legión de Honor. Brigada Observaciones ... $35.00

Legión de Honor. Brigada Mixta ... $30212

Legión de Honor. Brigada Figueroa ... $158.78 1/4

Legión de Honor. Brigada Hinojosa ... $124.50

Legión de Honor. Brigada Lalanne ... $128.75

Legión de Honor. Distrito Federal ... $2 799.00

Legión de Honor. Distrito Caballería ... $678.75

Legión de Honor. Sección Tlalnepantla ... $1 554.75

Legión de Honor. Resguardo de Puebla ... $4.00

Legión de Honor. C. general Corona ... $1 536.75

Sección de Ingenieros ... $1 090.29

Zapadores de Oaxaca ... $1 770.85 1/2

Artillería ... $15 968.49

Matrícula de Veracruz ... $435.00

Batallón Inválidos ... $3 545.26

1.er Batallón Cazadores ... $3 825.49 3/4

2.º Batallón Cazadores ... $9 525.08 1/4

3.er Batallón Cazadores ... $8 919.77 1/2

4.º Batallón Cazadores ... $5 510.12 1/2

5.º Batallón Cazadores ... $9 458.81 1/4

6.º Batallón Cazadores ... $9 050.74 1/2

1.er Ligero de Tlaxcala ... $4 151.84 1/4

2.º Ligero de Tlaxcala ... $1 348.44 3/4

Batallón. 1.er Ligero de Zaragoza ... $2 043.06 1/4

1.er Batallón de Policía ... $14 299.24 1/2

2.º Batallón de Policía ... $7 346.55 1/2

1.er Batallón de Huahuchinango ... $1 946.95

2.º 'Batallón de Huahuchinango ... $3 351.15 1/4

3.º Batallón de Huahuchinango ... $2 176.62 1/2

4.º Batallón de Huahuchinango ... $3 378.80 1/2

3.er Batallón de Toluca ... $3 377.56 1/4

Batallón 1.ª Sección ... $5 003.10 3/4

Batallón 2.ª Sección ... $6 422.91 3/4

Batallón 3.ª Sección ... $3 120.47

Batallón Libres de Oaxaca ... $7 625.74

Batallón Cazadores de Toluca ... $2 882.12 1/4

Batallón Cazadores de Hidalgo ... $5783.57 1/2

Batallón Rifleros Puebla ... $2 397.57 1/2

Batallón Mixto de México ... $462.18 3/4

Batallón Mixto de Toluca ... $176.68

Batallón Yautepec ... $2 239.69 1/4

Batallón Tonacatepec ... $1 953.61 1/4

Batallón Tepozotlán ... $1 854.78 1/2

Batallón Llave ... $2 225.37 1/2

Batallón Guerrero ... $4 647.06

Batallón de Las Cruces ... $966.34 1/4

Batallón Zacatlán ... $1 992.39 3/4

Batallón Ocampo ... $3 865.50

Batallón Ajusco ... $2 189.58 1/4

Batallón Tulancingo ... $234.50

Batallón de la Montaña ... $114.58 3/4

Batallón Xochimilco ... $2 656.28

Batallón Tetela de Ocampo ... $1 276.37 3/4

Batallón Tiradores de México ... $8 366.35 1/2

Batallón 6.º de Línea ... $168.93 3/4

Infantería Brigada Núñez ... $29.28

Compañía de Tacubaya ... $286.32

Cuerpo Médico ... $6 040.78 1/4

1.er Cuerpo Rifleros de Oaxaca ... $8 285.63 1/4

2.º Cuerpo Rifleros de Oaxaca ... $2 463.94

1.er Cuerpo de Saltillo ... $126.00

1.er Regimiento del Distrito Federal ... $5 960.23 3/4

2.º Regimiento del Distrito Federal ... $5 085.25

2.º Cuerpo de caballería ... 2 917.74 3/4

1.er Regimiento San Luis Potosí ... $427.00

Regimiento Figueroa ... $11 134.79 1/2

1.er Escuadrón. Brigada Malo ... $46.40 3/4

2.º Escuadrón. Brigada Malo ... $41.25

3.er Escuadrón. Brigada Malo ... $108.87 1/2

4.º Escuadrón. Brigada Malo ... $39.43 3/4

6.º Escuadrón. Brigada Malo ... $28.75

1.er Escuadrón. Brigada Ligero ... $278.43 3/4

2.º Escuadrón. Brigada Ligero ... $344.87 1/2

3.er Escuadrón. Brigada Ligero ... $434.00

4.º Escuadrón. Brigada Ligero ... $78.87 1/2

6.º Escuadrón. Brigada Ligero ... $64.00

1.er Escuadrón. Brigada Mixto ... $1 628.89 1/4

2.º Escuadrón. Brigada Mixto ... $1 296.50

3.er Escuadrón. Brigada Mixto ... $1 655.41

4.º Escuadrón. Brigada Mixto ... $1 555.72 1/2

5.º Escuadrón. Brigada Mixto ... $753.18 3/4

6.º Escuadrón. Brigada Mixto ... $389.25

1.er Escuadrón. Brigada Fragoso ... $256.91

2.º Escuadrón. Brigada Fragoso ... $424.93 3/4

3.er Escuadrón. Brigada Fragoso ... $301.50

1.er Escuadrón Tlalnepantla ... $56.43 3/4

2.º Escuadrón Tlalnepantla ... $212.12 1/2

Escuadrón Juárez ... $1 370.91

Escuadrón Juárez de Nopala ... $1 071.63

Escuadrón Pérez ... $705.86 3/4

Escuadrón León ... $1 785.52

Escuadrón Osio ... $148.95

Escuadrón Chignahuapan ... $918.00

Escuadrón Lanceros de Puebla ... $3 085.45 1/2

Escuadrón Lanceros de Texcoco ... $3 685.27 1/2

Escuadrón Lanceros de Sierra Alta ... $4 565.06 1/2

Escuadrón Lanceros de Guanajuato ... $2 539.45 3/4

1.er Cuerpo. Resguardo de México ... $2 088.49 3/4

2.º Cuerpo. Resguardo de México ... $80.25

Resguardo de Puebla ... $3 035.00

Resguardo de Teotihuacán ... $943.87 1/2

Resguardo de Tlaxcala ... $22.50

Caballería de la Brigada Núñez ... $327.56 1/4

Guerrilla Noriega ... $16.37 1/2

Escolta del Cuartel general ... $4 526.93 3/4

Escolta del general de Cuéllar ... $475.12 ´/2

Ejército de Occidente ... $11 721.50

Ejército del Norte ... $110 863.33

División Riva Palacio ... $30 487.29 1/2

División del Sur ... $2 260.20 1/4

División de caballería ... $278.96

Brigada Carvajal ... $12 353.63 1/4

Brigada Cuéllar ... $12 088.07 1/2

Brigada Rivera ... $26 942.87 3/4

Brigada Hinojosa ... $34 554.32 1/2

Brigada Rodríguez Bocardo ... 6 186.00

Brigada Huetamo ... $1 810.27

Brigada Querétaro ... $3 652.80 1/2

Brigada Observaciones ... $81.75

Brigada Fragoso ... $14 631.45

Depósito de jefes y oficiales ... $8 203.62 1/2

Prisiones militares ... $206.00

Oficiales sueltos ... $19 047.88

Hospital estancias ... $1 537.75

Hospitalidades ... $7.50

Empleados civiles de hospital ... $354.00

Tren de conducción ... $41 565.12 1/2

Gastos extraordinarios de guerra ... $13 922.01

Gastos extraordinarios construcción vestuario ... $10 129.37 1/2

Gastos extraordinarios compra de jerga ... $3 000.00

Ministrado a viudas ... $390.00

Maestranza ... $26 309.82

Prisioneros de guerra ... $6 638.12 1/2

Utensilios de guardias de plaza ... $618.29

Egreso total por este ramo ... $716 476.75 3/4

Salida general ... $830 909.42 1/4

Existencia del mes ... $87 232.91

GRAN TOTAL ... $918 142.33 1/4

DEMOSTRACIÓN

Cargo general ... $918,142.33 1/4

Data ídem. ... $830,909.42 1/4

Existencia de meses ... $7,232.91

México, agosto 4 de 1867.

J. Robles Linares.

Rúbrica Vo.Bo., El encargado Eduardo M. Paredes, Rúbrica.

NOTA. Los 200.000 pesos que aparecen en el cargo, son los que prestaron al C. general en jefe varios comerciantes.

Apéndice. Documentos 48 y 49

Número 48

HOJA DE SERVICIOS DEL GENERAL DE DIVISIÓN PORFIRIO DÍAZ.

SECRETARIA DE GUERRA Y MARINA

DEPARTAMENTO DEL CUERPO ESPECIAL DE ESTADO MAYOR

PLANA MAYOR DEL EJERCITO

Hoja de servicios del C. general de División Porfirio Díaz, su edad cincuenta y dos años, natural de Oaxaca, del Estado del mismo, su estado casado, sus servicios y circunstancias los que a continuación se expresan:

El 22 de diciembre de 1956, fue capitán de Infantería de la Guardia Nacional por el gobierno del Estado de Oaxaca, cargo que ocupó por un año y siete meses.

El 22 de julio de 1858, fue comandante de batallón de la Guardia Nacional, por el gobierno del Estado de Oaxaca, cargo que ocupo por once meses y catorce días.

El 6 de julio de 1859 fue teniente coronel de Infantería de la Guardia Nacional por el gobierno del Estado de Oaxaca, cargo que ocupó por cuatro meses y diecinueve días.

El 25 de noviembre de 1859 fue coronel de Infantería de la Guardia Nacional, por el gobierno del Estado de Oaxaca, cargo que ocupó por un año, ocho meses y veintiocho días.

El 22 de agosto de 1860, fue coronel de Infantería permanente, nombrado por el presidente Juárez, cargo que ocupó por un año, ocho meses y veintiocho días.

El 23 de agosto de 1861, alcanzó el grado de general de Brigada, nombrado por el presidente Benito Juárez, cargo que ocupó por dos años, un mes y veintiún días.

El 29 de mayo de 1863, fue nombrado general de Brigada efectivo, por el presidente Benito Juárez, cargo que ocupó por tres meses y quince días.

El 14 de octubre de 1863 fue nombrado general de División del Ejército, por el presidente Benito Juárez, cargo que ocupó por veinte años, dos meses y diecisiete días.

Obtuvo un abono de tiempo doble de tres años, seis meses y trece días, conforme al Decreto del 2 de diciembre de 1878, y certificado expedido el 21 de octubre de 1881.

Su actividad militar abarcó, hasta el tiempo en que escribió sus Memorias, treinta y dos años, seis meses y veintidós días.

CUERPOS EN QUE HA SERVIDO Y CLASIFICACIÓN DE TIEMPO

En la Compañía Guardia Nacional del partido de Ixtlán, en el 2.º Batallón de la misma milicia del Estado de Oaxaca y en las fuerzas del mismo Estado, de 22 de diciembre de 1856 a 1.º de julio de 1861, cuatro años, seis meses y nueve días.

De Diputado al Congreso de la Unión, con el mando de una fuerza que marchó de esta capital para hacer la campaña en el Estado de México, como Mayor de Órdenes de la Brigada de Oaxaca y con el mando de ella, de 2 de julio de 1861 a 17 de mayo de 1863, por un año diez meses y seis días.

De general en jefe del Ejército de Oriente, de 18 de mayo de 1863 a 9 de febrero de 1865, un año ocho meses y veintidós días.

Prisionero de guerra por el Ejército francés de 10 de febrero a 21 de septiembre de 1865, siete meses y doce días.

De general en jefe del Ejército y Línea de Oriente, de 22 de septiembre de 1865 a 21 de junio de 1867, un año y nueve meses.

Con el mando de la 2.ª División del Ejército, de 22 de junio de 1867 a 25 de mayo de 1868, once meses y cuatro días.

En cuartel, de 26 de mayo de 1868 a 14 de septiembre de 1870, tres años, tres meses y diecinueve días.

De Diputado al Congreso de la Unión, de 15 de septiembre de 1870 a 7 de noviembre de 1871, un año, un mes y veintitrés días.

Defendiendo los Planes de La Noria y Tuxtepec, de 8 de noviembre de 1871 a 30 de noviembre de 1876, tres años y veintitrés días.

En diferentes comisiones del servicio, según consta el pormenor en la parte respectiva de esta hoja, de 10 de diciembre de 1876 a la fecha en que se cierra esta hoja, siete años, un mes y un día.

Abono de tiempo doble conforme al Decreto de 2 de diciembre de 1878 y certificado expedido el 21 de octubre de 1881, cinco años, seis meses y doce días.

Total de servicios hasta el 31 de diciembre de 1883, treinta y dos años, seis meses y veintidós días.

Campañas y acciones de guerra en que se ha hallado
Año de 1857.
En la acción de Ixcapa el 13 de agosto, donde salió herido.
Año de 1858.
En la toma de la Plaza de Oaxaca el 9 de enero.
En la defensa de la Plaza de Oaxaca, de 23 de diciembre de 1857 a 16 de enero de 1858.
En la toma del pueblo de Jalapa, Distrito de Tehuantepec, el 25 de febrero.
En la acción de Las Jícaras el 13 de abril.
Año de 1859.
En la acción de Mixtequillas el 17 de junio.
En la acción de Tehuantepec el 26 de noviembre.
Año de 1860.
En la acción de Mitla el 21 de enero.
En la acción del Fortín de La Soledad el 2 de febrero.
En la acción del Marquesado el 9 de marzo.
En la acción de Ixtepeji el 16 de marzo.
En la toma de la Plaza de Oaxaca el 5 de agosto, donde salió herido.
Año de 1861.

En la acción de Jalatlaco el 13 de agosto, en la que por su buen comportamiento obtuvo el grado de general de Brigada.

En la batalla de Pachuca el 20 de octubre

Año de 1862.

En la acción de las Cumbres de Acultzingo el 28 de abril contra el Ejército francés.

En la Batalla del 5 de mayo contra el mismo Ejército.

En la acción de la Selva, frente a Orizaba, el 14 de junio.

Año de 1863.

En el sitio de Puebla contra los franceses de marzo a mayo.

En la acción de Taxco en los días 26, 27 y 28 de octubre, mandando en jefe.

Año de 1864.

En la acción de San Antonio Nanahuatipan el 10 de agosto, mandando en jefe.

En el sitio de Oaxaca de diciembre de 1864 a febrero de 1865, mandando en jefe.

Año de 1865.

En la acción de Tehuistzingo el 22 de septiembre, mandando en jefe.

En la acción de Piaxtla el 23 de septiembre, mandando en jefe.

En la acción de Tultzingo el 1.º de octubre. mandando en jefe.

En la acción de Comitlipa el 4 de diciembre, mandando en jefe.

Año de 1866.

En la acción de Lo de Soto el 25 de Febrero, mandando en jefe.

En el combate de Putla el 14 de abril, mandando en jefe.

En la acción de Huajuápam de León el 5 de septiembre, mandando en jefe.

En la acción de Nochistlán el 23 del mismo, mandando en jefe.

En la Batalla de Miahuatlán el 3 de octubre, mandando en jefe.

En la Batalla de La Carbonera el 18 de octubre, mandando en jefe.

En la acción de La Chitova el 18 de diciembre mandando en jefe.

Año de 1867.

En el asalto y toma de la Plaza de Puebla e 2 de abril, mandando en jefe.

En la Batalla de San Diego el Notario el 6 de abril, mandando en jefe.

En la Batalla de San Lorenzo el 1.º de abril, mandando en jefe.

En el sitio y toma de la Plaza de México el 21 de junio, mandando en jefe.

Año de 1876.

En la acción de Huajuápam de León, mandando en jefe.

En la toma de la Plaza de Matamoros el 2 de abril, mandando en jefe.

En la acción de Icamole, mandando en jefe.

En la Batalla de Tecoac el 16 de noviembre, mandando en jefe.

Comisiones que ha desempeñado y servicios meritorios que ha contraído

En el año de 1861 fue electo Diputado al Congreso de la Unión.

En 2 de julio del mismo año se encargó del mando de una fuerza para hacer la campaña en el Estado de México.

En el año de 1870 fue electo Diputado al Congreso de la Unión.

Fue presidente de la República de 1.º de diciembre de 1876 a 30 de noviembre de 1880, durante cuatro años.

Fue secretario de Fomento del 1.º de diciembre de 1880 a 30 de noviembre de 1881, por un año.

Fue gobernador Constitucional del Estado de Oaxaca y Magistrado de la Suprema Corte de Justicia de 1.º de diciembre de 1881 a la fecha en que cierra esta hoja, dos años.

Total: siete años, un mes y un día.

Premios que ha obtenido por acciones militares.

Obtuvo el grado de general de Brigada por los buenos servicios que prestó en la acción de Jalatlaco el 13 de agosto de 1861.

Medalla por la Batalla de Pachuca el 20 de octubre de 1861.

Medalla de honor por la acción de Las Cumbres de Acultzingo el 28 de abril de 1862, creada por Decreto de 21 de mayo del mismo año.

Medalla de honor por la Batalla del 5 de mayo de 1862, creada por Decreto el 21 del mismo mes y año.

Cruz por el sitio de Puebla contra el Ejército Francés, creada por Decreto de 14 de junio de 1863.

Cruz de 1.ª Clase, creada por Decreto de 5 de agosto de 1867.

Cruz de Constancia de 2.ª Clase, creada por Decreto de 25 de junio de 1841 y de conformidad con el art. 1,726 de la Ordenanza general del Ejército.

Castigos que se le han impuesto.
Ninguno.

Licencias que ha usado.
Ninguna.

El general de Brigada José Montesinos, oficial Mayor de la Secretaría de Guerra y Marina, certifico: que la hoja de servicios que antecede, cerrada hasta sellada con el sello de la Secretaría y rubricadas por mí, ha sido formada al C. general de División Porfirio Díaz, en vista de los documentos que existen en su expediente.
México, a 31 de diciembre de 1883.
José Montesinos.
Oficial Mayor.
Téngase por válida la presente hoja de servicios.
El secretario de Guerra y Marina.
J. Naranjo.
Confrontada por el jefe del Departamento del Cuerpo Especial de Estado Mayor.
México, 31 de diciembre de 1883.
Francisco J. Troncoso.

Número 49.
Índice de algunos de los expedientes que existen en la Secretaría de Guerra y Marina, que contienen documentos relacionados con la carrera militar del general Díaz, de 1859 a 1867.
Después de escrito este volumen, encontré entre mis papeles personales, un índice de los expedientes que existen en la Secretaría de Guerra y Marina, que se relacionan con las operaciones militares que ejecuté de 1859 a 1867, y que sirve para fijar la fecha de varios de los sucesos referidos en este libro. Este índice tenía el extracto de cosa de doscientos expedientes, de los cuales he omitido más de la mitad, e inserto enseguida el resto que considero conducente para rectificar algunas de las fechas que he citado y que no sean exactas, y para fijar además otras varias, que no lo fueron por mí.

Número 1.

22 de diciembre de 1859.

El presidente de la República recomienda especialmente al gobernador de Oaxaca, dé el ascenso inmediato al teniente coronel Porfirio Díaz, por su brillante comportamiento en el ataque de Tehuantepec, el 25 de noviembre del mismo año.

Número 2.

26 de diciembre de 1859.

El Gobierno de Chiapas participa haber enviado auxilio de fuerza al teniente coronel Porfirio Díaz.

Número 3.

13 de enero de 1860.

El jefe Político y comandante Militar interino de Tehuantepec, participa que el día 10 del mismo marchó de aquella villa la Brigada Mixta, al mando del coronel Porfirio Díaz, con dirección a la capital del Estado, para batir al enemigo.

Número 4.

23 de enero de 1860.

Derrota de fuerzas constitucionalistas al mando del coronel Porfirio Díaz en el pueblo de Mitla por fuerzas reaccionarias que obedecían a Cobos, y completa derrota de éstas al día siguiente 24, en las lomas frente a Santo Domingo del Valle, por fuerzas del señor Díaz Ordaz.

Número 5.

24 de enero de 1860.

Completa derrota de fuerzas reaccionarias al mando de Cobos en las lomas frente a Santo Domingo del Valle, por fuerzas constitucionalistas del Estado de Oaxaca a las órdenes del señor José María Díaz Ordaz. En su marcha las fuerzas triunfantes sobre la capital del Estado, se les incorporó con las suyas el coronel Porfirio Díaz, en las lomas frente a Tlalixtac, el 26 del mismo mes.

Número 6.

30 de enero de 1860.

Nombramiento del coronel Porfirio Díaz para en jefe de la Brigada de la Sierra, de la División de operaciones del Estado de Oaxaca.

Número 7.

19 de abril de 1860.

Mención honorífica en favor del coronel Porfirio Díaz por el asalto y toma de la manzana inmediata al Convento de la Concepción, en Oaxaca, cuyo punto defendía Cobos.

Número 8.

11 de mayo de 1860.

El coronel Porfirio Díaz aprueba el levantamiento del campo, de las fuerzas al mando del general Rosas Landa, quien entrega el mando al coronel Salinas, después de verificada una Junta de Guerra.

Número 9.

6 de junio de 1860.

El coronel Salinas manifiesta que como se le tiene prevenido, obrará de acuerdo con el segundo en jefe de la División de Oaxaca, coronel Porfirio Díaz.

Número 10.

5 de agosto de 1860.

Acción de guerra dada en Oaxaca por la División del Estado, en cuya jornada salió herido el coronel Porfirio Díaz, quedando la plaza en poder de las fuerzas constitucionalistas.

Número 11.

2 de julio de 1861.

La Brigada de Sotavento a las órdenes del coronel Porfirio Díaz, marcha con el general González Ortega.

Número 12.

2 de julio de 1861.

En el Estado Mayor de la 1.ª Brigada de Oaxaca, figura como Mayor de Órdenes el C. coronel Porfirio Díaz.

Número 13.

22 de julio de 1861.

Parte del general González Ortega de la jornada de Jalatlaco el 14 del mismo. Mención honorífica del coronel Porfirio Díaz, por su arrojo en dicha jornada, y por lo cual se le da el grado de general de Brigada.

Número 14.

21 de septiembre de 1861.

El general Porfirio Díaz permanece en San Bartolo Naucalpan hasta ponerse en contacto con el coronel O'Horan. Participa el encuentro que tuvo con los reaccionarios en la Magdalena.

Número 15.

23 de septiembre de 1861.

Orden del general Porfirio Díaz para que emprenda su marcha a la capital, dejando en Tacubaya las caballerías que se le indican.

Número 16.

20 de octubre de 1861.

Detalle de la acción de Pachuca, en la que tomó parte el general Porfirio Díaz.

Número 17.

23 de noviembre de 1861.

Orden al general Porfirio Díaz para que marche a Toluca con la fuerza que se le indica, a recibir una batería con su dotación correspondiente que le entregará el general Berriozábal.

Número 18.

4 de diciembre de 1861.

El gobernador de Puebla cree conveniente la salida de la Sección Díaz en persecución de Montaño y Vicario.

Número 19.
25 de junio de 1862.
El general Zaragoza informa a la Secretaría de Guerra que ha nombrado al general Porfirio Díaz jefe de la División La Llave.

Número 20.
16 de julio de 1862.
El general Zaragoza traslada un oficio del general Porfirio Díaz, participando que el enemigo con 50 hombres de infantería y 80 de caballería, se dirigió a Boca del Río, pero que tomando las providencias correspondientes, se retiró de dicho punto.

Número 21.
14 de octubre de 1862.
Telegrama del general González Ortega, comunicando a la Secretaría de Guerra que el general Porfirio Díaz salió de Oaxaca el día 10.

Número 22.
20 de febrero de 1863.
Organización del Ejército de Oriente, en que consta como jefe de la 2.ª Brigada el general Porfirio Díaz.

Número 23.
3 de abril de 1863.
Parte del general Porfirio Díaz sobre el asalto dado a las manzanas de San Marcos y San Agustín. Orden general del Ejército de Oriente en que se hace mención honorífica del mismo general.

Número 24.
23 de abril de 1863.

Telegramas del general Comonfort de 1861 a 1863, relativos al sitio de Puebla; defensa hecha por el general Porfirio Díaz en varias localidades de dicha ciudad.

Número 25.
28 de abril de 1863.
Mención honorífica del general Porfirio Díaz por el combate del 25 de abril en Puebla. Ataque a Santa Inés.

Número 26.
6 de junio de 1863.
El general Juan José de la Garza remite copia de la comunicación del general Porfirio Díaz, referente al desempeño de la comisión que le encomendó el general Cuartel Maestre para contener el movimiento a mano armada que consumó el Batallón Auxiliar de la Libertad, en el camino de las Cruces a Cuajimalpa, y acompaña copia de la orden general extraordinaria sobre la nueva organización del Ejército de su mando.

Número 27.
16 de junio de 1863.
El secretario de Guerra, desde San Luis Potosí, translada al general en jefe, Felipe B. Berriozábal, el parte del general J. J. de la Garza, de las operaciones practicadas desde la evacuación de la Capital de la República, hasta aquella fecha, expresando que el general Porfirio Díaz, con su División, pernoctó la noche del 12 en La Soledad.

Número 28.
18 de junio de 1863.
Copia de una comunicación dirigida a la Secretaría de Guerra por el general Juan José de la Garza, dando cuenta de sus operaciones y situación del Ejército, participa que la 1.ª División al mando del general Porfirio Díaz, cubre el camino del Interior.

Número 29.

20 de junio de 1863.

Organización dada al Ejército de Operaciones por el general Felipe B. Berriozábal, por la que se asigna al general Porfirio Díaz el mando de la 1.ª División. El presidente ordena que se encargue del mando de dicho Ejército el mencionado general Díaz.

Número 30.

30 de junio de 1863.

Primera División de Caballería.

General en jefe.

Remite la sumaria formada con motivo del descalabro de Mata-Gorda, el cual se pasó para su continuación al general Porfirio Díaz, en jefe del Ejército de Operaciones.

Número 31.

30 de junio de 1863.

Orden para que sea nombrado general en jefe del Ejército de Operaciones el general Porfirio Díaz.

Número 32.

3 de julio de 1863.

El Cuartel Maestre del Ejército de Operaciones acusa recibo de la comunicación por la que se da a reconocer como general en jefe interino de dicho Ejército al general Porfirio Díaz.

Número 33.

7 de julio de 1863.

El general Porfirio Díaz, en jefe del Ejército de Operaciones, avisa haber ordenado que el general Echegaray, se encargue de la Segunda División de Infantería (conservando el cargo de Cuartel Maestre, y el general Escandón de su Brigada), a fin de que el general García se presente al Ministerio de Guerra.

Número 34.

16 de julio de 1863.

El general Porfirio Díaz, en jefe del Ejército de Operaciones, traslada el parte del general Cuartel Maestre, relativo a las noticias que tiene del enemigo y a la traición Que cometió el ex coronel Laureano Valdés.

Número 35.

21 de julio de 1863.

El general Porfirio Díaz, en jefe del Ejército de Operaciones, trascribe la comunicación del gobernador de Michoacán, participando la defección del Primer Batallón de Matamoros, y pide fuerza para guarnecer aquella capital; y que ha dispuesto marche a la misma plaza la Brigada Quiroga.

Número 36.

30 de julio de 1863.

El general Porfirio Díaz, en jefe del Ejército de Operaciones, comunica haber dispuesto que marche a San Luis la Brigada Quiroga.

Número 37.

23 de julio de 1863.

El general Berriozábal avisa desde Querétaro que espera en dicha ciudad al C. general Porfirio Díaz, para conferenciar con él.

Número 38.

30 de julio de 1863.

El general Porfirio Díaz dice: que luego que se presente el coronel Rincón Gallardo le interrogará por qué no escoltó con el Escuadrón Guías de Jalisco al general Corona.

Número 39.

31 de julio de 1863.

El general Porfirio Díaz, en jefe del Ejército de Operaciones, comunica haber librado órdenes para que el coronel Kemfer marche a San Luis no verificando lo mismo la Brigada Caamaño por haberse dirigido a Morelia.

Número 40.

3 de agosto de 1863.

El general González Ortega, da noticia del entonces graduado, Porfirio Díaz.

Número 41.

9 de agosto de 1863.

El general Porfirio Díaz participa haber ordenado que se incorpore a su Cuerpo de Ejército la fuerza que se halla en el 6.º Cantón de Michoacán.

Número 42.

17 de agosto de 1863.

El general Porfirio Díaz manifiesta que cuando se presente el general Benavides lo dará a reconocer como Mayor general de la 1.ª División del Cuerpo de Ejército de su mando.

Número 43.

9 de septiembre de 1863.

El general Porfirio Díaz participa haber desaparecido, en San Miguel Allende, el Cuerpo de Lanceros Rincón Gallardo, ignorando si marchó a otro punto, de orden superior.

Número 44.

9 de septiembre de 1863.

El general Porfirio Díaz manifiesta que la Brigada de Querétaro se le ha incorporado.

Número 45.

9 de septiembre de 1863.

El general Porfirio Díaz, en jefe del Ejército de Operaciones, participa que los prisioneros hechos en Zumpango de la Laguna por el coronel Romero, serán destinados a los cuerpos de la 1.ª División.

Número 46.

11 de septiembre de 1863.

El general Porfirio Díaz pide se le incorpore el jefe de la 1.ª División de caballería con la Brigada de la misma que se halla en Morelia.

Número 47.
22 de septiembre de 1863.
Plan general de campaña del ministro de la Guerra, Ignacio Comonfort.
El general Porfirio Díaz es nombrado jefe de la 2.ª División de Oriente.

Número 48.
17 de octubre de 1863.
El general Porfirio Díaz, en jefe de la 1.ª División de Oriente, participa que continúa su marcha sobre Tejupilco en persecución del enemigo.

Número 49.
22 de octubre de 1863.
Se comunica al general Rojas que la fuerza perteneciente a Tlaxcala, luego que llegue a aquel punto o entre al Estado de Puebla, quedará exclusivamente a las órdenes del general Porfirio Díaz.

Número 50.
26 de octubre de 1863.
El general Comonfort, secretario de Guerra, trascribe al oficial Mayor la comunicación que le dirigió el general Echegaray en la que, entre otras cosas, dice que el general Porfirio Díaz llegó sin novedad a Tejupilco.

Número 51.
28 de octubre de 1863.
Se conceden facultades especiales al general Porfirio Díaz.

Número 52.
26 de noviembre de 1863.
Sobre que las fuerzas que evacuaron a Jalapa y se retiraron a Misantla, pertenecientes a Veracruz, quedan a las órdenes del general Porfirio Díaz.

Número 53.

3 de diciembre de 1863.

El general Porfirio Díaz, en jefe de la Línea de Oriente y gobernador del Estado de Oaxaca, da parte de las dificultades que venció para que le reconocieran tal carácter al señor Cajiga y la Legislatura del Estado.

Número 54.

3 de febrero de 1866.

El general Porfirio Díaz reasume el mando en jefe de la División de Oriente.

Número 55.

15 de mayo de 1866.

El general Alejandro García trascribe el oficio del general Porfirio Díaz, en que le participa la victoria alcanzada sobre el enemigo que estaba en Jamiltepec.

Número 56.

15 de mayo de 1866.

Triunfo del general Porfirio Díaz sobre el español Ceballos que ocupaba a Putla, el 14 de abril de 1866.

Número 57.

20 de agosto de 1866.

El general Porfirio Díaz participa el movimiento general que empezó a hacer desde el día 10 y las interesantes operaciones que se han verificado en Chiautla, desde aquella fecha.

Número 58.

25 de septiembre de 1866.

El general Porfirio Díaz participa la insurrección de la sierra Juárez contra el llamado Imperio, y el nombramiento del coronel Félix Díaz para que se dirija a aquellos patriotas. Con la misma fecha la persecución y derrota de una fuerza enemiga en Nochistlán.

Número 59.

3 de octubre de 1866.

Triunfo del general Porfirio Díaz sobre las fuerzas imperialistas de Oronoz en las lomas de los Nogales a inmediaciones de Miahuatlán.

Número 60.

18 de octubre de 1866.

El general Porfirio Díaz da parte del triunfo que obtuvo en La Carbonera derrotando a traidores e invasores.

Número 61.

31 de octubre de 1866.

Parte relativo a la campaña de Oaxaca: sitio y toma de la capital de aquel Estado por fuerzas al mando del general Porfirio Díaz.

Número 62.

19 de diciembre de 1866.

Derrota del enemigo en el rancho de La Chitova por fuerzas del general Porfirio Díaz.

Número 63.

19 de enero de 1867.

El general Porfirio Díaz participa la pacificación de Tehuantepec, y que abre la campaña sobre Puebla y México.

Número 64.

20 de febrero de 1867.

El general Porfirio Díaz queda enterado de la disposición suprema sobre que el general Pavón se entienda directamente con él en lo relativo a las operaciones de la Línea de su mando.

Número 65.

4 de mano de 1867.

El general Porfirio Díaz nombra comandante Militar de Oaxaca al coronel Félix Díaz.

Número 66.

4 de marzo de 1867.

El general Porfirio Díaz rechaza dignamente las proposiciones de Maximiliano, manifestando al enviado de éste que si el archiduque cayera en su poder, lo ejecutaría con arreglo a las leyes de la República.

Número 67.

11 de marzo de 1867.

El general Porfirio Díaz dispone que el general Méndez con una fuerza respetable marche a ponerse a las órdenes del general Escobedo.

Número 68.

11 de marzo de 1867.

El general Porfirio Díaz dispone que el general A. García reasuma el mando del Estado de Veracruz.

Número 69.

2 de abril de 1867.

Asalto y toma de la plaza de Puebla por fuerzas al mando del general de División Porfirio Díaz.

Número 70.

3 de abril de 1867.

El general Porfirio Díaz desde Puebla da parte de las disposiciones que ha tomado para batir a Márquez y auxiliar a los sitiadores de Querétaro.

Número 71.

4 de abril de 1867.

El general Porfirio Díaz da parte de las disposiciones que ha tomado respecto de prisioneros de guerra del enemigo.

Número 72.

6 de abril de 1867.

El general Porfirio Díaz da parte de que el Batallón Hidalgo cooperó en las operaciones sobre Puebla.

Número 73.
10 de abril de 1867.
El general Porfirio Díaz participa la completa derrota del enemigo en el Puente de San Cristóbal, perseguido desde la Hacienda de San Lorenzo.

Número 74.
11 de abril de 1867.
El general Guadarrama manda 2,000 hombres en auxilio del general Porfirio Díaz.

Número 75.
11 de abril de 1867.
El general Porfirio Díaz transcribe el parte del general Leyva sobre derrota de Márquez en su marcha para México.

Número 76.
14 de abril de 1867.
El general Porfirio Díaz, desde el campo sobre Tacubaya ordena se le incorpore la Brigada de Puebla.

Número 77.
23 de abril de 1867.
Parte relativo a la persecución que hizo el Mayor general de la primera División de Caballería a fuerzas enemigas desde la Hacienda de San Lorenzo, hasta inmediaciones de México.

Número 78.
26 de abril de 1867.
Persecución del enemigo por el general Guadarrama en cumplimiento de órdenes del general Porfirio Díaz, hasta la completa derrota de aquél, en el Puente de San Cristóbal.

384

Número 79.

26 de junio de 1867.

Partes del general Díaz relativos al desconocimiento de Márquez por la guarnición de México. Capitulación y rendición de esta plaza el 21 del mismo mes.

Número 80.

1.º de julio de 1867.

El general Porfirio Díaz participa la ocupación de Veracruz el día 30 del pasado por el Ejército de la República.

Número 81.

14 de julio de 1867.

El general Porfirio Díaz comunica lo relativo a la Caja del Batallón Llave de la Brigada Figueroa.

Número 82.

30 de julio de 1867.

El general Porfirio Díaz da cuenta de haberse dado de baja los Batallones Guerrero, Tiradores y el de Tepozotlán.

Número 83.

31 de julio de 1867.

El general Porfirio Díaz da parte de haberse dado de baja la Guardia Nacional de Jalapa.

Número 84.

2 de agosto de 1867.

El general Porfirio Díaz trasmite comunicación sobre recompensa a los sitiadores de la plaza de Veracruz.

Número 85.

6 de agosto de 1867.

Comunicación del general Porfirio Díaz sobre baja de individuos pertenecientes al Batallón mixto del Valle.

Libros a la carta

A la carta es un servicio especializado para
empresas,
librerías,
bibliotecas,
editoriales
y centros de enseñanza;
y permite confeccionar libros que, por su formato y concepción, sirven a los propósitos más específicos de estas instituciones.

Las empresas nos encargan ediciones personalizadas para marketing editorial o para regalos institucionales. Y los interesados solicitan, a título personal, ediciones antiguas, o no disponibles en el mercado; y las acompañan con notas y comentarios críticos.

Las ediciones tienen como apoyo un libro de estilo con todo tipo de referencias sobre los criterios de tratamiento tipográfico aplicados a nuestros libros que puede ser consultado en Linkgua-ediciones.com.

Linkgua edita por encargo diferentes versiones de una misma obra con distintos tratamientos ortotipográficos (actualizaciones de carácter divulgativo de un clásico, o versiones estrictamente fieles a la edición original de referencia).

Este servicio de ediciones a la carta le permitirá, si usted se dedica a la enseñanza, tener una forma de hacer pública su interpretación de un texto y, sobre una versión digitalizada «base», usted podrá introducir interpretaciones del texto fuente. Es un tópico que los profesores denuncien en clase los desmanes de una edición, o vayan comentando errores de interpretación de un texto y esta es una solución útil a esa necesidad del mundo académico.

Asimismo publicamos de manera sistemática, en un mismo catálogo, tesis doctorales y actas de congresos académicos, que son distribuidas a través de nuestra Web.

El servicio de «libros a la carta» funciona de dos formas.

1. Tenemos un fondo de libros digitalizados que usted puede personalizar en tiradas de al menos cinco ejemplares. Estas personalizaciones pueden ser de todo tipo: añadir notas de clase para uso de un grupo de estudiantes, introducir logos corporativos para uso con fines de marketing empresarial, etc. etc.

2. Buscamos libros descatalogados de otras editoriales y los reeditamos en tiradas cortas a petición de un cliente.

www.ingramcontent.com/pod-product-compliance
Lightning Source LLC
Chambersburg PA
CBHW060221030726

47499CB00004B/1144